KB273413

벼랑 끝에 선
중국경제

벼랑 끝에 선 중국경제

지은이 랑셴핑 · 쑨진 | 옮긴이 **이지은** | 감수 조용찬

책/이/있/는/풍/경

차이나 쇼크, 악몽이 되기 전에 대비하라

부산에서 사는 L씨는 은퇴 자금으로 투자한 차이나펀드를 생각하면 화가 치민다. 2007년 전국을 강타한 차이나펀드에 은퇴 자금을 투자했다가 1년도 안 되어 5,000만 원을 손해 보았다. 증권회사를 찾아가, "지금이라도 차이나펀드를 환매할까요?"라고 물으면 되돌아오는 대답은 "황금알을 낳는 거위를 왜 바닥에 파십니까?", "결국 믿을 곳은 중국뿐으로, 장기 투자를 해야 합니다"이라는 대답만 듣고 몇 번이나 되돌아왔다.

2007년 10월 16일 6,039포인트까지 치솟았던 상하이종합주가지수는 2012년 9월 21일에 2,026포인트까지 반의 반 토막 났다. 증권사를 원망한들 무슨 소용이 있겠는가. 그렇다고 중국 정부를 탓할까?

지금 중국에서는 〈부추 아가씨〉라는 노래가 유행하고 있다. 부추는 '여러 번 수확이 가능하지만, 수확량이 점점 감소한다'는 이미지를 갖고 있다. 이 노래는 증시 루머에 속고 공모주 청약도 상장 첫날 주가가 자주 폭락해 투자자들이 손절을 반복한 결과 투자 원금이 계속 줄고 있는 현실을 부추를 빗대어 풍자하고 있다. 불투명한 지배구조와 만연된 회계조작, 국가 기밀이라는 이유로 기업 공시도 하지 않는 데에 따른 증권 당국과 기업에 대한 신뢰가 바닥에 떨어진 것이 중국 증시가 3년 연속 하락한 직접적인 원인이다.

차이나펀드나 국내 주식시장에 상장되어 있는 중국 기업에 투자하지 않았으니 나는 중국 증시와 상관없다고 생각한다면 착각이다. 우리나라 경제와 증시에 가장 큰 영향을 미치는 변수는 중국이다. 중국은 지난 5년간 세계 성장의 공헌율은 40%, 세계 제조업 GDP에서 차지하는 점유율은 20%, 세계 무역 성장 공헌율도 30%에 달했다. 우리나라 주식시장에 시가 총액 상위 기업인 삼성전자·현대자동차·포스코·현대모비스·기아자동차·LG화학과 같은 대기업들은 모두 중국에서 제품을 만들어 중국은 물론 세계 각국으로 수출하면서 성장해왔다. 이처럼 중국과 우리나라는 각별하다 못해 절실한 존재가 된 것이다.

그런 중국의 거시경제가 지금 전례 없는 새로운 도전에 직면해 있다. 강력한 무기였던 저비용의 경쟁 우위가 빠르게 잠식당하고, 과잉 생산 문제는 전혀 해소되지 않고 있다. 체제 구조적인 모순 때문에 중진국 함정에 빠져들고 있다. 중국이 경착륙하면 어떤 충격이 올까? 경착륙 했던 2008년 4분기와 2009년 1분기 때와 같은 모습이 찾아올 것이다. 수출이 급격히 감소하고, 공장에 주문이 들어오지 않아, 수천만 명의 이주 노동자들이 해고될 것이다. 글로벌 투자자의 심리에도 상당한 악

영향을 미쳐 세계 금융시장에 혼란이 생길 것이다. 중국의 수요에 의지하고 있는 호주, 브라질, 인도네시아 등 원자재 수출국은 물론 대중국 수출 의존도가 높은 우리나라, 일본, 대만 경제도 심각한 영향을 받게 된다.

중국은 앞으로 10년간 경제 규모를 세 배로 늘리는 작업에 착수했다. 중국인들은 지난 30년처럼 앞으로 10년도 중국의 지도자의 지혜와 선견지명이라는 초인적인 힘이 중국을 세계 유일의 경제 강국으로 이끌어 주리라 믿고 있다. 경제 구조조정, 과학기술 혁신, 그리고 자원 절약형 환경을 구축하면서 10년 뒤에는 13억 명이 고도산업사회에 진입할 것이라고 굳게 믿고 있다. 하지만 이는 환상에 불과하다. 불투명한 법제도, 경제의 불투명성, 개혁을 싫어하는 정치체제, 침체에 빠진 국유기업의 개혁, 문제투성이의 금융 시스템, 위기의 민영기업 등의 문제를 해결하지 못한다면 중국 경제의 성장률은 더욱 더 하락할 것이다.

차이나 쇼크가 악몽이 되지 않기를 바라는 마음에서 어디에 문제가 있는지, 그리고 어떻게 해야 되는지 찾던 중 랑셴핑 교수의 저서를 접하게 되었다. 경제 규모와는 달리 숱한 문제를 안고 있는 중국, 그리고 중국 경제가 새롭게 변화해야 한다고 생각하는 때에 《벼랑 끝에 선 중국 경제》를 만난 것이다. 이 책은 중국 경제가 고도성장 뒤에 숨어 오히려 중국 경제의 경쟁력을 떨어뜨리는 요소들을 짚어내고, 중국 경제의 미래를 정확하게 예측하는 한편 올바른 개혁 방향까지 제시해놓았다. 따라서 이 책은 중국인들에게는 중국 경제에 드리운 먹구름을 날

벼랑 끝에 선 중국 경제

릴 수 있는 길을 찾게 해주고, 중국 경제의 변화에 민감한 우리 기업들과 경제학계에 중국 경제의 향후 방향을 읽게 하는 중요한 자료로 더없이 충분하다. 아울러 이 책은 차이나펀드의 아픈 경험을 되풀이하지 않기 위해서라도 반드시 읽어야 한다고 자신한다.

중국의 경제 문제를 풀 열쇠는 다른 곳에 있다

위기감이 없는 민족은 희망도 없다

중국 경제가 벼랑 끝에 서 있다는 내 주장은 헛된 말로 민심을 호도하거나 혼란을 조장하려는 것이 아니다. 이 책을 통해 체면만 차릴 줄 알지 속 빈 강정으로 전락해버린 일부 중국인들과 정부 관리들에게 중국 경제가 지금 얼마나 위험한 상황에 처해 있는지, 얼마나 큰 두려움에 직면했는지 알려주고 싶을 뿐이다. 세계 경제가 도미노처럼 손 쓸 새도 없이 줄줄이 쓰러지고 있는 마당에 중국은 위기를 깨닫기는커녕 언제나 그렇듯 경쟁자를 깎아내리고 자신만이 최고라는 낡은 습관에 젖어 있다. 이런 중국인에게 위기감을 심어주려면 중국이 직면한 위기가 무엇인지 지금 이 순간 분명히 짚고 넘어가야 한다. 조금이라도 머뭇거린다면 중국 경제는 말 그대로 전복될 것이 분명하기 때문이다. 반면에 미국의 상황은 어떤가? 오늘날 미국이 강력한 국력을 자랑할 수 있게 된 것은 이른바 '미국 정신'의 일부분으로 자리 잡은 위기의식 덕분이다.

위기가 닥쳐온다고 해서 무조건 두려움에 떨 필요는 없다. 위기가 다가오더라도 오히려 이를 계기로 국민의 마음을 한데 모을 수 있고, 나아가 국가의 성장 동력으로 삼을 수 있기 때문이다. 정말 무서운 것은 위기를 보고도 못 본 체하고 아무 일도 없다는 듯 태연함을 가장하는 것이다. 안타깝게도 중국에서는 지금 이보다 더 무서운 상황이 연출되고 있다. 위기가 닥쳐올 때마다 힘을 한데 모으기는커녕 오히려 발등에 떨어진 불을 끄는 데에만 정신이 팔린 나머지 각개전투식으로 대처하는 바람에 더 큰 위기를 자초하고 있다. 중국인들은 말끝마다 결과가 중요하다고 강조한다. 지나친 성과주의로 인한 문제는 중국 내 여러 매체에서 충분히 다루었으므로 굳이 나까지 나서서 언급할 필요는 없으리라. 그보다는 이 책을 통해 경제 분야에 도사리고 있는 중국의 현실적인 문제와 머지않아 직면하게 될 위기를 본격적으로 다루고자 한다. 나는 그간의 연구를 통해 오늘날 중국 경제가 떠안고 있는 문제는 현행 경제 시스템과 경제 수단만으로 해결될 수 없으며, 다른 방법을 모색해야 한다는 사실을 알아냈다. 독자 여러분은 이 책에서 '다른 곳에서 해결책을 찾아라'라는 내 말이 구체적으로 무엇을 의미하는지 이해할 수 있을 것이다. 아울러 이 책에서 제시하고 있는 중국의 차기 경제개혁 로드맵에 대한 독자 여러분의 평가를 기다린다.

이 자리를 빌어 다시 한 번 강조하지만 내 예언은 한 번도 틀린 적이 없다. 2010년 초에 펴낸 《랑셴핑이 말하는 중국에서의 신제국주의 2》(국내에서는 2011년 《자본주의 전쟁》으로 출간―역주)에서 나는 미국이 중국에 환율전쟁을 비롯해 원가전쟁, 무역전쟁을 벌일 것이라고 경고했다. 그리고 내일의 수요를 가져다 오늘의 부족한 수요를 해결하려는, 즉 산업생산력 공급과잉 문제를 때우는 임시방편에 기댄다면 훗날 힘겹게 쌓아올린 재원이 모두 사라졌을 때 비빌 언덕을 잃은 중국은 일시적으로 경기가 회복되다가 다시 침체되는 더블딥에 빠질 것이라고 예언했다. 하지만 많은 이들이 내 주장을 헛소리로 치부하거나 쓸데없는 기우에 불과하다고 흘려들었다. 하지만 내 예언은 결코 빗나가지 않았다. 오히려 모두가 비웃던 그때의 예언이 지금 눈앞의 현실로 나타나고 있다.

그렇다면 내 예언은 과연 어떤 모습으로 나타나고 있을까? 고부가가치를 창출하는 일자리는 다시 미국인들의 품으로 되돌아가고 저부가가치 산업은 동남아로 대거 이전하고 있다. 이뿐만 아니라 중국의 수출품은 환율전쟁으로 인해 상품 경쟁력에 커다란 타격을 입었다. 원가전쟁에 휘말린 중국의 수입률은 꾸준히 상승했는데, 그 결과 2011년 석유를 수입하는 데에 쏟아 부은 달러가 무려 45.3%나 증가했다. 반면에 무역전쟁에 뛰어든 중국은 태양광 발전에서부터 타이어에 이르기까지, 한때 고속 성장세를 기록했던 자국의 수출품이 하나같이 휘청거리는 위기 상황을 목격하고 있다. 심한 몸살을 앓은 것은 해외무역 관련 업체만이 아니다. 수많은 중국 기업들이 그동안 4조 위안에 달하는 국내 경기부양책만 믿고 아무런 대책이나 계획도 없이 몸집만 키웠다가 비용전쟁에 휘말리면서 극심한 타격을 입었다. 이를테면 중국 전체 알루미늄의 60%를 생산해낼 수 있는 규모의 보크사이트를 현재 전량 수입에 의존하고 있고, 전체 철강의 80%를 생산해낼 수 있는 철광석

벼랑 끝에 선 중국 경제

역시 모두 외국에서 사들이고 있다. 그 결과 4조 위안이라는 거대한 시장만 보고 한때 기세등등하게 성장을 부르짖던 산업이 지금은 너나 할 것 없이 거액의 손실에 시달리고 있다.

이보다 더 무서운 사실은 4조 위안에 달하는 대규모 경기부양책에서 파생된 심각한 인플레이션이 직접적으로 서민 자산을 크게 위축시켰다는 점이다. 내수 부진으로 노동 비용이 빠르게 상승함에 따라 심한 타격을 입은 제조업은 끝내 대규모 감원이라는 특단의 조치를 감행해야만 했다. 여러 업종에 걸쳐 단행된 감원의 강도와 경제 침체의 정도를 볼 때 지금의 위기가 2008년 금융위기 때보다 심각한 상황임을 쉽게 짐작할 수 있다. 특히 대규모 감원 조치를 단행한 업체들이 해당 업계에서 선도적인 역할을 담당했을 뿐만 아니라 핵심 사업에 해당하는 제조 부문의 감원 규모가 유독 컸다는 데에 주목할 필요가 있다. 대표적인 사례로는 중국의 유명 가전업체인 메이디와 리틀 스완의 가전제품 부문, 비야디의 핸드폰 및 배터리 OEM 부문, 영거의 의류사업 부문 등이 그렇다. 차마 감원에 나서지 못한 국유기업의 경우 대대적인 임금 삭감이라는 방책 외에는 다른 선택권이 없었다. 내수경기의 온도를 직접 체감하는 소매업계는 더더욱 암담하다. 스포츠용품 업체인 리닝의 실적 추락에서부터 대표적 가전업체인 궈메이의 수익 감소에 이르기까지 이 모든 현상은 중국 서민들의 구매력이 크게 감소했음을 보여주고 있다.

중국인들에게는 미국과 같은 위기의식이 없다

눈앞에 닥친 현실이 그 어느 때보다도 위태롭기만 하지만 여전히 많은 중국인들이 우월감에 사로잡혀 있다. 이들은 심지어 다른 이들의 위협조차도 중국의 막강한 국력을 반증하는 사례로 여긴다. 미국의 전략 중심이 다시 아시아로 재조정되면서 군사·무역·경제 등 여러 분야에 걸쳐 중국을 견제하려는 움직임이 곳곳에서 포착되고 있지만 대다수의 중국인은 이런 위협을 보고도 못 본 체한다. 남중국해 위기나 동중국해 위기, 혹은 중동의 정세 변화까지도 모두 '내가 제일 잘 나가'라며 달콤한 꿈에 취해 있는 중국인을 깨우지 못한다. 반면에 미국은 어떤가? 미국이 세계에서 유일한 초강대국이 될 수 있었던 것은 오랫동안 높은 위기의식으로 단단하게 무장하기 때문이다. 미국의 위기의식은 얼마나 대단한지 때로는 편집광적인 모습마저 목격된다. 한 예로 당초 미국이 사담 후세인을 모함하기 위해 증거를 날조하거나 국제 여론의 강력한 반대마저 뿌리치면서까지 일방주의 노선을 고수하면서 전쟁을 일으킨 것은 사담 후세인이 자국에 위협적이라고 판단했기 때문이다.

이런 태도는 미국의 일상적인 모습이다. 역사를 되돌아보면 미국은 영국·독일·소련과 일본 등 강대국에 억제 정책을 고수했을 뿐만 아니라, 자신의 영역과 이익에 도전한다고 판단되면 약소국이라고 해도 예외는 될 수 없었다. 세계적으로 유명한 관광산업 도시인 하와이를 미국이 무력을 동원해 손에 넣었다는 사실을 알고 있는가? 미국이 침략전쟁을 벌이게 된 직접적인 도화선은 무엇이었을까? 하와이 현지 왕

벼랑 끝에 선 중국 경제

조가 하와이에 거주하고 있던 미국 사탕수수업자의 이익을 위협한다고 판단했기 때문이다. 이런 위기의식으로 무장한 미국은 군대를 앞세워 현지 정권을 전복시켰고 끝내 하와이를 점령하는 데에 성공했다. 이 밖에도 미국은 니카라과·과테말라·칠레·페루·아르헨티나 등 라틴아메리카에서 정권 쿠데타를 자행했을 뿐만 아니라 군사쿠데타를 부추겨 민선 정부를 무너뜨리기도 했다. 이런 역사에 중국인이 아무런 관심도 없다는 현실이 너무나 안타까울 뿐이다.

그렇다면 이번에는 중국인이 흥미를 보였던 사건을 살펴보자. 1999년 미군 폭격기가 유고슬라비아 주재 중국대사관을 폭격했던 사건을 기억하는가? 많은 이들이 기억한다고 대답하겠지만 이 사건을 제대로 이해하고 있는 중국인은 없다고 해도 무방할 정도다. 1998년으로 돌아가보자. 당시 나토NATO의 공습 행동은 UN 안전보장이사회로부터 아무런 승인도 받지 못했다. 사건 발생 후 구유고 국제형사재판소는 유고슬라비아 대통령인 슬로보단 밀로셰비치를 60여 개의 죄목으로 기소했는데, 5년 동안 계속된 재판에도 불구하고 아무런 판결도 나지 않았다. 심지어 당시 건강이 좋지 않았던 밀로셰비치가 외부에 있는 의료 시설에서 치료받을 수 있도록 요청한 문서의 승인을 미국이 거부하는 바람에 밀로셰비치는 2006년 결국 옥사하고 말았다. 공습으로 정규군을 제거하고 반대파를 지원해 기존 정권을 전복시키는 미국의 수법은 그 후 아프가니스탄·이라크·리비아에서도 그대로 재연되었다. 이처럼 냉전이 종식된 지 20여 년이 지나도록 미국의 군사행동은 단 한 번도 중단된 적이 없다.

그동안 중국은 이런 미국의 태도에 대한 해답을 미국의 냉전 이데올

로기에서 찾았다. 하지만 이는 중국의 터무니없는 착각일 뿐이다. 미국 정신에 단단히 뿌리 내리고 있는 위기의식은 미국의 국제정책 결정에 커다란 영향력을 행사하고 있을 뿐만 아니라 시시각각 변하는 국내 정책에도 작용한다. 2009년 국정연설에서 오바마 대통령은 도전Challenge과 위기Crisis를 각각 네 번 언급했다. 2010년에도 세 번의 도전, 한 번의 위기가 등장했으며, 2011년에는 도전을 세 번이나 거론했다. 그리고 2012년에는 도전과 위기라는 표현을 무려 네 번씩 언급했다. 지금 미국의 눈에 중국은 그들에 대한 도전이자 위협으로 비치고 있는 것이다.

이처럼 사방에서 커다란 위기가 움트고 있음에도 중국인들은 위기의식을 느끼기는커녕 잘못된 사고방식, 이를테면 좌우 갈등, 공사 대립, 거시적 조정-미시적 활성화, 도약적인 발전에 사로잡혀 있다. 개인적으로 이런 현실이 우려스럽다. 이 네 가지 잘못된 사고방식이 중국의 경제 건설과 개혁개방의 발목을 단단히 붙잡고 있기 때문이다.

좌우 갈등으로 균형을 잃은 개혁

'좌우 갈등'은 중국 경제의 전체적인 개혁 이데올로기 구축에 커다란 걸림돌로 작용했다. 시장경제에 대한 우右의 잘못된 이해 때문에 지금과 같은 수많은 사회적인 문제가 발생했고, 이는 좌左의 강한 반발을 불러일으켰다. 이처럼 좌우 갈등으로 중국의 경제개혁은 제자리걸음을 하거나 심지어 후퇴하고 말았다. 개혁개방 정책이 실시된 후 이른바 '보이지 않는 손'이 모든 것을 시장 지향적으로 바꾸어 놓으면서 중국 사회는 골치 아픈 문제에 시달리고 있다. 부동산 개혁으로 제 한 몸 편히 뉠 방 한 칸 구하지 못한 채 떠도는 이들이 생겨났고, 의료 개혁으로 더 나은 삶을 누리기는커녕 마음 편히 병원에서 진료 받는 것도 힘겨워지는 상황이 심심치 않게 발생하고 있다. 또한 잘못된 교육개혁으로 학교에서 배움의 꿈을 이루지 못하거나, 여유롭게 은퇴 이후의 삶을 즐길 수 없다고 하소연하는 이들도 적지 않다.

그럼에도 중국인들은 여전히 보이지 않는 손에 열광한다. 그에 대한 애정이 얼마나 대단한지 동네에서 흔히 볼 수 있는 농산물시장조차 철저하게 시장화되어 있을 정도다. 이런 상황은 중국 서민들의 삶을 어떻게 바꾸었을까? 상하이를 예로 들어보자. 상하이 펑셴奉賢구 54五四농장에서 생산한 양배추는 1급 도매시장에서 개당 0.3위안에 거래된 뒤 당일 2급 도매시장에서 0.7위안에 팔린다. 그리고 최종적으로 당일 소비자에게 1.2위안이라는 가격으로 공급된다. 1급 도매시장에서 2급 도매시장, 그리고 다시 소매점에 이르기까지 실제 거리상으로 1km에 불과한 거리를 거치는 동안 양배추 가격은 당초 0.3위안에서 네 배나 되는 1.2위안으로 훌쩍 뛰어올랐다. 중간에 난데없이 등장한 0.9위안의 정체는 도대체 무엇일까? 내가 조사한 바에 따르면 그중 상당 부분은 정부에 내는 세금이었는데, 시장입점세 · 자릿세 · 영업세무비 · 도시관리위생비 등 셀 수 없이 많은 세금이 포함된다.

대륙 바깥은 어떨까? 내가 살고 있는 홍콩을 예로 들어보면, 홍콩 내에만 93곳의 농산물 거래 시장이 있다. 홍콩은 과거 영국의 식민지였지만 지금은 세계에서 가장 자유로운 경제 시스템을 지닌 곳으로 탈바꿈했다. 하지만 무슨 까닭에서인지 농산물 거래 시장을 민간업자가 아니라 홍콩 정부가 관리하고 있다. 혹시 정책상의 실수는 아닐까? 걱정할 것 하나 없다. 이것이야말로 시장경제가 무엇을 의미하는지 홍콩 정부가 제대로 알고 있음을 보여주는 증거이기 때문이다. 홍콩 정부가 인수한 93곳의 농산물 거래 시장에서 농산물을 판매하는 사업자는 수도세나 전기세, 약간의 자릿세만 내면 추가 세금에 대한 부담 없이 마음 편히 장사할 수 있다. 그 덕분에 홍콩 주민들도 상대적으로 좋은 시절을 보내고 있다. 10년 전 홍콩 주민이 중국 선전深圳 시의 뤄후羅湖에 '시장을 보러 갔다'면 이제는 선전 주민이 시장을 보러 홍콩을 찾고 있다. 이런 역전 현상이 나타나게 된 원인은 많은 수의 상품이 중국 대륙에서 홍콩으로 흘러들어오고 있지만 홍콩의 물가가 중국 대륙보다 훨씬 싸기 때문이다.

20년이라는 긴 세월 동안 마르크스를 연구한 끝에 나는 최근에《자본주의 정신과 사회주의 개혁》이라는 얇은 책 한 권을 펴냈다. 책의 말미에서 나는 상당히 놀라운 결론에 도달했는데, 바로 마르크스가 평생 추구했던 목표가 공산주의 자체가 아니라 조화로운 사회의 구현이었으며, 그 밖의 것은 수단에 불과했다는 것이다. 마르크스의 변증법적 유물주의를 동원해 얻은 또 다른 결론 역시 상당히 놀라웠다. 인류의 역사는 법치 진영과 민주 진영이 권력 부패를 통제하기 위해 벌인 계급투쟁의 역사이며, 부패 척결을 위한 계급투쟁의 결과로 법치와 민주라는 산물이 탄생한 것이지 법치와 민주가 처음부터 명확한 목표 그 자체로 제시된 것은 아니라는 점이다. 이런 점에서 자본주의경제의 아버지라 불리는 애덤 스미스는 마르크스의 전신前身이라고 할 만하다. 《국부론》에서 애덤 스미스는 자본가의 노동자 착취를 통렬하게 비난했

벼랑 끝에 선 중국 경제

으며, 노동자의 임금이 줄어들고 있다는 사실에 가슴 아파했다. 심지어 레닌처럼 영국의 제국주의를 강도 있게 비난했는데, 제국주의가 식민지 주민을 착취하고 있을 뿐만 아니라 자국 주민도 착취하고 있다고 지적했다. 애덤 스미스의 책을 차분히 읽어 내려가다 보면 그가 철두철미한 사회주의자라는 사실을 알 수 있다. 요약하건대 애덤 스미스와 마르크스 모두 조화로운 사회라는 공동의 목표를 추구했다. 다만 한 가지 다른 점이 있다면 마르크스는 계급투쟁을 통해 부패를 처단하고 민주와 법치를 실현해 조화로운 사회를 이룩하고자 했고, 애덤 스미스는 보이지 않는 손을 통해 부패를 척결하고 사회 전체의 이익을 지켜내고자 했다. 여기서 질문 하나. 애덤 스미스와 마르크스 중 누가 좌익이고 누가 우익인가? 우리의 생각이 같다면 여러분은 그들이 좌파도, 우파도 아니라는 사실에 고개를 끄덕일 것이다. 이를 바탕으로 한 가지 의견을 제시한다면 이제부터라도 수단을 목적화하지 말아야 할 것이다. 다시 말해 좌를 위한 좌나 우를 위한 우로 가장하지 말고 성실하게 목적을 추구하며 앞으로 나아가야 한다. 그래야만 중국 경제도 비로소 희망을 품을 수 있다.

공사 대립으로 경직된 경제, 분열된 사회

좌우 갈등으로 유발된 심각한 결과 중 하나는 '공사 대립'이라는 잘못된 사고방식을 탄생시키고 나아가 모든 문제를 경제 논리로 해결하려는 사회 분위기를 조장했다는 점이다. 이보다 더 심각한 문제는 현재 중국이 산적한 문제를 제대로 파악조차 못하고 있다는 점이다. 이를테면 국유기업 개혁, 부동산시장 규제 등은 경제문제가 아닌 사회문제에 속하지만 대다수의 중국인은 반대로 생각한다. 이처럼 공사 대립이라는 사고방식은 국유기업과 민영기업, 정부와 사회, 경제와 사회의 자연스러운 연계를 깨뜨릴 뿐만 아니라 인위적으로 사회적 갈등을 초래한다. 산업 분야를 막론하고 국유기업과 민영기업 모두 충분히 잘 해낼 수 있는 역량을 보유하고 있다면 관건은 이들을 어떻게 관리하느냐에 달려 있다. 마찬가지로 정부와 사회 역시 어떤 사업이든 잘 해낼 실력을 갖추었다면 정부가 자원을 효과적으로 공정하게 분배할 수 있느냐가 문제의 핵심이 된다.

오늘날 영국은 경제 분야에서 자본주의를 채택하고 있다. 영국의 전기 · 민간 항공 · 석유화학 · 통신 등의 많은 사업이 마가렛 대처 수상 시절 모두 민영화에 착수했고 금융 · 은행 · 보험 등도 여전히 민간에서 운영하고 있다. 하지만 사회정책 분야에서 영국은 뜻밖에도 사회주의를 고수하고 있다. 이를테면 무상의료 서비스, 외국인을 제외한 무상교육 등이 그렇다. 또한 저렴한 임대주택과 함께 임대주택 보조금을 제공하고 있을 뿐만 아니라 대출 및 감세 혜택도 지원한다.

이번에는 중국의 상황을 들여다보자. 당연히 공유화되었어야 할 많은 분야가 오히려 영국보다 철저하게 시장화되어 있다. 공사 분리라는 입장을 고수하고 있는 중국은 다양한 업종에서 민영기업의 시장 진출을 허용하지 않는다. 문제는 여기서 끝이 아니다. 공유화라는 특징으로 정의되는 업계가 오히려 저마다의 특별한 방식으로 철저하게 시장화되는 안타까운 상황이 연출되었다. 예를 들어 의료기관의 경우 겉으

벼랑 끝에 선 중국 경제

로는 국민이 주인이라고 강조하지만 한 손으로는 정부 지원금을 움켜쥐고 다른 한 손으로는 국민에게 약을 팔아 병원을 키우고 있다. 교육 기관 역시 겉으로는 공유제임을 내세우고 있지만 대다수의 공립학교는 한 손으로는 정부 지원금을 쥔 채 다른 한 손으로는 온갖 명분을 내세워 보충반, 우수한 학교에 들어가기 위해 제공하는 학교선택비와 같은 지극히 '창의적인' 방식으로 거액을 챙기고 있다. 궁금한 게 하나 있다. 교육, 의료 분야의 경우 직접적인 수혜 대상이 일반 국민임에도 불구하고 사립학교, 사립 병원에 공립 기관과 똑같은 재정 보조금을 제공하지 않는 까닭은 무엇인가? 사립 기관의 교사나 의사를 공립 기관에 소속된 사람보다 낮게 평가하거나 차별대우하는 까닭은 또 무엇인가? '공사'를 바라보는 중국인의 잘못된 관점이 여전히 바뀌지 않는 까닭은 무엇일까?

한때 중국 대륙에서 대학 개혁의 물결이 크게 일어났지만 어찌 된 영문인지 개혁의 방식이나 형태를 막론하고 모든 개혁이 하나같이 실패했다. 엄청난 노력과 정성이 들어갔음에도 대학 개혁이 연거푸 실패의 쓴잔을 들이키게 된 궁극적인 원인은 도대체 무엇일까? 이는 바로 공사 대립이라는 잘못된 사고방식 때문이다. 중국에는 공립대학과 사립대학 두 가지 형태의 교육 기관이 존재한다. 중국의 공립대학에서 사용하는 재원은 국민의 세금에서 비롯된 것으로, 학교의 주요 관리자는 정원 모집, 학교 부지 확대보다는 소속 교수가 발표한 논문 수나 수주한 프로젝트 개수와 같은 눈에 보이는 실적을 내는 데에 급급할 뿐이다. 반면 사립대학의 경우 철저하게 산업화가 이루어졌기 때문에 투자자는 학교 건물을 지을 때부터 학생에게서 어떻게 돈을 긁어낼지, 어떻게 돈을 굴려야 할지 열심히 고민하게 된다.

미국의 상황은 어떨까? 미국에서 내로라하는 유명 대학들 중에서 정부나 개인 소유인 곳은 단 한 곳도 없고, 모두 이사회에서 관리하고 있다. 이사회의 자금원은 사회적 지원, 해당 학교 출신 졸업생들의 기부금으로 구성되며, 교장·졸업생·교사와 학생 대표로 이루어진 독립적인 학교 이사회로부터 관리를 받는다. 미국 정부의 역할은 주로 과학 연구 지원비와 학비 보조금을 통해 학교의 발전을 이끄는 것이지만, 학교 이사회를 임명할 권리는 물론 교사 채용 같은 교내 정책에 관여할 권리는 일절 없다. 기초 교육에 대한 정부 보조금이나 대학의 과학 연구 지원비 역시 마찬가지다. 사유 기관이라고 해서 함부로 무시당하거나 주립 기구라고 해서 성은聖恩을 입는 일 따위는 전혀 있을 수 없다. 교사의 자질이나 업무 능력에 대한 평가의 경우 공립 기관에만 전적으로 권리를 일임하는 중국과 달리 전적으로 학교 측에 일임된다.

기초자원 분야에서 중국은 공유제를 표방하고 있지만 이는 겉치레에 불과할 뿐, 실제로는 게으름을 피우거나 현실을 외면하고 있다. 그래서 중국인은 재산권을 가지고 능수능란하게 쇼를 하거나 하청, 주식 제도처럼 기업 측면의 소규모 개혁에만 손을 대려고 할 뿐, 자원의 재산권 시스템·가격 시스템·물가에 따라 세율을 정하는 분세分稅 시스템·반독점 시스템 등을 개혁하는 문제에는 적극적으로 나서지 않는다. 그러다 보니 중국 항공기업의 운항 시각·통신기업의 무선주파수·에너지 관련 기업의 세금 및 비용 시스템·전력업체의 이중가격제 관리 등 중요 자원의 재산권 제도에서 심각한 개혁 나태 현상이 목격되고 있다. 중국은 이 같은 중요한 자원을 공유제라는 이름의 족쇄로

벼랑 끝에 선 중국 경제

묶어두고 있는데, 이는 저효율과 부정부패를 유발할 뿐만 아니라 궁극적으로는 중국의 국유기업과 민영기업을 피해자로 전락시킬 가능성이 높다.

이런 상황이 여러 업종에 걸쳐 나타나고 있지만 그중에서도 가장 흥미를 끄는 분야가 바로 부동산시장이다. 대외적으로 중국의 부동산시장은 자유경쟁을 특징으로 하는 시장경제의 기치를 높이 내걸고 있지만 1급 토지개발권은 이미 지방정부가 장악하고 있고, 건설 용지에 관한 기준 역시 관련 부서가 움켜쥐고 있다. 그 밖에도 다양한 분야에서 중국 고유의 현상이 목격되고 있는데, 석유·철광석 등 대부분의 수입 업체가 국유기업이고, 민간 항공업계 역시 겉으로는 개방을 지향하고 있지만 정작 항공노선은 국유 업체가 모두 독점하고 있다. 금융업계도 대외적으로는 개방을 부르짖고 있지만 심사 및 감독이라는 미명 아래 줄곧 민간 자본에 제대로 된 발전 환경을 제공하지 않았다. 경제 안보와 아무런 관련도 없는 택시업계조차 대부분 공유제를 채택하고 있지만 이들 영역에 종사하고 있는 사람들은 철저하게 시장화를 지향하고 있다.

위에서 언급한 문제를 여기에서부터 너무 자세하게 다룰 생각은 없다. 관련 본문을 자세히 읽어보기 바란다. 결론적으로 내가 하고 싶은 말은 공사 대립이라는 잘못된 사고방식이 바뀌지 않는다면 잘못된 경제적 행위에 따른 중국 내 사회적 비용이 크게 증가할 것이라는 점이다. 국유기업이 잘할 수 있는 것이라면 국유기업에 맡기고, 민영기업이 해낼 수 있는 일이라면 민영기업에 과감하게 맡겨야 한다. 마찬가지로 정부가 잘할 수 있는 일은 정부에, 시장이 잘할 수 있는 것은 시장에 넘겨주어야 한다. 사회가 스스로 잘 해낼 수 있는 것이라면 사회가 스스로 처리하도록 내버려두면 된다. 무조건 움켜쥐지만 말고, 제역할에 맞게 일을 잘해낼 수 있는 누군가에게 손을 내줄 줄도 알아야한다. 공과 사를 무조건 적대적인 존재로 여겨서는 안 될 것이다. 동전의 양면과 같은 공과 사가 서로를 향해 대립각을 세우게 할 이유가 있을까?

새롭게 떠오른 거시적 조정 - 미시적 활성화

'거시적 조정-미시적 활성화'라는 말은 현재 중국 사회에서 이미 하나의 신앙으로 굳어졌다. 하는 말마다 거시적 조정-미시적 활성화가 빠지지 않고 등장한다. 하지만 이런 현상은 인위적으로 거시와 미시의분열과 대립을 야기하고 말았다. 거시적 조정이란 말을 하도 입에 달고 살다 보니 많은 사람들이 조정이라는 문제를 거시적으로만 보면 된다고 쉽게 생각한다. 거시적 조정을 예산 지급-투자 진행-금리 인상혹은 인하-법정지급준비율 조정, 환매조건부채권의 매수 또는 매도라는 단순한 과정으로 이해하고 있는 것이다. 미시적 활성화 역시 활성화를 위해서라면 미시적 분야에서 무엇이든 해도 된다는 식으로 이해하고 있다. 그 때문에 중국 전역이 공사판으로 변했고, 하루가 멀다 하고 먹거리 안전 문제가 터지고 있다. 그럼에도 중국 지방정부는 이는미시적인 문제에 불과할 뿐이라며, 작은 것에 얽매이지 말고 현지 경제성장이라는 큰 그림을 그려야 한다고 오히려 큰소리친다. 그 예로

벼랑 끝에 선 중국 경제

윈난雲南성의 에너지 관련 업체인 뤼따디綠大地는 증시 상장 준비 단계부터 상장 후 실적 보고서 발표에 이르기까지 줄곧 분식회계로 투자자들을 기만했다. 이번 사건을 조사하는 과정에서 뤼따디가 의도적으로 3억 위안에 달하는 투자 자금을 한 치의 망설임도 집어삼켰다는 사실이 외부에 알려졌다. 거센 비난이 쏟아질 것이라는 예상과 달리 뜻밖에도 사방에서 두둔의 목소리가 터져 나왔다. 뤼따디가 현지에서도 알아주는 굴지의 기업이니 작은 실수 정도는 너그럽게 눈 감아 줄 수 있는 배포가 있어야 현지 경제를 활성화시킬 수 있다는 것이 그 이유였다. 그 결과 지방법원은 투자자에게 피해를 입힌 뤼따디 대주주에게 벌금을 선고하지도 않았을 뿐만 아니라 3년형을 선고했는데 그마저도 집행유예 4년을 선고했다. 서방 세계였다면 투자자들에게 심각한 손실을 입히고도 이처럼 가벼운 처벌을 받은 사례는 결코 나오지 않았을 것이다.

유럽이나 미국과 같은 선진국에서 정부는 주로 반독점 조사·행정법원 시스템·업계 규정 감독·가격 청문 제도·내부고발자 보호법에 기반을 둔 검거 및 적발 제도를 운용하거나 지적재산권 시스템과 같은 수단을 동원해 경제에 관여한다. 하지만 이런 수단은 중국에서 경제를 조정하는 효과를 발휘하지 못했을 뿐만 아니라 공정한 경제질서와 시장 경쟁 질서를 지키는 수호자로도 활약하지 못했다. 왜냐하면 이런 것들이 등장한 적조차 없기 때문이다.

거시적 조정에서 정부의 역할은 공정한 산업 발전을 위한 환경을 구축하는 일이지만 중국에서는 그런 모습을 전혀 기대할 수 없다. 그 때문에 민간 업체에 돌아가는 몫이라고는 언제나 국유기업이 손대기 꺼리는 기피 업종뿐이다. 이는 현재 중국의 민간 업체 및 자영업자가 집중적으로 몰려 있는 업종을 보면 쉽게 이해할 수 있을 것이다. 해당 업종은 크게 4대 업종으로 구분되는데, 부동산 및 중개업, 도소매 및 무역·물류, 제조업 및 수출입, 요식 서비스 및 농산물 가공이 바로 그렇다. 이들 업종은 수익률이 가장 낮은 데에 반해 세금 부담률은 가장 높다는 공통점을 가지고 있다. 그럼에도 민간 업체와 자영업은 85% 이상의 일자리를 제공하고 85% 이상의 퇴직 인력과 농촌 노동력을 흡수하고 있을 뿐만 아니라 전체 세금의 83.5%를 부담하고 있다. 각박한 환경에서 열심히 일하고 있는 이들은 차마 돈 쓸 엄두도 내지 못한 채 그저 열심히 돈을 모으고만 있다. 이들이 과감하게 돈을 쓰고 투자에도 적극적으로 나설 수 있도록 하려면 무엇보다도 공정한 환경을 제공해주어야 한다.

거시적 조정 – 미시적 활성화라는 극단적인 사고방식으로 경제를 운용했을 때 생겨나는 가장 큰 문제는 객관성이나 과학성 따위는 저 멀리 내팽개쳐두고 지나치게 감정적으로 행동하거나 즉흥적으로 생각할 수 있다는 점이다. 이런 상황이 이어진다면 앞으로 어떤 재앙이 닥칠지 생각만 해도 걱정이 앞선다. 여태껏 반드시 활성화해야 할 것을 거시적으로 처리하거나 거시적으로 조정해야 할 것을 미시적으로 간주했으니 말이다. 설상가상으로 이런 현상은 다양한 분야에서 여전히 이어져 내려오고 있다. 그중에서도 가장 아이러니한 사실은 선진국, 특히 유럽과 미국에서 토지 가격과 부동산은 국가가 조정, 관리하는 중요 부문으로 간주하고 있지만 중국에서는 전혀 다른 상황이 연출되고 있다는 점이다. 중국의 지방정부, 국유 및 민간 주택 관련 업체 모두 너나 할 것 없이 토지 및 부동산 활성화에 적극적으로 참여하고 있는

벼랑 끝에 선 중국 경제

데, 그중에서도 지방정부의 활약이 특히 눈부시다. 독일과 프랑스였다면 현재 중국의 지방정부가 취하고 있는 행동들 대부분이 위법행위로 간주되어 법적 처벌을 받고도 남았을 것이다. 한 가지 분명히 짚고 넘어가야 할 사실은 현재 중국 경제가 떠안고 있는 상당수의 문제, 이를테면 제조업 위축 · 서비스산업 불황 · 고리대 · 인플레이션 · 빈부 격차 확대 · 사회적 대립 등은 바로 땅값과 부동산의 지나친 활성화가 낳은 문제라는 점이다.

개혁을 왜곡하고 재앙만 초래한 대약진운동

고속도로 · 풍력발전 · 고속철 등의 대형 프로젝트가 중국 전역에서 요란하게 추진되는 장면은 중국이 '대약진운동' 식 경제발전이라는 그림자에서 여전히 벗어나지 못하고 있음을 보여준다. 중국인의 일 처리 방식을 가만히 살펴보면 한 가지 공통된 특징을 볼 수 있다. 처음부터 높은 목표, 위대한 목표를 설정해두고 동원할 수 있는 모든 힘을 끌어들여 대약진 식 목표를 실현하는 방식을 무척 선호한다는 것이다. 그 과정에서 동원되는 구호조차 대약진의 냄새를 물씬 풍기고 있다. 이를테면 몇 년 전 류즈쥔劉志軍이 이끄는 철도부는 날마다 도약적 발전을 외쳐댔고 수도강철首都鋼鐵도 세계 최대의 용광로를 선보이겠다고 선언했지만 결국 품질 미달로 50억 위안의 손실을 떠안고 말았다. 대약진운동이 초래한 심각한 결과는 이뿐만이 아니다. 2008년 11월에 실물 경기의 경착륙을 막기 위해 발표한 10대 산업 진흥 계획 하에 연간 50만

대의 전기자동차를 생산하겠다는 목표가 제시되었지만 시장의 차가운 반응에 연간 생산량은 겨우 7,181대에 그치고 말았다. 이게 허세가 아니면 무엇이란 말인가.

현재 중국 곳곳에서 서민용 저가 소형 주택을 짓기 위한 공사가 한창 진행 중이다. 흙먼지가 날리고 귀청을 때리는 폭발음과 기계 소리에 정신이 팔린 탓일까? 대규모 건축 사업에 필요한 자금을 어떻게 회전시키고 어떻게 회수할지 정작 심각하게 고민하는 사람은 없는 듯하다. 제대로 된 정책이라면 오로지 순환형 개발을 통해 10년 동안 수많은 사람들에게 혜택을 가져다주어야지 모든 자금을 한 번에 소진해서는 안 될 것이다. 하지만 이를 무시한 경제정책 때문에 중국 전역에서 공사 착수-공사 중단이라는 상황이 동시에 벌어지고 있다. 집을 짓겠다는 목표에 지나치게 매달린 나머지 중국은 정작 중요한 사실을 완전히 망각하고 있지는 않을까? 일반 서민에게 가장 중요한 것은 당장 살 집이 아니라 안정적인 미래라는 것을 말이다.

각개전투 식 경제개혁은 되풀이하지 말아야

제자리걸음을 되풀이하는 경제개혁으로는 경제문제를 해결할 수 없다. 다시 말해 머리가 아프다고 머리만 고치거나 다리가 아프다고 다리만 고치는 식의 각개전투 식 경제개혁으로는 지금의 경제문제를 해결할 수 없다는 뜻이다. 해결책은 다른 곳에서 찾아야 한다는 말처럼, 경제개혁은 경제가 아닌 사회개혁과 공정사회 구현을 돌파구 삼아 다

벼랑 끝에 선 중국 경제

시 새롭게 설계되어야 한다.

그런 점에서 지금의 중국에 가장 절실히 필요한 것은 경제개혁의 목표를 재설정하는 일이다. 또한 개혁의 목표가 과거와 같은 효율지상주의나 경제 성장에만 초점을 맞추는 형태로 설계되어서도 안 된다. 경제 성장에 따른 결과만 강조하고 경제 성장의 방식과 과정을 외면하는 태도 역시 절대 용납해서는 안 된다. 무엇보다 시급한 것은 공동 번영을 목표로 모든 사람이 골고루 혜택을 누릴 수 있는 경제 성장을 구가해야 한다는 것이다. 그렇다고 해서 국가의 번영과 국민의 번영을 적대적인 관계로 인식하거나 국가의 번영을 위한다는 미명 하에 국민의 이익을 희생시켜서도 안 된다. 경제 성장을 위해 사회정의와 시장 논리를 외면하지 말아야 하는 것은 물론이다. 국유 업체는 인플레이션의 주범이 되어서는 안 되며, 민간 업체를 해치는 원흉이 되어서도 안 된다. '서민이 살기 좋은 세상을 만들자'는 이념에 따라 국유 업체의 개혁 목표를 재설계함으로써 공정한 나눔을 실천하는 토대로 삼고, 민간 업체에 대한 감세 등의 방식을 통해 민간 업체가 발전할 수 있는 안정적인 환경을 제공해야 한다.

그런 점에서 중국 경제개혁의 정확한 로드맵은 공정이라는 기반 하에 공동 번영을 실현하는 방향으로 설계되어야 한다. 노력해서 이룬 번영을 다시는 빼앗기지 않도록 단단히 지키면서 서민이 살기 좋은 세상을 만들어나가자는 것이다. 이런 노력을 통해 경제적인 여유를 누리게 된 서민층이 국민을 위한 정부의 공공서비스를 골고루 제공받도록 두루 살피는 것은 물론, 효과적인 예산 개혁을 통해 서민의 삶을 보장해주는 방향으로 재원을 지출해야 한다. 마지막으로 의료 · 교육 · 주택·노후 문제 때문에 서민이 걱정하는 일이 없도록 세심한 정책적 배려와 함께 나머지 분야에 마음 놓고 돈을 쓸 수 있도록 보장함으로써 내수 진작을 위한 동력으로 활용해야 한다.

나는 앞으로 거대한 규모의 중산층이 중국에 등장하고, 이들이 대부분의 사회적 재원을 향유할 수 있기를 기대한다. 이들의 탄생으로 형성된 강력한 구매력이 민간 업체의 이익 증대를 위한 강력한 발판이 되기를 더더욱 기대한다. 수익을 올린 업체가 더 많은 수의 노동자를 고용하고, 더 많은 임금을 제공하게 된다면 여기서 생겨난 자금이 다시 중산층에 흘러들어가 또 다른 구매력을 발생시킬 것이다. 이렇듯 정부의 대대적인 투자 없이도 경제는 자신만의 법칙에 따라 균형을 찾는 것은 물론 지속적인 성장을 구가할 수 있다.

이런 점에서 중국 정부는 기존과는 전혀 새로운 경제관리 방식을 구축해야 한다. 정부가 지나치게 경제에 관여하거나 시장의 주체 혹은 참여자가 되어서는 안 된다. 정부의 지나친 시장 간섭은 시장을 자율적인 경쟁 질서 및 시장경제 법칙에 따라 운용되는 자유시장이 아닌 정부가 인위적으로 운영하는 정부 주도형 시장으로 전락시킬 뿐이다. 이는 시장의 기본 법칙을 위배하는 행위다. 그렇다면 정부는 무엇을 해야 할까? 가장 중요한 것은 사업하기 좋은 환경을 구축하고, 특히 지적재산권 및 반독점행위에 대한 법적 규정을 준수하고 집행하는 데에 최선을 다해야 한다. 그렇지 못할 경우 구조조정은 물론 아이디어 계발은 꿈도 꿀 수 없다.

중국에서 걸핏하면 터지는 문제 중 하나가 먹거리 안전 문제다. 왜 그럴까? 중국의 사고방식이 틀렸기 때문이다. 요컨대 중국 사람들은

벼랑 끝에 선 중국 경제

먹거리 안전 문제를 단순히 경제적 논리로만 바라보고 있다. 돈이 된다면 위생이나 건강 따위는 어떻게 되어도 상관없다는 생각에 눈 가리고 아웅 하며 먹거리 안전 캠페인 같은 전시용 행정이나 관리 방식에 의존하고 있을 뿐이다. 어쩌다 이 지경까지 추락했을까? 현재 중국의 경제 시스템에서 물가 관련 부서·공업 및 상업 부서·보건 위생 부서·식품 및 의약품 관리 부서·세무 부서 등이 천대받게 된 나머지 이들 스스로 시장 질서를 수호해야 한다는 강력한 목표 의식을 상실했기 때문이다. 중국인은 사회적으로 발생하는 문제는 정부가 나서서 해결하면 된다는 낡은 사고방식에 젖어 있다. 그래서 시장에서 일어나는 문제를 제 손으로 직접 관리하고 해결하기보다는 정부만 하염없이 바라보는 데에 익숙하다. 미국이 내부고발자 보호법에 따라 자국의 불법 기업을 검거, 적발하는 것처럼 중국 정부 역시 비양심적인 기업의 내부 직원 스스로 진실을 수호하도록 독려해야 한다. 사회 자체적으로 민간 조직을 구성해 먹거리 안전 문제에 지속적인 관심을 갖고 적극적으로 조사하도록 지원, 허가하는 작업도 필요하다. 아울러 기업이 상품 표준을 일방적으로 규정하도록 내버려두거나 몇 차례의 캠페인만으로 공정한 시장질서가 세워지기를 기대해서도 안 된다. 서민과 민간 소비자 단체가 상품 표준을 제정하거나 적극적으로 참여할 수 있도록 정부에서 힘을 실어주어야 한다.

중국의 분배 정책 역시 마찬가지다. 계획경제 식 사고방식에 익숙한 중국 경제는 국민의 소득 감소나 내수 부진 현상을 목격하면 무조건 분배를 재조정하거나 최저 임금을 인상하라며 끊임없이 기업을 압박한다. 경제의 기본 법칙을 무시한 결과 지금 연해 지역에 자리 잡은 제조업체들은 엄청난 고충에 시달리고 있다. 실력 있는 몇몇 업체가 연해 지역의 불합리한 최저 임금 제도를 피해 내륙으로 서둘러 공장을 이전하고 있고, 그렇지 못한 대다수의 업체는 눈물을 머금고 감원에 나서고 있다. 한마디로 말해 정부를 통해 임금 인상 시스템을 구축하려는 사고방식은 완전히 잘못되었다. 잘못된 판단으로 인해 현재 중국 내 소득 격차가 줄어들기는커녕 오히려 더욱 벌어지고 있지 않은가.

중국의 증권 감독 관리 부서 역시 똑같은 잘못을 저지르고 있다는 점에서 비난을 면하기 어렵다. 엄격한 법 집행을 요구하는 목소리가 터져 나오면 증권감독위원회는 관리, 감독의 수위를 높이거나 전형적인 문제 사범을 잡아들인다. 간혹 정화 운동을 벌이는 듯도 하지만 이런 행동이 정말 효과적일까? 전 세계 49개국의 자본시장을 대상으로 한 연구에 따르면 중국의 증권감독위원회처럼 공권력을 무기 삼아 법을 집행할 경우 자본시장 발전에 아무런 도움도 되지 않는다고 한다. 자본시장의 발전을 유도할 수 있는 방법은 크게 두 가지로, 하나는 의무적으로 상장사의 정보 노출을 늘리는 것이고, 다른 하나는 기관투자자를 포함한 개인투자자가 허위 공시와 주가조작이라는 혐의로 비양심적인 기업을 법원에 기소할 수 있도록 문턱을 낮추는 일이다.

충칭맥주重慶啤酒를 예로 들어보자. 맥주를 팔던 회사가 돌연 백신 사업에 손을 대더니 투자자들에게 이렇다 할 제대로 된 정보조차 전혀 공개하지 않은 채 상장을 추진했다. 하지만 증권감독위원회는 정보공개 원칙을 어떻게 수정해야 할지를 두고 고민에 빠졌을 뿐 사후 문책에 대해서는 생각조차 하지 않았다. 생각해보라. 자신의 이익을 보호할 충분한 권리를 투자자들에게 제공함으로써 충칭맥주의 투자자인

벼랑 끝에 선 중국 경제

따청大成펀드가 충칭맥주의 임원진을 법정에 끌어 앉히고, 따청펀드의 투자자들이 따칭펀드 임원진을 상대로 고소하도록 적극적으로 지원했다면, 그리고 이들 업체에게 법정 최고 금액의 벌금형을 선고했다면 나머지 상장사들이 눈 가리고 아웅 하며 투자자를 상대로 광업鑛業이니 신에너지니 하는 개념 따위를 감히 들먹일 수나 있었을까?

위에서 언급한 여러 상황을 종합해보았을 때 현재 중국 경제는 가장 위험한 지경에 처했다고 볼 수 있다. 위기에 직면했다고 발을 동동 구르기보다는 위기를 어떻게 기회로 바꿀지 차분하게 고민해야 한다. 이것이야말로 이 책을 쓴 목적이라 하겠다. 이 자리를 빌어 집필에 도움을 준 마싱콩馬行空 선생에게 특별히 감사의 뜻을 전하고 싶다. 데이터와 자료 준비 과정에서 그가 보여준 실력과 열정이 이 책의 탄생에 크게 기여했다.

Contents

감수의 말 _4

들어가는 글 _8

Part 1
사년초가에 몰린 중국 경제 _39

Part 2
침체에 빠진 국유기업 개혁 _179

Part 3
문제투성이의 금융정책 _277

Part 4
위기에 직면한 민영기업들 _365

Part 5
중국 경제가 가야 할 길 _417

맺는말 _528

옮긴이의 말 _545

감수자 소개 _549

1Part
사면초가에 몰린 중국 경제

01 중국 경제, 쇠퇴의 함정에 빠지다 41

침체의 늪을 헤매는 중국 경제 · 누구도 보여주지 못하는 장밋빛 미래 · 4대 국유은행, 계속 버틸 수 있을까 · 빚더미에 오른 철도부와 지방정부 · 지방채에서 주택까지 발목 잡힌 그들 · 일본처럼 장기 불황에 빠질 수 있다

02 열병을 앓고 있는 중국 경제 69

부동산, 주식, 기업에 칼을 뽑아들다 · 중국식 인플레이션은 어떻게 일어날까 · 물가는 더 이상 내려가지 않는다 · 인플레이션 속에서의 거시경제 조정 · 과도하게 풀린 통화를 어떻게 할까 · 인플레이션을 진정시키기 위한 건의

03 비용의 우위를 잃게 되는 날 103

인플레이션 후 미국과 베트남이 웃는다 · 버는 돈은 많지만 정작 소득은 떨어져 · 임금 인상 후 다른 길을 간 네 마리 용 · 한국과 일본, 임금 인상은 당연히 희소식 · 홍콩, 혜택을 전혀 받지 못한 주민들

04 서민주택이 부동산시장을 무너뜨린다면 121

부동산 붕괴까지 반걸음 남았다 · 그들이 높은 집값을 유지하는 이유 · 부동산세에 대한 잘못된 논리 · 집을 짓기보다 차분히 줄 서야 할 때 · 분양은 건설만큼 중요하다 · 경쟁적으로 임대주택을 제공하게 하라

05 짝사랑에 머문 산업 구조조정 151

경제가 성장할수록 불행해지는 중국인 · 라틴아메리카식 위기에 빠질 것인가 · 광둥의 변신 프로젝트는 성공할까 · 중국인만 모르는 대만의 OEM 혁명 · 대약진 속에 가려진 허위 실적 경쟁 · 10대 산업 발전, 모두 사기당하다

2Part

침체에 빠진 국유기업 개혁

06 국유기업은 수익을 내고 있는가 181

폭리 뒤에 숨겨진 거액의 지원금 · 국유기업이 고액의 연봉을 주는 비밀 · 경쟁자 제거에만 몰두하는 3대 석유업체 · 거짓말이 키운 국산 자동차의 시장독점 · 비겁한 국유기업이 택시 대란을 키웠다

07 세금 인상으로 때운 개혁, 전력 207

국가와의 힘겨루기로 손해 본 발전소 · 전력 개혁에 대한 미국의 체계적인 사고 · 어떻게 전력 네트워크를 개혁할 것인가

08 폭리에 취해 무너진 민간항공 225

'비행기 표 한 장이면 충분합니다' · 미국은 어떻게 개혁했는가 · 지연과 독점, 부패에 찌든 항공노선 · 미국, 관료주의와 독점 카르텔을 깨뜨리다 · 부패 척결과 철저한 시장화만이 살길

09 통신, 느리고 비싸고 전망도 어둡다 247

중국 광대역 시장은 왜 거짓말하는가 · 미국은 네트워크를 어떻게 관리하는가 · 여전히 아이폰에 의지해도 괜찮을까 · 관리 감독 시스템을 어떻게 고쳐야 할까

3Part

문제투성이의 금융정책

10 누가 고금리 대출을 양산하는가 279

고리대 사업에 뛰어든 국유은행 · 무조건 올릴 줄만 아는 고리대 · 누가 우잉에게 돌을 던질 것인가

11 진흙투성이 되어버린 은행 신탁 301

호재는 많은데 증시가 오르지 않는 이유 · 1,000억 위안은 어디로 갔을까 · 홀로 버텨야 하는 예금주와 투자자들

12 국유은행은 일본의 비극을 따를 것인가 315

국유은행이 평가절하 성적표를 받은 이유 · 월스트리트가 일본과 한국에서 저지른 추태 · 일본 장기신용은행 파산 사태를 되풀이하지 않으려면 · 중국 은행업계가 직면한 심각한 문제들 · 은행의 위기는 위안화의 국제화를 가로막는다

13 한 치 앞도 안 보이는 중국 증시 339

국제판은 페트로 차이나 사태의 복사판 · 국제판에 몰려든 또 다른 국유기업 · 외국 거래소가 중국 기업을 환대하는 까닭 · 3고 문제를 해결하지 못한다면 · 당장 중국증권관리감독위원회를 개혁하라

4Part

위기에 직면한 민영기업들

14 타오바오 대전을 조종하는 세력 367

고성장하는 인터넷쇼핑의 이면을 보라 • 소매 시장이 기형적으로 변한 이유 • 홍콩과 일본의 소매업은 왜 잘되는가 • 어떻게 개인 사업자를 지원할 것인가

15 다빈치의 눈물과 지적재산권 위기 383

중국 제조업에 닥친 심각한 위기 • 산업 사슬을 관리하지 못한 후유증 • 해외 브랜드가 산업 사슬을 다루는 법 • 지적재산권 위기에 처한 중국의 현실

16 중소기업의 숨통을 조이는 세금들 399

"수주할 엄두조차 나지 않는다" • 상하이 정부의 세제 개혁, 결실을 맺다 • 실제 세금 부담은 더 무거워졌다 • 무거운 짐을 어떻게 내려줄 것인가

5Part

중국 경제가 가야 할 길

---

17 개혁하려면 목표부터 다시 설정하라 419

'선부'는 결코 '후부'를 견인할 수 없다 • '서민이 살기 좋은 세상'은 가능할까 • 내부 고발자보호법이 절실한 이유

18 예산을 개혁해야 서민이 편하다 451

재정 예산의 핵심은 민생 돌보기 • 불투명한 예산을 결코 좌시하지 마라 • 중국의 예산은 정말 예산이라 할 수 있을까 • 1910년대로 간 중국의 예산 시스템 • 조달 과정에 숨은 3대 고질병을 제거하라 • 부패한 프로젝트를 결코 용서하지 마라

19 국유기업의 피할 수 없는 임무 481

국유기업 개혁의 첫걸음, 군살을 빼라 • '고속도로를 이용하려면 돈을 내라' • 기름 부족 사태는 누구의 잘못인가 • 전력 개혁이 절반의 성공에 그친 이유 • 그들에게 해외 진출 능력이 있는가 • 민간 기업의 진출이 희망이다

20 세제 개혁이 절실한 이유 505

만두 한 개에도 세금을 내야 한다면 • 가난한 사람을 가까이하는 개혁이어야 • 개인소득세, 어떻게 개혁해야 할까 • 세금, 원칙이 분명해야 기업도 호응한다

Part 1

사면초가에 몰린 중국 경제

01
Chapter

중국 경제, 쇠퇴의 함정에 빠지다

중국은 앞으로 수출과 내수에서 지금까지의 영광이
뜬구름에 불과했다는 냉혹한 현실을 맞이하게 될 것이다.
지금의 고속 성장은 고정자산에 미친 듯이 투자하는
단조로운 방식을 통해 얻어낸 빛바랜 영광이기 때문이다.

침체의 늪을 헤매는 중국 경제

중국 경제가 지금 얼마나 심각한 쇠퇴기에 접어들었는지 많은 이들이 여전히 모르고 있다. 2011년 중국의 GDP국내총생산 성장률이 9.24%까지 떨어졌다는 언급에도 많은 이들이 두 자리 수의 성장률은 아니지만 어찌되었든 성장한 것 아니냐며 나름 만족스러운 성적이라고 자위하고 있다. 하지만 현실은 전혀 그렇지 않다. 현재 중국 경제는 내리막길을 걷고 있다. 통계된 GDP와 소비자물가지수 외에도 실물경제 데이터가 너나 할 것 없이 하향세를 보이고 있다는 것이 바로 그 증거다. 투자, 수출과 소비에 이르기까지 현재 중국 경제는 전면적인 불황의 늪에 빠져들고 있다.

먼저 소비를 살펴보자. 독자들의 이해를 돕기 위해 주변에서 흔히 볼 수 있는 신발을 예로 들어 설명해보겠다. 중고가 스포츠용품 브랜드인 리닝李寧이 소비 침체의 첫 희생자로 떠올랐다. 2010년 신통치 않은 성적표를 내민 리닝은 끝내 600개에 달하는 매장을 모두 폐쇄했다. 전례를 찾아볼 수 없는 몰락이었다. 이어서 중국의 대표적인 중저가 스포츠용품 브랜드인 피커匹克도 2011년 100개 매장을 닫은 데에 이어 2012년 주문액 성장률이 큰 폭으로 감소했다. 피커는 최악의 한 해를 보냈다고 평가받는 2009년 수준으로 추락했다. 이런 상황에도 역시나 누군가가 이들 업체의 판매량이 늘지 않았느냐며 질문을 던졌다. 스태그플레이션의 무서운 점이 여기에 있다. 외부로 드러나는 수치는 증가했을지 몰라도 실제 수익은 감소하기 때문이다. 이런 특징 때문에 스태그플레이션 상황에서 수많은 경제지표가 신뢰성을 잃는다. 표면적으로 보았을 때 판매 수입이 늘었어도 소매가격의 인상폭이 원가 인상폭을 따라잡지 못한다면 물건을 팔수록 오히려 손해를 보게 된다. 실제로 신발 생산 업체인 안타安踏의 경우 판매가격은 15% 올랐지만 원자재 가격이 무려 20% 올랐다. 이런 현상은 비단 신발업계에서만 목격되는 것은 아니다. 중국 경제 역시 그렇다. 겉으로 보았을 때 중국 경제는 더 이상 고속 성장이라고 할 수는 없지만 나름대로 소폭 성장률을 기록했다. 하지만 실물경제는 빠르게 뒷걸음질치고 있다.

피커나 안타는 그래도 상황이 괜찮은 편이다. 적어도 회계장부상으로는 성장하고 있으니 말이다. 중국 국유자산감독관리위원회의 산하단체인 중화상업정보센터中華全國商業信息中心의 통계에 따르면 2011년 8월 한 달, 전국 100개 주요 대형 소매업체에서 판매 중인 의류 판매량이 동기 대비 1.98% 감소했는데, 최근 몇 개월 동안 의류 소매 부문에서 동기 대비 처음으로 목격된 하락세라고 한다. 실제로 서민들이 자주 애용하는 의류산업 대부분이 동기 대비 마이너스 성장을 기록했는데, 남성용 와이셔츠·티셔츠·가죽 제품·바지·니트 속옷·캐시미어와 울 셔츠는 물론 심지어 줄곧 안정적인 수익을 올리던 여성 의류 소매 부문마저 내리막길을 걷고 있다.

'내수는 활발하다'고 주장하는 일부 전문가의 말에 절대로 귀 기울이지 말라고 충고하는 바다. 이들은 사회소비품 전체 소매액이라는 적절하지 못한 도구로 함부로 경제를 진단하고 있기 때문이다. 이런 통계 방식은 기업이 판매한 상품과 서비스의 숫자에만 관심을 기울일 뿐, 해당 소비 대상이 정부인지 기업 혹은 일반 서민인지는 전혀 고려하지 않는다. 다시 말해 사회소비품 전체 소매액이라는 통계 데이터 중 상당수가 삼공三公 경비라고 일컫는 중앙 부처의 공용차 구입 및 운행비, 공무원 해외출장비, 공무접대비에 의한 소비라는 사실에 유의해야 한다. 그렇다면 일반 서민의 소비 상황을 있는 그대로 반영하는 곳은 어디일까? 다름 아닌 잡화점이다. 2011년 9월 잡화점, 전문 매장의 판매 실적을 살펴보면 판매 증가율이 8월보다 각각 0.1%포인트와 1.2%포인트 떨어졌다는 사실을 발견할 수 있다.

수출입 상황은 어떨까? 1년 전에 나는 중국 경제가 더블딥에 빠질 것이라고 경고한 데에 이어 2011년 3분기에 또다시 사전 경고를 내놓았다. 그 이유는 2011년 9월, 중국의 수출이 큰 폭으로 하락하는 것을 목격했기 때문이다. 이를 두고 중국 내 많은 전문가들이 단기적인 하락에 불과하다는 진단 결과를 내놓았지만 아쉽게도 그 단기적 하락은 지금도 계속 이어지고 있다.

이듬해 중국의 외자 유치액을 가늠해볼 수 있는 지표라고 불리는 중

벼랑 끝에 선 중국 경제

국 최고의 박람회인 광저우 수출입 상품교역회Canton Fair의 참여자 수와 사전구매 상황을 함께 살펴보자. 2011년 캔톤페어 개최 첫날 입장객 수는 근래 들어 최저치인 9만 5,000명을 기록했다. 유럽이나 미국에서 찾아온 구매 고객들은 줄곧 캔톤페어의 메인 게스트였으나 이번에는 엑스트라에 그치고 말았다. 외국인이 페어 곳곳을 채우던 예년의 모습과 분명한 대조를 보인 것이다. 그렇다면 사전구매 상황은 어떨까? 가장 전형적인 사례는 기계 전기, 건축자재와 화학공업 상품 위주로 부스를 차린 산둥山東성에서 목격되었다. 681곳에 달하는 참가 업체의 수출 거래액은 17억 5,000만 달러에 그쳤는데, 그중 거래가 전혀 성사되지 않은 곳이 산둥성 전체 참가 업체의 40.5%에 해당하는 276곳에 달했다.

누구도 보여주지 못하는 장밋빛 미래

중국은 앞으로 수출이나 내수에서 지금까지의 영광이 한낱 뜬구름에 불과했다는 냉혹한 현실을 맞이하게 될 것이다. 지금의 고속 성장은 고정자산에 미친 듯이 투자하는 단조로운 방식을 통해 얻어낸 빛바랜 영광이기 때문이다.

상하이를 예로 들어보자. 고속 성장이라는 표현이 부족할 정도로 기적적인 경제성장세를 기록한 상하이는 중국 내 최대 도시로 등극했을 뿐만 아니라 극동아시아의 대표적인 대도시로 성장했다. 2008년과 2009년 상하이의 전체 경제 규모는 싱가포르와 홍콩을 뛰어넘었고 도쿄·뉴욕 등 세계적인 대도시를 추월할 날도 멀지 않았다. 통계 데이터

중국 경제, 쇠퇴의 함정에 빠지다

에 따르면 2006년부터 2010년에 이르는 제11차 경제개발 5개년계획 기간 동안 상하이 시의 GDP는 9,247억 6,600만 위안에서 1조 6,872억 4,200만 위안으로 뛰어올랐다. 비교가격으로 계산했을 때 상하이 GDP가 연간 11.1% 성장했음을 알 수 있다. 하지만 화려한 겉모습에 가려진 현실은 우려스러울 뿐이다. 5년 동안의 GDP를 모두 합치면 약 6조 위안에 달하지만 이 중 고정자산 투자를 통한 성장률이 무려 2조 3,000여 억 위안이나 된다. 이는 충밍崇明현을 제외한 상하이 나머지 지역에서 1km²당 4억 6,000만 위안 이상 되는 돈이 들었다는 뜻이기 때문이다. 상하이 시 정부가 주최한 경제 상황 분석 회의에서 시 정부 스스로도 대규모 투자를 통한 경제성장 방식은 더 이상 지속될 수 없다고 인정했다.

지속될 수 없다는 말은 마이너스 성장처럼 완곡한 표현에 불과할 뿐 사실상 전반적인 하락을 가리킨다. 2011년 1월부터 그해 11월까지 상하이의 사회 고정자산 전체 투자액은 2010년 동기 대비 0.9% 하락한 4,350억 5,000만 위안을 기록했다. 그중 5월의 경우 2010년 동기 대비 5.7% 하락하기도 했다. 사정이 여의치 않은 것은 상하이만이 아니다. 내가 갖고 있는, 전국을 대상으로 한 데이터 결과 역시 같은 내용을 보여주고 있다. 중국 국가통계국의 데이터에 따르면 2011년 11월 전국 고정자산 투자율은 전월 대비 0.19% 하락했고, 교통운수부의 자료 역시 2011년 1월부터 그해 11월까지 전국 고속도로 및 수로와 같은 고정자산 투자율이 동기 대비 7.8% 감소했음을 보여주고 있다.

대규모 투자를 통한 경제성장이 더 이상 지속될 수 없는 이유는 무엇인가? 거액의 자금이 대규모 투자 프로젝트에 투입되었다는 내 지적을

벼랑 끝에 선 중국 경제

기억하고 있다면 자연스럽게 이 돈의 출처가 궁금할 것이다. 바로 국유은행이다. 쉽게 말해 국유은행이 흔들리면 국유은행만 믿고 열었던 잔치가 언젠가는 끝난다는 뜻이다. 이보다 더 무서운 사실은 그런 날이 기어코 찾아왔다는 것이다. 2011년 11월 15일, 중국 건설은행建設銀行은 뱅크 오브 아메리카BOA가 11월 11일과 11월 14일에 협의를 통해 몇몇 기관투자자에게 약 104억 주에 달하는 건설은행 H주(홍콩 증시에 상장된 중국 기업 주식-역주)를 양도했다고 발표했다. 이번 양도로 건설은행의 전체 지분에서 BOA가 차지하는 비중이 2008년의 19.13%에서 0.86%로 급감했다. 기존 지분율과 비교해보았을 때 이번 양도로 BOA가 건설은행에서 사실상 완전히 발을 뺐다고 보아도 무방하다.

　이런 사실에 대해 중국 《인민일보》는 다음날인 16일, 〈BOA가 건설은행 보유 주식을 줄이는 이유〉라는 제목의 사설을 실었다. 사실상 중국 정부의 입장을 대변한 것으로 볼 수 있는데, 그 내용은 다음과 같다. "은행 관련 주를 줄이는 근본적인 이유는 BOA의 자체적인 문제 때문이다. …… 11월 3일 국제금융 감독 및 자문 기구인 금융안정위원회는 세계 29곳의 주요 은행 명단을 발표했는데, 여기에 선정되려면 1~2.5%의 자본금을 추가로 마련해야 한다는 조건을 충족해야 했다. 잠정적인 평가에 따르면 당시 BOA를 포함한 8개 후보 은행은 핵심자본비율을 9% 이상으로 끌어올려야 했다. …… 자료에서도 설명하듯 BOA는 1급 핵심 자본을 보충할 필요가 있었다." 물론 이런 주장이 전혀 믿을 수 없는 말이라는 것을 독자 여러분도 잘 알 것이다. 홍콩 청쿵長江그룹의 회장인 리자청李嘉誠·싱가포르 국부펀드 기업인 테마섹TEMASEK·영국 스코틀랜드 왕립은행·스위스UBS 은행이 너나 할 것 없이 중국계 은행의 주식 지분을 줄였기 때문이다. JP모간 체이스와 도이치은행은 농업은행農業銀行의 지분을, 골드만삭스와 JP모간 체이스는 공상은행工商銀行의 주식 지분을 모두 줄였다. 게다가 이들 금융기관 중 핵심자본비율이 9% 미만인 곳은 단 한 곳도 없다. 모간 스탠리의 핵심자본비율은 13.1%, 영국 스코틀랜드 왕립은행은 11.3%, 골드만삭스와 JP모간 체이스의 핵심자본비율은 각각 12.1%와 9.9%를 기록했다.

4대 국유은행, 계속 버틸 수 있을까

국제통화기금IMF과 세계은행IBRD은 2011년 11월 15일 〈중국 금융 시스템 안정성 평가 보고〉와 〈중국 금융 부문 평가 보고서〉를 발표했는데, 결론에 대한 중국과 서방 매스컴의 평가가 무척 흥미롭다. 중국 내 매스컴들은 이 보고서에 대해 약속이나 한 듯 전체적으로 건전한 상태라는 평가를 내놓은 것과 달리 로이터 통신은 이와 전혀 다른 평가를 내렸다. 중국 금융업계에 시스템적인 리스크가 존재한다는 것인데, 원문은 다음과 같다. "중국의 신용대출, 부동산, 환율과 채무 문제를 따로 놓고 본다면 수용 가능한 안전 수위에 머물고 있다고 하겠지만 이들 문제가 뒤엉켜 동시에 터진다면 중국 내 대형 은행은 시스템적인 리스크에 직면하게 될 것이다."

　중국 내 대형 은행들 중에서 최근 잡음이 끊이지 않는 건설은행을 예로 들어 살펴보자. 건설은행이 도대체 어떤 문제를 안고 있느냐고 묻는다면 내 대답은 이렇다. 가장 근본적인 문제는 역시 대출이다. 설상가상으로 대출 리스크에 대한 관리마저 정도에서 한참 벗어난 것으로 보인다. 그래도 중국을 대표하는 어엿한 대형 국유은행인데 어쩌다 통제력을 잃는 수준까지 추락한 걸까? 구체적인 과정을 정리해보면 다음과 같다. 당초 중국 정부가 4조 위안에 달하는 인프라 건설 위주의 경기부양책을 내놓자, 건설은행은 무분별하게 대출을 확대하며 몸집을 키우다 끝내 리스크 통제력을 상실하고 말았다. 특히 2조 위안에 이르는 고속철 건설 프로젝트 대출로 가뜩이나 운신의 폭이 줄어든 마당에 서민형 저가 소형 주택 천만 채 짓기 프로젝트까지 떠안으면서 벼랑 끝으로 내몰렸다.

먼저 2010년 연간 보고서를 살펴보면, 건설은행은 부동산업계와 건설업계에 각각 4,000억 위안과 1,500억 위안을 대출해주었는데, 합쳐 봐야 4조 위안의 15%에 불과한 5,500억 위안이다. 여기서 흥미로운 사실을 하나 찾을 수 있다. 바로 대출 대상과 금액에 대한 건설은행의 기준으로, 이에 대한 통계국의 규정이 무척이나 독창적이다.

첫째, 철근콘크리트를 다루고 있는 기업은 제조업체로 간주하며, 이들 업체의 대출한도는 9,788억 위안이다.

둘째, 철근콘크리트를 이용해 철도 · 고속도로를 짓는 업체는 교통수송업에 속하며, 최대 6,500억 위안을 대출받을 수 있다.

셋째, 전력 관련 인프라 시설의 대출한도는 5,200억 위안이다.

결론적으로 세 업종 모두 부동산대출보다 더 많은 금액의 대출 서비스를 제공받은 셈이다. 이보다 더 흥미로운 사실은 통계국에서 만든 이른바 '임대 및 상업 서비스업'이라는 새로운 이름의 업종이다. 오랜 시간의 연구 끝에 나는 임대 및 상업 서비스업의 주요 대상이 사실 기업 본사라는 것을 알아냈다. 다시 말해 자회사가 어떤 산업에 종사하든, 해당 자회사를 거느린 모회사가 일단 상업 서비스업에 종사하고 있다면 건설은행은 해당 자회사에 3,600억 위안을 대출해줄 수 있다. 그 밖에도 공공시설 관리업의 경우 건설은행으로부터 2,160억 위안의 대출을 받을 수 있다.

앞에서 언급한 다섯 업종에 기존 부동산 및 건축업 분야에 대한 대출금을 더할 경우 고정자산 투자 분야에 대한 건설은행의 대출금이 무려 3조 2,700억 위안에 달한다는 결론을 얻을 수 있다. 이는 건설은행의 전체 대출액의 82%에 해당한다. 이 자료는 개인적으로 추산한 넓은 의미의 데이터일 뿐이다. 실제로 건설은행이 밝힌 공식적인 데이터는 얼마나 될까? 건설은행의 재정 보고서에 따르면 전체 대출액의 45%인 1조 7,700억 위안을 인프라 건설 사업에 제공했다고 한다. 정말 말 그대로 '건설' 은행인 셈이다.

무슨 말인지 쉽게 이해되지 않는 독자가 있다면 좀 더 구체적인 예를 들어 설명해보겠다. 통계국이나 건설은행의 재무 보고서에 명시된 기준에 따르면 상하이 홍차오虹橋 기차역 건설 프로젝트에 제공된 대출은 인프라 건설 관련 대출에 속하지만 중궈난처中國南車 주식회사와 중궈베이처中國北車 주식회사 같은 자동차 제조업이나 철도부에 대한 대출은 인프라 건설 대출이라고 볼 수 없다. 전력망에 대한 대출이나 이들 기업의 지주회사에 대한 여신대출 역시 인프라 건설업체에 제공되는 대출로 간주할 수 없다. 이렇게 들쭉날쭉한 기준에 따라 분류되고 통계된 데이터가 리스크를 제대로 반영할 수 있을까?

이보다 더 심각한 문제는 건설은행이 리스크를 보고도 못 본 체 한다

벼랑 끝에 선 중국 경제

는 데에 있다. 건설은행의 주요 고객 중 하나인 철도부를 예로 들어보자. 철도부가 제대로 된 수익을 올리지 못하는 것은 물론 자본시장에서 자금을 원활하게 융통하지 못한다는 것을 중국 전역이 다 알고 있다. 모두 알고 있는 사실을 어찌된 영문인지 건설은행만 모르고 있다. 아니, 정확하게 말해 진실을 애써 외면하고 있다. 심지어 최대 채무자의 리스크를 보고도 말이다. 당사자인 철도부조차 자체적인 채무 규모가 2조 위안이라고 인정했는데도 건설은행의 재무 보고서는 황당한 내용을 들먹이고 있다. '최대 채무자: 이름, 고객 A, 종사 업종: 철도수송업, 대출금: 2,105억 9,000만 위안' 이게 대체 가당키나 한 말인가? 베이징과 상하이를 잇는 고속철 건설 프로젝트 하나만으로도 철도부는 은행에서 2,000억 위안 가까이 빌리지 않았던가. 여기에 경기부양책이나 서민형 주택 건설 사업에 대한 대출까지 계산해보면 절대로 2,105여 억 위안이라는 금액이 나올 수 없다. 이보다 더 우려되는 점은 따로 있다. 공상은행, 농업은행, 중국은행, 건설은행의 2011년 중간 실적이 발표되면서 철도부라는 단일 고객에 대한 4대 국유은행의 여신집중도가 관리 감독 경고를 알리는 15%에 육박했다는 사실이다. 그럼에도 4대 국유은행은 이구동성으로 철도부와의 협력을 결코 중단할 수 없다고 외쳐대고 있다.

빚더미에 오른 철도부와 지방정부

결론적으로 철도부는 중국식 경제성장의 축소판이라고 할 수 있다.

중국 경제, 쇠퇴의 함정에 빠지다

2011년 구정, 나는 철도부의 재무 문제를 사전에 경고했지만 내 지적에 귀 기울이는 사람은 아무도 없었다. 대약진운동으로 성공을 거두어 샴페인을 터트린 철도부에 박수갈채를 보내느라 정신이 없었기 때문일까?

심지어 철도부는 나를 비롯해 내가 출연하는 프로그램에도 직접 찾아와 민폐를 끼친 것은 물론 점잖게 기자발표회를 열곤 내 주장을 조목조목 반박하기까지 했다. 철도부의 자산 대비 부채 비율이 높지 않을뿐더러 재무 상태도 지극히 건전하다며 나 같은 재무 전문가에게 시비를 걸어왔다. 하지만 그 일이 있은 후 반년도 채 되지 않아 자본시장에서 채무 발행에 연거푸 실패한 철도부는 잔머리를 굴리기 시작했다. 자금 지원 요청안이 재정부에서 거절당하자 국가발전개혁위원회國家發展改革委員會의 문건을 의도적으로 곡해해 '정부가 채권 발행을 응원한다'는 말을 지어낸 것이다. 그러고는 이것이 중앙정부가 재정을 지원해준다는 신호라고 우겨대며 자본시장을 혼란에 빠뜨렸다.

그러던 중 매스컴으로부터 철로 건설 사업의 원활한 진행을 위해 철도부가 정부에 8,000위안 상당의 재정 지원, 즉 4,000억 위안의 재정 지원과 4,000억 위안 규모의 채권 발행을 요청했다는 소식이 전해졌다. 물론 철도부는 즉각적으로 허위 보도라고 맞섰다. 과연 누구의 말이 사실일까? 재무 보고서에 따르면 고속철 건설 사업과 관련된 상장사 36곳의 미수금이 모두 2,491억 위안이라고 한다.

중국의 철도 사업을 책임지고 있는 철도부가 국유기업으로서의 체통을 지키기는커녕 시장을 혼란을 빠뜨리고 있다니, 도대체 어떻게 된 일일까? 이 문제에 대답하기 전에 먼저 독자 여러분께 궁금한 것이 있다. 누군가 투자해보라고 돈을 준다면 그 돈을 어떻게 사용하겠는가? 경영학 출신이 아니더라도 회전시킬 만한 여유자금을 손에 쥔 채 단계적으로 사업을 진행해야 한다는 것쯤은 누구나 알 것이다. 즉 1차 작업이 완료되면 현금을 회수해서 다음 작업에 대한 투자를 준비해야 한다. 동시에 10여 개나 되는 대형 프로젝트에 돈을 전부 쏟아 부었다가 나중에 자금이 부족해져 사방에 돈을 빌리러 다니는 짓은 하지도 않을 것이다.

하지만 중국의 철도부나 지방정부는 상식을 뛰어넘는 독창적인 사고방식을 자랑한다. 보유하고 있는 자금도 모자라 어렵사리 받은 대출금마저 한꺼번에 털어 넣은 것이다. 2008년 4조 위안에 달하는 경기부양책 중 철도 사업에 대한 투자 규모는 약 1조 2,000억 위안이었지만 철도부는 2조 4,000억 위안을 쏟아 부어 중국 전역에 4만 1,000km에 달하는 철도를 깔기 시작했다. 그리고 1만 6,000km나 되는 고속철을 건설하기 위해 1조 6,000억 위안을 털어 넣었고, 거기에 2만 5,000km에 달하는 복선 전철 건설 프로젝트까지 동시에 추진하면서 최소 7,500억 위안을 동원했다. 쥐고 있던 자금을 한꺼번에 쏟아 넣는 바람에 사업에 필요한 추가 비용을 조달할 수 없게 되자 철도부는 결국 국가에 지원금을 요청하고 은행에도 대출을 신청했다.

이처럼 계획성 없는 투자의 결과는 항상 참담하기 마련이다. 우선 국가로부터의 지원이 줄어들면 한창 진행 중이던 많은 프로젝트가 당장 중단 위기에 처한다. 실제로 2011년 6월, 정부에서 경기부양책을 둘러싼 시장의 과열 양상을 진정시키기 위해 철도 사업에 대한 투자를 줄인다는 내용의 새로운 사업안을 구상하기 시작했다. 이 부분에 관해 정부의 편

중국 경제, 쇠퇴의 함정에 빠지다

을 들어주면, 정부는 원저우溫州 고속열차 추돌 사고가 발생하기 전부터 이미 수정안을 짜고 있었다. 일찌감치 내 경고에 귀 기울었다면 얼마나 좋았으랴. 그랬다면 철도부는 연착륙했을지도 모른다. 하지만 결과는 그렇지 않았다. 현재 중국 내 진행 중인 다수의 철도 건설 프로젝트에서 자금 부족을 견디지 못하고 공사를 중단하는 사례가 급증하고 있는데, 그 비율이 무려 전체 건설 프로젝트의 90% 이상을 차지한다.

고속철도 건설이 철도부의 대약진운동이라면 지방정부의 대약진운동은 무엇이었을까? 바로 도로, 공항 및 교통 허브 건설 프로젝트였다. 우려스러운 점은, 지방정부의 채무 위기가 철도부보다 훨씬 심각하다는 것이다. 현재 유럽과 미국에서 일어나고 있는 채무 위기를 남의 일이라고 대수롭지 않게 여겨서는 안 된다. 중국판 채무 위기가 이미 터졌기 때문이다. 이번 위기는 윈난 성의 지방정부 파이낸싱 대출LGFP에 심각한 채무 위기가 찾아오면서 본격적으로 불거지기 시작했다. 이 문제를 본격적으로 다루기 전에 독자 여러분의 이해를 돕기 위해 LGFP와 지방정부채를 소개하겠다. 흔히 지방정부채라고 하면 말 그대로 지방정부가 발행한 채권을 떠올리기 쉽지만 중국에서 말하는 채권은 흔히 알려진 채권과는 성격이 다르다. 중국의 지방정부는 중앙정부의 승인 없이 적자를 내거나 지방채를 발행할 수 없기 때문인데, 실제로 2009년 이후 연 2,000억 위안 규모로 발행된 지방정부채권 역시 중앙정부가 대신 발행한 채권으로 정부 예산에 편성되어 있다. 결론적으로 지방정부의 파이낸싱 대출에 따른 채무 문제는 오랫동안 베일에 가려져 있던 음성 채무로, 중국 특유의 경제·역사적 산물이라고 정의할 수 있다. 1994년 세제개혁으로 세수는 중앙정부로 집중되었지만 지방정부의 지

벼랑 끝에 선 중국 경제

출, 즉 사회복지 및 인프라 투자 의무가 확대되면서 정부의 직권과 재정권의 미스매칭이 초래되었다. 결국 지방정부는 지역 성장을 도모하기 위해 도시건설투자공사 등 정부 투자회사를 통해 자금을 조달했고, 이는 정부의 공식 채무에 포함되지 않는 잠재 리스크로 부각되었다. 이처럼 지방정부의 채무를 발생시킨 주체를 최근에는 지방정부 융자 플랫폼이라고 부르기도 한다. 지방정부 채무 중 80%가 은행 대출인데다 규모마저 어마어마해서 채무불이행시 금융 시스템에 심각한 영향을 줄 수 있다. 더구나 이번 채무 위기는 독립적인 위기가 연달아 터진 것이 아니라 쇠사슬처럼 이리저리 엉켜 있다는 점에서 더욱 우려스럽다. 윈난에서 채무 위기가 발생하자마자 중국 전역의 LGFP에 빨간불이 켜졌다. 먼저 1,000억 위안 규모에 달하는 윈난 고속도로의 대출 과정에서 위약 내용이 발견되면서 문제가 드러나기 시작했다. 윈난성 정부와 4대 국유은행이 긴급 협상을 통해 적극적으로 협조하기로 합의한 후에야 비로소 위기의 진화에 성공했다. 그 후 윈난성 정부는 조용히 자체적인 재봉합에 나섰지만, 불행하게도 그 과정에서 발행한 채권이 또다시 위약 문제에 휘말리면서 문제가 악화일로를 걷기 시작했다. 해당 채권에는 2010년 윈난 투자 채권과 2011년 윈난 철도 투자 채권 등의 기업채와 두 종류의 무담보 단기어음을 포함한 일곱 종류의 채권이 포함되어 있다. 하지만 이 소식은 즉각적으로 외부에 알려지지 않았다. 2011년 4월 26일 윈난성 정부가 상무회의를 열고 윈난 에너지 투자 회사를 설립하기로 결정한 지 3개월 뒤에 외부에 알려졌다.

　사실 윈난뿐만 아니라 같은 기간 쓰촨四川성의 지방정부 파이낸싱 대출 역시 심각한 문제에 시달리고 있었다. 2011년 5월 31일, 중국은행

중국 경제, 쇠퇴의 함정에 빠지다

간시장거래상협회는 2010년 쓰촨 고속철도 MTN1과 2010년 쓰촨 고속철도 MTN2 발행주인 쓰촨 고속도로 건설개발공사에 역사상 가장 무거운 처벌을 내렸다. 단순히 경고하는 데에서 그친 것이 아니라 나머지 10억 위안에 달하는 채권 발행을 취소하라는 형벌도 함께 내렸다.

이유는 기존 LGFP에서 발행한 채무를 미처 상환하지도 못한 상황에 쓰촨 고속도로 건설개발공사가 투자자의 동의도 받지 않고 마음대로 자신의 또 다른 FPFinancing Platform에 손을 댔기 때문이었다. 비슷한 사례로 2009년 하얼빈 도시 투자 채권·2010년 광저우 건설 투자 채권·2010년 화징華靖 채권 등이 있는데, 하나같이 발행 주체가 채무를 상환하지 못한 상황에 투자자의 동의 없이 무턱대고 다른 FP에 투자했다는 공통점이 있다.

현재 중국의 도시 투자 채권 발행처는 모두 483곳인데, 영업 활동으로 인한 현금흐름이 마이너스를 보인 곳은 2009년 말보다 18% 상승한 33%를 차지했다. 이 소식이 전해지면서 공포에 질린 투자자들은 도시 투자 채권 시장에서 무더기로 채권을 팔기 시작했다. 결과적으로 2011년 7월 8일을 기점으로 채권 발행에 성공한 도시 투자 채권은 단 한 곳도 없었다. 심지어 발행시장Primary Market에서는 회사채 발행이 잠정 중단되기도 했다. 일이 터지기 전만 하더라도 한 주 동안 발행되는 회사채가 보통 2~6개에 달했다는 점을 생각하면 사태의 심각성을 쉽게 짐작할 수 있다. 앞에서 언급한 2010년 윈난 투자 채권 금리가 1.83% 폭락해 채권 가격은 94.1466위안을 기록했을 당시 해당 채권의 자기자본이익률이 지난 6개월 동안의 대출금리인 6.1%보다 높은 6.62%를 기록했지만 겁에 질린 투자자들에게 수익을 따질 이성을 기대하기란

벼랑 끝에 선 중국 경제

불가능했다. 이 점으로 미루어볼 때 이번 사태가 은행 간 시장Interbank Market의 기관투자자에게 얼마나 큰 공포를 가져다주었는지 쉽게 짐작할 수 있다.

도대체 지방채 채무 플랫폼에서 얼마나 많은 돈을 빌린 걸까? 미안하지만 나도 능력의 한계가 있기에 정확한 데이터를 들려주기가 어렵다. 중국의 통계 데이터는 마치 소비자물가지수처럼 과정이나 방법에 대한 설명 없이 결과만을 알려주기 때문이다. 그나마 독자 여러분에게 들려줄 수 있는 것이라고는 정부 부서 세 곳에서 발표한 통계 자료뿐으로, 이들 자료를 통해 어떤 문제가 있는지 자세하게 살펴보자.

첫 번째, 중국은행관리감독위원회의 통계 자료에 따르면 지방정부 파이낸싱 대출의 규모가 약 9조 1,000억 위안이라고 한다. 두 번째는 한국의 심사원 격인 국가심계서가 2011년 6월 발표한 통계 자료로, 지방정부의 채무 총액은 10조 7,000억 위안인데, 그중 융자 플랫폼 회사를 통해 발행한 채무가 4조 9,700억 위안이라고 한다. 마지막 통계 데이터는 중앙은행인 중국 인민은행이 2011년 6월 1일에 발표한 〈2010년 중국 지역 금융 경영 보고서〉를 바탕으로 하고 있다. 보고서는 '지방정부 파이낸싱 대출이 현지 위안화 대출 잔액의 30%를 초과하지 않는다'라고 설명하고 있다. 이를 역으로 추정해보면 2010년 말 중국 전역의 위안화 대출 잔액인 47조 위안에 30%를 곱했을 때 지방정부 파이낸싱 대출 총액이 약 14조 위안에 달한다는 계산이 나온다. 물론 인민은행은 이런 계산 방법과 결과를 한사코 부인하고 있지만 말이다. 지나가는 말이지만, 인민은행이 이참에 규명에 나서겠다는 입장을 밝혔음에도 각 지역의 융자 플랫폼 대출 총액을 속 시원하게 말하지 않은 이유가 뭔지 답답할 따름이다.

　현재 중국 내에서 가장 많이 인용하고 있는 자료는 10조 7,000억 위안이라고 주장하는 국가심계서의 자료지만 여기에도 몇 가지 문제가 있다. 첫째, 국가심계서는 모두 6,576곳의 융자 플랫폼을 심사했다고 밝혔지만 중앙은행은 이를 부정하며 자체적으로 약 1만 곳을 조사했다고 주장했다. 둘째, 플랫폼이 제아무리 완전무결하다고 해도 구체적인 채무 내용은 저평가될 가능성이 있다. 이렇게 단언하는 데에는 확실한 근거가 있어서다. 국가심계서에 따르면 중국 내 지방정부 파이낸싱 대출 업체는 모두 6,576곳으로, 전체 채무액이 4조 9,700억 위안이라고 하지만, 펑보彭博신문사가 관련 업체 231곳을 대상으로 2011년 12월 10까지의 채무 상황을 조사한 통계에 따르면 231곳에 달하는 관련 업체의 채무 총액이 무려 3조 9,600억 위안에 달한다고 한다. 이 말이 사실이라면 전체 플랫폼 업체의 3.5%에 불과한 231개 업체가 전체 채무액의 80%를 독점하고 있다는 뜻이다. 다른 말로 풀이해보면 96.5%에 해당하는 나머지 업체의 채무 비중이 전체의 20%도 채 되지 않는다는 뜻이 된다.

지방채에서 주택까지 발목 잡힌 그들

지방채 위기가 지방정부만의 문제라고 생각하는가? 철도채 위기가 단순히 철도부 내부의 문제인 것 같은가? 그렇게 생각한다면 큰 오산이다. 과거에는 고정자산에 대한 투자가 모든 산업을 이끌며 고속 성장

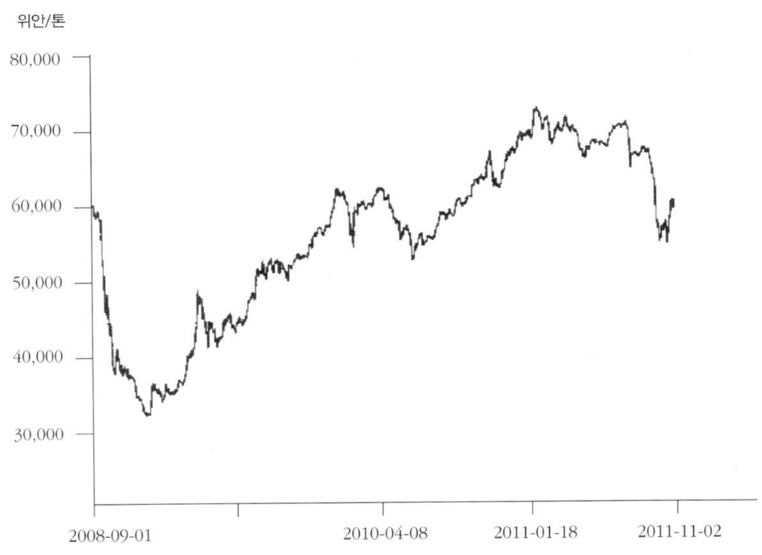

2008년 9월~2011년 11월 상하이 전해 구리 선물가격 추이

을 뒷받침했지만 이제는 중국 내 거의 모든 관련 업체의 발목을 잡고 있다. 비철금속과 철강 산업을 예로 좀 더 구체적으로 설명해보겠다.

비철금속 산업 중에서 가장 대표적인 전해 구리를 살펴보자. 결론적으로 말해 구리 가격의 추이가 고속철 개발 시기와 대체적으로 일치한다. 2008년 말 중국은 4조 위안 규모의 경기부양 대책을 마련했는데, 그중 거의 절반에 가까운 자금을 철도 사업에 쏟아 부었다. 당시 구리 가격은 톤당 2만 5,800위안이었다. 2009년과 2010년에 철도에 대한 투자액으로 각각 7,103억 위안과 8,240억 위안의 예산이 편성되면서 구리 가격이 빠르게 상승하기 시작하더니 2010년 12월 30일에 톤당 6만 9,300위안까지 상승했다. 게다가 2011년부터 2015년에 이르는 제12차 경제

개발 5개년계획이 실시되면서 향후 5년간 철도 사업에 약 3조 5,000억 위안이 투입될 것이라는 소식이 들려왔다. 이는 2조 2,000억 위안을 투입한 제11차 경제개발 5개년계획보다 50% 이상 늘어난 규모였다. 가파른 상승세를 이어가던 구리 가격은 마침내 2011년 2월 15일에 최고치인 톤당 7만 4,900위안을 돌파했고 그 후 2011년 7월 말까지 줄곧 고공행진을 이어갔다.

그러던 중 2011년 7월 말 구리 가격이 잠시 주춤하는 현상이 목격되었다. 7월 30일 톤당 7만 2,150위안을 기록했던 구리 가격이 열흘이 지난 후에는 6만 4,650위안으로 떨어진 것이다. 하락폭은 무려 11%나 된다. 이런 현상을 두고 사람들은 7월 23일 원저우 고속철도 사고에 대한 시장의 자연스러운 반응이라고 생각했지만 현실은 그렇지 않았다. 원저우 고속철도 사고가 터지기 전에 이미 중앙정부에서 철도에 대한 투자 규모를 축소하기로 결정했기 때문이다. 이 같은 정책 변화로 구리 가격은 자연스럽게 하락했다. 2011년 6월 기준 582억 위안에 달하던 철도 사업 투자액이 7월과 8월에 각각 443억, 353억 위안으로 잇따라 감소했다. 만약 투자자들이 과거 2년 동안 철도 부문에 대한 투자액이 매달 1,000억 위안 이상이었다는 사실을 일찌감치 눈치 채고 손에 쥐고 있던 구리를 재빨리 던져버렸다면 그래도 늦지는 않았을 것이다.

하지만 아쉽게도 많은 이들이 매스컴의 달콤한 말만 믿고 저가매수에 나서고 말았다. 구리 가격은 2011년 9월 9일 당시 톤당 6만 7,950위안에서 9월 29일 5만 2,750위안으로 폭락했는데, 20일 동안의 하락폭이 무려 22.3%나 된다. 구리 가격의 갑작스러운 폭락으로 많은 이들

벼랑 끝에 선 중국 경제

이 뜨거운 눈물을 흘려야만 했다.

철강시장에서도 비슷한 상황이 연출되었다. 1,000만 채나 되는 서민형 저가 소형 주택에 발목 잡힌 철강시장은 지방채 위기로 결국 불패 신화의 막을 내려야 했다. 2010년 11월 주택도농건설부^{中國住房和城鄕建設部}가 서민형 저가 소형 주택을 1,000만 채 건설할 것이라는 소식을 발표하면서 콘크리트 보강용 강철봉 가격이 2010년 11월 2일 당시 톤당 4,220위안에서 2011년 2월 12일 5,000위안으로 뛰어오르기 시작했다. 두 달 동안의 상승폭이 무려 18.5%나 되었다. 하지만 2011년 2월부터 관련 분야 학자들을 중심으로 회의적인 목소리가 터져 나왔다. 서민형 저가 소형 주택을 1,000만 채 지으려면 1조 4,000억 위안이 필요한데 그 자금을 어떻게 마련할 것이냐는 문제를 놓고 토론이 벌어진 것이다. 대형 언론사들 역시 이런 내용을 빠르게 전하며, 약속한 기한 내에 주택 건설 사업을 완료하는 것이 정말 가능하겠느냐며 회의적인 반응을 내놓았다. 이렇듯 심상치 않은 시장 분위기는 곧장 콘크리트 보강용 강철봉 가격에 반영되었다. 2011년 2월 톤당 5,000위안을 기록했던 콘크리트 보강용 강철봉 가격이 20일 만에 4,670위안으로 떨어지고 말았다.

2011년 3월 10일, 관련 부서가 마침내 침묵을 깨고 입을 열었다. 주택도농건설부는 소형 주택 천만 채 건설 사업에 필요한 1조 4,000억 위안의 재원 중 1,000억 위안을 정부로부터 조달할 것이며 4,000여 억 위안은 지방정부에서 책임질 것이라고 밝혔다. 그리고 나머지 8,000여 억 위안은 사회 재원에서 마련해 충당할 계획이라고 공개적으로 발표했다. 주택도농건설부의 설명과 입장 표명에도 불구하고 시장의 반응은 냉랭했고, 콘크리트 보강용 강철봉 가격 역시 여전히 바닥을 맴돌았다. 그 후 온갖 강제적인 정책이 쉴 새 없이 발표되기 시작했는데, 서민형 저가 소형 주택을 규정된 수만큼 짓지 않으면 오피스텔에 대한 건축 허가를 금지하는 내용까지 있었다. 이렇듯 4월부터 9월까지 계속된 정책 지원에 힘입어 콘크리트 보강용 강철봉은 톤당 4,900위안 선을 유지했다.

그러나 이 정책은 결과적으로 빈대 잡으려다 초가삼간 태우는 격이 되고 말았다. 9월 이후 철강시장이 끝내 버티지 못하고 무너진 것이다. 겉보기에는 각지에서 착공 중인 서민형 저가 소형 주택의 공사 진행률이 상승한 듯했지만 실은 상당수의 공사 현장에서 고작 말뚝 몇 개 박아놓거나 폭죽만 실컷 터뜨린 후 착공했다며 눈 가리고 아웅 하고 있었다. 그도 그럴 것이 중앙정부에서는 언제까지 작업을 완성하면 되는지 아무런 지시도 내리지 않았기 때문이다. 이렇게 시장 수요가 급감하자 콘크리트 보강용 강철봉 가격은 9월 1일 톤당 4,890위안에서 11월 1일 4,320위안으로 주저앉았다. 한마디로 콘크리트 보강용 강철봉 가격이 서민형 저가 소형 주택 건설 계획이 발표되기 전 가격으로 되돌아갔다. 여기에 중국 내 대다수 철강업체들이 생산을 중단하면서 중앙정부의 정책 선전이 최고조에 달했던 시기에 상품을 들여놓기로 한 철강무역업체 상당수가 발목을 잡히고 말았다.

우리는 여기서 이런 결론을 내릴 수 있다. 4조 위안에 달하는 경기부양책이 실시된다는 소식에 비철금속·철강·은행·인프라 건설 사업이 한때 최대 수혜자가 되는 영광을 차지했지만 지금은 모두 원래 자리로 돌아왔다. 4조 위안이라는 거대한 이익을 차지하기 위해 벌인 고생은 모두 헛수고에 불과했던 것이다. 해당 업종의 주식을 매입한 주식투자자들 역시 발목이 잡혔다. 왜냐하면 현재 이들 업체의 주가가 주당 순자산보다 훨씬 떨어지고 말았다. 예를 들어 중국의 대표적인 철강회사인 바오강寶鋼의 주당 순자산은 5.98위안이지만 주가는 4.88위안에 불과하다. 순수하게 재무적인 관점에서 보았을 때 이들 업체 때문에 손해를 본 투자자에게 보상 차원에서 해당 기업을 전부 파산시켜 매각하는 편이 훨씬 이득일 것이다.

일본처럼 장기 불황에 빠질 수 있다

과거 일본 경제가 얼마나 심한 열병을 앓았는지 기억하는가? 일본 또한 지금의 중국과 별반 다르지 않았다. 그렇다고 해서 전기자동차 사업에 겁 없이 덤벼들거나, 한쪽에서 용광로를 철거하면 다른 한쪽에서 또 다른 용광로를 짓는 멍청한 짓을 저질렀다는 말은 아니다. 대규모 발전소를 건설하면서 다른 발전소를 폭파하는 어리석은 짓도 물론 저지르지 않았다. 그런 일본이 어쩌다 잃어버린 30년이라는 수렁에 빠지게 되었을까? 1987년 미국 증시의 폭락으로 대규모 자금이 외부로 탈출하면서 장기 불황을 알리는 첫 번째 신호탄이 터졌다. 당시 일본 경제는 51개월 연속 GDP가 상승한 것은 물론이거니와 니케이지수가 1989년 최고치를 기록하는 등 겉으로는 잘 나가는 듯했다. 하지만 지가地價와 주가에 낀 거품이 점점 커지더니 급기야 1992년에 터지고 말았다. 이때부터 일본 경제는 본격적인 장기 불황에 빠지기 시작했다.

중국 경제, 쇠퇴의 함정에 빠지다

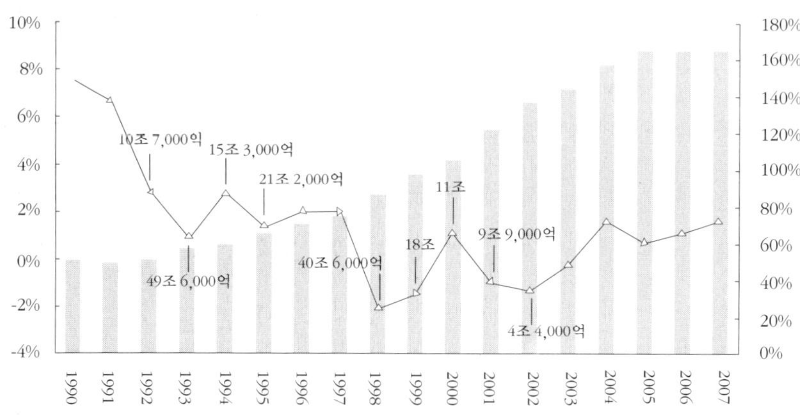

1990~2007년 일본 경제의 실적 및 부양 계획 장기채무와 GDP 비율

자국의 경기침체를 인정하고 싶지 않았던 한 일본인들은 '헤이세이平成 불황'이라고 에둘러 표현했지만 경기침체라는 본질은 변하지 않았다. 안타깝게도 일본은 여전히 헤이세이불황에 시달리고 있다.

위 그래프에서 나타나듯 1990년부터 일본의 GDP가 대폭 하락하기 시작하자, 당시 일본 정부는 대규모 재정 지출과 지속적인 금리 인하를 통한 경기부양책을 내놓았다. 총 아홉 차례에 걸쳐 실시한 대규모 경기 부양책에 동원된 자금 규모는 실로 어마어마했다. 10~18조 엔 이상을 기록한 경우가 무려 일곱 번이나 되었으니 말 다한 셈이다. 실제로 일본의 경기 부양을 위해 투입된 전체 자금 규모가 당시 일본 GDP의 3분의 1에 상당하는 136억 엔을 기록하기도 했다. 재할인율은 1991년 7월

벼랑 끝에 선 중국 경제

부터 1993년 9월까지 무려 일곱 번 연속 인하되었는데, 끝내는 6%에서 1.75%로 주저앉았다. 1995년이 되자 일본 경제는 다소 한숨을 돌리는 듯했지만 경기부양책은 여전히 현재진행형이었다. 재할인율이 그해 두 차례 추가 인하되며 0.5%까지 떨어졌다. 엎친 데 덮친 격으로 1997년 아시아 금융위기가 터지면서 일본은 또 다른 경기부양책 마련에 골머리를 앓아야 했다. 1998년 일본 정부는 종합적인 경기부양책을 두 차례 실시했는데, 여기에 동원된 공적자금이 무려 40조 6,000억 엔에 달했다. 이런 일본 정부의 노력에도 불구하고 그해 파산한 일본 기업은 역사상 최고치인 1만 8,988곳에 달했다. 그 후 일본 정부는 또다시 대규모 감세 조치를 내놓고 토지, 고용 및 중소기업 분야에서 정책 조율에 나섰다.

결과적으로 일본 정부가 경기부양책을 내놓을 때마다 반짝 회복세가 나타나기는 했지만 경기부양책이라는 약발이 떨어지면 다시 침체에 빠져들었다. 장기적으로 보았을 때 일본의 재정 상태는 공공 부문의 대규모 채무라는 악재를 만나 점점 나락으로 떨어지고 있다. 강심제를 놓는 방법만으로는 진정한 의미의 경기 회복을 할 수 없다는 사실이 입증된 셈이다. 실제로 1990년대 내내 일본의 실질 GDP 성장률은 1.1%에 그쳤고, 대규모 경기부양책으로 일본의 재정 적자가 눈덩이처럼 무섭게 불어나면서 GDP에서 장기채무가 차지하는 비중이 크게 증가했다. 1992년 51%를 차지하던 장기채무 비중이 2002년의 136%로 늘어나더니 급기야 200%를 돌파했다. 앞 그래프에서 회색으로 표시된 부분을 살펴보면 GDP에서 장기채무가 차지하는 비중이 계속 상승하고 있음을 알 수 있을 것이다. 이처럼 심각한 재정 적자가 단기적으로 해결되기란 불가능하다.

2009년 데이터에 따르면 일본의 정부 채무는 사실상 채무불이행 상태인 디폴트에 빠졌다. 2009년 일본의 GDP는 약 480조 엔으로, 경제 성장률 2% 기준으로 계산했을 때 매년 10조 엔씩 증가한다는 결론이 나온다. 여기에 25~30%로 계산되는 사회보험과 조세 부담을 제외한 연간 조세 수입 증가량은 2조 5,000억~3조 엔이 채 되지 못한다. 즉 경제 성장과 장기적인 금리 변동 상쇄 가능성을 차치하더라도 현재 880조 엔에 달하는 채무를 상환하려면 300여 년이 걸린다는 뜻이다.

이렇듯 일본 경제가 떠안고 있는 많은 문제를 구체적으로 다루는 까닭은 중국 정부가 더 이상 케인즈주의를 채택해서는 안 된다는 말을 전하고 싶어서다. 케인즈는 공공 부문과 민간 부문이 함께 중요한 역할을 담당해야 한다고 주장하며, 불황일수록 정부가 지출을 늘려 시장에 자금을 풀어야 한다고 강조했다. 그렇게 해야 소비자의 소비와 투자를 촉진시켜 궁극적으로 경제를 원상태로 복귀시킬 수 있다는 논리였다. 하지만 자신의 이론이 미래의 후손에게 끔찍한 시련을 안겨주었다는 사실을 케인즈가 미리 알았더라면 자신의 최고 걸작을 망설임 없이 태워버렸을 것이다. 30년이라는 세월을 잃어버린 일본의 현실은 지극히 단순한 교훈을 들려준다. 정부 재정을 통한 경기부양책, 저금리 정책, 채권 발행을 통한 투자는 하나같이 아무런 효과도 거두지 못했다.

오히려 정부에 기댈수록 경제의 기초 체력은 속 빈 강정으로 전락하고 장기 불황에서 빠져나오는 길은 점점 멀어질 뿐이다.

마지막으로 현재 중국이 직면한 위기를 다시 한번 정리해보자. 앞의 분석을 통해 중국 경제가 처한 위기, 즉 비틀거리는 수출, 활력을 잃은

벼랑 끝에 선 중국 경제

내수, 재원을 잃은 투자의 심각성에 대해 독자 여러분도 분명하게 이해했으리라 믿는다.

먼저 수출은 계속해서 성장세를 이어가기 어렵다. 그로 인해 무역 흑자가 순식간에 감소하거나 심지어 무역 적자 현상이 몇 차례 발생할 수도 있다. 또한 전통적인 수출 산업, 이를테면 IT 상품, 전자기기 및 노동집약형 가공무역 모두 해외 수요 감소와 내부 비용 상승으로 불황에 빠질 것이다. 둘째, 내수 부진에다 경기 침체 속에서 물가가 상승하는 스태그플레이션까지 겹치면서 일부 업종은 원가 상승폭이 판매가격 상승폭을 웃돌기 시작했다. 그래서 판매량이 늘수록 이익은 줄어든다. 물론 객관적으로 말해 중국의 GDP를 든든하게 뒷받침하는 지원군은 수출이나 내수가 아니라 투자다. 또 다른 지원군으로는 정부 분야의 인프라 시설과 부동산이 있다. 공업 투자 부문도 강력한 지원군 중 하나로 거론될 수 있지만 대부분의 공업 투자가 민생이나 내수 위주가 아니라 인프라 건설에만 집중한다는 게 문제다. 그렇다면 과거 투자에 동원된 재원은 어디에서 나온 걸까? 바로 평범한 서민들의 지갑에서 나온 것이다. 차마 쓰지 못하고 은행에 차곡차곡 저축한 월급 말이다. 이 돈이 은행의 손을 거쳐 지방정부와 부동산 개발업자에게 넘겨지는데, 대약진 아니면 실적 쌓기에 급급한 이들 업체는 무리하게 프로젝트를 추진하면서 개혁개방 30년 동안 힘들게 쌓은 부를 단번에 쏟아 붓는다. 그렇게 정신없이 앞만 보고 달리다가 밥 지을 쌀이 없다는 사실을 깨닫고 나서야 사방이 먼지만 폴폴 날리는 공사판이라는 현실과 마주하게 된다. 실제로 4조 위안에 달하는 경기부양책에 사활을 걸었던 업체들 모두 바닥으로 추락하고 말았다. 경기는 계절과 다르

중국 경제, 쇠퇴의 함정에 빠지다

다. 계절의 변화는 항상 자연의 법칙에 따라 움직이므로 겨울이 오면 비록 당장은 추워도 따뜻한 봄이 멀지 않았음을 알 수 있지만 경기는 언제 어떻게 변할지 예측할 수 없다. 지금 중국의 경제 한파가 언제든지 더욱 혹독한 빙하기로 발전할 수 있다는 뜻이다. 그런 의미에서 지금의 경기 불황은 과거의 대약진운동의 대가일지도 모른다. 이런 사실을 외면한 채 케케묵은 낡은 방식을 고집하면서 위기를 벗어나려 한다면 중국을 기다리고 있는 것은 일본처럼 30년 장기 불황에 빠지는 비극뿐이다.

벼랑 끝에 선 중국 경제

열병을 앓고 있는 중국 경제

불행한 사실은 중국이 멀지 않아 내부적인 압력에 따른
인플레이션에 끊임없이 시달릴 수 있다는 점이다.
더구나 투자와 세수에 매달리는 GDP주의를
고치지 않는 한 인플레이션의 저주에서 벗어날 수 없다.

부동산, 주식, 기업에 칼을 뽑아들다

2011년 초, 나는 위험을 무릅쓰고 그해 거시조정의 최대 이슈는 부동산시장, 주식시장, 민영기업을 향한 대대적인 규제가 될 것이라고 예언했다. 다시 말해 중국 정부가 이 세 부문을 향해 날카로운 칼날을 갈고 있다는 뜻이다. 그리고 여기서 한 가지 유의할 사항으로, 정부의 규제 대상이 가격이 아니라 거래량이라는 점을 지목했다. 지금까지 보았을 때 이 예언도 족집게처럼 정확하게 맞아 들어가고 있다.

경제 전망을 정확하게 예측할 수 있는 비결을 내게 묻는다면 한의학에서 그 답을 찾을 수 있다. 거시경제를 진단하는 일은 마치 한의원에서 진맥을 짚는 것처럼 전체적인 흐름을 읽어내고 관련 부서들 간의 소통이 원활한지 살피는 것이기 때문이다. 2011년 초 중국 경제의 최대 병터는 무엇인가? 바로 4조 위안에 달하는 경기부양책과 그 후 제시된 10대 산업 진흥책이다. 이는 앞의 예언이 나올 수 있었던 토대이기도 하다. 2011년 중국 정부가 내놓은 모든 규제 정책은 4조 위안 규모의 경기부양 자금과 10대 산업 진흥책에 초점을 맞추고 있다. 본격적인 이야기에 앞서 해당 방안을 실시하는 데에 동원된 자금의 출처를 먼저 파악하는 것이 중요하리라. 이 문제에 대한 답변은 매우 우려스럽다. 국가 재원이나 저축과 같은 정상적인 수단이 아니라 열심히 조폐기를 돌려 나온 돈이기 때문이다. 돈 찍어내는 속도가 얼마나 빠른지 눈을 의심할 정도다.

미친 듯이 돈을 찍어낸 결과 인플레이션이 터졌다. 인플레이션은 예고 없이 찾아오지 않고 항상 사전 경고를 보내는데, 정부 자료로 그 시기를 대략적으로 파악해볼 수 있다. 2010년 10월 인플레이션율이 24개월 만에 처음으로 4를 돌파하더니 11월에는 5를 넘어섰다. 여기에 인민은행이 3년 만에 처음으로 금리를 인상했다. 이 상황을 종합해볼 때 2011년 중국 정부의 발등에 떨어진 불이 인플레이션과 신용대출임을 알 수 있다. 다시 말해 당시 중국 정부에게 주어진 최대 임무는 고삐 풀린 망아지처럼 날뛰는 인플레이션을 잡고, 전면적으로 신용대출을 바짝 조이는 일이었다. 하지만 지방정부와 국유기업이 거액의 부채를 짊어진 상태에서 무턱대고 돈줄을 조일 수만도 없는 노릇이었다. 가뜩이나 자금 사정이 좋지 않은 이들에게 돈줄을 조인다는 것은 죽으라는 소리나 진배없었기 때문이다. 그러던 중 한창 골머리를 앓고 있던 정부에게 묘안이 떠올랐다. 바로 다른 부문의 자금을 흡수해 필요한 자금을 충당하는 것이었다. 그러면 추가로 돈을 찍지 않고도 지방정부와 국유기업에 자금을 조달할 수 있을 터였다. 조심스러운 탐색 끝에 정부의 칼날이 주택시장, 주식시장과 민영기업의 투자 신용대출을 겨냥하기 시작했다. 해당 부문에 대한 대대적인 규제를 통해 투자자의 투자심리를 위축시킨다면 투자처를 잃은 자금이 자연스럽게 은행으로 흘러들어 인플레이션을 잡을 수 있는 것은 물론 지방정부와 국유기업에 원활한 신용대출 서비스를 제공해줄 수 있을 것이 분명했다. 잘만 하면 꿩도 먹고 알도 먹을 수 있을 터였다. 하지만 자칫 잘못해 주택시장이 무너진다면 최초의 피해자는 일반 서민이 아니라 국유은행이 될 것이다. 가뜩이나 거액의 부실채권을 짊어진 국유은행이 부동산시장의 몰락에 따른 충격을 메우기 위해 증시에 의존해 자본금을 마련할 것이 분명했다. 2011년 중국 경제의 거시적 조정책이 직면한 기본 상황이 바로 이랬다.

중국식 인플레이션은 어떻게 일어날까

'인플레이션에 따른 고통 분담', 2011년의 중국 경제 상황을 정리한 이 한마디 말을 곱씹다 보니 이제야 2010년 말에 열린 중앙경제공작회의 中央經濟工作會議에서 내린 결론이 무엇을 의미하는지 알 듯싶다. 중국 경제의 한 해 성과를 평가하고 다음해 재정정책과 금융정책을 결정하는 중앙경제공작회의에서는 '경제구조의 전략적 구조조정 추진에 박차를 가하고, 전체적인 가격안정화에 보다 집중한다'는 목표를 제시했다. 여기서 말하는 전체적인 가격안정화는 무엇을 가리키는 걸까? 경제구조의 전략적 구조조정이란 또 무엇을 의미할까? 이는 위에서부터 아래로 내려오는 수직형 산업 사슬의 인플레이션을 통해 고통을 함께 나누자는 것이다.

이를 구체적으로 다루기 위해 먼저 두 가지 인플레이션에 대해 짚고 넘어가보자. 중국의 3차 혁명전쟁 말기, 국민당 정부가 일용품이나 식량을 사기 위해 직접 돈을 찍어내면서 사람들은 갑작스러운 변화에 크게 당황하기 시작했다. 예전에는 쌀 100근을 사려면 100위안이면 되었지만 돈이 시장에 과도하게 풀린 뒤로는 100위안이 아니라 200위안을 내야 했기 때문이다. 한마디로 물가가 두 배 뛴 셈이다. 이런 인플레이션의 충격은 삽시간에 나타났고, 서민의 삶과 가까운 분야에서부터 직접적이며 본격적으로 영향력을 발휘하기 시작했다.

또 다른 인플레이션은 좀 더 고차원적으로 전개된다. 앞의 경우와 달리 업스트림Upstream에서 시작되는 인플레이션은 고속철이나 고속도로 같은 대규모 토목 사업을 추진하기 위해 10조 위안이나 되는 돈을 찍어내면서 등장한다. 대규모 건설 프로젝트는 단기간에 수많은 철근콘크리트 기계를 필요로 하기 때문에 결과적으로 생산능력의 확대를 유발한다. 하지만 이 과정에서 또 다른 형태의 철근콘크리트 수요가 발생하기 때문에 결과적으로 대규모 토목 건설 프로젝트와 관련된 수요를 만족시키기 위해 거액의 통화, 예를 들어 30조 위안을 추가로 발행해야 한다. 한마디로 통화가 계속해서 남발되는 악순환이 일어난다.

겉으로 보기에 추가로 발행된 자금은 식량이나 일용품을 사는 데에 쓰이지 않고 인프라 건설 프로젝트에 동원되기 때문에 서민에게 직접적인 영향을 주지 않는 듯하다. 4조 위안이나 되는 인프라 투자가 인플레이션을 유발하지 않는다고 주장하는 일부 학자의 근거가 여기에 있

열병을 앓고 있는 중국 경제

다. 하지만 이런 주장은 틀렸다. 부당한 방법을 동원해 취한 기업의 이익이나 부정부패로 얼룩진 사업자금이 결국 특정 개인의 지갑으로 흘러들어 간 뒤 유통 영역으로 진출해 식량이나 일용품을 사는 데에 소비되기 때문이다. 이런 형태의 인플레이션은 서서히 물이 차오르다 어느 순간 터지는 홍수와 비슷하다. 처음부터 즉각적으로 모습을 드러내는 것이 아니라 저지대부터 물이 빠르게 차오르는 것처럼 물가가 낮은 곳부터 모습을 드러내다 결국 모든 것을 집어삼킨다. 그로 인해 모든 물가와 소비 경향이 재편된다.

두 번째 인플레이션을 고차원적이라고 평가하는 이유는 무엇인가? 쉽게 알아차릴 수 없을 정도로 상당히 은밀하게 진행되기 때문이다. 첫 번째 인플레이션의 경우, 서민의 손에 들린 돈이 충분한 상태에서 국민당 정부가 통화를 남발했기 때문에 국민당이 인플레이션을 일으킨 원흉이라는 사실을 누구나 쉽게 알 수 있었다. 하지만 두 번째 인플레이션의 경우, 4조 위안과 관련된 국유기업 직원과 지방정부 공무원이 과도하게 통화를 발행했더라도 이를 직접적으로 깨닫기란 쉬운 일이 아니다. 그들이 자신보다 더 나은 대우를 받고 있다는 생각에 그들의 손에 들린 돈이 불공정한 분배로 인한 결과일 뿐 인플레이션의 결과라고는 전혀 생각하지 못하기 때문이다. 결과적으로 더 많은 부를 쥐고 있는 사람이 물가에 둔감해지면서 두 가지 현상을 초래한다. 하나는 일부 상품의 물가가 먼저 꿈틀거리기 시작한다는 것이고, 다른 하나는 인상폭이 상당히 크다는 점이다. 대표적인 사례로 콩기름이 그렇다. 특정 상품의 물가가 큰 폭으로 인상되었다고 해서 일반 서민에게 다른 선택의 여지가 없는 것도 아니다. 특정 상품이 비싸졌다면 그

벼랑 끝에 선 중국 경제

렇게 물가가 오르지 않은 상품을 구매하면 된다. 콩기름보다 저렴한 식용유를 일반 서민이 많이 구입하는 이유가 여기에 있다. 이렇게 하나하나 비교해보면 결국 일반 서민이 쉽게 내버리지 못하는 물건일수록 가격 인상폭이 높다는 사실을 알 수 있다. 이해를 돕기 위해 좀 더 쉽게 설명해보자. 한 근에 6위안이나 하는 사과를 기꺼이 구입할 수 있는 사람이 처음에는 소수에 불과하지만 전체적인 물가 수준이 여기까지 오를 경우 일반 서민은 처음에 비싸다고 사기를 꺼리던 사과를 결국 사먹을 수밖에 없다. 그렇게 하다 보면 한 근에 6위안이나 하는 사과 가격을 결국 받아들이게 된다.

다른 곳으로 시야를 돌려보자. 우리 생활 주변에는 사과와 같은 상품이 적지 않은데, 대표적인 것으로 의류, 그중에서도 특히 솜옷이 그렇다. 여름이라면 옷을 덜 사도 괜찮지만 가을이나 겨울에는 바람막이나 솜옷이 반드시 필요하다. 베이징에 있는 수많은 상점들에 진열된 가을·겨울용 중고가 신상품의 가격표를 들여다보면 혀가 절로 내둘러진다. 시장 안에 500위안 이하짜리 바람막이는 그림자도 찾아보지 못할 만큼 수천 위안이나 하는 바람막이가 상점 진열장을 점령하고 있다. 게다가 중국에서 생산된 여성 의류의 가격 인상폭은 수입 제품보다 훨씬 높은 10%로, 그중에는 인상폭이 무려 30%나 되는 제품도 있다.

이를 정리하면 가격이 인상되려면 반드시 세 가지 조건이 갖추어져야 한다.

첫째, 해당 가격에 대해 일부 사람들은 결코 민감하게 반응하지 않는다.

둘째, 대부분의 서민은 해당 제품을 사지 않을 수는 없지만 가능한 덜 사려고 한다.

셋째, 공급이 부족하다.

이 세 가지 조건을 만족하는 상품으로는 어떤 것이 있을까? 특정 업계를 독점한 상품을 찾아보면 가장 정확하다. 이를테면 항공권에 포함된 유류할증료, 유가가 그렇다. 먼저 유가를 살펴보면, 2011년 중국 항공사는 유류할증료를 몇 차례 인상하는 것도 모자라 그해 유가가 크게 떨어졌을 때조차 유류할증료를 인하하지 않는 꼼수를 부렸다. 요컨대 800km 이하 항공노선의 유류할증료만 70위안으로 인하하고 그 이상 되는 항공노선의 유류할증료는 손 끝 하나 건드리지 않았다. 왜 800km 이하 노선의 유류할증료만 인하했을까? 해당 노선의 경우 가격 면에서 철도와 경쟁해야 했기 때문이다. 유가 역시 비슷한 양상을 보인다. 2011년 정제유 가격이 미친 듯 뛰어올랐다는 말을 뉴스 기사가 아니라 직접 체험한 이들도 상당수 있으리라. 유가가 몇 차례 인상된 후에도 어찌 된 영문인지 기름 부족 사태가 중국 전역에서 포착되었다. 휘발유와 디젤유 모두 원유에서 추출하는데, 공급이 넉넉한 휘발유와 달리 디젤유는 해마다 공급 부족에 시달리고 있다. 상식적으로 볼 때 도무지 이해할 수 없는 상황이 나타난 원인을 냉혹한 현실에서 찾을 수 있다. 디젤유를 사용하는 차량의 경우 채소나 물건을 운반하거나 돈 없고 배경 없는 생계형 트럭이기 때문이다.

자, 여기서 인플레이션이 팽창 수준을 넘어 발효되는 3단계를 정리해보자.

벼랑 끝에 선 중국 경제

1단계, 업스트림에서 찍어낸 돈이 대량상품과 공산품 가격을 큰 폭으로 끌어올린다.

2단계, 업스트림의 자금이 이익과 부수입이라는 형태로 다운스트림으로 파고들어 콩기름·사과·달걀·돼지고기·의류 혹은 도시의 임대료를 대폭 끌어올린다.

3단계, 지금 손에 들린 돈의 가치가 예전만 못하다는 것을 소비자가 인지하는 순간 독점기업은 제값을 하지 못하는 상품의 가격을 대놓고 인상한다.

물가는 더 이상 내려가지 않는다

2011년 돼지고기 가격이 폭등하고 있다는 기사가 뉴스와 신문을 뒤덮는 것을 보면서 도대체 무슨 일인가 싶어 고개를 한참 갸웃거렸던 게 생각난다. 매스컴의 주장에 따르면, 중국의 돼지고기 가격이 하루 혹은 한 달 사이에 갑자기 뛰어올랐다고 한다. 한 달 만에 돼지고기 가격이 50% 뛰어올랐다며 경악스러운 숫자를 들이댄 매체도 여럿 되었다. 그들의 말처럼 정말 돼지고기 가격이 미친 듯이 폭등하고 있는 걸까? 중국 상무부의 조사 데이터에 따르면, 중국 내 36개 중대형 도시에서 거래되고 있는 냉장용 돼지고기 도매가격이 지난 6개월 동안 19.2% 올랐고, 지난 1년 사이 50% 올랐다. 하지만 해당 데이터를 자세히 들여다보면 평소 돼지고기 가격이 꾸준히 소폭 상승하고 있음을 알 수 있다. 원체 조금씩 오르다 보니 실제 인상폭을 체감하지 못하다가 전체 상승폭을 합산하고 나니 충격적인 가격 인상을 목격한 것이다. 당시 나는 TV 프로그램에 출연해 돼지고기 대란이 진정한 의미의 인플레이션이 본격적으로 나타났다는 신호탄이라고 설명하며, 돼지고기 가격은 더 이상 내려가지 않을 것이라고 지적했다.

2011년 10월과 11월이 되자 돼지고기 가격은 전달 대비 각각 1.3%, 6.2% 하락하며 마침내 고공행진을 멈추었다. 하지만 이도 잠시, 11월 돼지고기 가격은 1kg당 28.12위안으로 작년 동기 대비 31.8%나 상승한 상태였다. 2007년부터 2010년까지의 평균 가격과 비교해보았을 때 2011년 돼지고기 가격은 유달리 가파른 상승세를 이어갔다. 중국의 최대 명절인 구정이 끝나면서 시작되는 전통적인 비성수기에도 이런 현상이 계속 이어지면서, 지난 4년 동안의 평균 가격보다도 월등한 몸값을 자랑했다.

아래 그래프를 살펴보자. 중국에서 돼지고기 가격이 상대적으로 저

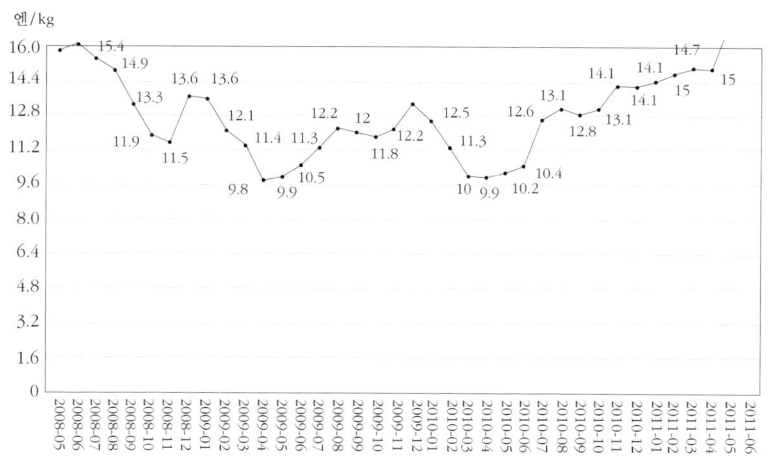

2008년 5월~2011년 6월의 베이징 시 돼지고기 평균 입찰가

벼랑 끝에 선 중국 경제

렴할 때는 언제일까? 아무래도 여름이 아닐까? 실제로 2008년, 2009년, 그리고 2010년에 걸쳐 이런 현상을 확인할 수 있지만 어찌된 영문인지 2011년에는 뜻밖의 현상이 목격되었다. 그 이유가 뭘까? 내 주장과 다른 글을 본 사람들도 있을 것이다. 하지만 장담하건대 그들이 읽은 내용은 대부분 틀렸다.

오류 1 | 돼지고기 공급 부족

이번 돼지고기 가격 폭등 문제를 둘러싸고 뉴스 브리핑을 연 상무부의 야오젠姚堅 대변인은 2010년, 돼지고기 가격 폭락 사태로 양돈 가구가 크게 줄면서 돼지고기 공급이 원활하게 이루어지지 않는 바람에 올해 돼지고기 가격이 폭등했다고 설명했다. 내게도 마침 당시 상황을 보여주는 자료가 있어 간략하게 소개해보겠다. 중국 통계국의 통계에 따르면 2011년 1/4분기 돼지 출하량은 2010년 같은 기간보다 2.5% 늘어난 2억 3,000만 마리로, 돼지고기 생산량 역시 3% 증가한 1,773만 4,000톤을 기록했다. 이 자료로 보았을 때 돼지고기 물량이 상무부의 설명과 달리 원활하게 시중에 공급되었다는 결론을 얻을 수 있다. 돼지고기 가격과 관련된 정보를 알려주는 민간 사이트의 통계 결과 역시 통계국의 것과 완전히 일치하고 있다. 다시 말해 돼지고기 공급이 줄어들기는커녕 오히려 줄곧 증가했다.

오류 2 | 전염병 확산에 따른 공급 부족

상당수 매스컴에서는 2011년 이후 돼지콜레라 등 전염병의 확산으로 생돈生豚이 대량으로 병들어 죽으면서 어미 돼지의 출산율과 새끼 돼

열병을 앓고 있는 중국 경제

지의 생존율이 떨어졌다는 데에 주목했다. 여기에 양돈 농가가 어미 돼지를 돌볼 능력을 상실하면서 생돈 공급 부족 현상이 나타났다고 설명했다. 하지만 통계국의 데이터만 보더라도 이들의 주장을 쉽게 뒤집을 수 있다. 돼지고기 생산량이 동기 대비 3% 성장했다는 통계국의 데이터는 전염병의 영향력이 지극히 제한적이었다는 것을 보여준다. 해당 자료를 가지고 마구잡이로 추론하기보다는 실제 데이터를 직접 살펴보자. 중국 농업부가 공표한 최신 자료에 따르면 2011년 5월 말 현재 생돈 두수는 4억 5,280만 마리, 2010년 같은 기간의 경우 4억 3,000만 마리로 생돈이 감소한 것이 아니라 오히려 증가했다. 돼지고기 가격에 관해 민간 사이트에서 제시한 통계 결과 역시 농업부의 것과 정확히 들어맞는다. 다시 말해, 생돈과 어미 돼지 두수 모두 감소하기는커녕 오히려 증가했다. 게다가 어미 돼지 두수가 최저치를 기록한 2010년 여름보다 2011년 돼지고기 가격이 월등히 높았다. 여기에 성돈成豚을 출하하기까지 보통 4개월밖에 걸리지 않는다는 농업 상식을 감안했을 때 2011년 식품가공업체인 쐉후이雙匯가 화학약품을 주사한 돼지고기를 가공해 시중에 유통했다는 보도의 여파를 제외해도 무방할 것이다.

오류 3 | 사료 가격의 대폭 인상

중국 상무부의 야오젠 대변인이 내놓은 또 다른 해석에 따르면 돼지를 기르는 데에 들어가는 사료, 옥수수 가격이 동기 대비 9.8% 상승했다고 한다. 자, 이제 계산기를 두드릴 시간이다.

2010년 5월 베이징 시내 돼지고기 가격은 킬로그램당 10위안이었지만 2011년 6월에는 무려 100% 상승한 20위안을 기록했다. 이에 반해 옥수수 가격의 경우 2010년 5월 중국 동북 지역에서 생산된 옥수수 가격은 톤당 1,800위안이었으나 2011년 6월에는 이보다 14% 상승한 2,050위안을 기록했다. 100kg짜리 돼지 한 마리를 기르기 위해 사료 550kg이 들어간다고 했을 때 14% 상승한 옥수수 사료값까지 더하면 평균 137위안이 든다는 결론이 나온다. 다시 말해 돼지고기 1kg 가격이 1.37위안이 되어야 한다는 뜻이지만 실제 돼지고기 1kg 가격은 평균 10위안 올랐다.

오류 4 | 양돈 비용의 대폭 인상

돼지고기 가격 중 60%가 사료값이라면 나머지 40%는 무엇일까? 돼지고기 가격이 100% 오른 베이징을 제외하고, 전국 평균 인상폭인 50%를 가지고 계산해보았을 때, 나머지 40%에 해당하는 비용도 두 배 증가해야 옳다. 중국의 전기, 수도, 인건비가 모두 상승한 것은 사실이지만 그렇다고 해서 두 배나 오른 것은 아니다.

이보다 더 중요한 사실은 가격 인상이 순전히 원가 상승에 따른 결과라면 양돈 가구의 수익은 분명 크게 줄어들었어야 하지만 현실은 그렇지 않았다. 2010년부터 돼지고기 가격은 4개월마다 한 번씩 가격이 조정되던 기존의 법칙을 철저히 무시하고 꾸준한 상승기에 접어들었다. 돼지고기 가격이 인상됨에 따라 돼지 한 마리당 수익이 100위안, 200위안을 넘어서더니 급기야 2010년 11월에는 300위안이라는 고지를 밟았다. 2011년에도 양돈 농가의 수익 환경은 점차 개선되어 마리당 600위안의 이익을 챙길 수 있었다. 경제학적 관점에서 보면 원가 상승은 수익의 지속적 상승이 아니라 오로지 수익 감소라는 결과만 가져올 뿐이다. 도대체 어떻게 된 걸까?

이를 정리해보면 돼지고기 공급에도 문제가 없었고 전염병 확산에 따른 영향력도 제한적이었다. 사료값이 소폭 인상되었지만 양돈 가구의 수익은 감소하기는커녕 오히려 증가했다. 이런 상황을 종합해보았을 때 물가 자체가 올랐다는 결론에 도달할 수 있다. 요컨대 돼지고기 1kg 가격이 과거 7.5위안에서 11.2위안으로 올랐는데, 돼지고기 값 자체가 인상된 것이 아니라 중국인들의 손에 들린 돈이 예전만 못한 가치를 지니고 있다는 뜻으로 풀이할 수 있다.

인플레이션 속에서의 거시경제 조정

연일 이어지는 돼지고기 값 인상 소식은 인플레이션이 머지않아 정부의 통제권에서 벗어나리라는 것을 의미한다. 정부의 통제권에서 벗어난다는 것은 어떤 상황을 가리키는가? 인도의 상황을 잠시 들여다보자. 인도 중앙은행 행장은 인플레이션 현상이 개선되기를 재정부와 중앙은행 모두 간절히 바라고 있지만 자신들에게는 인플레이션을 잡을 마법의 지팡이가 없다고 하소연했다. 1년 반이라는 시간 동안 인도 중앙은행이 인플레이션을 잡기 위해 무려 열 차례에 걸쳐 추가 금리인상을 실시했음에도 인도의 인플레이션율은 여전히 9% 대를 유지하고 있다.

인도 정부는 어쩌다 인플레이션에 대한 통제력을 상실한 걸까? 경제학적 용어로 설명해본다면 나선형 인플레이션이라는 해답을 제시할 수 있다. 나선형 인플레이션의 작동 원리는 다음과 같다. 처음에는 식

벼랑 끝에 선 중국 경제

품 가격이 올라 서민이나 근로자의 삶이 팍팍해지면서 임금 인상을 요구하는 목소리가 터져 나오는 것으로 시작된다. 근로자의 임금을 인상할 경우 대규모 노동력을 필요로 하는 제조업과 농업 부문의 원가 상승이 불가피해져 결과적으로 생활필수품 가격이 또다시 상승한다. 그 결과 임금 인상을 요구하는 새로운 목소리가 터져 나오는 악순환이 반복된다. 본격적인 악순환이 시작되면 정부든 기업이든 그 누구도 인플레이션을 막을 수 없다.

인플레이션에 대한 통제력을 상실할 경우 그 가공할 위력을 잘 알고 있는 중국 정부는 개혁개방을 실시한 지난 30여 년 동안 인플레이션을 잡기 위해서라면 한 치의 망설임도 없이 경제를 희생시키는 대가를 치르는 등 총력을 기울였다. 개혁개방이 중국 땅에 등장한 이래 지난 30여 년 동안 발생한 인플레이션은 대체로 과도한 통화 발행에 따른 결과로, 이번 역시 예외가 아니다. 지난 시절 중국이 겪었던 세 차례의 인플레이션을 살펴봄으로써 앞으로의 상황을 전망해보자.

1985년 1차 인플레이션이 터졌을 때, 중국 정부는 인프라 건설 사업 축소를 통해 인플레이션을 잡았다. 몇 년 동안 중국 내 통화 유통량은 같은 기간 공업과 농업 전체 생산치 상승률인 16.6%를 훌쩍 뛰어넘은 63.3% 증가했다. 당시 인플레이션율이 6%를 기록하자 이를 해결하기 위해 중국 정부가 취한 방식은 통화 발행량 확대였다. 하지만 이런 방법은 개혁개방 이후 나타난 역대 인플레이션 해결에 보이지 않는 폭탄을 심어둔 것이나 진배없었다. 당시 정책 결정자들이 '오랫동안 시름시름 앓을 바에야 잠깐 심하게 아픈 편이 낫다'며 잘못된 판단을 내리는 바람에 중국 정부는 결국 인플레이션에 대한 통제력을 잃고 말았다.

또다시 급브레이크를 밟은 중국 정부는 인프라 건설 사업 축소, 돈줄 죄기, 경제 희생이라는 커다란 대가를 치른 후에야 가까스로 인플레이션을 다시 잡을 수 있었다.

1988년 2차 인플레이션 문제를 해결하기 위해 60%에 달하는 민영 기업이 파산하는 대가를 치렀다. 당시 4~5년 동안의 통화 공급 증가율이 174%를 기록한데다 재차 임금 개혁을 선언한 정부가 임금을 큰 폭으로 인상하는 바람에 물가가 무섭게 치솟기 시작했다. 결과적으로 쌀값이 하룻밤 사이에 0.15위안에서 0.8위안으로 뛰어오르는 등 인상폭이 여섯 배나 된다는 소식이 외부로 빠르게 전해지면서 대규모 사재기 열풍이 불기 시작했다. 마른 들판에 불이 번지듯 거의 모든 상점 앞에 기다란 줄이 늘어서며 서민들 사이에 불안의 공포가 엄습했다. 상황이 그다지 심각하지 않다는 정부의 홍보에도 불구하고 정치적인 극단적 수단을 제외하곤 별다른 해결책이 보이지 않을 정도로 사재기 열풍이 쉽사리 수그러들지 않았다. 결국 중국 정부는 수천 개에 달하는 건설 프로젝트를 모두 중단시키는 초강수를 두었다. 파산이라는 단어가 중국 서민들 사이에 처음 등장했던 시기가 바로 이때다.

사실 이번 인플레이션은 상당히 많은 것을 시사해준다. 표면적으로 보았을 때 당시 문제는 가격개혁과 이중가격제였고, 인플레이션의 원인으로 직권을 남용해 주요 원자재의 유통에 관여해 폭리를 취하는 비리 공무원과 부패가 지목되었다. 하지만 "인플레이션은 아무리 말해도 화폐착각Money Illusion이다. 그 신비의 베일 안을 들여다보기란 결코 쉬운 일이 아니다"라고 한 미국 경제학자 밀턴 프리드먼의 경고를 반드시 명심해야 한다.

벼랑 끝에 선 중국 경제

당시 프리드먼과 만난 중국의 정책 결정자는 가격개혁이나 물가의 대규모 인상이 결코 두렵지 않다는 생각을 전했다. 심지어 그는 인플레이션이 일어나는 것과 동시에 서민의 임금을 대폭 인상한다면 개혁 과정에서 교묘한 방법으로 부수입을 챙기는 비양심 세력의 재화가 줄어들 것이라고 주장하기도 했다. 홍콩 출신의 유명 경제학자로 현재 홍콩대학교 경제금융학원 교수로 활동하고 있는 장우창張五常은 훗날 자신의 글에 당시의 대화 내용을 꼼꼼히 소개했다. 아이러니한 점은 위기에 대한 중국의 정책 결정자의 견해가 시장경제의 대부라고 불리던 프리드먼으로부터 크게 공감을 샀다는 것이다. 하지만 중국의 정책 결정자가 제시한 의견은 상당히 위험한데, 이를 크게 두 가지로 나누어보면 다음과 같다. 첫째, 부수입에 대한 정치경제학적 관점이 완전히 틀렸다. 부수입은 인플레이션 과정에서 사라지기는커녕 어부지리라는 우위를 충분히 활용하고 있다. 둘째, 임금과 물가가 번갈아 가며 상승하는 현상은 가공할 만한 위력을 자랑하는 나선형 인플레이션을 유발할 수 있다. 나선형 인플레이션은 이론이나 실천에 있어서 여전히 제대로 된 대응책을 찾지 못할 만큼 매우 까다로운 문제다. 지금의 중국에 참고가 될 만한 사항은 이번 인플레이션에도 두 가지 저주가 여전히 맹위를 떨치고 있다는 점이다. 하나는, 신용대출이 전반적으로 경색된 상황에서 저렴한 대출을 얻을 수 있는 세력이 대규모 인플레이션 과정에서 엄청난 수익을 올린다. 둘째, 현재 이런 형태의 인플레이션은 좀처럼 사라지지 않는다.

1995년에서 1996년, 3차 인플레이션으로 부동산시장이 폭락하고 주식 투자자들은 피눈물을 흘려야 했다. 1992년 덩샤오핑鄧小平의 남순강

열병을 앓고 있는 중국 경제

화南巡講話, 즉 중국 남부 지역 순방 연설이 있은 후 개혁에 딴지를 거는 사람은 지위고하를 막론하고 역사의 죄인이라며 대중으로부터 돌팔매질을 당했다. 그 결과 중앙은행은 개혁이라는 단어를 들먹이는 기업이라면 무조건 승인 도장을 찍어주는 등 올바른 심사 감독 기관으로서의 기능을 상실했다. 그 후 통화 발행량이 대폭 증가하면서 1993년 인플레이션율은 무려 13.2%를 기록했고 1994년에는 21.7%까지 치솟았다. 이번 인플레이션은 중국 통화 당국이 처음으로 시장의 위력을 깨닫게 된 사례로 평가된다. 앞선 두 사례가 개혁이라는 특수한 국내 사정과 경험 부족이라는 요소가 어느 정도 작용해 나온 결과라고 한다면, 이번 인플레이션에서는 묻지마 투자에 몰려든 민간자본의 역할이 지대했다. 민간자본은 전례가 없을 정도로 막강한 위력을 과시하며 증시와 주택시장에 뛰어들었다.

이번 인플레이션 상황을 조용히 지켜보던 정책 당국은 결국 국유은행에 대한 체계적인 구조조정을 단행하기로 독하게 마음먹었다. 과거 실시된 직접적인 경제 희생, 기업의 영업 중지 혹은 취소와 달리 연착륙을 통한 해결에 나선 것이다. 이를테면 예금 금리를 단번에 12% 선으로 끌어올리거나, 5년 이상 된 원금보장형 저축에 12% 정도의 이자를 제공했다. 다시 말해 장기예금 금리가 거의 25%를 육박했다. 역사적으로 볼 때 이런 수단은 미국 레이건 대통령 임기 시절 미국 연방준비제도이사회 의장이었던 폴 볼커가 취했던 태도와 한 치의 오차도 없을 만큼 똑같다. 하지만 결국 닷컴경제의 거품이 터지며 실물경제의 도산으로 이어지자 1995년과 1996년 두 차례에 걸쳐 중국 증시가 폭락했고, 이때를 기점으로 몇 년 동안 약세장에 빠졌다. 게다가 하이난海南 등지의 부동산 거품이 함께 꺼지면서 미래에 대한 전망을 더욱 어둡게 했다. 사고는 항상 국유은행이 치고 혼나는 것은 항상 민영기업의 몫이었다.

역사적인 시각에서 보았을 때 이번 인플레이션에서 흥미로운 사실을 찾을 수 있다. 하나는 인플레이션의 효과가 즉각적으로 나타났다는 것이고, 다른 하나는 인플레이션은 언젠가는 터지게 마련이라는 것이다. 4조 위안이나 되는 경기부양책과 여기에 관련된 16조 위안 규모의 지방정부 대출이 현재 중국 GDP의 절반이나 된다는 사실을 알고 있는가? 거액의 자금이 한꺼번에 투입되면 중국은 인플레이션의 함정에 빠질 것이라고 내가 누차 경고했지만 내 말에 귀 기울이는 사람은 한 명도 없었다. 여기에는 그럴만한 사정이 있다고 생각한다. 인플레이션은 하룻밤에 뚝딱 하고 나타나는 것이 아니라 상당히 오랜 시간 동안 꾸준히 관찰해야 알 수 있기 때문이다. 대출이 하루 만에 성사되는 것도 아니고, 철도 역시 하룻밤 사이에 세워질 수 있는 것이 아니지 않은가. 대출이나 대규모 토목공사에 따른 영향력이 경제 전반으로 확산되려면 적어도 1년 반 이상이 걸린다. 사실 이것은 문제도 아니다. 번번이 미국의 계략에 말려들고 있기 때문이다. 미국은 양적 완화를 통해 수입인플레이션이라는 기습공격을 시도한다. 하지만 이보다 더 무서운 것은 중국 3대 국유 메이저 석유회사인 페트로 차이나中石油, 시노펙, 중국해양석유총공사CNOOC를 통칭하는 삼통유三桶油를 포함한 중국의 국가 대표들이 그 틈을 노리고 유가·전기요금·철강세 같은 원자재 가격을 줄줄이 인상하는 바람에 엄청난 원가 상승 압박이 즉각적으로 확산되었다는 데에 있다. 예를 들면, 미국 연방준비제도이사회의 두 차례에 걸

열병을 앓고 있는 중국 경제

친 양적 완화 조치로 20조 위안이나 되는 천문학적인 투자를 무리하게 추진하면서 생겨나는 문제가 이제야 본격적으로 나타나고 있다.

2007년에 터진 인플레이션 사태를 통해 우리는 한 가지 사실을 알 수 있다. 돼지고기 값을 잡지 못할 경우 정부는 지금의 인플레이션이 물가 상승 - 임금 인상 - 물가 상승이라는 나선형 발전 단계로 접어들 수 있다고 판단해 최악의 수단을 선택할 수도 있다. 요컨대 금리를 대폭 인상하거나 돈줄을 바짝 조이기 위해 연속해서 지급준비율을 올릴 수 있다. 과감한 행동을 취하지 않아 인플레이션이 통제권에서 벗어나게 되면 그때 금리를 7~8% 인상한다고 해도 문제가 해결된다는 보장이 없기 때문이다. 어쩌면 1990년대처럼 금리를 25% 올려야 인플레이션을 잡을 수 있을지도 모를 일이다.

이런 논리대로라면 중앙은행이 급브레이크를 서서히 풀기 시작한 이유를 이해할 수 있을 것이다. 2011년 11월부터 시작된 돼지고기 값의 상승세가 누그러들자 중앙은행은 중국식 인플레이션이 잡혔다고 판단하고 지급준비율을 인하하고 2011년 신용대출 정책이 제대로 진행되고 있다고 확정한 것이다. 하지만 4조 위안이 일으킨 열병은 잠시 가라앉았을 뿐, 4조 위안과 배후에 있는 수십조 위안의 채무는 여전히 남아 있다는 점을 결코 잊어서는 안 될 것이다.

과도하게 풀린 통화를 어떻게 할까

이 책을 집필하면서 사실 이 부분은 당초 계획에 없었다. 앞에서 중국식 인플레이션이 어떻게 일어났는지 충분히 설명했다고 판단했기 때문이다. 하지만 원고를 수정하면서 나는 한 가지 고민 때문에 밤잠을 설쳐야 했다. 경제계 동료들 중에 분명 나와 다른 견해를 가진 이들이 있다는 것을 잘 알고 있지만, 한번 분명하게 언급했던 문제를 계속해서 토론할 필요는 없다고 생각했다. 하지만 4차 수정 작업을 하던 중에 나와 의견이 다른 것은 일부 경제학자만이 아니라 일반 대중도 그렇다는 사실을 깨달았다. 그런 점에서 다시 한 번 토론을 벌이게 된 점에 대해 독자 여러분의 양해를 구하는 바다. 이 글을 쓰기 위해 거의 한 달에 가까운 시간이 걸렸다. 이왕지사 똑같은 말을 되풀이하게 되었으니 보다 정확한 사실을 조금이라도 더 전하고 싶은 마음에 통계 데이터를 들여다보는 일 외에도 실제로 현장을 돌아다니며 조사에 착수했다. 택시기사 · 식당 직원 · 과일장수 · 정육점 주인 등을 직접 만나 한 달 수입이나 임대료 · 생활비 · 예금 등을 물어보며 발품을 판 끝에 나는 인플레이션을 바라보는 중국인들의 두 가지 관점을 확인할 수 있었다.

첫째, 인플레이션이 발발한 원인은 중앙은행에서 일부러 돈을 과도하게 발행했기 때문이 아니다. 달러를 선호하는 외국인에 대한 중국의 배려 차원에서 생긴 문제다. 요컨대 중국산 제품을 구매하거나 대중국 투자에서 외국인이 달러를 선호하기 때문에 호의를 거절할 수 없었던 중앙은행이 어쩔 수 없이 위안화 발행을 늘릴 수밖에 없었다는 것이 그들의 주장이다.

다른 하나는, 돈이 아니라 중국 경제의 현황에 보다 초점을 맞추고 있다. 이를테면 중국 전역에 걸쳐 수많은 민간 업체에서 일손이 부족하다고 아우성치는 마당에 임금을 인상하지 않고 배겨낼 수 있느냐는

열병을 앓고 있는 중국 경제

것이다. 집값의 경우는 또 어떤가? 너나 할 것 없이 모두 도시로만 몰려드는 바람에 집값이 하루가 다르게 뛰고 있으니 오르지 않을 것이 어디 있으랴. 천연자원 역시 문제가 있다. 거대한 인구를 자랑하는 중국에서 상당한 재력을 지닌 사람들이 점점 늘어나면서 앞 다투어 자동차를 구입하고 있다. 자동차 판매량이 증가하면서 시장 수요가 늘어나자 이를 맞추기 위해 더 많은 양의 철강, 석유가 필요하다. 이런 과정을 거치면서 물가가 자연스럽게 오른다는 것이다.

간단히 정리해보면, 첫 번째 관점은 외부적 요소 때문에 돈이 추가로 발행된 것이라고 주장하고, 두 번째 관점은 외부적인 요소도 있지만 결정적인 역할은 내부적인 원인에 있다고 설명한다. 이런 관점은 두 명의 경제학자가 제시한 것으로, 외인론은 현 베이징대학교 국가발전연구원 원장인 저우치런周其仁, 내인론은 현재 국무원 발전연구센터 금융연구소장을 맡고 있는 샤빈夏斌을 통해 등장했다. 1980년대부터 중국 경제개혁에 참여한 두 사람은 2012년 3월까지 인민은행의 통화정책위원회 위원으로 활약했고 지금은 통화정책위원회 고문직을 맡고 있다.

지면을 할애하면서까지 이들과 토론하려는 이유가 무엇이냐고 묻는다면, 문제를 정확하게 짚고 넘어가기 위해서라고 하겠다. 요컨대 외인론, 내인론, 여기에 나의 정부투자론 모두 지금의 인플레이션을 어느 정도 해석할 수 있지만, 서로 다른 이론적 해석에 근거해 각자의 정책을 건의하고 있다. 옛날로 치면 세 명의 의원이 환자의 병세를 보고 진단하는 것과 같다. 환자가 고열에 시달리는 증세에 대한 세 의원의 진단 결과는 똑같지만 원인이 서로 달라 각자 다른 처방을 내리고 있다는 데에 문제가 있는 것이다.

벼랑 끝에 선 중국 경제

도발적인 문제를 하나 던져보겠다. 3대 요소, 즉 외화예금, 내부적 요소가격과 정부 투자 중 지금의 인플레이션을 일으킨 원흉은 누구인가? 대답하기 난감한 문제라는 점은 나 역시 동의하지만 그렇다고 해서 일부러 싸움판을 키운다는 오해는 하지 말아주기 바란다. 한 가지 사실을 확실히 하기 위한 진심어린 노력이라는 것만 알아주었으면 한다.

가장 공평한 방법은 막연한 추측은 버리고 정확한 데이터를 통해 문제를 설명하는 것이리라.

금융 쓰나미와 경기부양책 등장으로 효력을 잃은 외인론

먼저 외화예금을 살펴보자. 2011년 중국의 외화예금은 20조 위안에 상당하는 3조 1,800만 달러였고, 2011년 말 중국의 통화공급량, 즉 광의통화$M2$는 85조 위안이었다. 여기에 레버리지까지 감안했을 때 외화는 중국에 엄청난 돈을 가져다주었다.

하지만 외화예금은 하룻밤 만에 생겨나지도 않고, 인플레이션도 항상 수위가 일정하지 않다는 사실을 알아야 한다. 다시 말해 인플레이션이 순전히 외부의 달러가 유입되어 발생한 것이라면 인플레이션이 요동치는 모습을 목격해야 한다. 정부 측의 통계에 따르면 중국의 인플레이션은 2008년과 2011년에 위험수위인 5%를 뛰어넘어 각각 5.9%와 5.4%를 기록했다. 2006년, 2007년, 2009년과 2010년의 인플레이션은 각각 1.5%, 4.8%, -0.7%와 3.3%를 기록했다. 외화예금의 증가세는 얼마나 되었을까? 2006년부터 2011년까지 연간 증가세는 각각 30.21%, 43.32%, 27.34%, 23.29%, 18.68%와 11.72%였다.

나열한 데이터만으로 결론을 내기 쉽지 않을 것이다. 독자 여러분의 이해를 돕기 위해 좀 더 구체적으로 풀어보면, 통화 발행에서부터 원자재 매입, 상품 제작, 소비에 이르기까지 대략 12개월이라는 시간이 필요하다. 경제학계에서 이미 상당수의 계량 분석 결과가 있지만 여기서 굳이 자세히 다루지는 않겠다. 외인론이 맞는지 틀렸는지 확인하기 위해서는 1년 동안 쌓아둔 달러 예금과 다음해에 발생한 인플레이션 사이의 관계를 살펴보면 된다.

결론적으로 말해 저우치런의 외인론은 금융 쓰나미와 4조 위안에 달하는 경기부양책이 등장하기 전까지는 상당히 믿을 만했다. 물론 엄격하게 말해 월간 데이터로 분석해야 하지만 결론은 대체로 일치한다. 여기까지도 잘 이해가 되지 않는 독자가 있다면 연간 데이터로 설명해보겠다. 2006년과 2007년 중국의 외화예금이 무서운 속도로 증가했다. 2006년 인플레이션은 상당히 낮은 수치를 보였지만, 1년이 지난 뒤 2007년과 2008년 인플레이션이 들썩거리기 시작했다. 2007년에 터진 달러 홍수가 사방에서 범람한 가운데 2008년에 급격한 인플레이션이 일어났다. 여기까지는 이론적으로 아무런 문제가 없지만 뒤이어 문제가 터지고 말았다. 2009년 디플레이션이 등장하기 1년 전인 2008년의 외화예금 증가세는 2006년 자료와 비교했을 때 3%포인트도 채 안 되는 격차를 보이고 있는 데에 반해 인플레이션 결과는 전혀 달랐다. 2008년의 인플레이션율은 5.9%, 2006년의 인플레이션율은 1.5%였다. 이번에는 2010년 외화예금을 살펴보자. 증가세가 2009년보다 낮을 뿐만 아니라 금액만 보더라도 하락세가 확실했다. 2010년 외화예금은 4,481억 달러 증가한 데에 그쳤지만 2009년에는 4,532억 달러 늘어났다. 이런 논리대로라면 외화예금 규모를 보았을 때 2011년에는 인플

벼랑 끝에 선 중국 경제

레이션이 결코 일어나서는 안 된다. 하지만 2011년 인플레이션은 역대 최고치에 가까운 5.4%를 육박했다.

외인론이 틀렸다는 것을 입증하기 위해 지금껏 이야기를 늘어놓고 있는 것이 아니다. 외화예금이라는 요소만으로 2009년의 디플레이션을 설명하거나 2011년의 인플레이션을 예측하기 어렵다는 점을 전달하려는 것뿐이다. 그 누구도 외부적인 요소의 존재를 부정할 수 없다. 외부적인 요소는 인플레이션이 일어나기 위한 중요한 전제조건이므로 저우치런의 관점이 틀렸다고 함부로 단정 지을 수도 없다. 그렇다면 인플레이션은 왜 외화예금 추이에 따라 움직이지 않은 걸까? 이와 관련한 내용은 뒤에서 다시 설명하겠다.

내인론 때문이라면 일손 부족 탓인가, 아니면 과다 고용 탓인가

내인론을 한마디로 정의하면 공급 부족으로 물가가 인상되었다는 점에서 '부족론'이라고 정의할 수 있겠다. 구체적으로 말해, 일손이 부족하면 자연스럽게 근로자의 임금이 인상된다. 임금 인상에 따라 나머지 생산 요소 역시 동반 상승하게 되는데, 일손 부족 현상이 가격을 끌어올리고 궁극적으로는 인플레이션을 유발한다. 여기서 질문 하나. 임금이 올랐는데 물가나 주택 임대료·수도요금·전기료와 가스비 등도 모두 올랐다면 임금이 인상되었다고 보아야 할까? 임금이 사실상 그다지 오르지 않았는데도 공급 부족으로 생겨난 인플레이션에서는 명목물가만 살피면 될까? 통화 자체의 구매력은 개의치 않아도 되는 걸까? 최근 1~2년 사이 잡화점에 진열된 상품들의 가격은 쌀이나 콩기름·과일·채소 할 것 없이 모두 두 배 올랐는데, 그중에서도 과일의 인상폭은 유달리 컸다. 하지만 수입이 두 배 늘어난 서민이 과연 얼마나 되었던가?

통화 구매력이 하락했다면 통화의 평가절하와 일손 부족으로 인한 명목상의 임금 인상폭은 각각 얼마나 될까? 중국의 통계 자료가 상당히 미진하기 때문에 일상적인 경험으로 관찰하고 평가할 수밖에 없다. 가령 임금 인상폭이 30%인 데에 반해 통화가치가 50% 떨어졌다고 근로자가 느낀다면 근로임금은 사실상 하락했다고 볼 수 있다. 반면에 통화가치가 20%만 하락했다면 일손 부족 덕분에 근로자는 10%의 이익을 챙길 수 있다. 요컨대 통화의 구매력이 하락한 상태에서 요소가격 인상에 요소 부족이 미치는 실제 영향력이 그리 크지 않다고 할 수 있다.

그렇다고 해서 샤빈의 주장이 틀렸다는 것은 결코 아니다. 오히려 그의 논리를 가만히 따라가다 보면 일손 부족 현상이 지나치게 빨리 늘어나는 수요 때문인지, 아니면 말 그대로 공급 부족 때문에 일어난 것인지 보다 근본적인 문제에 직면하게 된다. 공급과 수요의 관계는 갑작스럽게 변하는 것이 아니라 나름의 법칙을 갖고 있다. 사실 일손 부족이라는 개념은 중국에서 본말이 전도된 채 사용되고 있다. 여태껏 근로자의 공급이 원활하지 않아 각지에서 일손 찾기가 어렵다고 생각했지만 현실은 전혀 그렇지 않다. 일손 부족이 아니라 과다한 일손 모집 현상이 일어나고 있는 것이다. 통계국이 보유하고 있는 상당수의 자료는 내용 간 편차가 커 객관성이 다소 떨어진다. 이에 반해 전국적인 인구조사는 대체적으로 신뢰할 만한데, 그중에서도 6차 인구조사 자료는 오랫동안 존재하던 오류를 수정했다는 점에서 정확성이나 신뢰도 면에서 상당히 높은 평가를 받고 있다. 중국에서 인구가 가장 많은 지역이라고 하면 예로부터 쓰촨이나 허난河南을 떠올리곤 했다. 전

벼랑 끝에 선 중국 경제

세계 어디를 살펴보아도 인구와 경제 수준은 정비례한다는 것이 그 이유다. 돈이 몰리는 곳에 사람도 몰린다는 지극히 단순한 사실만 맹신한 것이다. 하지만 이번 조사를 통해 광둥성이 중국 내 인구가 가장 많은 지역이라는 사실이 확인되었다. 지난 10년 동안 동부 지역의 인구는 줄곧 증가한 반면 중부, 서부 지역과 동북 지역의 인구는 지속적으로 감소했다. 이보다 더 중요한 사실은 지난 10년 동안 중국의 전체 노동 가능 인구수가 1억 명이나 증가했다는 것으로, 개인적으로는 이보다 더 많지 않나 싶다. 이런 주장을 뒷받침할 만한 이유를 한 가지 꼽으면, 흔히 말하는 노동력은 16세에서 59세 사이의 인구를 가리키지만 실제로 60세가 넘어서도 계속해서 일하는 경우를 주변에서 어렵지 않게 찾아볼 수 있기 때문이다.

이런 사실이 부족론에 어떤 영향을 줄까? 인구에 관한 통계국의 분석에 따르면 노동력 공급의 변곡점은 2013년이 될 것이라고 한다. 지난 4~5년간 중국에서는 해마다 봄만 되면 일손 부족 대란에 관한 이야기가 약속이라도 한 듯 사방에서 동시에 터져 나오곤 했다. 하지만 대란의 배후에는 우리가 여태껏 잘못 알고 있던 사실이 숨겨져 있었다. 요컨대 노동력은 사실 꾸준히 증가했다. 다만 그 증가세가 기업의 수요를 만족시키지 못해 원하는 인재를 모집하지 못하는 것뿐이었다.

모든 문제의 시작은 정부 투자 때문이다

내인론이 과도한 수요가 어디에서 발생하느냐는 질문을 남겼다면 외인론은 국제 금융위기 이후 외화예금 증가세가 현저히 둔화되었음에도 2011년 인플레이션이 기승을 부린 이유를 명쾌하게 제시하지 못했

열병을 앓고 있는 중국 경제

다. 게다가 외인론에 따른 진작효과를 거시적 측면 어디에서 찾아볼수 있는가? 20조 위안이나 되는 중앙은행의 귀한 보물인 외화예금이은행 시스템에 주입되며, 85조 위안에 달하는 통화공급량 앞에서도 전혀 밀리지 않는 존재감을 자랑하고 있지만 어떻게 된 영문인지 아무런흔적조차 보이지 않는다.

이런 점에서 정부투자론은 내인론과 외인론을 한데 묶을 수 있을 뿐만 아니라 위의 세 가지 문제에 대한 답변을 제시할 수 있다고 자신한다. 20여 조 위안이나 되는 외화예금이 중국 경제에 튼실한 기반으로작용했다는 것을 누구도 부정하지 못하리라. 그리고 이렇게 든든한 외화예금을 뒷받침하고 있는 것은 거액의 무역 흑자다. 사실 2004년 이전의 지난 10년간 무역 흑자는 매년 300~400억 달러에 불과했지만 2005년 1,000억 달러라는 고지를 밟은 뒤 꾸준히 증가했다. 2006년의 무역흑자액은 1,775억 달러, 2007년에는 2,622억 달러를 넘어섰다. 하지만 지나치게 돈을 아껴 쓴 나머지 2007년부터 인플레이션이 나타나기시작했고, 금융 쓰나미가 터지기 직전까지도 중국은 경기과열과 인플레이션 방지라는 쌍방^{雙防} 정책을 고수하며 견고한 수비망을 자랑했다.그러던 중 2008년 정부가 집계한 인플레이션이 5.9%를 기록하자 중국정부는 신용대출을 엄격히 규제하고 경제의 숨통을 조이기 시작했다.지금 보더라도, 그리고 지금과 비교해보더라도 당시의 소비자물가지수와 집값 모두 건전한 편이었다.

여기서 잠깐 정리하고 넘어가면, 2005년부터 중국이 대외무역에서적지 않은 달러를 벌어들이면서 은행 시스템에 거액의 위안화가 주입되기 시작했다. 하지만 2007년부터 정부가 인플레이션을 잡기 시작하

벼랑 끝에 선 중국 경제

면서 그 든든한 자산이 2009년 전까지 줄곧 사용되지 않았다.

하지만 4조 위안 규모의 경기부양책이 모든 것을 바꾸어놓았다. 이런 상황을 가장 확실하게 보여주는 설득력 있는 지표가 바로 고정자산 투자액이다. 2005년부터 2011년까지의 고정자산 투자액의 증가세를 계산해보면 2009년 이전까지의 증가세가 모두 25% 선을 유지하다가 2009년 들어 돌연 30%까지 올랐다는 사실을 알 수 있다. 한 번에 20조 위안을 돌파한 것이다. 통화공급량 역시 놀라운 수치를 보였는데, 50조 위안을 밑돌던 수준에서 순식간에 60조 위안을 돌파했다. 무서운 사실은 경제가 이미 안정적인 단계에 접어들었음에도 과도한 투자가 계속해서 이어졌다는 데에 있다. 그 결과 2010년 고정자산 투자 증가세가 다시 둔화되었지만 원체 숫자가 크다 보니 통화공급량에 대한 고정자산 투자액의 비율이 전례 없이 38.32%를 기록했다. 이렇게 해서 산업 전반에 걸쳐 비이성적인 투자 수요가 촉발되었다.

내인론의 주장대로라면 임금이 상승하면 기업은 고용을 줄여야 하는데도 왜 필요한 일손을 제대로 구하지 못했다는 말이 나오는 걸까? 연구를 통해 일손이 가장 달리는 부문은 인프라 건설로, 기업에서 필요로 하는 근로자가 지나치게 많아 해당 부문에서 일손 부족 대란 현상이 나타났다는 결론에 도달했다. 다시 말해 대규모 신용대출 자금이 해당 부문으로 지나치게 쏠려 있음을 간접적으로 반영하고 있다.

이렇게 내인론은 일손 부족 현상이 나타난 원인에 대한 문제에 직면하게 된다. 요컨대 일손 부족 현상은 구조조정, 일손 자원 부족 때문에 일어나는 것이 아니다. 인구보너스 효과 감소에 따른 노동력 부족 때문에 그런 것은 더더욱 아니다. 이는 바로 과도한 수요 때문이다. 물론

열병을 앓고 있는 중국 경제

내인론이 틀렸다는 것이 아니다. 2013년을 기점으로 중국의 인구가 전환점을 통과한다고 하니 제조업이 하루가 다르게 도약하던 시절 노동력 부족으로 골치를 앓던 일본처럼 중국 경제 역시 내재적인 인플레이션이 가져다주는 시험을 머지않아 치러야 할 것이다. 과학적인 규제가 더 이상 진행되지 않는다면 3대 요소가 한데 엉켰을 때 더 끔찍한 결과를 마주해야 할 것이다.

인플레이션을 진정시키기 위한 건의

세 가지 인플레이션이 가져다주는 리스크를 어떻게 막아야 할까?

첫째, 외인론은 중국의 외화예금이라는 풍족한 재산이 원흉이라는 사실을 알려준다. 이를 바탕으로 문제의 불씨를 완전히 제거하고 규제에 나서야 할 것이다. 이 문제에 대해 저우치런은 상당히 훌륭한 건의를 제시한 바 있다. 재정자원으로 달러를 매입해 원래 민간으로 흘러갈 자금을 정부가 회수하자는 것이었다. 그의 주장대로라면 장기적인 해결책으로는 무역 흑자와 외국인 투자를 규제하는 것이 될 테고, 위안화의 적절한 평가절상·수출환급금 인하와 같은 조치를 취하거나, 산업구조 조정을 통한 무역 흑자 규모의 적절한 통제와 같은 종합적인 대책이 동원된다. 아울러 지방정부의 심사 기준을 수정해 효과적으로 지방정부의 기업 투자 유치 프로젝트를 최적화시킴으로써 외국인 직접투자 규모를 통제해야 한다.

둘째, 외부적 요소가 확산될 수 있었던 것은 내부에 문제가 있기 때

벼랑 끝에 선 중국 경제

문이다. 내인론의 주장에 따르면 중국은 경제구조 전환에 박차를 가하고, 경제의 구조조정을 보다 강도 높게 단행해야 한다. 샤빈의 견해로 추론해볼 때 내인론은 임금과 생활비가 모두 빠르게 상승한다는 것을 인정하는 것과 일맥상통한다. 적절한 정책을 통해 생활비 인상폭보다 임금 인상폭을 빠르게 늘릴 수 있다면 인플레이션이 서민에게 주는 피해를 최대한 낮출 수 있을 것이다.

셋째, 모든 문제의 근원은 정부 투자 때문이다. 여기서 생겨난 비이성적인 투자가 과도한 통화 발행의 도화선이 된 셈이다. 대규모 통화가 유입됨에 따라 과도한 수요가 발생하며 중국 내 주요 요소를 무서운 속도로 빨아들이기 시작했다. 그 결과 주요 요소가 크게 줄어들면서 노동력에서부터 천연자원에 이르기까지 거의 모든 가격이 대폭 인상되었다. 이런 상황에 중국 정부의 시급한 임무는 빚을 내서라도 투자를 하겠다는 지방정부의 과도한 혈기를 내리누르고, 현재 시중 은행의 조방형 경영 모델을 조정함으로써 악순환의 고리를 끊는 것이다. 여기서 말하는 악순환이란 상장 후 자금을 보충하기 위해 투자자에게서 자금만 받고 이익금을 돌려주지 않다가 대규모 대출을 받고 나서 다시 투자자를 기만하는 행렬에 동참하는 일련의 과정을 가리킨다. 지금 지방정부는 국유은행에 '같은 식구', 즉 국가가 소유한 같은 몸이 아니냐며 돈을 빌리고 있다. 국유은행의 지방 담당자 역시 혹시라도 출셋길에 안 좋은 영향을 미칠까 봐 종종 지방정부의 편의를 봐주고 있다. 이런 문제를 원천적으로 해결하기 위해서는 두 가지 중대 개혁에 착수해야 한다. 하나는 금리 시장화를 실시해 비非국유은행을 국유은행의 진정한 경쟁자로 세우는 것이다. 나머지 하나는 민간 자본의 금융권 진출을 허용하는 것이다. 이렇게 하면 민간자본이 시장화된 고금리를 이용해 예금을 흡수할 수 있기 때문에 궁극적으로 유동성 자금을 흡수할 수 있는 것은 물론 지방정부의 투자 프로젝트에 진정한 의미의 족쇄를 채울 수 있다.

넷째, 행정형 인플레이션과 독점형 가격 상승을 경계해야 한다. 석유를 예로 들어보면, 현재 국제 유가는 2008년만큼 높은 몸값을 자랑하지는 않지만 어찌된 영문인지 중국 내 정유의 가격은 2008년보다 훨씬 높다. 이런 결과가 나타날 정도로 유류세와 폭리세, 그리고 독점기업이 우위를 이용해 정가를 독점하는 영향력이 도대체 얼마나 대단한지 쉽게 알 수 있다. 이번에는 전기요금을 들여다보자. 발전소가 손실을 입게 된 근본적인 원인은 주민용 전기 소매가격이 아니라 계통 공급가격이 지나치게 낮기 때문이다. 발전소의 비용 이익은 상대적으로 투명하지만 중간에서 폭리를 취하는 독점 전력망이 서민의 이익을 해치고 있다. 이런 상황에서 전기요금을 갑작스럽게 인상하거나 단계적으로 전기요금을 올리는 행동은 물가 인상을 촉발한다. 은행·민간항공·고속도로·토지 1급 개발 등에서도 이와 비슷한 상황을 찾아볼 수 있다.

독점적 우위를 자랑하는 국유기업이 국민경제의 기반이 되는 지위에 집중적으로 포진해 있는 이상 어떤 형태의 가격 인상 행위도 전체 물가에 커다란 부담으로 작용할 수 있다는 점을 감안해 가격 인상에 신중을 기해야 한다. 반대로 필요한 상황이라면 적당한 범위 내에서 일부 독점기업의 손실을 감수하는 한이 있더라도 서민을 지원해주어야 한다. 이 문제에 관해 베이징 시는 상당히 훌륭하게 대처했다. 서민에게 교통보조금을 제공한 것이다. 현재 부총리인 왕치산王岐山이 베이징

벼랑 끝에 선 중국 경제

시장으로 재임했던 당시 공공교통 요금을 잡겠다고 선언하며 20억 위안에 불과하던 교통보조금을 40억 위안으로 확대 편성했다. 현재 해당 정책에 투입되는 한 해 보조금은 약 100억 위안에 달한다. 이런 노력을 통해 서민들이 외출할 때 자동차보다는 대중교통을 애용하도록 유도함으로써 교통체증 문제도 어느 정도 해결했을 뿐만 아니라 서민들도 경제적인 혜택을 누릴 수 있었다.

이쯤에서 나를 비롯한 세 명의 경제학자가 제시한 이론 사이에 심각한 이론적 모순이 존재하지 않는다는 사실을 알 수 있을 것이다. 주요 내용을 다시 한 번 정리해보면, 2007년에서 2008년 사이의 인플레이션은 주로 외부적인 요소에 의해 일어났지만 중앙은행이 문제의 근원을 처리하는 데에 진지하게 착수하지 않는 바람에 개혁을 위한 절호의 기회를 놓치고 말았다. 차곡차곡 모인 20여 조 위안이나 되는 재고에 레버리지 효과까지 더해지면서 2010년과 2011년 인플레이션이 불어 닥쳤다. 고속철도나 인프라 건설에 대한 열정은 적어도 6개월 전에 사라졌어야 하지만 아쉽게도 그 시기가 계속해서 미루어지고 있다. 중국의 통계 데이터 기반이 원체 허술한데다 미국 연방준비제도이사회 전 의장인 그린스펀조차 실수를 저지를 만큼 특수성을 자랑하는 금융정책 시스템 하에서 금융 당국이 얼마나 고심했는지 그 고민의 흔적을 곳곳에서 찾아볼 수 있다. 그러니 중국의 금융 당국에 대한 지나친 질책은 불필요하다고 본다.

가장 손대기 어려운 문제는 바로 지금 눈앞에 펼쳐진 참상, 즉 인플레이션이 일어날 수 있다는 공포감에 사로잡힌 중국 정부가 과감하게 신용대출을 완화하지 못해 결국 경제가 위축되고 말았다. 하지만 경기

침체가 지방정부의 채무 악화를 유발시킨다면 다시 통화를 풀 방법을 고민하게 될 것이다. 이보다 더 불행한 사실은, 인구보너스 효과가 사라지면 중국은 향후 중장기적으로 내부적인 압력에 따른 인플레이션에 끊임없이 시달릴 수 있다는 것이다. 이런 점에서 양심을 가진 경제학자로서 재차 경고를 내놓을 수밖에 없었다. 중국 경제는 중장기적으로 인플레이션이라는 재앙에서 벗어날 수 없다. 과도하게 투자와 세수에 매달리는 GDP주의를 고치지 않는 한 중국은 인플레이션이라는 저주에서 벗어날 수 없다. 인플레이션이 조금 낮아졌다고 슬금슬금 통화의 갑문을 열어서는 결코 안 된다. 이는 폐렴에 걸린 환자가 기침이 잦아들고 열이 떨어졌다고 해서 병이 나았다고 생각하는 것과 진배없기 때문이다.

벼랑 끝에 선 중국 경제

비용의 우위를 잃게 되는 날

인터뷰에 응한 중국 내 제조업 경영주들 중 61%가
마치 약속이나 한 듯 공급지와 수요지 간 거리를 줄이고
탄력적으로 운영하기 위해 제조업 생산 능력을
미국으로 이전시키는 방안을 고민하고 있다고 답했다.

인플레이션 후 미국과 베트남이 웃는다

이번 인플레이션이 유발할 수 있는 최악의 상황에 대해 생각해본 적 있는가? 아마도 중국 제조업이 전적으로 의존하고 있는 비용이라는 우위가 더 이상 효력을 발휘할 수 없을 것이다. 중국의 대표적인 취업 사이트인 첸청우요우前程無憂가 발표한 〈2010년 이직 및 임금 조정 조사 연구 보고서〉에 따르면 2011년 이직률은 여전히 높은 수치를 유지하고 있지만, 2012년 상반기 중국 기업의 평균 임금 인상률이 GDP 성장률인 8%를 뛰어넘는 9.8%가 될 것이라고 전망했다. 2011년 각 업계의 이직률은 2008년 금융위기 이후 최고치인 평균 18.9%를 기록했는데, 그 가운데 전통 서비스업계의 이직률은 21.2%, 제조업 분야 이직률 역시 20.5%라는 높은 수치를 기록했다.

2010년에 불어 닥친 임금 인상 열풍으로 동남부 연해 지역의 기업은 그야말로 눈앞이 캄캄한 상황이다. 닝보寧波의 경우 심각한 사태에 대외경제무역국 부국장이 직접 일손 모집에 나서기도 했다. 쓰촨 광위안廣元을 찾은 부국장이 적극적인 홍보 활동을 벌인 결과 동행한 기업 방문단은 한 번에 5,000건에 달하는 직원 채용에 성공했다. 현장에 있던 대부분의 닝보 기업들은 구직자의 마음을 사로잡기 위해 임금을 10~15% 올리기도 했다. 이런 현상은 닝보에서만 목격되는 것이 아니다. 중부의 우한武漢에서도 일반 근로자의 임금이 적게는 1,600~2,800위안으로 뛰어올랐고, 서비스 업종 역시 1,200위안 이상까지 올랐다. 2011년 전체 기업들 중 80% 이상이 적극적으로 임금 기준을 인상했는데, 평균 인상 폭이 15% 선을 유지하고 있는 것으로 나타났다.

비용이라는 우위를 잃은 중국 제조업은 앞으로 어떤 상황을 마주하게 될까? 중국 제조업 중에서 고부가가치 산업에 해당하는 일자리는 미국 본토로 되돌아갈 것이고, 저부가가치 산업은 기타 개발도상국으로 옮겨 갈 것이다. 이런 점에서 미국 보스턴컨설팅그룹BCG이 최근 발표한 연구 보고서의 내용은 무척 흥미롭다. 중국 노동자의 임금 인상, 미국의 생산율 향상 및 달러의 평가절하 등으로 양국의 생산 비용 간 격차가 점차 줄어들고 있는 상황이 계속 유지된다면 2015년경 북미 시장에서 판매되는 상품의 미국 내 생산 비용이 중국 제조업과 거의 같은 가격대를 형성할 가능성이 크다는 것이다. 게다가 이런 소식이 쏟아지면서 가전 등 일부 제조업체를 중심으로 고부가가치 산업 일자리가 다시 미국의 품으로 되돌아가고 있다고 한다. 컨설팅업체인 액센츄어의 보고서에 따르면 인터뷰에 응한 중국 내 미국계 제조업 경영주들 중 61%가 마치 약속이나 한 듯 공급지와 수요지 간 거리를 줄이고 보다 탄력적인 운영을 위해 제조업 생산 능력을 미국으로 복귀시키는 방안을 고민하고 있다고 답했다. 이 밖에도 액센츄어는 'Made in America'의 비용 우위가 점차 현저하게 나타남에 따라 향후 5년 내에 미국에 약 200~300만 개의 일자리가 새로 생겨날 것이라고 전망했다.

2007년에 중국 내 미국 나이키 사의 생산 공장에서 만든 신발 제품이 전체 생산율의 35%를 차지함으로써 중국은 베트남, 인도네시아, 태국을 제치고 가장 큰 해외 생산기지로 떠올랐다. 참고로 베트남, 인도네시아, 태국의 생산율은 각각 31%, 21%와 12%였다. 하지만 2010년에는 예상하지 못한 상황이 벌어졌다. 베트남 생산 공장이 34%의 생산율을 기록한 중국을 제치고 전체 생산율 37%를 기록하며 1위가 되는 영광을 차지한 것이다. 인도네시아와 태국의 생산율은 23%와 2%를 기록했다. 'Made in Vietnam'은 막강한 비용 우위를 앞세워 'Made in China'를 제치고 일약 나이키 사의 세계 최대 생산기지로 떠올랐다.

버는 돈은 많지만 정작 소득은 떨어져

임금이 인상되었다고 해서 근로자의 대우가 더 나아질 것이라고 함부로 단정 지어서는 안 된다. 4조 위안의 경기부양책이 낳은 인플레이션을 감안했을 때 임금 인상은 지극히 당연한 결과이기 때문이다. 이 같은 현상은 특히 동부 지역에서 더욱 두드러진다. 과거 중국 동부와 서부 지역에서 일하는 제조업 종사자의 임금 격차는 15%였지만 지금은 5% 미만으로 좁혀진 상태다. 중부와 동부 지역의 근로자 간 소득 격차

벼랑 끝에 선 중국 경제

역시 점차 줄어들고 있음을 보여주는 대표적인 사례로 중국 내 애플의 주요 부품 생산 업체인 폭스콘을 들 수 있다. 폭스콘 쿤산昆山 공장은 약 400위안 정도 임금을 인상했는데, 여기에 약 2,300~2,400위안에 달하는 월간 야간비가 추가로 지급된다. 폭스콘의 다른 공장인 우한의 2011년 임금은 2010년보다 400위안 인상되었는데, 근로자들은 심사를 통해 기본적으로 2,200위안에 달하는 야근비를 추가로 받을 수 있다.

임금은 인상되었지만 생활비가 가파르게 상승하고 있어 근로자의 상황이 크게 나아지지 못했다는 데에 문제가 있다. 생활비 인상폭이 15%를 훌쩍 뛰어넘은 동부 지역의 경우 비싼 물가를 부담스러워하는 근로자들이 다른 지역으로 옮겨 가는 바람에 심각한 일손 부족에 시달릴 수밖에 없다. 이런 현상이 나타나게 된 데에는 몇 가지 이유가 있는데, 그중 일부를 소개하면 다음과 같다. 첫째, 각 지방정부가 저소득 계층에게 마땅히 제공해야 할 이전지출Transfer Payment을 제대로 제공하지 않았다. 둘째, 정부로부터 보조금을 받아 생활비 상승에 따른 압박을 견뎌낼 수 있었던 동부 현지 근로자들과 달리 외부 지역 출신의 근로자에게는 아무런 혜택도 제공되지 않았다. 이런 이유 때문에 이들은 자연스럽게 창산자오長三角와 주산자오珠三角로의 이동을 기피하고 있다.

동부 지역에 대한 기피 현상이 이어지면서 현지 제조업은 자연스럽게 쇠퇴하기 시작했는데, 그 속도가 2년 전 금융위기 때보다 더 빠른, 심각한 상황을 연출하고 있다. 《화하시보華夏時報》는 2010년 말 원저우 지역 내 중소기업의 외부 이전에 관한 문제를 다루었는데, 취재 결과 원저우 지역 전통 제조업의 공동화현상이 점차 심화되고 있는 것으로 나타났다. 원저우 지역의 라이터·신발 및 가죽·조명기기·플라스틱

제조·단추·의류 등의 업종 사이에서 최근 들어 집단적인 외부 이전 현상이 나타나고 있으며, 이들이 떠난 원저우에 남아 있는 것이라곤 혀를 내두르게 할 만큼 무섭게 치솟는 집값과 땅값뿐이라고 한다. 실제로 공업용지 가격은 약 200평당 200만 위안까지 치솟았고, 매매가 가능한 일반 분양주택의 가격도 이미 항저우杭州를 가볍게 제쳤다.

개인적인 전망으로는, 이런 소식에도 여전히 많은 사람들이 대수롭지 않다는 반응을 보일 것이다. 문제를 해결하기 위해 해당 업체가 서부 지역으로 이전했으니 사태가 조만간 진정될 것이라는 것이 그들의 설명이다. 하지만 정말 괜찮은 걸까?

임금 인상 후 다른 길을 간 네 마리 용

나와 내 연구팀은 연구를 통해 현재 중국이 과거 아시아의 네 마리 용이 걸었던 길을 답습하고 있다는 안타까운 사실을 알아냈다. 1960년대부터 한국, 싱가포르, 대만, 홍콩, 이른바 '아시아의 네 마리 용'은 수출주도형 전략을 구사하며 노동집약형 가공산업을 중심으로 단기간에 경제 기적을 일구어냈다.

다음의 몇 가지 데이터를 먼저 유심히 살펴보기 바란다.

- GDP가 두 자리 수의 성장을 거듭한 덕분에 단기적인 파동을 제외하고는 거의 매년 10% 이상의 GDP 성장률을 유지했다.
- 수출이 빠르게 확대했다. 10년 동안 수출은 과거에 비해 열 배 이상 증

벼랑 끝에 선 중국 경제

가했다.

- GDP에서 공업 비중이 전체의 절반을 차지한 데에 반해 소비 비중은 줄곧 낮은 수치를 보였다.
- 당초 임금 인상은 기대할 수도 없었지만 수출주도형 전략을 10년 정도 고수한 덕분에 갑작스럽게 심각한 일손 부족 현상이 나타났다. 그 결과 임금이 대폭 인상되었고 인플레이션도 함께 고개를 들기 시작했다.

이 설명만 듣고 중국 경제에 대한 이야기라고 착각하지 마라. 분명히 밝히건대 중국이 아니라 수출주도형 전략을 취한 아시아의 네 마리 용이 경제성장 후반기에 겪은 상황을 있는 그대로 담은 것뿐이다.

해당 자료로 비교해보면, 현재 중국의 발전 속도가 과거 수출주도형 전략을 고수했던 아시아의 네 마리 용보다 훨씬 느리다는 사실을 알 수 있다. 1970년 대만의 수출 총액은 1960년대보다 아홉 배 증가했고, 1980년에는 1970년보다 13배 큰 수출 총액을 기록했다. 1980년 한국의 수출 총액은 1960년보다 534배나 늘어났고, 1980년 싱가포르의 수출 총액 역시 1965년보다 20여 배 늘어났다. 반면 2010년 중국 대륙의 수출 총액은 약 1조 6,000만 달러로, 2001년 수출 총액인 2,662억 달러보다 여섯 배 증가하는 데에 그쳤다.

전체적으로 비슷한 조건을 갖춘 이들은 당초 유사한 성장 전략을 구사하며 비슷한 경제성장기를 보냈다. 하지만 곧이어 등장한 임금 인상 문제에서 다른 전략을 채택하면서 전혀 다른 길을 걷기 시작했다. 그 전략은 크게 세 가지로, 한국·대만·싱가포르 버전, 일본 버전, 홍콩 버전으로 정의된다.

비용의 우위를 잃게 되는 날

홍콩은 처음부터 다른 지역보다 운이 많이 따랐다. 1960년대와 1970년대 홍콩은 중국 대륙에서 몰래 넘어온 대규모 노동력을 앞세워 성장 초반부터 심각한 임금 인상 압력에 시달렸던 일본과 같은 난처한 상황을 피할 수 있었다. 1960년대 홍콩에서 방직업에 종사하는 근로자의 연평균 임금 인상폭은 5.6%였는데, 10년 후의 인상폭은 과거보다 두 배 정도 오르는 데에 그쳤다. 그렇다면 일본의 상황은 어땠을까? 사회 임금 누적 총액이 245% 성장했으며, 업종별 평균 현금 소득도 한 달 1만 8,500엔에서 4만 8,900엔으로 껑충 뛰어올랐다. 명목상 누적 성장률의 경우 GDP 성장률보다 훨씬 높은 164.3%를 기록하기도 했다.

바로 그 시각 홍콩의 상황은 최근 10년 동안 중국 동부 연해 지역과 비슷한 형태로 발전하고 있었다. 중국 중서부 지역의 저렴하고 풍부한 노동력을 수혈받은 동부 연해 지역이 심각한 임금 인상 압박에 시달리지 않아도 되었던 것처럼 말이다.

하지만 이는 전혀 다른 운명을 결정짓고 말았다. 1965년부터 1980년까지 홍콩 경제가 방직·의류 제조 산업에만 초점을 맞추는 바람에 기계·조선·전자 산업은 상대적으로 빛을 보지 못했다. 이와 달리 한국, 대만, 싱가포르는 일본처럼 노동집약형 방직업에서 전자·기계 설비를 중심으로 하는 기술집약형 공업 국가 혹은 지역으로 발돋움했다.

다행히 1980년대 홍콩에 재도약을 위한 기회가 주어졌다. 특수한 우위, 즉 홍콩의 제조업 공장을 임금 비용이 상당히 저렴한 북쪽의 광둥으로 이전할 수 있는 여건이 마련된 것이다. 관련 통계 데이터에 따르면 1979년부터 1996년까지 중국 대륙에서 유치한 외국인 직접투자 중 60%가 홍콩 자본이었고, 특히 광둥성의 전체 유치액 중 홍콩의 지분이

벼랑 끝에 선 중국 경제

무려 80%를 기록하기도 했다. 1996년 주산자오 지역에서 홍콩계 제조업체의 직접투자액은 무려 600여 억 홍콩달러에 달했고, 약 40여만 개의 업체에서 400여만 명의 근로자를 직접 고용했다. 이들 기업에 직접 서비스를 제공한 근로자만 무려 100여만 명에 달했다. 한때 눈부신 위용을 자랑하던 홍콩 산업계가 어쩌다 지금은 옛 영광이나 추억하는 초라한 신세로 전락한 걸까? 홍콩산업총회의 데이터에 따르면 현재 주산자오 지역 내 홍콩계 기업은 겨우 7만여 개에 불과한데, 실제로 현재 주산자오 지역에서 비교적 유명한 기업, 이를테면 인터넷 서비스 및 게임 업체인 텅쉰騰迅, 통신장비 업체인 화웨이華爲, 자동차회사인 비야디比亞迪 등에서도 홍콩 사람을 찾아보기 어렵다고 한다.

홍콩과 달리 한국은 운이 따르지 않았다. 1970년 방직업의 수출액 비중이 홍콩보다 높을 정도로 한국에서 방직업은 경제를 이끄는 수출역군이었지만 1980년대 이후 국제무역 정세에 먹구름이 끼면서 상황이 빠르게 변하기 시작했다. 일부 선진국에서 기존 경제질서에 불만을 표하며 불편한 심기를 드러내자 한국을 비롯한 개발도상국은 재빨리 눈치작전에 나섰다. 국제무역 무대에서 보기 드물게도, 수입국이 아무런 제재도 취하지 않았음에도 수출국 스스로 검열에 나선 것이다. 그결과 한국과 일본은 자국 방직업에 수출 쿼터제를 적용하는 등 상당히 엄격한 조치를 취해야 했다. 그뿐만 아니라 아시아의 네 마리 용 중 하나였던 한국은 인도네시아, 태국, 베트남, 필리핀 등 '동남아시아의 네 마리 호랑이'의 등장으로 상당한 위기감에 시달려야 했다. 지금이야 동남아시아의 네 마리 호랑이라는 단어 자체가 사라진 지 10년도 더 되었지만 당시 한국에 이들은 상당히 위협적인 경쟁자로 다가왔다. 소니의 워크맨을 써본 사람이라면 소니 워크맨의 생산기지가 말레이시아였음을 기억하고 있을 것이다. 요컨대 일본 기업은 자사의 생산기지로 한국이 아니라 태국을 선택했다. 게다가 중국, 특히 광둥이 홍콩의 가공무역을 계승했을 당시 한국은 노동력 부족에 따른 임금 상승이라는 약점을 노출하기 시작했다. 한마디로 순수한 의미의 노동집약형 산업에서 한국은 우위를 잃기 시작했다.

경공업에서 우위를 잃은 한국은 중화학공업에서 활로를 모색하기 시작했는데, 이런 변화를 한눈에 보여주는 대표적인 업체로 대우가 있다. 원래 방직무역으로 자리를 잡은 대우는 1980년대부터 자동차를 위시한 중화학공업 진출에 박차를 가하기 시작했다. SK · LG · 포스코 같은 한국의 대기업들도 1970년대와 1980년대부터 중화학공업에 집중적으로 투자했고, 그 결과 야금 · 기계 · 전자 등 기술집약형 산업이 수출 전체에서 차지하는 비중이 1970년대 7.2%에서 1990년대 35.5%로 치솟았다. 2005년에는 그 수치가 69%까지 상승했다. 반면 전체 수출에서 방직 의류업이 차지하는 비중은 1970년의 44.3%에서 2005년의 4.56%로 대폭 하락했다.

한국과 일본, 임금 인상은 당연히 희소식

첫째, 한국과 일본은 중국과 전혀 다른 임금 인상 메커니즘을 갖고 있다. 과거 중국은 임금을 철저하게 규제하는 것은 물론 근로자의 이익을 보장할 수 있는 건전한 노조제도도 제대로 제공하지 못했다. 여기

벼랑 끝에 선 중국 경제

에 심각한 인플레이션과 임대료 상승이라는 최근의 문제까지 더해지면서 울며 겨자 먹기로 임금을 인상하고 있지만 명목상 임금만 오를 뿐 실질 가처분소득은 오히려 하락하고 있다. 명목상 임금 상승이 기업에게 끔찍한 경제적 부담을 안겨주었다면 실질 가처분소득의 감소는 서민의 삶을 더욱 고달프게 한다. 골치 아픈 문제가 산적해 있는 중국과 달리 일본은 임금 인상이라는 열병을 심하게 앓은 뒤 면역력이 생겨 오히려 내수 확대에 성공했다. 1960년 일본 각료회의에서 국민소득배증계획이라는 경제성장책을 실시한 후 1973년 일본 주민의 최종소비 지출이 GDP에서 차지하는 비중은 49%를 기록했다. 이는 1970년보다 1%포인트 증가한 수치로, 1982년에는 1970년보다 7%포인트가 오른 55%를 기록하기도 했다. 경제성장기 당시 일본은 임금을 반드시 해결해야 할 문제로 여기지 않았다. 오히려 일본 정부를 골치 아프게 했던 문제는 주로 환율과 인플레이션이었다. 서민의 소득 증대라는 정책적 목표 하에서 일본 기업은 노동력 투입 대비 산업가치가 낮은 일부 산업을 동남아시아, 한국과 대만으로 이전했다.

둘째, 중국의 교육 시스템과 산업 정책이 성공했다면 임금 인상은 수출주도형 경제를 내수소비형 경제로 탈바꿈시킬 수 있었을 것이다. 하지만 아쉽게도 중국의 교육 시스템은 무능했고, 산업 정책이 무력한 바람에 경제구조를 순조롭게 전환하는 데에는 끝내 실패하고 말았다. 예를 들어, 일본의 배터리산업은 근로자의 임금 상승이라는 문제에 봉착했을 때 전자동화 생산라인이라는 길을 선택했다. 이에 반해 중국은 가는 길마다 가시밭 투성이었다. 전자동 생산라인을 구축하기 위해 대출받고 싶어도 정부의 신용대출 규제로 곤혹을 치러야 했기 때문이다.

비용의 우위를 잃게 되는 날

여기에 설비를 매입하는 데에 17%의 부가가치세를 내야 했다. 심지어 예전에는 공제조차 용납하지 않았다. 한마디로 공장을 짓고 상품을 생산하기도 전에 기업은 정부에 세금을 내야 했다. 그러다 보니 중국 기업은 어쩔 수 없이 생산라인에 대한 자본투입률이 낮고, 언제든지 추가 근무나 작업을 중단할 수 있는 반자동화 생산라인을 선택할 수밖에 없었다.

한국 역시 제 살길을 찾는 데에 본격적으로 나섰다. 한국이 선택한 탈출구 중 하나는 게임과 디지털 콘텐츠 산업 발전을 통한 경제성장이었다. 한국인의 논리는 지극히 단순명료했다. 해당 산업의 한계비용은 거의 제로에 가까운데다 지리적으로 아무런 제약도 없거니와 시장잠재력도 높아 한국의 국가 정서와도 맞아떨어졌다. 현재 한국의 디지털 콘텐츠 산업은 이미 전통적인 자동차산업을 뛰어넘어 한국의 최대 산업으로 우뚝 섰다.

한국 정부는 디지털 관련 업체에 수천억 원 상당의 재정 지원을 제공하고 있는데, 이 중에는 350억 원에 달하는 게임산업 전문투자기금을 비롯해 100억 원에 달하는 문화산업 진흥 기반 조성 프로젝트도 포함되어 있다. 그 밖에도 정보화 펀드·문화산업 펀드 등의 다양한 재정지원 서비스를 제공하고 있다. 게임업체의 경우 한국 정부로부터 저금리 대출, 세수 우대 혜택을 제공받고 있다. 한편 한국 정부는 통신 인프라 시설 분야에서 통신 민영화를 이미 달성했을 뿐만 아니라 공정하면서도 치열한 경쟁을 통해 저렴하고 빠른 광대역 인프라를 확보하는 데에 성공했다. 이를 위해 한국 지식경제부는 약 100여 억 원만 투자했을 뿐이다. 최근 중국에서 느려터진 광대역 통신 문제로 중국 사회가 시

벼랑 끝에 선 중국 경제

끄러운 적이 있었는데, 세계에서 인터넷 속도가 가장 빠른 국가가 미국도 일본도 아닌 한국이라는 사실에 모두가 경악했다.

그 외에도 한국 정부는 디지털 콘텐츠 전문 인재를 육성하기 위해 상당히 체계적인 교육 시스템을 구축했다. 직업교육에서부터 대학교육에 이르기까지 단계별 교육 서비스를 제공함으로써 다양한 분야의 인재에 대한 기업의 수요를 최대한 만족시키기 위해 노력했다. 관련 연구 통계에 따르면 한국 내 게임 관련 교육기관은 모두 84곳으로, 전문 대학원 여덟 곳, 전문 대학 다섯 곳, 사립 교육기관 22곳, 게임 전문 중·고등학교 세 곳 등이 포함되어 있다. 기초 교육 외에도 한국 정부는 평생교육과 직장교육을 적극적으로 독려하고 있으며, 업계의 인재 공급 및 수요 상황을 적극적으로 참여, 조사하는 것은 물론 심지어 게임업계에 종사하고 있는 고급 인재에 한해 병역을 면제시켜주고 있다. 그러면 이제 현재 중국의 교육 시스템을 들여다보라. 공정하고 투명한 연구비 지급 시스템조차 제대로 갖추지 못한 상황에 창의적인 인재 육성을 운운한 자격이나 있단 말인가.

홍콩, 혜택을 전혀 받지 못한 주민들

승승장구하는 일본, 한국과 달리 홍콩이 과거의 영광을 뒤로 하고 무너져 내린 까닭은 무엇일까? 간단하다. 거품경제 때문이다. 중국 대륙이라는 든든한 뒷마당을 두고 있는 홍콩 기업은 더 나은 미래에 대한 고민 없이 생산 공장을 중국 대륙으로 이전하는 데에만 급급했을 뿐이다. 게다가 잘못된 정책을 고수하는 바람에 증시와 부동산시장에서 엄청난 거품이 일어나고 말았다. 홍콩 기업은 연이은 실수를 깨닫지 못하고, 제조 분야에서 힘들게 모은 자본을 대만처럼 IT산업에 투자하거나 일본, 한국처럼 반도체산업과 조선업 같은 기술집약형 산업에 쏟아붓지 않았다. 그러던 중 1997년 아시아 금융위기의 발발로 증시와 부동산시장에 낀 거품이 순식간에 터지며 홍콩 경제는 무섭게 추락하기 시작했다. 그동안 수출주도형 전략을 쌓은 재화를 순식간에 공중으로 날리고 만 것이다.

관련 데이터에 따르면 1991년에서 1997년에 이르는 7년 동안 홍콩 내 부동산 가격과 주가의 부가가치는 지난 7년간 홍콩 GDP를 모두 합한 것과 맞먹는 7조 홍콩달러에 달했다. 다시 말해 1997년 이전까지 홍콩이 자랑하던 모든 재화를 증시와 부동산시장의 거품이 순식간에 죄다 빨아들인 것이다. 공매도로 거액의 이익을 챙긴 몇몇 투자자를 제외하고 투자자들 대부분은 오랫동안 흘린 노력의 땀방울이 전부 물거품이 되는 장면을 목격해야만 했다. 게다가 사회적 부富도 허무하게 공중으로 사라지면서 결과적으로 홍콩 경제는 장기 침체라는 늪에 빠졌다.

거품경제가 앗아간 것은 재화만이 아니었다. 이보다 더 중요한 창업에 대한 열정, 대중의 믿음과 사회 기반이었다. 거품경제가 무너진 후 중산층이 사실상 하우스푸어로 전락하면서 경제 전체가 창업을 장려하는 시스템에서 안정적인 임대료를 선호하는 소극적인 시스템으로 변하기 시작했다. 이런 상황에서 경기회복 따위는 중요한 문제가 될 수 없었다. 토지를 소유한 몇몇 사람만이 임대료로 점점 더 많은 재화

벼랑 끝에 선 중국 경제

를 차지하는 상황이 나타났기 때문이다. 1997년 당시 2만 8,000홍콩달러에 달했던 홍콩의 1인당 평균 소득은 2011년 3만 2,000홍콩달러 선에 그쳤다. 지난 14년 동안 전체 홍콩 주민 중 무려 90%에 해당하는 이들이 삶의 질이 개선되는 혜택을 누리지 못했다. 이와는 대조적으로 재화가 소수의 특정 세력에만 편중되는 현상이 점차 심화되었다. 요컨대 상위 1%가 사회 전체 재화의 43%를 차지했으며, 상위 5%가 72%의 부를 장악했다.

이런 상황에 선심성 정책은 홍콩 사회에 커다란 혼란을 유발하며 결과적으로 중하위 계층의 삶을 더 어렵게 만들었다. 예를 들어, 중앙정부에서 홍콩과 마카오에 한해 중국 대륙 주민의 자유여행을 승인하자, 홍콩 정부는 중국 대륙 주민이 홍콩으로 건너와 아이를 낳는 원정출산을 묵인했을 뿐만 아니라 중국 대륙 내 대형 국유기업의 홍콩 증시 상장도 승인했다. 자유여행은 분명 일반 서민을 위한 정책이라고 볼 수 있지만 홍콩에서는 빈부 격차를 더욱 악화시키는 결과를 몰고 왔다. 2011년만 하더라도 자유여행으로 약 4,000만 명의 중국 여행객이 홍콩을 찾았는데, 결과적으로 홍콩 내 임대료가 폭등하면서 호텔을 보유한 일부 경영주만 배를 채웠을 뿐 호텔업계에 종사하는 근로자의 소득 상황은 별반 개선되지 않았다. 게다가 일방적으로 정책을 장악한 기득권층은 여기에 만족하지 않고 호텔 부지의 추가 경매를 허용하지 않았다. 제 밥그릇만 챙길 줄 아는 이기적인 행동으로 기득권층의 임대료는 재차 상승했고, 궁극적으로는 일자리를 만들어낼 수 있는 기회마저 날려버렸다.

이번에는 홍콩으로 원정출산 온 중국 관광객을 살펴보자. 소중한 재화를 한순간에 잃어버린 홍콩의 중산층이 차마 아이를 낳을 엄두도 내지 못하자, 홍콩 정부는 몰래 정책을 수정해 중국 대륙 출신의 임신부가 홍콩으로 건너와 출산하는 일을 묵인하기 시작했다. 하지만 그냥 아이를 낳는 것이 아니라 반드시 비용을 지불하도록 규정했다. 홍콩의 의료 서비스를 보다 다양화하고 업그레이드시킬 수 있는 절호의 기회였지만 현지 정책 당국자들은 오랜 연구 끝에 신규 의료기관 부지에 대한 승인을 거부하고, 엉뚱하게도 중국 대륙에 화풀이하고 말았다. 홍콩 사람이라면 다들 '메뚜기 광고'를 본 적이 있을 것이다. 이 광고는 '홍콩 사람은 충분히 참았다'라는 헤드카피 아래 홍콩을 배경으로 커다란 메뚜기 한 마리가 바위산 위에 우뚝 선 모습을 담고 있다. 흔히 메뚜기는 곡식을 먹어치우는 해충으로 통한다. 쌀 한 톨 남기지 않고 닥치는 대로 먹어치우는 광고 속의 모습이 홍콩의 모든 자원을 싹쓸이해 가는 중국 사람들과 다를 바 없음을 알려준다. 이 광고가 실린 홍콩 신문이 개인 소유라는 점에 주목하기 바란다. 이 광고를 싣기 위해 기꺼이 돈을 지불한 사람은 누구일까? 누가 민심을 호도하고 있는 걸까? 중국 대륙과 홍콩 간 갈등을 조장해 가장 큰 이익을 챙기는 쪽은 누구일까?

마지막으로 중국 대륙 기업의 홍콩 상장 문제를 다루어보자. 해당 조치가 실시되면서 홍콩은 국제금융의 중심지로 도약할 수 있는 강력한 발판을 확보했고, 중국 대륙 주민들 역시 안정된 홍콩 증시에서 경제적인 혜택을 누릴 수 있었다. 하지만 당사자인 홍콩 주민들만 불만의 목소리를 토해내고 있다. 해당 정책이 실시되면서 혜택은커녕 오히려 더 살기 어려워졌다는 것이다. 현재 홍콩의 집값은 기득권층이 토지

벼랑 끝에 선 중국 경제

공급량을 일방적으로 장악한 상황에서 금융 투자로 새로운 귀족으로 부상한 신진세력마저 가세하면서 크게 치솟았다. 미국의 시장 연구 업체인 데모그라피아는 전 세계 도시를 대상으로 주택 부담에 관해 조사했는데, 그 결과에 따르면 조사에 참여한 세계 325개 도시 중 홍콩의 주택 부담률이 세계에서 가장 높다고 한다. 홍콩의 주택 부담률은 한 해 가정 소득의 12.6배에 달했다. 홍콩 주민들 대부분이 $60m^2$ 내지 $70m^2$짜리 집 한 채 때문에 평생을 무거운 빚에 시달리고 있지만 홍콩 내 3분의 2에 해당하는, 이용 가능한 토지는 개발조차 되지 않았다. 홍콩 본토가 제조업이나 농업 발전에 적합하지 않은 곳임을 모르는 사람이 없건만 집을 장만하기 위해 아우성치는 홍콩 주민을 외면한 채 이 땅을 내버려두는 까닭은 무엇일까? 간단하다. 정부 개발을 용납하지 않는 특정 세력 때문이다.

비용의 우위를 잃게 되는 날

서민주택이 부동산시장을 무너뜨린다면

현재 중국 전역에서 서민용 소형 주택을 건설하기 위한
대약진운동이 대대적으로 추진되고 있다. 그러다 보니
주택 건설이 지방정부의 최대 임무인 양 비쳐지기도 하는데,
이는 너무나 잘못된 사고방식이다.

부동산 붕괴까지 반걸음 남았다

중국이 홍콩식 부동산 침체로 추락하기까지 반걸음 남았다고 주장하는 데에는 분명한 이유가 있어서다. 요컨대 과거 홍콩이 저지른 세 가지 잘못을 지금 중국이 되풀이하고 있다. 그나마 위로가 되는 것은 두 개의 잘못을 이미 저질렀지만 마지막 남은 잘못의 절반이 남아 있다는 것이다.

첫 번째 잘못, 토지개발권을 독점하고 있는 중국 정부는 의도적으로 부동산이라는 화산을 만들었을 뿐만 아니라 토지와 관련된 재정에 지나치게 의존한 나머지 부동산이 중국 경제를 견인하고 있다.

홍콩의 토지 재산권은 정부의 소유물로서, 정부는 토지 임대를 통해 재원을 마련했다. 그러다 보니 토지 가격이 오를수록 정부는 더 많은 수익을 챙길 수 있었다. 홍콩이 중국에 반환되기 전의 홍콩 행정 당국

벼랑 끝에 선 중국 경제

이 지금의 부동산 거품을 키운 원흉이라는 사실을 깨달은 사람들은 최근 중국에서 과거 홍콩의 모습을 보았다. 실적 세우기에 급급하거나 발등에 떨어진 불만 끄는 데에 정신이 팔린 나머지 미래에 대한 계획이나 고민이 없는 단기적 안목 등등……. 1급 시장의 막대한 이익을 둘러싸고 지방정부 사이에는 심지어 힘겨루기마저 벌어지고 있다. 홍콩 경제에서 부동산은 오랫동안 절대적인 권력을 휘둘러 왔다. 홍콩을 대표하는 유명한 금융 서비스업조차 부동산에 의존할 만큼 막강한 영향력을 자랑하고 있는데, 크게 경제, 재정, 금융 분야에서 심각한 의존 상황을 목격할 수 있다.

경제 : 1997년 홍콩 GDP에서 부동산 및 관련 업계의 부가가치 비중이 40%를 넘어서며, 홍콩 내 모든 경제활동이 부동산을 중심축으로 돌아가기 시작했다. 전체 고정자산 투자에서 부동산 투자가 차지하는 비중이 무려 3분의 1에 달하는 것으로 나타났는데, 이런 경향은 상당히 오랫동안 지속되었다.

재정 : 홍콩의 재정수입은 장기적으로 토지 임대 수입과 기타 부동산 관련 세수에 의존하고 있다.

금융 : 홍콩 증시에서 부동산 관련 주가 줄곧 블루칩으로 평가받았던 만큼 전체 증시 시가에서도 무려 3분의 1에 상당하는 영향력을 자랑한다. 주가와 부동산 가격은 사이좋은 형제마냥 서로 밀어주고 끌어주는 것은 물론 생사고락을 함께하기로 약속이라도 한 듯 돈독한 관계를 유지하고 있다. 결과적으로 부동산과 은행업계 사이에 강력한 유대감이 형성되면서 부동산 개발업자에 대한 대출과 서민주택 모기지 채권이

서민주택이 부동산시장을 무너뜨린다면

전체 은행 대출금의 30% 이상을 차지하고 있다.

이를 현재 중국의 경제 데이터와 비교해보자.

경제 : 2010년 고정자산 투자액이 전체 GDP에서 차지하는 비중은 약 46.6%였다.

재정 : 2010년 두 차례의 부동산시장 규제 이후에도 중국 내 토지 임대료는 규모 면에서 여전히 연일 신기록 행진 중이다. 임대료 상승폭 역시 동기 대비 70.4% 늘어나며 신기록을 갈아치웠다. 그 밖에 지방의 재정수입에서 토지 임대료가 차지하는 비중이 76.6%에 달하는, 전례 없는 기록을 탄생시켰다. 이는 지방정부가 토지 재정에 지나치게 의존하고 있음을 보여주고 있다.

금융 : 전체 대출금에서 부동산대출의 비중은 약 20%로, 이를 구체적인 금액으로 환산하면 9조 위안에 해당한다. 게다가 부동산을 담보로 한 대출이나 부동산 관련 대출은 전체 신용대출의 절반에 해당하는 약 20조 위안에 육박한다. 합법적인 시스템 밖에서 발생하는 신탁대출까지 더한다면 부동산과 관련된 중국 내 대출 규모는 전체 대출의 60% 정도를 육박할 것이다.

두 번째 잘못, 마이너스 금리 문제를 무시한 채 부동산 및 증시로의 자본 유입을 독려함으로써 거짓 번영이라는 유혹에 넘어갔다.

1990년대 홍콩 경제는 마이너스 금리의 공격에 무너져 내렸다. 은행 예금 금리가 매년 10%나 되는 인플레이션을 견뎌내지 못하자, 은행에

벼랑 끝에 선 중국 경제

힘들게 쌓아둔 예금이 인플레이션의 희생양이 될 수 있다는 생각에 당시 홍콩 주민들은 사방에서 투자 기회를 찾아 나섰다. 하지만 당시 홍콩 행정 당국은 적극적인 조치를 취하기는커녕 오히려 사태를 관망하는 듯했다. 될 대로 되라는 식의 자유방임형 태도로 일관해 1992년부터 1994년까지 호화주택의 가격은 여섯 배 뛰어올랐고 A급 오피스텔 가격도 2.5배 상승했다. 사틴沙田 등 도시 외곽 지역에 있는 중저가 건물 부지 가격도 세 배 가까이 상승했다. 과열 양상을 보이는 부동산시장을 진정시켜야 한다고 판단한 홍콩 행정 당국은 부동산 투자를 억제하기 위한 다양한 조치를 동원했지만 그 효과는 지극히 제한적이었다.

중국에 반환되기 전의 홍콩을 이끈 마지막 총독 크리스 패튼彭定康은 정치 때리기에 모든 힘을 쏟아 부으면서 마이너스 금리 문제는 철저하게 외면했다. 이는 결국 부자들이 사는 호화주택에서부터 일반 서민이 간신히 몸을 뉘일 수 있는 일반 주택에 이르기까지 대대적인 부동산투기 광풍을 몰고 왔다. 1997년 초부터 홍콩의 부동산 가격은 1~2년 전의 실지失地를 회복한 뒤 가을부터 고삐 풀린 망아지처럼 거침없이 뛰어오르기 시작했다. 홍콩이 식민지 통치를 벗어난 1997년 7월 1일 당일, 부동산 가격은 새로운 기회를 노리는 또 한 차례의 투자 광풍에 휘말려 80% 상승했다. 그 결과 40m²도 되지 않는 집 한 채 가격이 툭하면 200~300만 홍콩달러를 호가했다.

그렇다면 현재 중국의 상황은 어떤가? 역시나 중국 정부는 마이너스 금리라는 상황 속에서 가치를 보존할 방법이 전혀 없는 서민들의 고충을 전혀 이해하지 못하고 있다. 정부가 내놓은 부동산세나 매입 금지령 모두 힘들게 모은 재화의 가치를 안전하게 보장받을 방법이 전혀 없는 서민들의 답답한 속내를 풀어주지 못하고 있다. 가장 심각한 문제는 중국의 인플레이션율이 예금 금리와 대출금리 사이에 걸쳐 있다는 것이다. 실제로 1년 만기 정기예금 금리는 3.5%, 대출금리는 6.56%를 기록했고, 정부는 인플레이션율이 4.9%라고 발표했다. 이는 은행에 저축해도 손해를 보고 대출을 받아도 손해라는 뜻이다. 하지만 은행은 아무런 손실을 입지 않는다. 물론 실제 인플레이션율이 그렇게 낮을 리도 없겠지만 그렇다고 해서 돈을 벌었다고 섣불리 판단해서도 안 된다. 왜냐하면 실제 대출금리는 그렇게 낮지 않기 때문이다. 주택 구매 이외의 용도로 대출받을 경우 변동 이자율이 40%나 되기 때문에 마음 편히 돈을 빌릴 수도 없는 노릇이다.

현재 원저우 지역 사금융의 대출금리가 얼마인지 아는가? 중국 관영 라디오방송인 중국지성中國之聲이 발표한 '전국 연합뉴스' 보도에 따르면 원저우 지역 고금리 대출의 월 이자가 크게 올랐다고 한다. 예를 들어 한 중소기업이 100만 위안을 대출받아 당월에 전액을 상환한다고 해도 10만 위안의 이자를 추가로 상환해야 하는데, 이는 연이자 120%에 상당한다. 그나마 주택담보대출 금리만 상대적으로 낮은 편으로, 실제 인플레이션율보다 다소 낮다. 이런 잘못된 금리정책은 소비자에게 더 이상 손해를 보기 싫으면 집을 사라고 은근슬쩍 압박을 가하고 있다.

세 번째 잘못, 경기 침체가 눈앞에 닥쳐왔는데도 실적 쌓기에 급급해 수단과 방법 가리지 않고 부동산시장을 탄압한다.

1997년 10월 8일, 중국에 반환된 이래 홍콩의 초대 행정 수반으로

벼랑 끝에 선 중국 경제

임명된 둥젠화董建華가 〈홍콩의 새로운 시대를 함께 만들어가자〉라는 시정 보고서를 발표했다. 여기에는 훗날 8만5八萬五라고 불리는 주택정책이 포함되어 있는데, 그 내용은 다음과 같다.

첫째, 매년 8만 5,000가구 이상의 공영 혹은 민영 주택을 짓는다.

둘째, 10년 내 전체 홍콩 주민의 70%에게 해당하는 가구에게 내 집 마련의 기회를 제공하고, 한국의 보금자리 주택 개념과 유사한 공공 임대주택의 평균 의무 거주 기한을 3년으로 축소한다.

셋째, 한 해 개인 주택의 공급량을 2만 채로 제한한다.

해당 계획이 실시된다면 정부와 민간 주택의 비율이 4 대 1을 이루는데, 그러고도 부동산시장이 붕괴하지 않으면 오히려 이상한 것이다. 결과적으로 해당 주택 안정화 정책은 홍콩 부동산시장을 무너뜨렸다.

그런 점에서 현재 중국이 황당하기 짝이 없는 홍콩의 8만 5,000가구 건설 계획에 바짝 접근하고 있다는 사실은 매우 우려스럽다.

2011년, 베이징은 신축 · 개축 · 구매 · 장기임대 등의 방식으로 20만 채 이상의 서민용 저가 소형 주택을 짓는 데에 필요한 재원을 마련했을 뿐만 아니라, 2만 가구에 임대 보조금을 지급했으며, 10만 채에 달하는 서민용 저가 소형 주택을 준공했다. 아울러 공공 임대주택 신청, 심사, 분양 작업을 실시한 결과 2011년 말 전까지 1만 가구 이상을 임대주택에 입주시켰다. 그런데 여기서 말하는 20만 채란 정확히 무엇을 가리키는가? 5년 동안 베이징 시에서 매년 10만 가구에 달하는 주택을 신규로 공급하겠다는 것을 의미한다. 홍콩이 4 대 1이라는 강펀치에 맞아 무너져 내렸다면, 이 계획이 실현될 경우 베이징은 2 대 1이라는 강펀치를 맞게 될 것이다.

서민주택이 부동산시장을 무너뜨린다면

이번에는 상하이를 살펴보자. 상하이 시 주택관리국의 류하이성劉海生 국장은 제12차 경제개발 5개년계획이 이루어진 2011년부터 2015년까지 상하이에 약 1억 3,000만m² 규모의 신규 주택 건설 사업을 추진할 계획이라며, 다양한 형태의 서민용 저가 소형 주택이 전체 신규 주택 물량의 80%를 차지할 것이라고 설명했다. 요컨대 상하이의 계획은 상하이 주민에게 1.5 대 1이라는 핵폭탄을 선사하고 말 것이다.

이보다 더 우려스러운 것은, 1.5 대 1 또는 2 대 1과 같은 결과 값을 내가 제시하기는 했지만 계산이 틀렸다는 게 거의 확실하다는 점이다. 왜냐하면 중앙정부와 지방정부가 줄곧 계획을 수정하고 있기 때문이다. 지금 계획에 따르면 2011년부터 2015년까지 약 3,600만 채의 서민용 저가 소형 주택을 신축할 예정인데, 그중에는 2010년에 주택 천만 개 건설 사업에 착수한다는 내용도 포함되어 있다. 다시 말해 2010년 6억 1,200만m²의 일반 분양주택 준공면적과 2억 2,200만m²의 비非일반 분양주택 준공면적을 모두 합쳤을 때의 전국 주택 준공면적이 8억 3,400만m²에 달한다는 뜻이다. 2010년 1,000만 채에 달하는 서민용 저가 소형 주택이 신축될 경우, 평균 크기를 75m²라고 가정해 계산했을 때 준공된 건축 총면적은 7억 5,000만m²에 달한다는 결론이 나온다. 그리고 3,600만 채로 계산했을 때의 준공된 건축의 총면적은 27억m²가 된다. 다시 말해 사실상 3.5 대 1이라는 힘으로 부동산시장을 때리는 것이다. 홍콩도 서민용 저가 소형 주택을 지어 부동산시장이 붕괴한 것이 아니라 삽을 뜬 지 몇 년 지나지 않아 부동산시장이 붕괴했다는 점을 명심해야 한다.

과거 터무니없이 높은 집값이 중국 경제가 떠안은 최대의 거품이었

벼랑 끝에 선 중국 경제

다면 지금은 서민용 저가 소형 주택으로 그 대상이 바뀌었다. 이쯤에서 이야기를 접으려고 한다. 서민용 저가 소형 주택의 대약진에 관심 있는 독자라면 독설가로 유명한 부동산 개발업자 런즈창任志强이 중문판 《월스트리트 데일리》에 기고한 글을 읽어보는 것도 도움이 될 것이다. 독자 여러분에게 전하고 싶은 말은, 현재 중국의 부동산시장은 생사의 갈림길에 서 있다는 것이다. 앞으로 반걸음만 더 디디면 천 길 낭떠러지로 추락하고 말 것이다. 중국이 홍콩처럼 치명적인 실수를 저지르지 않기를 기도할 뿐이다.

그들이 높은 집값을 유지하는 이유

연일 고공행진을 이어가는 집값을 두고 사회 전반에 걸쳐 원망의 목소리가 쉴 새 없이 쏟아져 나오자 중국 정부는 집값을 잡기 위해 다양한 정책을 선보이며 진화에 나섰다. 중국보다 훨씬 비싼 홍콩의 집값은 중국의 일선 도시보다 적어도 다섯 배 이상 비싼 몸값을 자랑한다. 그렇다면 홍콩 정부도 중국의 수많은 지방정부처럼 땅을 팔아 정부 수입을 유지하고 있을까? 아래 자료를 통해 직접 확인해보자.

2007년 홍콩의 토지 매매 수입은 623억 홍콩달러, GDP는 1조 6,155억 홍콩달러를 기록했다. 다시 말해 GDP에서 토지 매매 수입이 차지하는 비중이 3.856%에 불과하다. 그렇다면 중국의 상황은 어떨까? 전국 토지 매매 수입은 1조 2,000만 위안, GDP는 25조 7,300만 위안으로, 그 비중이 4.66%를 기록하며 홍콩을 뛰어넘었다. 이번에는

서민주택이 부동산시장을 무너뜨린다면

2009년의 자료를 살펴보자. 홍콩 정부의 토지 매매 수입은 396억 홍콩 달러, GDP는 1조 6,323억 홍콩달러로, 토지 매매 수익이 GDP에서 차지하는 비중은 2.4%에 그쳤다. 이에 반해 2009년 중국 대륙의 토지 매매 수익은 1조 5,000만 위안, GDP는 33조 5,300억 위안을 기록했는데, 그 비중이 홍콩의 두 배에 육박하는 4.47%를 기록했다. 여기서 한 가지 유의해야 할 점이 있다. 중국의 여러 도시 중 하나에 불과한 홍콩은 금융업과 물류 무역 부문에서 동아시아 전체를 선도하고 있을 만큼 서비스산업이 특화된 지역으로 부동산을 적극적으로 개발한다고 해도 크게 문제될 것이 없다. 이와는 대조적으로 거대한 영토를 자랑하는 중국 대륙에서 각 지방정부가 토지를 팔아 근근이 생계를 잇고 있다는 것은 뭔가 잘못되었다는 것을 반증하는 사례라 하겠다.

앞에서 언급한 데이터를 보고도 별반 충격을 받지 않았다면 진짜 충격적인 데이터를 보여주겠다. 이번 무대는 베이징이다. 2009년 베이징 시의 지방 재정수입은 2,026억 8,000만 위안을 기록했는데, 재정국 대변인의 설명에 따르면 이른바 지방 재정수입은 토지 매매를 통한 수입을 제외한 일반 재정수입이라고 한다.

그해 베이징 시는 243건의 대지 거래를 성사시켰는데, 그 금액이 928억 500만 위안이었다. 하지만 재정국 대변인은 토지 양도금의 실제 금액은 494억 위안이며, 여기에는 국유토지 수익 기금과 농업토지 개발 자금이 포함되었다고 설명했다. 어떻게 해서 400여 억 위안이나 되는 차액이 발생한 걸까? 어떤 자료가 정확한지는 중요하지 않다. 왜냐하면 어떤 자료로 계산해보더라도 결과는 매한가지이기 때문이다.

토지 매매 수익이 928억 위안에 달한다는 가정 하에 계산해보았을

벼랑 끝에 선 중국 경제

때, 베이징 시에서 토지 매매를 통해 챙긴 수입이 토지 판매를 통한 수입을 포함한 재정수입에서 차지하는 비중은 31.4%에 달한다. 494억 위안으로 계산해보더라도 결과는 역시 충격적이다. 그 비율이 무려 19.6%에 달하기 때문이다. 같은 해 토지 매매를 통한 홍콩의 재정수입은 396억 홍콩달러로, 3,166억 홍콩달러에 달하는 전체 재정수입에서 그 비중은 겨우 12.5%에 불과했다. 두 자료를 비교하고도 홍콩이 토지 매매를 통해 재정을 마련한다고 말할 수 있을까?

상식적으로 생각해보았을 때 집값이 비싸기로 유명한 홍콩에서 중국 대륙처럼 불평불만의 목소리가 터져 나와야 하지만 실제로 그렇지 않다. 왜 그럴까?

홍콩에서 높은 집값을 허용하는 이유는 크게 두 가지로, 구체적인 내용은 다음과 같다.

첫째, 주민의 내 집 마련을 적극적으로 지원하는 홍콩 정부는 전체 주택의 절반을 책임지고 있다.

현재 홍콩 주민의 주택 비율을 살펴보자.

아래 표를 통해 전체 홍콩 주민 중 거의 절반에 해당하는 사람들이 살고 있는 주택을 홍콩 정부에서 책임지고 있음을 알 수 있을 것이다.

	1999년	2004년	2009년
공영주택	51.1%	48.9%	47.1%
민영주택	48.9%	51.5%	52.9%

1999년, 2004년, 2009년 홍콩 주민의 주택 비율

서민주택이 부동산시장을 무너뜨린다면

게다가 홍콩의 공영주택은 공급 대상의 성격에 따라 크게 두 가지로 나뉘어 효과적으로 제공되고 있다. 하나는 저소득 계층을 위한 정부 임대주택이고, 다른 하나는 정부가 무료로 토지를 배정한 뒤 주택위원회가 공사에 착수하거나 개인 건설업자에게 하청을 주는 형태의 주택이다. 해당 주택의 경우 시가보다 30~45% 저렴한 가격으로 일정 경제적 수준 이하의 서민에게 판매된다. 중간에서 착복되는 일 없이 정부 지원금이 제대로 저소득 계층에게 지급되도록 하기 위해 주택 거주자는 구입한 주택에서 10년 동안 거주해야 한다. 다시 말해 해당 주택을 매입한 뒤 10년 동안 판매가 금지된다. 부득이한 사정으로 주택을 판매할 경우 주택위원회에만 매입 권한이 주어진다. 10년이 지난 뒤에는 시장에서 자유롭게 거래할 수 있지만 정부에 일정 금액의 지가地價를 납부해야 한다. 그 밖에 홍콩은 주택 공급에서도 아래 표에서 보듯 엄격한 규정을 적용하고 있다.

둘째, 토지 가치를 충분히 활용함으로써 가용 토지가 모두 증발하는 곤란한 상황을 면했다.

가정의 월수입(홍콩달러)	주택 공급 방식
6만 이상	민간 부동산 개발 업체에서 매입
2만 6,000~6만	저금리 대출 제공
1만 1,000~2만 6,000	시가보다 30~45% 저렴한 가격으로 주택 판매
1만 1,000 미만	염가 판매

홍콩의 공공주택 매입 시 관련 규정

벼랑 끝에 선 중국 경제

토지 양도금이 원체 비싸다 보니 일반 분양주택의 가격 역시 높을 수밖에 없다는 상황은 사실 고소득 계층의 재화를 재분배하는 것으로 일종의 부자세라고 이해할 수 있다. 비싼 가격으로 토지를 경매해 마련한 재원은 공공주택 건설과 저세율 정책 유지에 재사용된다. 저세율 정책의 매력이 발산되면 더 많은 무역과 금융 서비스를 끌어 모을 수 있는데, 이것이 바로 토지 가치를 충분히 활용하는 방법이다.

홍콩의 일반 용지 가격은 중국 대륙보다 훨씬 비싸다. 홍콩 신계新界의 바이스자오白石角 개발 지역 내 일반 주택용 토지의 경우 굴지의 부동산 개발업체인 시노랜드信和置業와 가화국제嘉華國際에서 제시한 가격은 1m²당 7만 1,450홍콩달러와 7만 2,840홍콩달러를 기록했다. 중국 대륙의 대표적인 도시 상하이를 살펴보자. 2010년 2월 2일 정다正大그룹은 92억 2,000만 위안으로 상하이 세계금융센터 8-1지역 입찰에 성공했는데, 건물 가격은 홍콩의 절반에도 못 미치는 수준이다.

토지 가격이 비싸면 누구나 쉽게 토지를 매입할 수 없기 때문에 토지 이용률이 크게 향상되는 결과를 가져온다. 실제로 홍콩은 토지 가격이 높기로 유명한 주산자오 지역에서 가용 토지가 몽땅 증발하는 곤경을 피할 수 있었다. 이와는 대조적으로 중국 선전深圳에서 아직 이용하지 않은 토지는 43.6km²로, 선전 시 전체 육지 면적의 2.23%를 기록했다. 2010년 광둥성의 토지 지목地目은 일찌감치 2006년에 만료되었고, 2020년 토지 지목조차도 이미 만료된 상태다. 지금 속도대로라면 3년 후 광둥에서 이용 가능한 토지는 완전히 자취를 감추게 될 것이다.

자, 이제 홍콩을 살펴보자. 홍콩의 토지 면적은 1,100km²에 불과하지만 75%에 달하는 토지가 아직 개발되지 않았다. 75%에 달하는 토지

서민주택이 부동산시장을 무너뜨린다면

중 습지 야외공원 및 자연보호 지구에 해당하는 토지 38%를 제외하면 나머지 37%의 토지는 상업적으로 이용 가능하지만 아직 개발되지 않은 토지인 셈이다. 이것이 바로 토지의 효과적인 사용을 위한 선순환이다.

선순환을 위한 첫 단추는 정부가 현지 주민에게 살 수 있는 주택을 원활하게 제공하겠다는 약속에서부터 시작된다. 토지 경매 규모를 제한하는 방식을 통해 토지 이용률을 극대로 끌어올리는 것이다. 경제적인 여유가 있다면 가뿐히 일반 분양주택을 매입하면 되고, 정부는 이들에게서 거둔 세금으로 저렴한 임대주택을 짓거나 기업의 세율을 낮추는 데에 활용한다.

세계에서 집값이 가장 비싼 곳이 어디일까? 뉴욕? 도쿄? 아니 홍콩이다. 그럼에도 홍콩 주민들은 별다른 원망을 쏟아내지 않는다. 그 비결이 뭘까? 홍콩 주민이라면 대부분 내 집을 갖고 있기 때문에 집값을 잡아야 할 필요성을 전혀 느끼지 못하는 것이다. 오히려 홍콩에서는 인위적으로 집값을 잡는 행위가 서민의 자산을 강제적으로 묶어두는 것으로 간주된다. 그래서 정부에게 주어진 임무는 집값을 잡는 것이 아니라 집의 가치를 더욱 키워나가는 일이다.

싱가포르의 상황도 마찬가지다. 싱가포르에서 집값이 비싸도 큰 문제가 되지 않는 이유를 알아보기 위해 한 가지 데이터를 제시해보겠다. 2009년 말 현재 싱가포르 정부는 99만 2,000채에 달하는 일반 소형 주택을 지어 85%에 달하는 주민의 거주권을 보장하는 데에 성공했다. 이런 상황에서 일반 분양주택의 가격이 제아무리 오른다 한들 서민과는 아무런 접점이 없기 때문에 불만의 목소리가 터질 리 만무하다. 주민들 대부분이 내 집을 갖고 있기 때문이다. 그리고 싱가포르에

벼랑 끝에 선 중국 경제

서는 주택 건설 계획, 건설 작업에서부터 매매에 이르기까지 전 과정을 정부 내 주택건설발전국이 장악하고 있다.

국가에서 집을 짓는 목적은 당연히 서민에게 내 집 마련의 기회를 제공하기 위해서다. 그 때문에 일반 소형 주택의 가격은 비용이 아니라 사회 전체의 지불 능력에 따라 결정된다. 이를테면 싱가포르에서 가장 흔하게 볼 수 있는, 91~97m² 사이의 주택은 방 세 개와 거실 한 개로 이루어져 있는데, 판매가는 26~32만 싱가포르달러에 달한다. 싱가포르에서 6년 정도 일하면 누구나 손에 쥘 수 있는 금액이다. 혹시라도 소득이 너무 적어 주택을 구입할 수 없다면 어떻게 해야 할까? 주택건설발전국에 대출을 신청하면 된다. 30년이면 대출을 전액 상환할 수 있다. 대출을 받아도 집을 살 수 없다면 중앙공적자금센터에 주택 매입을 위한 공적자금을 신청하면 된다. 결론적으로 집을 마련하고 싶다면 정부로부터 처음부터 끝까지 모든 지원을 받을 수 있다. 물론 여기에도 한 가지 제한 조건이 있다. 일반 소형 주택은 5년 동안 시장에서 거래될 수 없으며 오직 정부에게만 판매할 수 있다.

싱가포르에서 약 15%에 상당하는 고소득 계층, 즉 월소득이 8,000싱가포르달러 이상인 주민은 반드시 일반 분양주택을 매입해야 하는데, 결론적으로 이들이 싱가포르의 비싼 집값을 떠받치고 있다고 볼 수 있다. 싱가포르 내 일반 분양주택의 1m²당 최저 가격은 위안화로 환산할 경우 약 3만 5,000위안에 해당하는데, 주거환경이 양호하다면 5만 위안에 달하기도 한다.

홍콩과 싱가포르의 상황을 비교하다 보면 공통점이 상당히 많다는 것을 알게 된다. 홍콩과 싱가포르 모두 서민의 주택 수요를 만족시키

서민주택이 부동산시장을 무너뜨린다면

는 데에 초점을 맞춤으로써 서비스산업 발전에 안정적인 사업 환경을 제공했다. 그리고 비싼 몸값을 자랑하는 집값의 토지 매매 수입을 정부에 제공함으로써 기업에게 저세율이라는 경영 환경을 제공했다. 또한 저세율은 금융과 서비스업의 성장을 촉진함으로써 경제의 선순환을 유도했다.

부동산세에 대한 잘못된 논리

현재 중국은 집값을 잡기 위해 젖 먹던 힘까지 쥐어짜고 있는데, 그중에는 '점진적인 부동산세 개혁 추진'이라는 정책도 포함되어 있다. 부동산세가 정말 집값을 잡는 데에 일조할 수 있을까? 이 문제에 답하기 전에 먼저 부동산세를 징수하는 궁극적인 목적이 무엇인지부터 정확하게 짚고 넘어가야 할 것이다. 중국 내 많은 전문가들이 이구동성으로 집값을 잡을 수 있다고 하지만 첫 단추부터 잘못 끼웠다. 중국은 부동산세의 본질을 잘못 이해하고 있기 때문이다.

미국에서 부동산세를 징수하는 목적은 집값을 잡기 위해서가 아니라 집값을 끌어올려 서민을 잘살게 하는 데에 있다. 미국에서 징수하는 부동산세 중 28%는 1급 지방정부에 제공되고, 22%는 지역 정부, 4%는 주 정부에 나누어준다. 다시 말해 전체 부동산세 중 절반이 하급 정부에 배분된다. 하급 정부라고 해서 허투루 쓰지 않고 공원·광장·녹지 건설이나 사회치안 유지를 위한 경찰인력 추가 고용과 같은 더 나은 양질의 공공서비스를 제공하는 데에 사용한다. 이렇게 해서 현지 경영

벼랑 끝에 선 중국 경제

환경이 개선되면 현지 땅값과 집값은 떨어지는 일 없이 꾸준히 상승한다.

서민이 보유한 주택의 가치가 상승한 뒤에는 어떤 상황이 펼쳐질까? 부가가치 중 98.62%가 서민의 손에 쥐어지고 정부는 부동산세로 1.38%만 징수한다(2006년 미국 내 모든 주의 부동산세 평균 세율). 이렇게 해서 징수된 자본은 서민의 부동산이 더 높은 가치를 지닐 수 있도록 지속적으로 현지 환경을 개선하거나 더 나은 시 정부 서비스와 공공치안 서비스를 제공하는 데에 사용된다.

그러면 나머지 절반의 부동산세는 어떻게 사용될까? 공정사회 실현, 공정한 교육 기회를 제공하는 데에 사용된다. 그중 42%의 부동산세는 학구學區 교육 경비로 사용되기 때문에 공립학교에 다니는 미국 아동들은 무상교육 서비스 외에도 무상급식 서비스라는 혜택을 누릴 수 있다. 자녀교육비의 90%를 정부에서 부담하기 때문에 미국에서 자녀교육비로 한 해 동안 지출하는 비용은 겨우 200달러에 불과하다.

물론 부동산세에도 부작용은 있다. 이를테면 미국에서 부동산세를 한 번이라도 내지 않으면 당장 집을 몰수당할 수 있다. 이번 금융위기 때 수많은 미국 내 화이트칼라들이 길거리로 내몰려 텐트에서 지내는 상황이 속출하자, 미국 정부는 부동산세가 지나치게 빨리 상승하는 것을 막기 위한 일련의 제도를 실시했다. 캘리포니아 주에서는 주택을 매매할 때만 주택 가치를 평가하도록 규정했는데, 이는 부동산세가 지나치게 빨리 올라 부동산세를 제때 납부하지 못할 수도 있다는 주택 소유자의 부담을 덜어주기 위한 조치였다. 1978년 통과된 제13호 안건에서는 정부가 주택 소유주에게 징수하는 부동산세의 연간 인상률이 1%를 초과해서는 안 되며, 부동산 순자산 평가치의 연간 상승률이

2% 미만이어야 한다는 내용을 규정하고 있다. 바꿔 말하면 세액은 자체적으로 1%를 초과해서는 안 되며, 과세 기초도 2%를 넘어서는 안 된다는 뜻이다.

전형적인 사례로 미시간 주가 있다. 1993년 당시 미국에서 여덟 번째로 높은 부동산세를 내게 된 미시간 주에서는 부동산 순자산 평가치의 연간 상승률이 지나치게 빠르다는 인식이 널리 확산되며 주민들이 강한 불만을 쏟아냈다. 그해 7월, 미시간 주 정부는 어쩔 수 없이 부동산세를 대폭 삭감하기로 결정했다. 이 때문에 매년 70억 달러의 세수를 줄여야 했고, 지방 교육 경비에서 부동산세가 차지하는 비중 역시 57%에서 37%로 줄어들었다. 감세를 하더라도 기존처럼 학교교육 서비스를 제공하려면 돈이 필요했다. 그 돈을 어디에서 어떻게 마련해야 할까? 미시간 주는 두 가지 방안을 제시했다. 소비세와 담뱃세 인상을 골자로 하는 A안은 4%의 소비세를 6%로 인상하고, 담배 한 갑당 25펜스에 부과했던 담뱃세를 75센트로 인상할 것을 주장했다. 개인소득세, 담뱃세와 영업세를 인상하자고 주장하는 B안에는 개인소득세를 6%로 인상하고, 담뱃세는 40펜스까지 올리고 영업세도 동시에 상향 조정한다는 내용이 포함되었다. 투표를 통해 미시간 주민들은 A안을 선택했다.

지나치게 빠른 부동산세 인상을 규제하는 조치 외에도 주택의 가치 평가 역시 공정하게 이루어져야 했다. 해당 부분의 문제가 불거지지 않도록 미국인은 또 다른 방안을 생각해냈다. 주민의 공개선거를 통해 부동산 평가 담당 직원을 선발해 주택의 가치를 평가하도록 했다. 공정한 평가가 이루어질 수 있도록 부동산 평가 담당 직원은 모두가 인

벼랑 끝에 선 중국 경제

정하는 성실하고 본업에 충실한 사람 중에서 선발했다. 평가 담당 직원은 보통 두 명이 함께 팀을 이루어 주민을 방문해 부동산을 평가하는데, 이들은 주택 소유자와 관련된 상황을 자세하게 기록하고 주택의 면적을 꼼꼼하게 측량한다. 그 외에도 방과 욕실 수, 차고 등의 정보도 기록한다. 이들은 부동산과 관련된 전반적인 상황을 속속들이 알고 있을 뿐만 아니라 서로를 감시하기도 하는 역할을 담당하기도 한다.

아울러 정보가 투명하게 공개되도록 정부는 부동산 평가 정보를 인터넷에서 공개하는 것은 물론 사용자 게시판까지 제공하고 있다. 이를테면 모든 주민은 인터넷을 통해 자신이 속한 커뮤니티에서 비슷한 조건을 가진 다른 주택의 평가 보고서를 열람할 수 있는데, 다른 커뮤니티에 있는 주택이 자신의 것과 비슷한 조건을 가지고 있는데도 자기가 사는 집에 관한 평가보다 낮다면 해당 자료를 갖고 평가 직원을 찾아가 해명을 요구할 수 있다. 그런 경우 평가 직원은 자신들의 평가 방법을 자세히 모두 알려주어야 한다. 그럼에도 평가 직원의 해명을 받아들일 수 없다면 상급 평가위원회에 기소하면 된다.

똑같은 일인데도 무대를 중국으로 옮기면 그 양상이 달라지는 듯하다. 이를테면 베이징 중심부에 형성된 도로 중 세 번째 도로인 싼환三環 주변에 평가가치가 200~300만 위안에 달하는 신규 주택이 있다고 치자. 지하철 역사에서 가까운데다 주차장, 헬스클럽을 갖춘 신규 주택은 바로 옆에 있는 노후한 주택보다 50~60만 위안 더 비싸다. 결과적으로 그해 신규 주택은 노후한 주택보다 약 1만여 위안의 세금을 더 내라는 통고를 받았다. 이 돈을 내야 할까? 기분 좋게 내면 가장 좋겠지만 대부분 돈을 내지 않으려고 온갖 방법을 동원해 평가 직원에게 뇌물을 먹이려 들 것이다. 이렇게 해서 중국의 부동산 평가는 새로운 형태의 부패로 변질될 수 있다.

물론 부동산세도 불안정한 경기와 지역 차별, 그리고 세대 차이 등의 해결하지 못한 부작용이 있는데, 미국조차도 문제 해결에 어려움을 겪고 있다.

집을 짓기보다 차분히 줄 서야 할 때

현재 중국 전역에서 서민용 저가 소형 주택 건설을 위한 대약진운동이 대대적으로 추진되고 있다. 그러다 보니 주택 건설이 지방정부의 최대 임무인 양 비치기도 하는데, 이는 완전히 잘못된 사고방식이다. 우연히 CCTV가 지역 주민을 상대로 인터뷰한 방송을 보았는데, 그 내용이 무척 흥미로웠다. 인터뷰에 응한 사람은 텐진天津에 거주하고 있는 평범한 주민으로, 그는 제비뽑기로 집을 얻었다고 한다. 인터뷰에서 그는 행운이 많이 따랐다고 했다. 눈치 챘는가? 행복이 아니라 행운 덕분이라고 했다. 행복과 행운은 한 글자만 다르지만 그 작은 차이는 중국의 주택정책에 큰 문제가 있음을 여실히 보여준다.

제대로 된 정책이라면 서민은 자신과의 약속을 지킨 정부에 고마워해야 한다. 왜냐하면 약속을 지킨 정부 덕분에 미래에 대한 계획을 차근차근 달성할 수 있기 때문이다. 그런 점에서 싱가포르는 좋은 평가를 받고 있다. 싱가포르 정부는 70%의 가정이 방 세 개짜리 주택에서 살 수 있도록 서민용 저가 소형 주택의 가격을 가구당 연평균 소득의 네다섯 배 정도로 유지하겠다고 약속했다. 자신의 한 말에 책임을 질 줄 알았던 싱가포르 정부는 실제로 그 약속을 지켰다. 그렇다면 중국은 국민과의 약속을 지켰을까? 현재 중국 각지에 건설된 서민용 저가 소형 주택의 가격은 시가의 80%에 육박할 뿐만 아니라 고정되지 않고 시시때때로 요동친다. 이 때문에 중국의 서민은 현재 자신의 경제 상태에서 서민용 저가 소형 주택을 구입할 수 있을지 판단조차 하기 어렵다. 게다가 제비뽑기 방식으로 주택을 매입할 수 있는 기회가 주어지기 때문에 행운의 여신이 언제 자신의 손을 들어줄지 영원히 모른 채 살아가고 있다.

싱가포르처럼 할 수 없다면 적어도 홍콩 특구에서라도 배워야 한다. 홍콩 정부가 소득·인구수 등의 조건을 점수로 환산한 뒤 총점을 매기면, 주민들은 자신의 순위를 조회해 주택을 매입하기까지 얼마나 남았는지 대략적으로나마 계산해볼 수 있다. 요컨대 대기 순서 프로그램을 짜는 것이다. 이 프로그램이 있으면 언제 자신에게 기회가 찾아올지 몰라 속만 태우는 주민에게 미래에 대한 대략적인 일정을 보여줌으로써 심리적인 안정감을 줄 수 있다. 정부로서도 더 많은 수의 서민용 저가 소형 주택을 지을 수 있는 시간을 벌게 되는 셈이다.

수많은 정책이 제시된 뒤에도 온갖 문제가 속출하고 있는 까닭은 중국 정부가 내놓은 정책이 하나같이 민심을 제대로 읽지 못했기 때문이다. 서민은 내일 당장 후분양주택을 얻을 수 있기를 기대하는 것이 아니라, 대략적이지만 다소 신뢰할 수 있는 수준에서 자신의 차례를 확인할 수 있기를 기대한다. 예를 들어 충분한 토론을 거쳐 주택 매입을 위한 일종의 기준점으로 연소득 24만 위안 - 자산 50만 위안을 정하는 것이다. 해당 기준보다 형편이 더 나은 사람이라면 서민용 저가 소형

서민주택이 부동산시장을 무너뜨린다면

주택을 신청할 자격을 원천적으로 부여하지 않도록 하고, 그보다 못한 경우라면 5년 후에 서민용 저가 소형 주택을 얻을 수 있도록 규정하는 것이다. 이렇게 하면 미래에 대한 안정적인 계획을 수립하는 일이 한결 수월해질 것이다. 기준 이하인 사람은 편안한 마음으로 자신의 차례가 오기를 기다리면 되고, 기준 이상인 사람은 열심히 돈을 모으면 된다.

그 밖에도 부동산 개발 업체에 안정적인 미래상을 제시해주고 자신의 차례가 오기를 마음 편히 기다릴 수 있도록 응원해야 한다. 이 문제라면 미국의 정책을 참고해도 무방할 것이다. 미국에서는 토지 개발 업자가 일정 규모의 토지를 낙찰 받으려면 앞으로 지을 건물 부지 안에 최소 3분의 1 규모에 해당하는 저렴한 임대주택을 개발해야 한다. 임대주택 건설이라는 임무를 저버린다면 원하는 토지를 얻을 수 없다. 해당 전제조건이 규정화되자 부동산 개발 업체도 토지를 쌓아두는 것은 물론 집값이 오를 때까지 주택을 분양하지 않고 버티는 건 결코 용납되지 않으리라는 생각에 일찌감치 분양에 나서고 있다.

결코 잊어서는 안 되는 가장 기본적인 사실이 있다. 서민용 저가 소형 주택을 짓는 데에 드는 돈을 비非서민용 저가 소형 주택에서 제공한다는 것이다. 그래서 서민용 저가 소형 주택 외에 번창한 부동산 프로젝트를 보유해야 한다. 예를 들어 싱가포르의 Orchard Scotts, Boulevard Vue, CYAN, Jardin 등이 그렇다. 이들 호화 콘도의 1m²당 가격은 약 10여만 위안에서 수십여 만 위안에 이르는데, 홍콩에서 가장 유명한 고급 주택 지구인 시주룽西九龍과 대체적으로 비슷하다. 그럼에도 지나친 매매 압박에 시달리거나 대대적인 광고를 위해 거액을 쏟아 부을 필요도 없다. 왜냐하면 판매 정보가 공개되면 많은 물량이 팔려나가기

벼랑 끝에 선 중국 경제

때문이다.

이처럼 서민이 내 집을 가질 수 있도록 보장하는 한편, 서민용 저가 소형 주택에 재정적 지원을 제공하는 비서민용 저가 소형 주택 시장이 발전할 수 있도록 정부에서 관련 환경을 구축해야 한다. 서민용 저가 소형 주택을 무턱대고 대대적으로 홍보해서는 안 된다. 그렇게 되면 좋지 못한 결과만 가져올 뿐이기 때문이다. 하나는 서민용 저가 소형 주택의 공급 부족으로, 단기적인 하락세를 거쳐 집값이 미친 듯이 반등할 것이다. 이 경우 집을 갖지 못한 이들로부터 당연히 욕을 먹게 된다. 다른 하나는 서민용 저가 소형 주택의 공급 과다로, 비서민용 저가 소형 주택 시장이 성장하지 못하고 토지 양도금 수입도 급감해 결국 서민용 저가 소형 주택은 지속적으로 제공되지 못할 것이다. 이 경우 자칫하면 홍콩의 전철을 그대로 밟아 집값 폭락 현상을 일으킬 수 있다. 이런 상황이 펼쳐지면 내 집을 가진 주민들로부터 욕먹는 일밖에 없다. 순간의 실수나 판단 착오로 수습하기 어려운 문제를 유발할 수 있기 때문에 부동산 문제를 해결하는 데에 중국의 공공 정책에 대한 기대치가 높아질 수밖에 없다. 홍콩은 실패했고, 정책적인 차원에서 주택 대출을 제공하는 미국의 주택 금융기관인 페니메이와 프레디맥은 여전히 파산의 그림자에서 벗어나지 못하고 있다. 이런 상황에 중국은 도대체 무엇을 믿고 싱가포르처럼 행운의 여신이 제 손을 들어주리라 자신하는가?

분양은 건설만큼 중요하다

선전 시는 주택 분양을 시작하면서 베이징, 상하이보다 많은 정보를
공개했다. 그럼에도 선전에 대한 불만의 목소리가 가장 크다는 것은
선뜻 납득하기 어렵다.

선전 시 정부로서는 몹시 억울할 것이다. 말만 늘어놓고 실천할 줄
모르는 다른 지방정부와 달리 선전은 서민용 저가 소형 주택 프로젝트
를 추진했고, 동네 어귀가 아니라 누구나 조회하고 토론할 수 있도록
인터넷에 모든 자료를 공개하는 등 제대로 된 공시제도를 실시했다.
재심 기한도 여유롭게 설정해 무려 6개월이라는 긴 시간 동안 마라톤
심사를 통해 1,472명이나 되는 불합격자를 퇴출시켰다.

그럼에도 선전 시 정부가 여론의 폭격을 받는 이유는 무엇일까? 중
국 뉴스 포털 사이트인 왕이網易에서 실시한 인터넷 투표 조사 결과 무
려 70.6%의 네티즌이 현재 선전 시 정부가 추진 중인 서민용 저가 소
형 주택 프로젝트에 반대하는 것으로 나타났다. 상당수의 네티즌이 반
대 의견에만 머물지 않고 적극적으로 의사를 개진했는데, 그중에서
80.6% 이상의 찬성표를 받은 내용을 몇 가지 소개해보겠다. ‘서민용
저가 소형 주택 프로젝트의 상장 거래 금지, 거주 가능 및 판매 금지’,
‘서민용 저가 소형 주택이 아니라 더 많은 규모의 공공 임대주택 건
설’, ‘허위 자격 소지자에 대한 처벌 강화’.

선전 시 정부는 기본 중의 기본에 해당하는 상식, 즉 서민용 저가 소
형 주택은 진정한 의미의 공공 정책이지만 국민의 참여와 토론, 민심
의 평가 없이는 어떻게 해도 잘못된 결과를 가져온다는 사실을 제대로

깨달아야 한다. 과거 행정명령만 따르던 방식으로는 실패를 면할 수 없다. 공공 정책의 좋고 나쁨을 평가하는 기준은 냉정하기 짝이 없는 자료나 숫자가 아니라 국민의 만족도이기 때문이다.

대다수의 정책이 각 분야별 공무원과 전문가들이 한자리에 모여 여러 번 토론 끝에 도출된 최상의 결과라는 점에는 한 치의 의심도 없지만 이들보다 훨씬 똑똑한 이들이 바로 국민이다. 예를 들어 네티즌은 서민용 저가 소형 주택 제도가 가진 6대 결점을 찾아냈다. 가짜 결혼, 자산의 해외 이전, 여타 지역에서의 부동산 소유, 실제 주택을 소유했음에도 무주택 증빙서류 제출, 자가自家를 소유한 기존 주민에 대한 주택 추가 제공, 31만 건의 불법 건축 및 자료 누락. 그 밖의 사례를 살펴보면, 재벌 2세 문제를 제외하고도 현재 고급 주택에 거주하고 있거나 선전에 거주하지 않는 49세대, 허위 정보로 재신청한 경우도 모두 심사에 통과했다는 사실을 발견했다.

선전 시 정부는 이 문제를 어떻게 해결해야 할까? 어떻게 문제를 해결해야 할지 걱정하고 있다면 더 이상 그러지 않아도 된다. 수많은 네티즌이 이미 효과적인 의견을 많이 내놓았기 때문이다. 이를테면 한 네티즌은 주민의 소득을 심사, 대조해볼 수 있는 통일된 시스템을 선전 시 정부에서 구축하지 않는 이유가 무엇이냐는 질문을 던졌다. 그러자 다른 네티즌은 프라이버시 문제라고 반박했지만 아마도 자격 신청서를 꼼꼼히 읽어보지 않은 듯싶다. 실제로 신청서의 제7항 제2조에 따르면 주택 신청자는 '주택 보장 자격 심사 부문의 조사에 적극적으로 협조할 것이며, 주택 보장 자격 심사 부문이 공안·민정·계획과 국토·인력 자원과 사회보장·시장 관리 감독·세무 등의 부서 및 관련 금융기관·금융업 관리 감독 기구에 신청자 및 공동 신청자의 관련 정보를 요구하고 이를 조사하는 데에 동의한다'고 약속했기 때문이다. 이처럼 정부가 다양한 정보를 확보했지만 주택도농건설부는 왜 이를 활용하지 못하고 있는가? 이유는 간단하다. 일부 공무원과 전문가들이 제도와 관련 방안을 구상할 때 국민의 편의를 전혀 고려하지 않았기 때문이다. 또 하나는 그들은 여태껏 단 한 번도 국민의 의사를 물어본 적이 없기 때문이다.

이런 점에서 홍콩이 도입한 방법은 참고할 만하다. 홍콩에서는 고용주가 소득을 증명하도록 규정하고 있으며, 자영업자의 경우 반드시 회사 장부와 심사 보고서를 제출해 소득을 입증해야 한다. 그리고 고용주의 소득 증명은 아무렇게나 적는 것이 아니라 홍콩 주택공사가 제공하는 양식에 따라 항목을 작성해야 한다. 반드시 정확하게 기재해야 되는 것은 물론 특정 법률에 근거한 소득 증명에 관한 내용을 정확하게 숙지하고 있어야 한다. 허위 정보를 제공한 경우 심사를 통해 6개월의 징역형과 5만 홍콩달러의 벌금형을 선고받을 수 있다. 한 업체의 책임자라면 소득 증명서에 본인의 친필 사인과 회사의 직인이 있어야 한다.

이 판결 내용을 그대로 도입할 필요는 물론 없다. 세탁소조차 주식회사로 등록될 만큼 홍콩은 거의 소상인 위주의 경제 시스템을 갖고 있기 때문이다. 게다가 해당 분야에서 중국이 상당히 뒤처져 있기 때문에 강제로 해당 규정을 도입했다간 소득을 증명할 수 있는 사람이 눈에 띄게 줄어들 수 있다. 그렇다면 어떻게 해야 할까? 가장 간단하지만 가장 효과적인 방법은 국민에게 물어보는 것이다.

이쯤에서 가장 핵심적인 문제는 단순한 소득 문제나 기술적인 문제

벼랑 끝에 선 중국 경제

가 아니라 해당 기준 때문에 서민이 희생해서는 안 된다는 점이다. 해당 기준이 민심에 맞지 않는 것이라면 정부가 기준에 따라 어떤 정책을 펴든 항상 잘못된 결과를 가져올 것이다. 국민의 의사와 어긋나는 기준에 따라 행동할수록 그로 인한 잘못도 커지게 마련이다.

선전 시 정부는 지금도 자신의 문제가 어디 있는지 잘 모르는 듯하다. 그 답을 알려준다면, 선전 시의 서민용 저가 소형 주택 신청서에 적혀 있는 수많은 조건들 중에서 진정한 의미의 기준, 즉 가구 총자산이 32만 위안 미만이어야 한다는 내용이라는 점에 주목해야 한다고 본다. 도대체 32만 위안이라는 기준은 어떻게 나온 걸까? 30만 혹은 20만 위안도 아니고, 50만 위안도 아니고⋯⋯. 자산이 10만 위안에 불과한 사람이 30만 위안을 가진 사람보다 우선권을 받지 못하는 근거는 무엇인가? 2011년 구름떼처럼 몰려든 신청자들 중 상당수의 자산이 32만 위안에서 딱 500위안 부족한 것으로 나타났다. 게다가 10만 위안 정도의 자산을 가진 가구라면 아마도 이제 막 결혼한 부부일 가능성이 높다. 이들의 1인당 평균 소득이 30만 위안의 자산을 가진 3인 식구보다 많다고 해서 3인 가구보다 이제 막 결혼한 신혼부부에게 소득을 이유로 우선권을 제공하는 상황을 어떻게 이해해야 할까? 마찬가지로 지난해 신청했다가 실패한 사람에게 올해 우선권을 먼저 제공해야 하는가? 선전 시 주택건설발전국 내부에서 제비뽑기를 할 때 해당 요소들도 어느 정도 역할을 담당했겠지만 서민들이 공개 토론을 벌일 수 있도록 해당 기준을 공개적으로 꺼내지 않은 이유는 무엇인가?

주택 문제가 단시간 안에 해결될 수 없다는 것쯤은 누구나 잘 알고 있다. 홍콩으로부터 합리적인 규정을 제정하는 법을 배워 모두에게 공

서민주택이 부동산시장을 무너뜨린다면

정한 기회를 제공해야 하는 이유가 바로 여기에 있다. 그 규정을 어떻게 정해야 할까? 몇몇 전문가가 어두컴컴한 방에 모여 은밀하게 처리할 것이 아니라 밝은 세상에서 국민의 참여와 합의를 통해 투명하게 결정해야 한다.

경쟁적으로 임대주택을 제공하게 하라

획일적인 일 처리를 선호하는 중국인은 수많은 비정부 공익 기관에서 비슷비슷한 공공 상품을 제공해야만 정부 부문의 효율을 높일 수 있다는 사실을 여전히 알지 못한다. 특히 저렴한 임대주택의 경우 이런 관리가 더더욱 절실하다. 그렇지 않으면 정부에서 제아무리 많은 재정 자원을 쏟아 부어도 아무 소용도 없기 때문이다.

이 문제에 관해 중국은 미국에 한 수 배워야 한다. 1974년 닉슨 정부가 내놓은 '주택과 지역사회 개발법Housing and Community Development Act'은 공공주택 신청 자격에 맞는 임차인이라면 지방 주택 관리 기구로부터 임대 증명을 받을 수 있다고 규정하고 있다. 또한 해당 증명서가 있으면 개인 주택 시장에서 주택을 임대할 수 있고, 시가대로 임대료를 지불하면 된다는 내용을 담고 있다. 해당 법안에 따르면 정부는 임대료를 크게 두 종류로 분류할 수 있다. 하나는 주택을 기반으로 하는 임대료로, 구체적인 내용은 다음과 같다. 집주인이 임대료 보조금 계획에 참여하려는 의사가 있고 주택 임대료와 주택 품질이 연방 정부의 기준에 부합된다면, 세입자는 가구 수입의 30%에 해당하는 임대료를 납부한

벼랑 끝에 선 중국 경제

뒤 저렴한 임대주택에 입주할 수 있다. 그리고 차액 부분은 주택 증서로 정부로부터 현금으로 받을 수 있다. 또 다른 임대료는 임차인을 중심으로 하는, 다시 말해 임대 보조금을 받은 사람이 이 돈을 지정된 범위 내의 지정된 주택을 빌리는 데에만 사용하도록 규정하고 있는 경우다. 대표적인 예가 실버 아파트다. 보조금을 얻은 뒤 방 한 칸짜리 주택의 임대료는 약 400여 달러, 방 두 개라고 해도 500여 달러를 넘지 않는다. 그리고 정부가 약 200달러를 보조해주기 때문에 가격도 적당한 편이다. 미국 정부가 시장화된 운영 수단을 통해 저소득층의 주택 계획을 지원해주는 방식이 상당히 성공적이었다는 것을 지금의 현실이 입증하고 있다.

아울러 미국 정부는 보조금이나 사회 프로젝트의 입찰 공고라는 방식을 동원해 일부 공공 조직과 공공 부문 간 경쟁을 이끌어냈다. 이를테면 미국의 한 기독교 단체가 세운 '쉼터'는 집이 없는 이들에게 무료로 먹을 것과 잘 곳을 제공하고 있다. 이곳에서는 다양한 크기의 방 외에도 식당·TV 감상실·도서실·헬스클럽·교실·컴퓨터실·세탁실·놀이방 등을 제공하고 있다. 이곳에 입소하려면 저녁 10시 30분에 침대에 들고 아침 6시 30분에 일어나 일자리를 찾거나 커뮤니티에서 제공하는 무상 직업 기술 훈련을 받아야 한다. 일자리를 찾은 후에는 소득의 10%를 임대료로 지불하고 65%는 쉼터에서 대신 보관해준다. 2,500달러를 모으면 사회에서 집을 얻고 독립생활도 할 수 있다. 중국에게 없는 것이 바로 이런 공익성을 띤 조직이다. 중국의 현존 제도 하에서 공익 조직의 설립을 신청하는 과정이 지나치게 복잡하고 문턱이 높아 현실화하기란 사실상 불가능하다.

짝사랑에 머문
산업 구조조정

외국 투자자 및 외자 유치로 자금을 흡수하기만 할 뿐
투자 유치 이후의 일은 생각조차 하지 않고 손을 뗀다.
외국계 기업이나 투자자로부터 자금을 끌어들이면 그만이지,
인재 육성과 과학기술 연구는 제 소관이 아니라고 생각한다.

경제가 성장할수록 불행해지는 중국인

30여 년 동안의 경제개혁과 대외 개방을 겪으면서 중국 경제는 줄곧 고속 성장을 구가해왔다. 특히 국유기업의 성적표를 들여다보면 이보다 더 좋을 수는 없을 정도로 월등한 성적을 자랑하고 있다. 2011년 1월부터 8월까지 국유기업의 이익은 2010년 동기 대비 46.7% 증가한 1조 2,600만 위안을 기록했고, 영업 수입은 19조 4,000만 위안을 달성했는데, 이는 2010년 동기보다 37.6% 늘어난 수치다. 2011년 9월에 발표한 500대 중국 기업의 경영 실적 역시 상당히 만족스럽다. 이들의 전체 영업 수입과 전체 이익은 각각 36조 3,100만 위안, 2조 800만 위안으로, 수익률이 7.7%나 된다. 최대 수익률을 올린 이른바 Big 10은 중국을 대표하는 국유기업으로, 500대 기업 중 이들이 차지하는 비중이 무려 40%나 된다.

남에게 절로 자랑하고 싶을 정도로 흐뭇한 성적표는 중국 서민들에게도 자부심을 심어주었을까? 중국의 5대 국유은행은 중소기업에 대한 대출을 거부했고, 직접적으로 융자 비용을 높였다. 독점적 지위를 가진 3대 국유 석유업체가 중국 국내 유가를 끊임없이 끌어올렸고, 공격적인 사업 전략을 구사하는 차이나 모바일中國移動通信 때문에 중국인은 세계에서 가장 비싼 전화비를 지불하고 있다.

보다 심층적인 분석을 통해 나는 이상한 현상을 찾아냈다. 중국의 독점기업의 세수가 20%라는 놀라운 속도로 성장하고 있지만 서민이 누리는 삶의 질이나 민영기업의 수익은 조금도 개선되지 않았다는 것이다. 한 가지 재미있는 사실은 중국의 국유 업체로부터 냉대받는 민영기업이 아이러니하게도 대다수의 일자리를 창출하고 수출을 견인하고 있다는 점이다. 예를 들어 제11차 경제개발 5개년계획이 이루어진 2006년부터 2010년까지 중국의 민영기업과 자영업자 등록 수는 4,200만 건을 넘어섰는데, 이들이 80% 이상의 사회적 일자리를 창출해내고 있다고 볼 수 있다. 그 외에도 GDP와 세수 부문에서도 민영기업의 활약이 눈부신데, 공헌도를 구체적인 수치로 계산해본다면 각각 60%, 50%나 된다. 수출 분야에서도 민영기업은 좋은 성과를 얻고 있다. 상무부의 통계에 따르면 2011년 1월에서 9월까지 국유기업의 수출입 총액이 5,691억 4,000만 달러에 그친 데에 반해 민영기업의 수출입 총액은 7,393억 9,000만 달러를 기록했다. 세수 분야에서도 민영기업은 고속 성장이라는 목표를 성공적으로 달성했는데, 2011년 전국 세수 총수입은 8조 9,720억 3,100만 위안으로 2010년보다 22.6% 증가했다. 앞에서 제시한 여러 데이터를 통해 국유기업의 고속 성장이 일자리 증가, 수출 증대, 소득 증대에 아무런 도움도 주지 않는다는 것을 알 수 있다. 요컨대 국유기업의 고속 성장이 서민의 삶을 윤택하게 만들어주기는커녕 오히려 살림살이를 더욱 팍팍하게 만드는 것도 모자라 민영기업의 빌목을 잡고 있다.

라틴아메리카식 위기에 빠질 것인가

라틴아메리카의 경제를 연구하던 중 30년 전 브라질, 아르헨티나 등의 경제가 현재의 중국과 여러 면에서 놀랍도록 비슷하다는 사실을 발견할 수 있었다. 라틴아메리카는 대량의 값싼 노동력과 개방된 시장 등의 비교우위를 앞세워 대규모 외자를 유치하는 데에 성공했다. 특히 서방 선진국과 대규모 다국적기업의 자본을 유치해 자국의 경제발전에 필요한 동력원으로 활용하며 고속 성장에 성공했다. 하지만 이런 발전에는 참혹한 대가가 뒤따랐다. 고속 성장 과정에서 누적된 문제가 평소 하나하나씩 쌓이다가 어느 순간 봇물 터지듯 한꺼번에 터지면서 빈부 격차 심화, 지지부진한 산업 구조조정, 사회적 갈등 심화 등의 문제를 낳았다. 눈앞에 쌓인 문제를 해결하지 못하고 발목이 잡힌 라틴아메리카는 장기 불황이라는 수렁에 빠졌을 뿐만 아니라 사회적으로도 쉴 새 없이 갈등과 혼돈의 시간을 보내고 있다.

사실 라틴아메리카와 일부 동남아시아 국가는 일찌감치 중등 수입국으로 평가받았지만 연거푸 '중등 수입국의 함정'에 빠지면서 여전히 고수입 국가의 반열에 들지 못하고 있다. 심지어 일부 국가는 중등 수

벼랑 끝에 선 중국 경제

입국 단계에서 40~50년 동안 머물러 있기도 하다. 이들 국가는 임금 면에서 원천적으로 저수입 국가와 경쟁 구도를 형성할 수 없는 것은 물론이거니와, 첨단기술 연구 제조 부문에서는 선진국의 상대도 되지 못한다. 대표적인 국가로 필리핀을 꼽을 수 있다. 1980년 671달러를 기록했던 필리핀의 1인당 GDP는 2006년에는 1,123달러에 그쳤다. 인플레이션이라는 요소를 감안한다면 1인당 소득이 크게 개선되지 않은 셈이다.

물론 소득이 다소 증가한 국가도 몇몇 있었지만 고수입 국가와의 격차를 줄이기에는 역부족이었다. 말레이시아의 경우 1980년 1,812달러였던 1인당 GDP가 2010년에는 8,500달러에 그쳤다. 1964년 아르헨티나의 1인당 GDP는 1,000달러를 돌파했지만 몇 차례의 기복을 겪은 후 지금은 7,700달러 선에 머물고 있다. 아르헨티나 외에도 라틴아메리카 지역 내 상당수 국가에서 이와 비슷한 현상이 목격되고 있다. 20~30년간의 노력에도 불구하고 몇 차례의 혼란을 겪으며 1인당 GDP가 1만 달러라는 문턱을 쉽게 넘어서지 못하고 있다. 그리고 지금 중국이 라틴아메리카의 뒤를 따르고 있다. 빈부 격차 심화, 사회적 갈등, 핵심 경쟁력의 부재에 이르기까지 중국은 라틴아메리카가 걸었던 길을 고스란히 걷고 있다.

개발도상국은 중등 수입국의 함정에 빠져 도태될 운명일까? 절대 그렇지 않다. 일본, 한국, 대만이 그 함정에서 벗어나 선진국으로 발돋움했거나 하고 있지 않은가. 그들은 어떻게 함정을 피할 수 있었을까? 당장의 편한 길보다는 지금은 힘들더라도 더 나은 미래를 보장하는 어려운 길을 선택했기 때문이다. 이들은 단순한 대리 생산기지로서의 운

짝사랑에 머문 산업 구조조정

명을 거부하고 적극적으로 활로를 모색하기 시작했다. 일본은 다른 국가에서 제조할 수 없는 상품을 생산해내는 수출 전략을 구사했다. 자동차 제조업마저도 상품 소비국으로 이전한 일본 현지에는 반도체·광학 같은 최첨단 제조업만 남아 있다. 두 산업에서 가장 중요한 원자재는 무엇일까? 중국이 엄청 싼 가격으로 팔고 있는 희토다.

애플이 아이폰4를 발매한 후 한국의 《조선일보》는 아이폰은 '한국산 핸드폰'이라고 불러도 과언이 아니라는 내용의 기사를 내보냈다. 아이폰4에 들어가는 스크린·중앙처리장치·메모리·배터리 등 주요 부품을 모두 한국 업체에서 제공하고 있다는 것이 그 이유였다. 아이폰의 해상도가 유독 선명하다고 느껴본 적 있는가? 아이폰은 사람의 망막보다 월등히 높은 해상도를 자랑하는 레티나 스크린을 탑재하고 있다. 그리고 아이폰에 들어가는 부품 중 가장 비싼 부품 역시 한국 구미에 위치한 LG 공장에서 생산하고 있다. 이에 반해 똑같이 아이폰을 생산하는 중국 폭스콘의 지위는 어떤가? 중국 쓰촨 청두成都 내 폭스콘 생산 공장에서 대규모 폭발 사건이 일어난 원인을 알고 있는가? 중국의 폭스콘이 아이폰 생산 과정에서 담당한 작업은 특별한 기술력이 필요 없는, 알루미늄 판을 매끄럽게 깎은 뒤 손으로 직접·핸드폰 케이스를 가공하는 일이었다. 광택 처리 과정에서 발생하는 알루미늄 찌꺼기가 고온이라 항상 폭발 가능성이 있었는데, 순간의 실수가 비극적인 참사를 일으키고 말았다. 그 밖에 배터리를 살펴보자. 중국은 세계 최대 배터리 생산국이라고 자처하지만 아이폰에는 중국산 배터리가 전혀 들어가지 않는다. 삼성에서 만든 배터리와 적층 세라믹 콘덴서가 아이폰의 배터리 지속 시간을 대폭 향상시켜주기 때문이다. 아이러니하게도 중

벼랑 끝에 선 중국 경제

국의 유명한 제조업체인 비야디는 배터리 사업으로 자리를 잡았지만 어느 정도 몸집이 커지자 중국 정부의 산업 정책에 따라 지금은 엉뚱하게도 전기자동차 제작 연구에 관심을 쏟고 있다.

어디에서부터 잘못된 걸까? 가장 근본적인 문제는 일에 대한 중국의 가치관에 심각한 오류가 발생했기 때문이다. 오랫동안 적극적으로 외자를 유치한 중국이지만 겉으로 드러나는 실적에만 급급하고 모양새만 따지기 일쑤다. 중국의 외자 유치 과정은 한 편의 사기결혼을 떠올리게 한다. 외국 투자자를 꼬드기기 위해 처음에는 무슨 조건이든 다 들어주겠다고 약속하지만 실제로 외국 투자자가 중국에 공장을 짓고 나면 중국 지방정부의 행방이 갑자기 묘연해지면서 외자 유치 프로젝트도 막을 내린다. 하지만 진정한 의미의 외자 유치라면 지금부터가 시작이다. 이때부터 임대료 우대, 토지 우대, 세수 우대가 더 이상 효력을 발휘하지 못하는 대신 교육 및 인재 시스템, 과학기술정책, 창업 환경이 본격적으로 제 역할을 발휘하기 때문이다. 궁극적으로 후자의 내용이 기업의 진화와 도태를 결정한다.

일본 유명한 카메라 제조업체인 캐논을 예로 들어 설명해보자. 일본 캐논은 대만과 태국, 중국 대륙에서 거의 동시에 카메라산업 투자에 나섰다. 중국의 카메라 생산 업체, 예를 들어 펑황鳳凰도 이때부터 개혁 개방의 기치를 치켜들고 기술 도입, 대외 협력 부문에서 적극적인 행보를 선보였다. 결론적으로 말해 출발점은 같았지만 성적은 제각각이었다. 그로부터 20년이 지난 오늘날 대만은 세계 최대의 카메라산업을 보유하고 있을 뿐만 아니라 심지어 플라스틱 카메라 부문에서는 일본을 멀찌감치 따돌렸다. 현재 아이폰에 들어가는 카메라용 플라스틱렌

짝사랑에 머문 산업 구조조정

즈는 모두 대만의 작은 도시 탄즈潭子에서 생산된 것이다. 일본 캐논은 전통적인 조립, 포장 부문을 담당하고 있는 태국의 공장을 훗날 중국 쑤저우蘇州로 이전시키고, 주하이珠海에 있는 캐논에 DSLR 카메라 생산 라인을 설치했지만 대만 캐논에 비해 기술력이나 중요도 면에서 한참 뒤처져 있다. 대만 캐논은 설계에서부터 생산 관리에 이르기까지 모두 현지 엔지니어가 담당하고 있으며, 거의 모든 부품을 현지에서 해결한다. 이와 달리 중국 캐논은 핵심 부품을 대만이나 일본에서 들여오고 있다. 중국 내 국유 카메라 생산 공장이 대부분 도산한 상태에서 펑황이 그나마 근근이 성과를 이어가고 있지만 횡령, 부패, 국유 자산을 집어삼키는 불법행위를 저지르는 바람에 이사장에서부터 사장, 부사장에 이르는 고위 경영진이 모조리 법의 심판을 받고 지금 구금 상태에서 조사받고 있다.

대만, 중국, 태국 사이에서 벌어진 치열한 국제 경쟁에서 대만이 승리를 거둘 수 있었던 비결은 무엇인가? 우수한 교육 및 과학기술 인재 시스템을 갖추고 있을 뿐만 아니라 민간 기업에 유리한 사업 환경을 제공하고 있기 때문이다. 이를테면 토지와 세수 부문에서도 민간 기업이라고 함부로 무시당하는 일이 결코 없다. 그 밖에도 중국처럼 기업을 운영하기 위해 대부분의 시간을 관련 부서와 친분을 쌓는 데에 허비하는 일도 없다. 대만 캐논은 일본 캐논과 독일 보쉬의 첨단기술을 도입한 후 대규모 산업군을 육성하는 것은 물론 다양한 인재층을 양산해냈다. 이와는 대조적으로 중국은 외국 투자자 및 외자 유치를 통해 자금만 흡수할 뿐 투자 유치 이후의 일은 생각조차 하지 않고 손을 뗀다. 요컨대 외국계 기업이나 투자자로부터 자금만 흡수하면 그만이지,

벼랑 끝에 선 중국 경제

인재를 육성하거나 과학기술을 연구하는 일 따위는 외자를 유치하는 부서의 소관이 아니라고 생각하는 것이다.

대만이 플라스틱렌즈 부문에서 일본을 따라잡을 수 있었던 비결은 무엇이었을까? 표면적으로 보았을 때 일본계 기업은 핸드폰 카메라용 플라스틱렌즈를 사업성이 없는 영역이라고 판단했다. 실제로도 당시 많은 이들이 핸드폰 카메라는 상품성이 없다고 판단했다. 플라스틱렌즈가 유리 렌즈처럼 선명한 화질을 제공할 수 없다는 것이 그들의 생각이었다. 하지만 대만의 라간^{Largan}은 다른 이들이 거들떠보지도 않던 시장에 뛰어들어 본격적으로 시장을 개척하기 시작했다. 처음에는 35만 화소 렌즈 개발에 그쳤지만 단번에 지금의 500만, 심지어 800만 화소를 개발하는 데에 성공하는 한편 가격을 기존의 10%까지 낮추는 데에도 성공했다.

이보다 심층적인 원인을 생각해본 적 있는가? 일본 캐논이라면 대만 캐논처럼 대단한 업적을 세울 수 있었을까? 당연히 해냈을 것이다. 하지만 일본 캐논도 할 수 있는 일을 쑤저우 캐논은 해낼 수 없다. 쑤저우에는 일본 현지와 같은 막강한 연구개발 인력이 없기 때문이다. 설사 쑤저우에 연구개발 센터를 세웠다고 해도 일본 캐논은 대만 캐논 때와 같은 실수를 되풀이하지 않으려 할 것이다. 요컨대 다시는 제 손으로 호랑이 새끼를 키우지 않을 것이다. 그렇다면 펑황은 대만 캐논으로부터 성공적인 사업 비결을 배울 수 있을까? 사람 관계가 원체 복잡한 중국에서 국유기업은 위험을 감수할 만한 힘도 없고, 인재 육성, 아이디어 계발 시스템, 시장의 흐름을 읽어낼 줄 아는 눈썰미도 없다. 그러다 보니 산업육성기금을 제대로 된 프로젝트에 투자한다고 해도

짝사랑에 머문 산업 구조조정

반드시 시장을 개척할 것이라는 보장이 없다. 이 정도면 독자 여러분도 눈치 챘으리라. 고생 끝에 어렵게 유치한 외국계 기업이나 중국 정부로부터 끝없는 사랑을 받는 국유기업 모두 산업 구조조정에 대한 중국인의 열망을 이루어줄 수 없다.

광둥의 변신 프로젝트는 성공할까

근본적인 문제는 산업 구조조정이 무엇인지 중국이 제대로 파악하지 못했다는 데에 있다. 중국 정부는 이상한 습관을 갖고 있다. 무엇이든 역전할 수 있다고 확신에 차 있을 뿐만 아니라 대형 프로젝트를 통해 단번에 업계의 최고 자리에 오를 수 있다고 자신한다. 그래서 대부분의 시간과 힘을 산업 구조조정이 가능한 프로젝트를 선별하는 데에 쏟아 붓고 있다.

반도체산업을 견인하는 일본과 스크린산업을 주도하는 한국을 지켜본 중국은 최신 생산라인을 도입해 그간의 부진을 단번에 씻으려고 한다. 하지만 중국은 잘못 보아도 한참을 잘못 보았다. 50~60년 전 일본의 소니·교세라·니콘 같은 반도체업체를 세운 창립자의 회고록을 넘겨보면 이들 모두 미국인이 눈여겨보지 않았던 '장난감'에서 성장 가능성을 찾았다는 사실을 알 수 있다. 소니가 미국에서 반도체 특허권을 구입했을 당시 미국인 개발자조차 이것으로 보청기나 만들면 될 것이라고 충고했다. 당시 그 누구도 반도체가 녹음기, 워크맨, TV 위에 군림할 것이라고 생각조차 하지 않았다.

벼랑 끝에 선 중국 경제

결론적으로 말해 산업 구조조정에 대한 중국인의 기본적인 인식이 잘못되었다. 산업은 구조조정하기 어렵다. 요컨대 경제성장은 눈에 보이는 산업 구조조정이 아니라 눈에 보이지 않는 인재, 과학기술과 자본을 통해 실현된다. 그냥 하는 말이 아니라, 실제로 경제학계에는 경제성장을 연구하는 개발경제학이라는 학과가 있다. 중국 대륙에서 개발경제학을 연구하는 곳이 적지 않지만 이들의 연구 방법에 상당한 문제가 있다고 생각한다. 국제적으로 흔히 통용되는 연구 방법은 다음과 같다. 우선 연구 대상을 국내가 아닌 세계로 설정하고, 국가별 고정 데이터와 실증 연구를 바탕으로 사례 조사 내용을 추가한다. 개인적으로 해당 분야를 본격적으로 연구해본 적은 없지만, 관련 전문가의 보고서를 열심히 챙겨보고 있다. 이들의 보고서에서는 우리가 생각할 수 있는 모든 가능성의 요소, 이를테면 인구·자연자원·출생률·유아사망률 등을 끊임없이 검사하는데, 대부분의 경제성장을 풀이할 수 있는 최종 요소로 크게 세 가지 요소를 들고 있다. 인재 및 교육, 과학기술, 자본 형성이 그것이다.

사실 대부분의 전통산업은 구조조정하기 불가능하다. 대만 지역의 관련 자료를 전문적으로 조사한 끝에 오늘날 대만을 대표하는 업체들이 하나같이 1980년대 이후 세워졌다는 사실을 알아냈다. 그전까지 대만을 대표하던 우산·의류·완구 등의 업종은 전부 중국 대륙으로 이전했다. 생각해보라. 의류 공장, 완구 공장, 방직 공장으로 산업 구조조정이 가능하다고 보는가? 앞에서 소개한 라간이 전통산업이면서도 산업 구조조정에 성공한 사례가 아니냐고 반박할지도 모르겠다. 그 과정을 자세히 들여다보라. 라간이 제대로 된 힘을 발휘한 것은 해외에서 새로운 생산라인을 사들였기 때문이 아니라, 10여 년 동안 열심히 렌즈 하나만 다룬 끝에 착실히 기술 기반을 닦고 해당 기술과 관련된 과학기술과 관리 인재를 보유했기 때문이다.

대만만의 일이 아니다. 홍콩 역시 그런 경험이 있다. 과거 홍콩의 방직산업은 상당히 발달했지만 지금은 완전히 자취를 감추었다. 하지만 방직산업을 위시한 홍콩의 전통산업은 금융자본, 인력자본, 그리고 관리 경험이라는 소중한 자산을 남겼다. 그런 점에서 전통산업은 밑천이라 할 수 있다. 노동집약형 산업 혹은 오염집약형 산업은 원래 중요한 가치를 지니고 있지 않지만 기업가를 길러내고 민간 자본을 쌓는 것은 물론 개방된 환경에서 새로운 세대를 탄생시키는 데에 크게 앞장선다. 이런 사실을 입증하는 국가로 한국이 있다. 현재 한국에서 방직업은 거의 모습을 감추었지만 오늘날 한국 재벌 기업 중 상당수가 방직업에 손을 대면서 처음 사업을 시작했다. 기업가를 배출했을 뿐만 아니라 정부가 이들로부터 거두어들인 세수는 교육과 과학 연구를 지원하는 데에 사용되었다. 많은 이들이 아시아 금융위기 이후 한국의 운이 다했다고 생각했지만 그 예상은 보기 좋게 빗나갔다. 눈에 보이는 산업에만 관심을 기울였기 때문이다. 한국의 인재 및 과학기술 시스템이 겉으로만 드러나는 장식이 아니라는 것을 확인하는 순간 한국의 경쟁력에 경탄을 금치 못할 것이다.

중국이 추진하고 있는 4조 위안 규모의 10대 산업 진흥 계획은 기본적으로 낙후된 전통 산업을 보호하고 기득권을 비호하는 데에 앞장섰기 때문에 궁극적으로는 산업 구조조정을 방해할 것이다. 그렇다면 전통산업은 어떤 전략을 취해야 할까? 개인적으로는 산업 구조조정은 불

벼랑 끝에 선 중국 경제

가능하지만 산업을 이전한다면 성공할 가능성이 있다고 본다. 이런 관점에서 '새장을 비워 새로운 새로 바꾼다'는 등롱환조騰籠換鳥 정책으로 산업과 노동력의 전환을 꾀한 광둥의 변신 프로젝트는 다소 잔혹하게 들릴지 몰라도 올바른 해결책이 될 수 있다. 새장을 비우고 새도 바꾼다는 것은 경제학적으로 풀으면 새로운 출발이라고 정의할 수 있다. 도시의 설비나 기술을 농촌으로 전파해, 원래 있던 것을 대신해 새로운 프로젝트를 진행하거나 새로운 제품을 개발하는 행위를 의미한다. 전통산업은 산업 발전을 위한 밑천을 두둑이 마련했다는 점에서 국민경제에 대한 역사적 사명을 다한 셈이다. 하지만 노동력 비용이 크게 상승함에 따라 노동집약형 산업의 이익이 크게 감소하거나 심지어 거액의 손해를 유발해 기업을 무너뜨리고 있다. 주산자오에 가보면 오랫동안 사용하지 않아 뿌옇게 먼지만 쌓인 공장들을 수없이 볼 수 있을 것이다. 이런 상황에 정부가 이들 전통 산업의 이전을 지원하지 않는다면 이들은 전부 살아남지 못할 것이다. 게다가 이들은 귀한 토지마저 차지하고 있다. 중국이 자유로운 토지 거래를 허용하고 있지 않은데다 건설 기준마저 까다롭기 때문에 어떤 의미에서는 방치된 공장은 부지를 필요로 하는 새로운 산업의 성장을 저해하고 있는 셈이다.

특수한 토지 정책이 실행되는 상황에서 지방정부가 행동에 나서지 않는다면 이들 전통 기업은 정말 변신할 힘을 잃게 될 것이다. 도자기 산업을 살펴보자. 포산佛山은 중국 도자기산업의 핵심 기지였지만 현지의 생산 비용이 꾸준히 증가하면서 결국 외부 이전이라는 최후의 카드를 선택해야만 했다. 하지만 토지 및 공업 지구에 대한 정부의 지원 계획이 없이는 이들 기업 스스로 주산자오 이외 지역으로 이전하기란

짝사랑에 머문 산업 구조조정

사실상 불가능했다. 결국 산업과 노동력 이전이라는 이중이전雙轉移 정책으로 2009년 사오관韶關 시 신펑新豊 현과 칭위안淸遠 시 칭신淸新 현이 도자기 공업 지구로 이전했다. 기존 시스템에서 중국의 지방정부가 제대로 일하지 않는다면 기업은 뼈를 깎는 고통을 감내해야 하고, 미개발 지역 역시 실질적인 혜택을 받을 수 없다는 사실이 다시 한 번 증명된 셈이다.

중국인만 모르는 대만의 OEM 혁명

중국에서 왜곡된 개념 중 하나가 바로 OEM주문자 상표 부착 생산이다. OEM을 '쑤난蘇南 모델'로 착각하고 있는 중국인이 적지 않다. 쑤난 모델은 장쑤江蘇성 내 쑤저우, 우시無錫, 창저우常州 일대의 농촌 지역을 기반으로 한 향진鄕鎭기업들의 발전을 통해 비非농업화된 경제발전을 추구하는 성장방식이다. 이는 본질적으로는 정부의 강력한 참여를 강조한다. 외자를 유치하기 위해 정부가 외국계 기업에게 토지와 세수 우대를 제공함으로써 중국 내 공장 건설을 유도하고 조립 및 포장, 생산라인의 중국 이전을 지원하는 것이다. 이것이 중국인들이 생각하는 OEM이다.

하지만 대만의 OEM은 중국과는 본질적으로 다르다. 대만의 OEM이 얼마나 대단하냐면, 제조업계의 아이디어뱅크로 호평 받으며 위풍당당하게 미국에 도전장을 냈을 정도다. 사실 그전만 해도 반도체는 종합 반도체기업들이 장악하고 있었다. 미국에 본사를 두고 있는 세계적인 반도체 생산 업체인 텍사스 인스트루먼트, 모토로라와 인텔 모두

벼랑 끝에 선 중국 경제

'자체적'으로 칩을 설계해 '자체적'으로 운영하는 반도체 웨이퍼 공장에서 생산한 뒤 '자체적'으로 테스트와 패키징 작업을 실시했다. 대만의 반도체 제조업체인 TSMC의 창업자 장중모우張忠謀는 TSMC를 세운 뒤 이들 업체 중 몇몇을 찾아가 자체적인 웨이퍼 공장에서 생산할 바에야 TSMC에 설계도를 주면 자체 생산보다 훨씬 저렴한 가격으로 제품을 생산할 수 있다는 뜻을 전했다. 그가 이렇게 말할 수 있었던 근거는 무엇이었을까? 이해를 돕기 위해 간단히 설명해보겠다. 우선 생산 라인 하나를 세우는 데에 10억 달러의 비용이 든다고 가정해보자. 텍사스 인스트루먼트가 한 생산라인에서 1억 개의 제품을 생산한다면 제품 한 개당 비용은 10달러가 된다. 서로 다른 규격의 두 제품을 추가로 출시한다면 모두 세 개의 생산라인을 운영해야 하는데, 여기에 총합 30억 달러의 투자 자금이 필요하다. 하지만 나머지 생산라인 한 곳의 생산량이 5,000만 개에 그치는 바람에 제품 원가가 개당 20달러로 상승한다. 마찬가지로 모토로라와 인텔 역시 일곱 개의 생산라인을 운영하려면 70억 달러를 투입해야 한다. 그때 TSMC가 조용히 카드를 꺼낸다. "우리 회사에서 고정된 규격을 만들어 드릴 테니 당신네는 이 규격으로 설계 기술을 최대한 활용해 다양한 성능의 상품을 만들어 보세요. 규격이 우리 것과 비슷하기만 하다면 어떤 설계도를 주어도 원하는 상품을 만들어 드릴 수 있습니다. 업계 전체의 생산량을 집중적으로 끌어 모으면, 이를테면 연간 5억 개 생산한다면 상품 한 개당 가격을 2달러까지 낮출 수도 있죠. 텍사스 인스트루먼트의 경우 연간 생산량을 2억 개로 유지했을 때 가격을 80퍼센트, 최대 90퍼센트까지 낮출 수 있으니 26억 달러를 아낄 수 있겠죠. 마지막으로 하나 더 말씀드린

짝사랑에 머문 산업 구조조정

다면, 이렇게 거대한 생산 규모는 그 자체만으로도 감히 넘볼 수 없는 우위를 자랑합니다. 그래서 인텔조차 우리의 상대가 되지 못할 것입니다." 1980년대 후반부터 생산 설비를 갖추지 않고 설계만 전문적으로 하는 업체가 급증함에 따라 투자 부담을 줄이기 위해 반도체업계의 아웃소싱 수요가 증가하며 관련 산업이 빠르게 성장했는데, 그중에서도 TSMC는 독보적인 위치를 차지했다. 그 결과 현재 TSMC는 최대 90% 이상의 수익률을 올리고 있다. 요컨대 대만의 OEM은 기존의 산업 사슬을 뒤집어엎고 산업 분업화를 촉진시켰다.

마찬가지로 전체 산업 사슬을 뒤엎은 또 다른 OEM으로 대만의 노트북 산업을 꼽을 수 있다. 어느 정도까지 발전했는가 하면 OEM 작업장에서 자체적으로 다양한 형태의 기기를 설계한 뒤 델·HP 같은 대형 컴퓨터업체에 보내 입맛대로 상품을 고르도록 하고 있다. 다시 말해, 델과 HP는 노트북만을 열심히 팔면 된다. 나머지는 모두 대만의 노트북 컴퓨터 제조업체인 광다廣達컴퓨터에서 알아서 생산한다. 그 밖에도 핸드폰 OEM 부문이 있다. 대만의 HTC 역시 OEM을 통해 자리를 잡았고 그 영향력을 더욱 확대하고 있다. 현재 유럽의 노키아와 지멘스는 한없이 추락하고 있고, 일본의 샤프·소니·NEC에도 별다른 희망이 보이지 않는다. 미국의 모토로라조차 자금을 마련하기 위해 눈물을 머금고 자산을 매각했지만 끝내 파산하고 말았다. 반면 대만의 HTC는 몸집을 키우며 영향력을 확대하고 있는데, 그 결과 현재 노키아보다 월등히 높은 시가총액을 자랑하고 있다.

이처럼 누구나 잘 해내고 있는 OEM을 중국은 어떻게 요리하고 있을까? 쿤산昆山에 있는 폭스콘 공장의 경우 오로지 생산만 담당하고 있

벼랑 끝에 선 중국 경제

고, 생산 지시조차도 반드시 본사로부터 받는다. 이런 중국이 대만과 같은 수준까지 발전하지 못한 까닭은 무엇일까?

연구를 통해 중국의 지방정부가 앞 다투어 토지 및 세수 우대 정책을 제시하며 대만의 웨이퍼 OEM 업체를 유치하려 하지만 이런 방식은 폭스콘의 모회사인 훙하이鴻海를 위시한 OEM 조립, 포장 모델에만 적합할 뿐 반도체 생산 업체에는 그다지 매력적이지 않다는 사실을 알 수 있었다. 중국 대륙에서 제공하고 있는 우대 혜택은 웨이퍼 OEM 비용 중 일부에만 적용될 뿐, 수천만 달러에 달하는 제조 프로세스 설비 및 첨단기술 연구개발 환경에는 전혀 어울리지 않았다. 역설이라는 표현이 이보다 더 적절한 경우가 어디 있으랴. 외자를 유치하려던 정책을 중국 정부가 적극적으로 추진한 결과 부가가치가 가장 낮은 산업을 유치하고 있으니 말이다. 이런 현상이 나타나게 된 데에는 저부가가치 산업에서 토지, 세수가 차지하는 비중이 상당히 높은 데에 반해 고부가가치 산업에는 그다지 매력적으로 다가오지 않기 때문이다. TSMC가 중국에서 적극적인 행보를 선보이지 않은 까닭도 여기에 있다. TSMC은 쑹장松江 공장을 지속적으로 확충할 것이라고 밝혔지만, 대만에서 수백억 달러를 들여 지은 대형 12인치 웨이퍼 생산 공장 세 곳과의 생산 능력을 감안했을 때 비교 자체가 무의미하다.

지금까지의 이야기를 정리하는 뜻에서 한 가지 질문을 하겠다. 출발점이 비슷했던 대만과 라틴아메리카가 지금은 전혀 다른 길을 걷게 된 원인은 무엇인가? 이미 앞에서 들려준 것처럼 진정한 의미의 경쟁력은 다른 데에 있지 않고 소중한 인적 자원과 톡톡 튀는 아이디어로 무장한 기업에 달려 있다. 서민의 소비를 촉진하고 교육이나 의료, 서민용

짝사랑에 머문 산업 구조조정

저가 소형 주택에 적극적으로 투자하도록 독려하기 위해서는 평범한 보통사람에게 공정한 출발점을 제공하고, 많은 중소기업에 공정한 사업 환경을 제공해야 한다. 그래야만 라틴아메리카가 겪은 혼란과 불안을 피할 수 있으며, 대만과 같은 산업 구조조정에 성공할 수 있다. 이 목표를 실현하려면 무엇보다도 결단력 있게 정부의 권력과 조세 착취를 제한하고, 곧 다가올 중등 수입국의 함정에 서비스형 정부로 맞서 싸울 수 있도록 과감하게 정부 서비스의 산업 구조조정을 추진해야 한다.

대약진 속에 가려진 허위 실적 경쟁

2010년 7월 19일 나는 한 TV 프로그램에 출연해 중국 경제가 더블딥에 빠질 수 있다고 경고했지만 아무도 내 말에 귀 기울이지 않았다. 2009년에 편성된 4조 위안 규모의 경기부양책과 10대 산업 진흥 계획이 아무런 소용도 없다는 사실이 훗날 입증되었지만, 중국 정부는 2010년에도 계속해서 에너지 분야에 5조 위안을 투자했다. 정부의 요청에 따라 국가에너지국國家能源局은 2011년부터 2020년까지 추진할 신흥 에너지산업 발전 계획을 수립했는데, 직접투자액이 무려 5조 위안이나 된다. 구체적인 프로젝트를 살펴보면 핵에너지·풍력에너지·태양열에너지·바이오매스 에너지·차세대 전력망인 스마트 파워그리드·신에너지 자동차 등 에너지 신기술의 상업화 응용 영역이 포함되어 있다. 겉으로 보았을 때 모두 신에너지 같지만 실제로 전혀 그렇지 않다는 데에 함

벼랑 끝에 선 중국 경제

정이 있다. 풍력에너지를 예로 들어보면, 풍력발전에 동원되는 거대한 풍차만 보아도 문제를 금방 알 수 있다. 풍차를 만드는 데에 들어간 원자재가 무엇인가? 바로 철강이다. 철강재로 풍차를 제작한 것은 중국 정부로서도 불가피한 선택이었을 것이다. 중국의 철강 재고량이 기록적인 수치를 보이고 있기 때문이다.

중국철강공업협회가 발표한 데이터에 따르면, 2010년 5월 중국 내 26개 주요 철강재 시장에서 5대 철강재의 재고량이 2008년 동기 대비 5.5배 증가한 1,578만 톤을 기록했다. 어떻게 된 상황인지 눈치 챘는가? 2009년 천문학적인 규모의 신용대출이 자극한 것은 철강재 소비가 아니라 오히려 철강재의 과도한 생산이었다. 관련 기술이나 경험이 전혀 없는 상태에서 2010년 중국은 세계에서 가장 많은 풍력발전기를 대거 설치했다. 빈 수레가 요란하다는 말처럼 네이멍구內蒙古에 세운 풍력발전기가 헛도는 바람에 전력 부족 사태를 완화시키기는커녕 전력망에 접근조차 하지 못했다. 간쑤甘肅성의 경우 풍력 변속 기술이 기준에 미달되는 바람에 두 번이나 그 지역의 국영 송전 기업인 서북전망西北電網에 충격을 주었다.

그 밖에도 신에너지를 사용하는 자동차를 개발한 듯하지만 실제 속사정은 다르다. 지금 당장 해결해야 할 가장 시급한 문제는 신에너지 자동차의 개발이 아니라 자동차업계의 과잉 생산 능력이다. 실제로 현재 중국의 자동차 재고량은 심각한 수준을 보이고 있다. 발전소 투자 역시 궁극적인 목적은 과잉 생산된 시멘트를 소비하려는 것이고, 태양광발전에 대한 투자 역시 과잉 생산된 유리를 소모하기 위함이다. 이런 현상이 나타난 궁극적인 원인은 각 업종에서 과잉 생산 문제가 상

짝사랑에 머문 산업 구조조정

당히 위태로운 수준까지 발전했기 때문이다. 여기에 5조 위안에 달하는 대규모 투자 자금이 투입되면서 과잉 생산 능력을 보유한 전통산업이 하나같이 이익을 독점했다는 사실이 몹시 우려스럽다. 가뜩이나 현재 기득권층이 중국의 산업 정책을 쥐락펴락하고 있지 않은가. 지금 중국 경제의 상황을 묘사하자면 납세자의 이익을 희생시키는 대가로 기술에서는 대약진을 부르짖고 산업에서는 실적 올리기 경쟁을 벌이고 있다.

이외에 나는 한 가지 특이한 현상을 찾아냈다. 신흥 산업에 투자한다는 이야기만 흘러나오면 유독 흥분하거나 지갑 열기를 꺼리는 세력이 어김없이 등장한다. 그 정체는 중국의 기업가가 아니라 실적 쌓기에 바쁜 지방 공무원이다. 이들은 쉽게 흥분하고 인생을 한 방에 역전시킬 기회를 호시탐탐 노린다. 인터넷에서 만도초차彎道超車를 검색해보라. '커브 길에서 속도를 내어 경쟁자를 추월한다'는 이 말은 한방의 역전을 의미하는 것으로, 주로 중국 각지의 공산당 기관지에서 반복해서 강조하는 문구라는 사실을 금방 알 수 있을 것이다. 그들에게 묻고 싶다. "당신들은 사업가인가 아니면 창업가인가? 도대체 무슨 근거로 발전 가능성이 있는 프로젝트를 골라내는 안목이 있다고 그렇게 자신만만한가? 게다가 기존 기업마저 성공 가능성이 없다고 평가한 프로젝트로 어떻게 대박을 터뜨린단 말인가?" 다른 관점에서 이 문제를 바라보자. 정부 공무원이 국가재정을 동원해 프로젝트에 투자하고, 프로젝트를 선택, 관리하는 것이 효과적이라면 민영기업이 존재할 이유가 전혀 없지 않은가.

이런 상황에서 최악의 경우는 두 가지 타입의 세력, 아무것도 알지

벼랑 끝에 선 중국 경제

못하면서 거액의 재정 자원을 손에 쥔 실적 쌓기에 급급한 공무원과 기회만 되면 사기를 쳐서라도 한 몫 쥐려는, 직업적 양심마저 버린 기업가가 손을 잡는 것이다. 민영기업의 경영주처럼 돈 때문에 사기를 치는 경우도 등장하고, 국유기업의 사장처럼 허위 실적을 올리려는 경우도 늘어나면서 세상에 보기 드문 대약진운동이 일어날 것이다. 대표적인 사례가 바로 전기자동차 산업이다. 2009년 10대 산업 진흥 계획 중 전기자동차 산업 진흥 계획에는 기존의 생산 능력 개조를 통한 순수 전기자동차 50만 대 생산, 플러그인 하이브리드 자동차 및 일반형 하이브리드 자동차 생산 등을 통해 승용차 전체 판매량 중 신에너지 자동차의 판매율 5% 달성 등이 포함되었다.

한때 일본과 미국에서 전기자동차 붐이 일어났지만 상품 성능이 불안정한데다 유가마저 떨어지면서 소비자의 구매 심리를 자극하는 데에 모두 실패했다. 그럼에도 중국은 여전히 전기자동차에 거대한 자금을 쏟아 붓고 있다. 게다가 현재 중국이 주로 사용하는 화력발전은 오염 및 탄소 배출량 면에서 석유를 사용하는 자동차보다 훨씬 유해하다. 그런데도 저탄소를 통한 환경보호라는 구호를 들먹이며 전기자동차 개발을 주장하는 것은 말도 안 되는 헛소리다. 전기자동차 분야에서 영국이나 미국을 뛰어넘겠다고 큰소리치는 중국의 자신감이 도대체 어디서 비롯되었는지 알다가도 모르겠다. 게다가 충전과 축전에서 회로 관리에 이르기까지 중국은 여전히 핵심 기술을 장악하지 못했다. 언젠가 핵심 기술을 파악했다고 해도 양산화 과정에는 더 큰 규모의 인프라 건축 투자가 필요하다. 다시 말해 광활한 해외 시장이 존재할 수 없음을 의미한다. 그럼에도 중국은 대약진을 부르짖으며 전역에 걸

짝사랑에 머문 산업 구조조정

쳐 대대적인 자원과 노력을 쏟아 붓고 있다. 재정부에서는 전기자동차 사업에 3년 연속 100억 위안을 지속적으로 투자할 것이라는 입장을 표명했고, 기술 개조 부문에서 대출이자 보조 정책을 통해 800억 위안을 추가로 제공할 것이라고 밝혔다.

전기자동차 50만 대 생산 및 전기자동차 판매율 5%라는 목표가 실패하리라는 것은 불 보듯 뻔하다. 여기에서 말하는 판매율 5%를 구체적인 숫자로 계산해보면 70만 대라는 결론이 나오는데, 실제 연간 전기자동차 판매량은 기껏해야 1만 대에 불과하다. 그리고 신에너지 자동차를 생산할 수 있는 자동차업체의 현재 생산 능력으로는 50만 대라는 어마어마한 목표를 결코 소화해낼 수 없다.

객관적으로 말해 전기자동차 판매율이 이렇게 저조한 것은 정부 정책이 제대로 시행되지 않아서가 아니다. 현재 선전, 상하이와 베이징에서는 전기자동차 보급을 확대하기 위해 상당히 적극적인 노력을 기울이고 있다. 이들 지역에서 전기자동차를 구입할 경우 최고 12만 위안의 보조금을 받을 수 있고 상하이는 10만 위안을 지원한다. 그럼에도 전기자동차는 소비자로부터 별다른 관심을 받지 못하고 있다. 국영 송전 기업인 남방전망南方電網의 한 관계자는 선전에 세워진 2,000여 개의 충전소가 사실상 대부분 방치된 상태라고 밝히기도 했다.

가장 근본적인 문제는 전기자동차에 대한 소비자의 시선이 썩 곱지 않다는 데에 있다. 민간 자동차 개발 업체인 중타이衆泰가 순수 전기자동차를 제작하자, 항저우杭州 시 정부는 택시업계에게 전기자동차로 시범운행할 것을 요구하는 등 전기자동차 홍보에 적극적으로 팔을 걷고

벼랑 끝에 선 중국 경제

나섰다. 하지만 자동차에 그만 불이 나는 바람에 망신살이 제대로 뻗쳤다. 설상가상으로 택시 기사들마저 목숨이 더 소중하다며 전기자동차의 시범운행을 거부했다. 그 때문에 정부의 체면이 구겨진 것은 말할 것도 없으리라. 게다가 이들 업체는 재정 지원을 받아내기 위해 온갖 거짓말을 둘러내기도 했다. 당초 순수 전기자동차는 충전 한 번으로 160km를 운행할 수 있다고 큰소리쳤지만 시험주행 결과 100km에 불과하다는 사실이 밝혀졌다. 요컨대 활동 반경이 50km에 불과하다는 것이다. 이 차를 타고 시외에 나갔다간 추가 충전 없이는 절대로 시내로 다시 돌아오지 못한다.

10대 산업 발전, 모두 사기당하다

지금까지 내가 말한 내용을 두고 자동차업체들이 불쾌해하고 괘씸하게 여길 것이라는 걸 잘 알고 있다. 그렇지만 언젠가 누군가는 진실을 말해야 하지 않겠는가. 이왕지사 내가 먼저 꺼냈으니 독자 여러분과 몇 가지 사례를 좀 더 나누어보려 한다. 중국에는 철을 녹이는 용광로나 제강 설비 규모가 클수록 좋다는 말이 널리 퍼져 있는데, 지금껏 이를 과학적으로 입증한 실험 결과는 한 번도 본 적이 없다. 그뿐만이 아니다. 발전소나 시멘트 공장 규모 역시 클수록 생산에 유리하다거나 에너지 절약이나 환경보호 측면에 도움이 된다고 하지만 이런 주장을 뒷받침하는 객관적인 자료도 본 적 없다. 오히려 이런 주장이 틀렸음을 보여주는 자료만 잔뜩 있다. 이를테면 수도강철은 허베이河北 차오페

짝사랑에 머문 산업 구조조정

이뎬曹妃甸에서 자칭 세계 최대 규모라는 1호 용광로 사업을 추진했지만 품질이 크게 떨어진 제품을 생산하고 말았다. 거기에 기존 용광로보다 훨씬 많은 비용을 들이는 바람에 무려 50억 위안에 달하는 순손실을 입었다. 그 후의 손실이 얼마까지 늘어났는지 나도 잘 모른다. 같은 업종에 있는 바오강마저 코렉스COREX 프로젝트를 추진하다가 2009년 한 해만 10억 위안의 손해를 입었다. 중국을 대표하는 유명한 철강업체가 하나같이 좋지 못한 성적을 거둔 까닭은 무엇인가? 모두 그럴싸한 보고서를 올리기에를 급급했기 때문이다. 과거 중국 내 최대 용광로는 4,500m³였으나 수도강철은 5,500m³짜리 용광로를 두 개 만들어내겠다며 거짓 보고서를 올렸고, 바오강의 코렉스는 세계 최첨단 제철 기술을 장악했다며 연간 150만 톤의 철강 제품을 생산할 수 있다는 허위 보고서를 제출했다. 거짓말도 한계가 있는 법이다. 계속되는 실패와 비난으로 수많은 지방의 국유기업들은 더 이상 버티지 못하고 하루라도 빨리 곤경에서 벗어나고 싶다며 중앙 업체에 인수되거나 합병되었다.

다음 사례로 고속철을 살펴보자. 중국 고속철 사업이 미국 시장에 도전장을 냈을 때, 오바마 대통령조차 미국에서 재정 지원을 비롯한 다양한 노력을 기울였던 터라 누구도 실패할 것이라고 예상하지 않았다. 하지만 결과는 보기 좋게 빗나갔다. 2011년 2월 16일, 플로리다 주는 고속철 건설 계획을 거절했고, 오하이오 주와 위스콘신 주 역시 연방 정부의 지원을 되돌려주며 고속철을 지을 생각이 없다는 입장을 분명히 했다. 다급해진 오바마 대통령은 플로리다 주에 30억 달러 규모의 정부 지원을 제공했지만 캘리포니아는 고속철 건설 문제를 다시 논의하려면 앞으로 9년을 기다려야 한다는 답변만 건넸을 뿐이다. 다시 말해 2020년이 되어야 고속철을 지을지 아니면 건설 계획 자체를 취소할지를 결정하겠다는 뜻이었다. 고속철 건설 프로젝트에 신중한 태도를 보이는 미국의 지방정부와 달리 중국의 지방정부는 고속철 사업을 따내기 위해 젖 먹던 힘까지 모두 쏟아 붓고 있다. 심지어 중앙정부에서 재정을 지원해주지 않는다면 제 밥그릇을 쪼개서라도 최대한 빠른 시일 안에 공사가 성사되도록 최선을 다하겠다며 으름장까지 놓았다. 확연한 대조를 이루는 양국 공무원의 모습을 지켜보며 독자 여러분이 어떻게 생각할지 잘 모르겠지만 개인적으로는 중국이 미국에 농락당했다고 생각한다.

중국을 우롱한 것은 미국만이 아니다. 유럽도 그랬다. 세계 최대 태양광발전에 들어가는 배터리와 부품 시장을 보유하고 있는 유럽은 중국의 대형 태양광발전 업체가 성장할 수 있는 발판이었다. 하지만 2010년 이후 독일, 스페인을 위시한 유럽 국가에서 태양광발전을 통해 생산된 전기요금에 대한 보조금을 대폭 삭감하기 시작했다. 심지어 이탈리아에서는 보조금 정책의 실행을 차일피일 미루는 바람에 여태껏 시행도 하지 못했다. 그 결과 중국이 수출하는 태양광발전 상품이 이탈리아의 항구에서 뿌연 먼지를 뒤집어쓴 채 산더미처럼 쌓여 있다.

마지막으로 풍력발전을 살펴보자. 2011년 2월 24일 서북전망의 간쑤의 주촨酒泉 풍력발전 기지에서 제1풍력발전소 고장으로 598대의 풍력발전기가 멈춰서는 바람에 약 84만kW의 전력이 날아가고 말았다. 갑작스러운 사태로 전압이 큰 폭으로 요동치면서 간쑤 지역 전력망의 전압과 주파수에 일시적인 충격을 가져다주었고 그로 인해 전체 전력

짝사랑에 머문 산업 구조조정

시스템이 당장에라도 멈추어 설 듯했다. 그해 4월 6일, 국가전력감독위원회國家電監會는 베이징에서 사고 경위와 대책 등을 알리는 기자회견을 열었는데, 회견 말미에 크게 네 가지 문제를 제시하며 이번 사건을 정리했다. 기준에 한참 못 미치는 설비 설계, 풍력발전소 건설 기술, 풍력발전소의 전체 그리드 접속 불안정, 전력 담당 기관의 관리능력 부족이 그것이다. 중국 내 매스컴들은 이 사건을 두고 '중국판 후쿠시마 원전 사고'라고 불렀다. 일본의 후쿠시마 원전 사고가 중국 원전 사업의 대약진을 막은 것처럼 주촨 풍력발전 사고가 중국 풍력발전 사업의 대약진에 제동을 걸었기 때문이다.

이쯤에서 지금까지의 이야기를 간단하게 정리해보자. 중국은 고속철 투자를 발판으로 10대 산업 진흥 계획에 포함된 5대 산업, 즉 철강, 설비 제작, 비철금속, 선박 및 물류 산업의 발전을 추진했다. 전기자동차는 자동차산업의 발전을 견인하는 것 외에도 석유화학, 비철금속과 철강 산업의 발전을 유도했고, 태양광발전 사업은 설비 제조, IT산업의 성장을 촉진했다. 풍력발전과 원전 사업은 설비 제조, 철강, 비철금속의 발전을 주도했다. 10대 산업 중 마지막으로 남은 방직업의 경우 안타깝게도 중국에게 가격결정권이 없어 불운을 피하지 못했다. 그 결과 국제 면화 가격이 크게 오르면 중국의 방직업체는 쓰디쓴 눈물을 삼켜야 했다.

이들 산업이 중국이 입힌 손해가 기정사실화된 마당에 나 역시 뭐라 할 말이 없다. 씁쓸한 마음을 감출 수는 없겠지만 그렇다고 그냥 넘어갈 일은 아니다. 아픈 만큼 성숙해진다는 말처럼 충분히 아팠으니 이제는 성숙해질 줄도 알아야 한다. 과거 대약진운동으로 중국은 끔찍한

대가를 치렀다. 그런데도 여전히 대약진운동에 미련을 버리지 못하는
것은 도대체 무슨 이유에서란 말인가?

짝사랑에 머문 산업 구조조정

Part 2

침체에 빠진 국유기업 개혁

국유기업은 수익을 내고 있는가

현재 중국의 국유기업은 전혀 돈을 벌어들이지 못하고 있다.
그런데도 불구하고 국유기업들이 잘 나가는 이유는
분명한 사업 전략이나 연구개발로 이룬 결과가 아니라
엄청난 국가 자원을 무상으로 독차지하고 있기 때문이다.

국유기업은
수익을
내고
있는가

폭리 뒤에 숨겨진 거액의 지원금

최근 3대 대형 석유업체가 발표한 재정 보고서를 본 사람들은 놀라움을 금치 못했다. 매스컴의 보도 내용에 따르면, 2010년 중국 3대 석유업체는 2,650억 위안을 벌어들였는데, 하루에 벌어들인 순수익만 7억 3,000만 위안에 달한다고 한다. 하지만 이것으로 놀라면 곤란하다. 이는 실제보다 적게 나온 금액이기 때문이다. 2,650억 위안은 모회사에 돌아가는 이익일 뿐, 3대 석유업체가 벌어들인 순이익은 무려 2,819억 위안에 달한다.

국유기업 중 중앙정부가 관리 감독하는 중앙 기업의 최근 이익이 빠르게 증가하자, 많은 이들이 GDP가 허위로 작성된 게 아니냐며 의심의 눈초리를 보냈다. 그런데 문제는 의심하는 이유가 GDP가 어떻게 그렇게 높을 수 있느냐가 아니라 어떻게 그렇게 낮을 수 있느냐 하는

벼랑 끝에 선 중국 경제

것이었다. 국무원 국유자산관리위원회國有資産監督管理委員會 사이트에 따르면 중앙 기업의 영업 이익은 2008년 1조 1,900억 위안에서 2011년 1조 6,700억 위안으로 증가했다. 연평균 성장률이 10% 되는 셈이다. 순이익 성장률은 이보다 더 높았다. 2009년 당시 14.6%였던 순이익 성장률이 2010년에는 40.2%로 껑충 뛰어올랐다. 중국의 모든 기업이 중앙 기업과 같은 성과를 올릴 수만 있다면 GDP 성장률은 분명 20%를 기록하고도 남았을 것이다.

게다가 국무원 국유자산관리위원회 산하의 중앙 기업이 벌어들인 수입에는 4대 국유은행과 보험, 증권업체, 펀드 관련 국유기업, 중앙 행정 산하 6,000여 개 사업체의 소득이 포함되지 않았다는 데에 함정이 있다. 이를테면 2010년 4대 국유은행이 벌어들인 순이익만 5,056억 위안에 달한다. 여기에 한 해 8,991억 위안을 벌어들인 지방은행의 수입까지 더한다면 중국의 모든 민영기업이 1년 동안 고생해 벌어들인 이익과 맞먹는 셈이다.

중국의 국유기업이 이처럼 폭리를 취할 수 있는 비결은 무엇일까? 안타까운 마음을 금할 수 없지만 그래도 차분하게 문제를 파헤쳐보면 국유기업에 대한 중국 정부의 보조금 지급이 정도에서 크게 벗어났기 때문이라는 문제점을 발견할 수 있었다.

첫째, 직접 보조금을 살펴보자. 1994년부터 2006년까지 경영 분야에 종사하는 국유기업의 손실을 메우기 위해 중앙 재정에서 지급된 보조금은 모두 3,656억 위안에 달한다. 2007년 이후 명목상의 보조금이 모두 사라졌다고 하지만 실제로는 여전히 지급되고 있다. 2007년부터 2009년까지 페트로 차이나, 시노펙그룹中国石油化工集团公司 모두 774억 위안의 보조금을 얻어냈는데, 이를 1일 단위로 계산해보았을 때 하루에 7,000만 위안의 지원금을 받은 셈이다.

둘째, 신용대출 보조금은 어떨까? 중국사회과학원 경제연구소 류샤오쉬안劉小玄 교수의 조사에 따르면, 국유기업 및 국유 주식회사의 실제 대출 금리는 1.6%인 반면 개인이 경영하는 주식회사의 금리는 무려 5.4%에 달하는 것으로 나타났다. 국유기업에 대한 대출 금리가 5.4%라고 가정했을 때, 2001년부터 2008년까지 국유기업은 2조 8,469억 위안의 이자를 덜 낸 셈이다. 이는 국유기업과 국유 주식회사의 명목상 전체 이익 중 58%에 달하는 금액이다.

물론 류샤오쉬안이 추산한 금리가 정확한지는 나도 확신할 수 없다. 왜냐하면 은행에서 대출해줄 때 다른 기준을 적용하는 경우를 실제로 목격했기 때문이다. 이를테면 국유기업의 경우 국무원 국유자산관리위원회로부터 받은 공문서가 있다면 무담보 대출 서비스나 10% 금리 할인 서비스를 받을 수 있다. 반면 민간 업체에게 은행의 대출 문턱은 한없이 높기만 하다. 담보 없이는 대출이라는 말도 꺼낼 수 없을 정도다. 설사 담보물을 제시한다고 해도 대출받으리라 장담할 수도 없다. 이런 형편이니 민간 업체로서는 금리가 높다거나 낮다는 문제는 언급할 여지조차 없는 것이 현 상황이다.

셋째, 토지 임대 보조금을 들여다보자. 국유기업이 사용하고 있는 토지는 사실상 공짜나 다름없다. 3%의 공업용 부지 가격으로 임대료를 계산해보면 2001년부터 2008년까지 국유기업이 지불해야 할 토지 임대료는 국유기업 및 국유 주식회사 총 누적 이익률의 70%에 해당하는 3조 4,391억 위안에 달한다.

벼랑 끝에 선 중국 경제

넷째, 자원세 보조금의 경우는 어떤가? 중국의 현행 자원세율은 상당히 낮은 편이다. 석유 1톤을 뽑아올리는 데에 최고 24위안만 내면 된다. 전국 대부분의 지역에서 생산되는 석유는 톤당 8위안의 자원세를 납부해야 하는데, 그 비중이 판매가격의 1%도 안 된다. 여기에 1%의 자원보상비를 추가하더라도 중국의 석유자원세율은 판매가의 2%에도 미치지 못한다. 이와 달리 국제 자원세는 평균 10%선을 유지하고 있다. 2010년 중국은 신장新疆 지역에서 5%의 자원세를 부과하는 세제개혁을 시범적으로 추진하고 있지만 이 역시 여전히 세계 평균에도 미치지 못하는 수준이다. 석탄, 천연가스 역시 자원세 부담이 상당히 낮은 편이다.

터놓고 말해 이라크가 중국보다 자원세 문제를 한참 유연하고 현명하게 처리하고 있다. 과거 이라크 정부는 석유를 경매할 때 먼저 경매세를 받은 다음, 채굴이 이루어진 뒤에 채굴업자와 이를 나누어 가졌다. 그러다 보니 석유 채굴량에 대한 결정권은 이라크 정부가 아니라 서방의 석유업체 손에 쥐어졌다. 그 결과 이라크 정부는 원유 생산량과 가격 결정권을 직접 장악하지 못했다. 하지만 이 방법조차도 현행 중국의 정책보다는 훨씬 낫다. 어쨌든 자원을 헐값에 마구잡이로 넘기고 있지는 않으니 말이다.

하지만 미국이 이라크를 '해방'시킨 뒤 상황은 달라지기 시작했다. 이라크 정부가 임명한 신임 석유장관은 기존 방식을 모두 뒤엎는 현명한 결단을 내렸다. 요컨대 낙찰 업체는 반드시 이라크 국유남방석유회사South Oil Company를 위시한 이라크 국유기업을 사업 파트너로 삼아야 하고, 완전히 독립된 파이낸싱이라는 전제하에서만 경영권을 나누어 갖도록 규정한 것이다. 이 밖에 구체적인 수익 문제도 명시했다. 낙찰 업체는 배럴당 고정된 서비스비를 받을 수 있지만 이라크 정부가 정한 생산량을 소화해내지 못하면 이익은 고사하고 서비스비조차 받을 수 없다는 것이었다.

이 작은 규정 하나가 이라크 석유 시장의 판도를 완전히 뒤바꾸어놓았다. 해당 규정 때문에 외국 석유업체는 가격과 생산량을 주무르던 권좌에서 쫓겨나 공사판을 전전하는 '일꾼'으로 전락했다. 구체적인 숫자로 설명해보면, 배럴당 석유 가격을 100달러라고 했을 때 하루에 400만 배럴의 석유를 생산해냈다면 4억 달러를 손에 쥘 수 있다. 하지만 이라크 정부가 지불하는 서비스비가 배럴당 2달러에 불과하다면 외국 석유업체는 겨우 800만 달러만 받게 된다. 그동안 거세게 대항해온 사담 후세인이 사라지면서 미국은 이라크를 제 입맛대로 요리할 수 있는 절호의 찬스를 잡았다. 그럼에도 미국이 이라크의 유전을 점령하지 않은 이유가 무엇인지 아는가? 한마디로 그럴 필요가 없기 때문이다. 규정이 수정되면서 페트로 차이나는 죽기 살기로 석유를 캐야 하는 일꾼으로 전락한 데에 반해, 미국의 석유업체는 이라크 국유남방석유회사에 직접 돈을 지불하고 석유를 사면 그만이다. 이것이 바로 페트로 차이나가 영국의 석유회사인 브리티시 페트롤리엄과 손을 잡고 이라크의 최대 유전 개발 사업자로 낙찰 받을 수 있었던 비극적인 내막의 전모다.

마지막으로 중국의 통신업계를 살펴보자. 무선주파수를 사용하는 세계 통신업계가 주파수 면허 사용료를 내고 있다는 사실을 알고 있는가? 무선주파수는 인류 공동의 소중한 자연자원이기 때문에 이를 사용하려면 그만한 대가를 치러야 한다. 그렇다면 차이나 모바일이 주파수

벼랑 끝에 선 중국 경제

면허 사용료를 냈다는 이야기를 들어본 적 있는가? 전혀 없을 것이다. 현재 중국이 사용하고 있는 무선주파수는 '무상 주파수'이기 때문이다. 유럽의 경우 3G 무선주파수 운영 면허증의 평균 경매가가 219유로다. 5억 4,000만 명에 달하는 사용자를 보유한 차이나 모바일에 유럽의 경매가를 적용한다면 면허 사용료는 최소 1,182억 유로, 즉 1조 964억 위안에 달한다는 계산이 나온다.

하지만 2010년 차이나 모바일의 순이익은 1,196억 위안에 그쳤다. 그전의 수익을 살펴보면 2009년 1,152억 위안, 2008년 1,126억 위안, 2007년 807억 위안, 2006년 660억 위안으로, 지난 5년 동안의 순이익을 모두 합쳐도 4,491억 위안에 불과하다. 이것으로는 면허 사용료의 절반조차 지불하지 못한다. 정부에서 차이나 모바일에 50% 감면 조치를 내린다고 해도 면허 사용료를 내기에는 여전히 부족하다. 중국의 최대 통신업체인 차이나 모바일이 이럴진대 나머지 차이나 유니콤과 차이나 텔레콤의 사정은 두말할 것도 없다.

사실 중국의 자원세 개혁과 통신 개혁 모두 문제의 본질을 놓치고 있다. 현재 중국의 상황을 KFC에 비유해 설명하면, KFC 지점을 차리고도 KFC 본사에 로열티를 지불하기는커녕 점포 내 설비 같은 고정자산마저 공짜로 점유하고 있는 셈이다.

한마디로 중국의 자원세는 본사에 500만 위안의 로열티도 지불하지 않고, 12%의 판매 수익금도 내지 않는다. 그럼에도 많은 이들이 본사와 가맹점처럼 정부와 국유기업은 공생 관계에 있으므로 로열티나 수익금을 지불하지 않는 것은 크게 문제 될 것이 없다고 생각한다. 나는 바로 이런 점 때문에 중국이 KFC 경영 모델의 핵심을 놓치고 있다고 주장하는 것이다.

이른바 KFC 경영 모델에서 500만 위안의 로열티는 10년 기한의 특허 경영권을 사용하기 위해 지불하는 대가로, 본사에서 처음 3~5년 걸쳐 받아간다. 그 후에는 매년 관리비와 광고비 명목으로 가맹점으로부터 12%의 판매 수익금을 추가로 받는다. 이렇게 로열티에 판매 수익금까지 가져간다면 가맹점은 도대체 어떻게 먹고살아야 할까? 가맹점으로서는 서비스 질을 높이고 업무 효율을 높임으로써 고객을 더 끌어들이고 비용을 줄이는 데에 최선을 다하는 수밖에 없다. 그래야만 소중한 브랜드 자원을 충분히 개발할 수 있기 때문이다.

유럽 통신사들 대다수가 돈을 벌지 못하는 이유가 여기에 있다. 거액의 수익을 올리지 못한다는 것은 그만큼 무선주파수의 정가가 비싸다는 말이다. 비용이 부담스럽다 보니 꼭 필요한 상황에서만 사용하게 되고, 사용하더라도 최대한 효율적으로 사용할 수 있도록 노력하게 된다. 그 결과 무선주파수라는 자원을 소중하게, 제대로 사용하게 되는 것이다. 만약 무선주파수를 공짜로 사용할 수 있다면 어떻게 될까? 그 답은 중국의 통신 운영 업체에서 찾을 수 있다. 그들은 소비자가 무엇을 원하는지 전혀 관심을 갖지 않는다. 무슨 짓을 해도 돈을 벌 수 있다고 자신하기 때문이다. 이러면 소중한 자연자원이 함부로 남용될 뿐만 아니라 소비자 역시 양질의 서비스를 받을 수 없게 된다.

벼랑 끝에 선 중국 경제

국유기업이 고액의 연봉을 주는 비밀

위바오차이喩寶才 페트로 차이나 부사장은 2011년 3월 초, 전국인민대표대회와 전국인민정치협상회의가 열리는 양회兩會 기간에 매스컴과 한 인터뷰에서 직원들의 연봉이 외부에 알려진 것처럼 그렇게 높지 않다고 밝혔다. 하지만 2011년 페트로 차이나의 연도 보고서에 따르면 전체 직원의 임금 총액은 827억 3,700만 위안으로, 직원 수로 계산해보았을 때 평균 연봉이 14만 9,700위안에 달하는 것으로 나타났다. 전국 평균임금의 두 배에 해당되는 높은 임금 수준을 자랑하는 베이징보다도 무려 네 배나 높은 금액이다.

시노펙그룹도 전체 직원의 임금 총액(337억 위안)을 밝혔는데 37만 명의 직원 수를 감안했을 때 평균 연봉이 9만 1,000위안인 것으로 나타났다. 페트로 차이나의 연봉보다는 훨씬 적은 것 같지만 겉으로 드러나는 숫자만 보고 섣불리 판단할 일이 아니다. 사정을 자세히 들여다보면 시노펙그룹에서 일하는 직원이 훨씬 더 행복하다는 것을 알 수 있다. 시노펙그룹에서 일하는 직원들 중 학사 혹은 학사 이상의 학력을 가진 직원이 전체 직원 중 23.6%에 불과한 데에 반해 실업고등학교·고등학교 및 그 이하의 학력 출신은 무려 55.4%에 달한다. 전문대학 출신까지 더한다면 시노펙그룹 내에 '저학력' 직원 수가 전체 직원의 4분의 3에 달한다는 결론이 나온다. 구체적인 예로 설명하면, 폭스콘 근로자와 학력이 비슷한 시노펙 직원들이 하루 여덟 시간 일해 받는 월급이 7,600위안이라면, 폭스콘 근로자의 기본 월급은 2,000여 위안에 불과하다. 매일 밤늦게까지 일한다 해도 기껏해야 3,000여 위안이 전부다.

두 석유업체에서 근무하는 직원들이 누리는 행복은 고액 연봉 하나만은 아니다. 시노펙그룹은 실적에 따른 보너스와 기업연금 외에도 1998년 12월 31일 이후 업무에 투입된 직원들에게 주택 보조금을 제공하고 있다. 페트로 차이나는 보다 현실적인 혜택을 제공한다. 2009년 8월 25일, 중국 관영방송사 CCTV는 베이징에서 페트로 차이나가 타이양싱청太陽星城에 있는 직원용 아파트 여덟 채를 시가보다 훨씬 저렴한 가격으로 사들였다는 사실을 폭로했다. 당시 매입가는 시가의 40%도 채 되지 않는 말 그대로 헐값이었다. 그 밖에 영업사원이 사용한 경비 역시 전부 판매가에 반영된다. 이를테면 직원복지비·직원교육비·접대비·전기 및 수도요금·노조비 등이 그렇다. 페트로 차이나 한 곳에서 매일 지출하는 사업 항목 한두 개만 해도 그 비용이 3억 3,200만 위안에 달한다.

만약 경영 수준 및 판매 실적 향상을 위해 이와 같은 거액의 비용을 지출했다면 어느 누구도 이를 문제 삼지 않을 것이다. 하지만 현실은 그렇지 않았다. 2010년 시노펙그룹의 임금 상승률은 16.5%로, 42.6%의 영업이익 증가율에 비하면 그다지 큰 폭은 아니었다. 수익을 올린 만큼 직원들에게 적절한 수준의 혜택을 돌려주는 것은 비난받을 일이 아니다. 하지만 문제는 42.6%라는 영업이익 증가율이 어떻게 달성되었는가에 있다. 원유, 휘발유, 가솔린의 판매량 증가율은 각각 13%, 11.4%와 10.3%였지만 평균 단가가 45.4%, 14.6%, 그리고 17.7% 상승했다. 한마디로 말해 실적 향상의 주요 원인은 유가가 대폭 치솟았기 때문이다. 판매량만 놓고 보았을 때 제아무리 열심히 노력한다고

벼랑 끝에 선 중국 경제

한들 이것만으로는 임금이 대폭 인상되지 않는다.

　나는 두 석유업체에 근무하는 직원들의 임금을 분석하던 중 기존 국유기업의 임금제도가 상당히 불합리하다는 사실을 알아냈다. 국가통계국의 데이터에 따르면 전력, 통신, 금융, 보험, 수도 및 전력 공급, 담배 업종에서 일하는 직원의 평균임금이 다른 업종보다 2~3배 높다고 한다. 여기에 임금 외 소득과 직원 복지 수준까지 감안한다면 실제 소득은 5~10배 정도 차이가 난다고 볼 수 있다. 2009년 상장한 중앙 기업 고위 경영진의 평균 연봉은 31만 3,000위안으로, 민간 업체보다 61% 높고, 지방 국유기업보다 37.3% 더 받는 것으로 확인되었다. 상장한 중앙 기업의 경영자가 수령하는 연봉은 민간기업의 경영자가 받는 47만 9,000위안보다 28.8% 많은 61만 6,000위안인 것으로 나타났는데, 이는 지방 국유기업의 경영자가 받는 평균 연봉 50만 위안보다 23.3% 높은 수치였다.

　하지만 국유기업 직원이 이토록 높은 연봉과 복지 서비스를 누리는 것은 영업 실적이나 지위 때문만이 아니다. 이름값도 하지 못하는 국무원 국유자산관리위원회가 이들 국유업체의 주주라는 데에 문제의 심각성이 있다. 국무원 국유자산관리위원회의 국유기업 연봉 관리법은 어디서나 흔하게 볼 수 있는 KFC만도 못하다. 중국 중앙 기업 고위 경영진의 임금에 관한 내용은 '중앙 기업 책임자의 임금관리 규범화를 위한 지도 의견'에 뿌리를 두고 있다. 심각할 정도로 상식에서 벗어났다고는 할 수 없지만 그래도 문제가 있는 것만은 확실하다. 왜냐하면 고위 임원진을 제외한 직원의 임금을 이사회에서 결정하도록 규정하고 있기 때문이다. 해당 이사회의 주주는 국무원 국유자산관리위원회

국유기업은 수익을 내고 있는가

가 아니라 기업의 고위 관리층으로 구성되어 있다. 이를테면 페트로차이나에는 14명의 이사가 있는데, 그중 다섯 명의 허수아비 독립이사를 제외하고 나머지 아홉 명이 기업의 고위 임원진 출신이다. 가맹점의 주인이 실종되자 매장 매니저가 마음대로 임금, 복지 수준을 결정하는 셈이다. 그 결과가 어떨지는 불 보듯 뻔하다. 문제는 이뿐만이 아니다. 국유기업의 경영주들은 주주의 이익마저 부당하게 독점하고 있다. 규정에 따르면 일부 중앙 기업은 수익의 5~10%를 주주에게 배당금으로 지불해야 하지만 현실은 전혀 그렇지 못하다. 통계에 따르면 2010년 국유기업이 지급한 배당금은 440억 위안이라고 하는데, 이는 중앙 기업이 벌어들인 2조 위안에 달하는 수익의 2.2%에 불과하다. 비율만 놓고 보면 개인소득세만도 못하다는 결론에 이를 수 있다.

중국은 여전히 국유기업의 이익이 어떻게 발생하는지도 제대로 알지 못하거니와 배당 비율과 정책 결정권 사이의 관계조차 전혀 알지 못한다. 중국 내 전문가들은 국제적인 관례에 따랐을 때 상장사 주주의 배당률은 통상적으로 세후 이익의 30~40%라며, 더 많은 배당금을 주면 주주가 정책 결정권을 장악할 여지가 크다고 흔히 말한다. 하지만 과연 그럴까? 리자청이 이끄는 홍콩 최대 기업 허치슨 왐포아黃浦和記는 부동산·항구·소매 업체를 거느리고 있는데, 전문가의 건의대로라면 이들은 수익의 5~10%를 배당금으로 내놓으면 된다. 하지만 이는 그에게는 아무런 의미도 없다. 왜냐하면 그는 허치슨 왐포아를 통해 자회사의 모든 수익에 대한 결정권을 쥐고 있기 때문이다. 그는 매년 배당률이 수익의 5%든 10%든 전혀 개의치 않고 수익의 처리 방법을 결정할 수 있는 독보적인 결정권을 장악하고 있다. 다시 말해 리자청은 소매

벼랑 끝에 선 중국 경제

업체의 전체 수익, 심지어 지난 세월 동안 축적한 모든 수익을 배당금 형식으로 모회사에 몰아준 뒤에 모회사의 전체 전략에 따라 수익을 마음대로 운용할 수 있다. 또한 항구에 투자하는 데에 자금을 동원하거나 부동산이나 통신사업에 뛰어들 수도 있다.

그렇다면 중앙 기업의 주주인 국무원 국유자산관리위원회는 과연 누구를 대표하고 있는가? 배당금만 국가에 돌려주고 모든 이익을 주주에게 돌려주어야 한다는 말이 아니다. 국가자본만으로 운용한다면 모든 수익은 국가에 돌려주어야 하고, 일부 상장사의 자본이라면 수익은 국가와 나머지 주주가 공동으로 소유해야 한다. 하지만 현재 중국의 중앙 기업 관리자는 황당하게도 97.8%에 달하는 이익을 회사 소유로 삼고, 국가를 대표하는 국무원 국유자산관리위원회는 겨우 2.2%의 이익만 지배하고 있을 뿐이다.

경쟁자 제거에만 몰두하는 3대 석유업체

이보다 더 짜증 나는 사실은 국유기업이 거액의 폭리를 취하는 상황에서도 3대 국영 석유업체인 페트로 차이나, 시노펙그룹, 중국해양석유총공사中國海洋石油總公司가 해마다 기름 및 가스 부족 사태를 해결하지 못한다는 점이다. 다음의 데이터를 자세히 들여다보자. 2010년 시노펙그룹의 직영 주유소는 2만 7,367개에서 2만 9,601개로 증가하며, 점포 수에서 세계 2위를 차지했다. 이와는 대조적으로 개인 사업자에게 내준 주유소 경영 특허권은 전국적으로 515건에 불과했다. 페트로 차이나의 직영 주유소 수는 1만 7,996곳인 데에 반해 특허 경영권을 가진 주유소는 602건에 불과하다. 사실 주유소라는 업종은 특허 경영을 보유한 독립 주유소만으로도 충분히 운영될 수 있다. 그럼에도 이들 3대 국영 업체가 특허 경영권 판매에 적극적이지 않은 데에는 그만한 사정이 있다. 시노펙그룹과 페트로 차이나가 너무나 많은 여윳돈을 손에 쥐고 있기 때문이다. 시노펙그룹이 인수하지 않은 주유소를 페트로 차이나가 대신 인수해, 자사에서 만든 휘발유와 가솔린만 판매하도록 규정하고 있다. 이런 상황에 민간 자본이 투입된 주유소 측이 페트로 차이나의 제품 판매를 거부하면 어떻게 될까? 중국 내 원유 공급 루트를 페트로 차이나와 시노펙그룹을 위시한 극소수 업체가 독점하고 있기 때문에 다른 업체, 이를테면 시노펙그룹을 찾아가 원유를 공급해달라고 요청해야 한다. 하지만 시노펙그룹이 원유 공급 상태가 원활하지 않다며 공급을 거부한다. 그렇게 되면 민간 주유소로서는 울며 겨자 먹기로 머리를 숙일 수밖에 없다.

천연가스 시장은 더욱 냉혹하다. 해마다 곳곳에서 천연가스 공급 부족 사태가 터지지만 중국 서민들은 단 한 번도 그럴듯한 이유를 듣지 못했다. 이는 중국의 국유기업이 생산 부문을 완전히 독점하고 있어 태생적으로 도매시장이 형성될 수 없는 기형적인 구조를 가지고 있기 때문이다. 이런 상황에 소매 업체는 도매가격 인상안을 받아들이거나 아예 시장을 떠나는 수밖에 없다. 현재 중국 석유시장은 페트로 차이나와 시노펙그룹 산하의 정유사, 최근 빠르게 세력을 키우고 있는 중국해양석유총공사, 지방 정유업체에 의해 점령되어 있다. 이중 지방 정유업체는 전국적으로 보았을 때 산둥성에만 대거 진출한 상태로, 나

벼랑 끝에 선 중국 경제

머지 지방에서는 그 모습을 찾아볼 수가 없다. 이에 반해 페트로 차이나 산하의 쿤룬昆侖에너지가 전체 천연가스 시장의 70~80%를 독점하고 있다.

최근 몇 년 동안 가스비가 유독 대폭 인상된 배경에 쿤룬에너지가 있다. 2008년 페트로 차이나가 쿤룬에너지를 발판삼아 천연가스 생산 부문을 독점하면서 문제가 불거지기 시작했다. 시노펙그룹조차 페트로 차이나의 상대가 되지 못하는 형편이다. 페트로 차이나의 두 손에는 천연가스와 액화석유가스라는 두 가지 무기가 들려 있지만 시노펙그룹은 액화석유가스 무기 하나만 쥐고 있기 때문이다.

시장독점에 따른 가격 인상 문제는 예전에는 크게 문제시되지 않았다. 과거 상당수의 액화가스 공장은 페트로 차이나 소속이기는 했지만 각자 살아남기 위해 몸부림쳐야 했고 그 결과 적극적인 경쟁이 가능한 일종의 도매시장과 같은 환경이 조성되었다. 소비자의 시선을 사로잡기 위해 치열한 눈치작전이 벌어지기도 했으며, 누구도 섣불리 가격을 마음대로 올리지 못했다. 설사 가격을 인상하더라도 자발적인 자제를 통해 누구나 납득할 수 있는 가격이 정해졌다. 그 덕분에 소비자로서는 저렴한 가격의 가스를 공급받을 수 있었다. 또한 민간에서 운영하는 소매 업체도 자원이 풍부한 신장 지역의 오석화烏石化공사 등 업체로부터 직접 가스를 공급받았다. 요컨대 가격이 저렴하고, 납품 방식이 유리하면 연락을 취해 자유롭게 가스를 거래할 수 있었다.

이 모든 상황이 바뀐 것은 2008년 페트로 차이나가 의도가 분명한 전략을 구상하면서부터였다. 페트로 차이나는 홍콩에 상장한 쿤룬에너지를 발판 삼아 중국 전역에 있는 천연가스 생산, 수송 사업을 집어

국유기업은 수익을 내고 있는가

삼키기 시작했다. 또한 쿤룬가스를 통해 천연가스 소매 사업, 특히 자동차용 압축천연가스 사업을 겨냥해 대대적인 통합과 확장에 나섰다. 그 밖에도 쿤룬에너지 산하의 쿤룬천연가스를 통해 중국 전역의 액화석유가스 소매 사업을 잠식하기 시작했다. 그리고 이 모든 작업을 수월하게 진행하기 위해 직영하는 정유소의 액화석유가스를 전부 끌어들여 통일된 가격으로 판매하기 시작했다.

이런 전략에 따라 쿤룬에너지는 페트로 차이나 산하의 다롄大連, 장쑤江蘇, 칭하이青海, 산둥, 쓰촨, 텐진 및 창저우滄州의 천연가스 및 가스 자원을 인수했다. 그 밖에 페트로 차이나가 추진 중인 액화천연가스 사업 역시 쿤룬에너지를 통해 진행되고 있다. 매스컴의 보도에 따르면 여기에는 신장 신지에新捷 LNG, 허톈和田 LNG, 화여우 네이멍華油內蒙 LNG, 산시陝西 안사이安塞 LNG, 쓰촨 광안廣安 LNG, 쓰촨 광위안廣元 LNG가 포함되었다고 한다. 앞으로 광둥, 허베이 등지의 LNG 취급점도 계속해서 유입될 것이다.

이렇게 해서 소매 업체가 정유사를 선택할 수 있는 권리는 사라져버렸다. 게다가 쿤룬가스는 자원 공급이 조금이라도 빠듯하다 싶으면 소매 업체에 공급하는 가스를 즉각 제한한다. 자사에서 확보한 재고가 넉넉하지 않으면 절대로 민간 소매 업체에 넘기지 않는 것이다. 이처럼 생산 업체는 자신의 독점적인 우위를 이용해 소매시장에 진출해 소매 업체를 위협한다. 공급량을 조절해가며 도매가격을 인상해 소매 업체가 가격을 인상하도록 계속해서 압박하는 것이다. 이것이 전형적인 '캘리포니아의 비극'이다.

캘리포니아 비극이란 무엇인가? 캘리포니아의 유가는 한때 평균가

보다 30~40% 높은 몸값을 자랑하며 미국 내에서 가장 비싸게 팔리고 있었다. 그 이유는 무엇일까? 이 문제에 답하기 전에 먼저 한 가지 이야기를 들려주겠다. 미국의 주유소는 크게 두 가지로, 가맹점과 독립점이 있다. 가맹점은 점포주가 대형 석유업체로부터 하청 받아 운영하는 형태로, 매년 임대료, 브랜드 사용료와 관리비를 지불해야 한다. 이런 가맹점과 정반대의 상업 모델이 독립점이다. 자신의 브랜드를 내세워 도매시장에서 석유 생산 업체를 찾아 석유를 구입하는 것이다. 독립점은 페트로 차이나가 쿤룬에너지를 세워 시장을 독점하기 전의 상황과 유사하다. 그런 점에서 가맹점은 2008년 이후 쿤룬에너지가 시장을 전반적으로 독점한 이후의 상황을 보여준다.

캘리포니아 주와 미국의 나머지 주 사이의 차이점은 이들 가맹점과 독립점의 시장점유율이다. 다른 주의 경우 독립점의 시장점유율은 60%, 가맹점은 12%에 그친 반면 캘리포니아에서는 전혀 다른 상황이 연출되었다. 가맹점의 시장점유율은 줄곧 50% 이상을 유지했으며, 독립점의 비중은 20%도 채 넘지 못했다. 이 문제는 캘리포니아 주 정부가 강도 높은 관리 감독 법안을 제출하면서 해결했다. 그렇다면 중국은 캘리포니아의 비극에서 어떤 교훈을 얻을 수 있을까? 우선 페트로 차이나 산하 쿤룬에너지의 시장독점이야말로 최근 2~3년 동안 천연가스 가격이 지속적으로 상승하게 된 근본적인 원인이라는 점을 직시해야 한다. 이 문제를 합법적인 관리, 감독 테두리 안에서 효과적으로 해결하지 못한다면 단언하건대 중국의 천연가스 소매가격은 30% 대폭 인상될 것이다.

국유기업은 수익을 내고 있는가

거짓말이 키운 국산 자동차의 시장독점

중국의 자동차산업 정책은 자체 개발을 외면하고, 산업 집중도 향상과 개별 업체의 규모 확장에만 초점을 맞추고 있다. 산업 집중도와 규모 확장을 추구하기 때문에 국내 경쟁을 억압하고 고과세 정책을 추진하고 있다. 중국 정부는 외국계 자본이 중국 자동차산업에 진출할 경우 반드시 합자 형태를 구성해야 하며, 외국계 자본의 비율이 50%를 넘어서는 안 된다고 규정하고 있다. 그 결과 미국의 3대 자동차업체는 눈물을 머금고 합자를 선택할 수밖에 없었다. 포드의 세단 부문은 창안자동차長安汽車와 손을 잡았고, 상용차 부문에서는 장링자동차江鈴汽車와 협력했다. GM은 기본적으로 상하이자동차와 합자를 추진했다. 중국 정부의 규정에 따라 GM이 중국 시장에서 독자적으로 경영할 수 없었던 것에 비해 상하이자동차는 폭스바겐과 제휴하면서도 자체 브랜드인 로위Roewe를 운영했다.

이 정도로 재수가 엄청 없었다고 단정 짓기에는 아직 이르다. 이런저런 장애물이 있기는 했지만 해외 자동차 업체는 적어도 합자라는 형태로나마 중국 시장에 발을 들여놓을 수 있었기 때문이다. 2001년 이전까지만 해도 민간 업체와 지방 국유기업은 3대 자동차 국유기업이 장악하고 있는 영역에 발을 들여놓는 것조차 용납되지 않았다. 예를 들어 안후이安徽 우후蕪湖는 3대 자동차업체의 감시망에서 벗어나기 위해 암호명 951 프로젝트라는 이름까지 동원하며 치루이Chery를 몰래 제작했다. 참고로 여기서 말하는 951은 안후이성 제9차 5개년개발의 1호 프로젝트를 가리킨다. 어렵사리 1990년에 자체 제작에 성공했지만 정

벼랑 끝에 선 중국 경제

부로부터 정식 판매 허가를 받지 못해 2년 동안 정부와 줄다리기를 벌여야 했다. 결국 상하이자동차에 주식 20%를 건넨 후에야 정식 허가를 받을 수 있었다.

정부에서 자체 개발에 성공한 국산 자동차업체의 시장 진출을 이토록 엄격하게 제한하는 까닭은 무엇일까? 중국 자동차산업에는 불패 전설이 존재하고 있기 때문이다. 즉 중국 자동차가 경쟁력을 확보하려면 반드시 몸집을 키워야 한다는 것이다. 이를 위해 집중과 선택 전략이 동원되었고, 중소기업의 업계 진출을 원천적으로 봉쇄했다. 한때 베이징자동차에서 일했던 한 임원은 자체적으로 자동차를 개발하려면 반드시 규모가 방대해야만 한다고 밝혔다. 이를테면 자동차 10만 대를 생산할 수 있는 규모로는 기껏해야 동네잔치밖에 할 수 없지만, 최소 50만 대에 달하는 생산능력을 보유해야 그럴싸한 개발이 가능하다는 것이다. 이치자동차—氣汽車의 한 관리 역시 20년 정도 시장에서 버텨내려면 600만 대도 안 되는 규모로는 개발 자체가 불가능하다고 설명했다. 하지만 세계 2위의 자동차업체 도요타의 2010년 생산 규모가 600만 대였다는 점을 떠올려볼 때 선뜻 납득이 되지 않는다. 그들의 말대로라면 GM을 제외한 그 누구도 자체 개발을 할 수 없다는 뜻이기 때문이다. 도요타는 다른 업체와의 합자 없이 오로지 자체 개발에 통해 시장을 개척했다. 몇 만 대에서 10여만 대를 생산할 때조차 자체 개발을 고집했다. 이보다 더 흥미로운 사실은 치루이가 판매 허가증을 얻은 2001년에 2만 8,000대를 판매해 8억 위안의 이익을 올렸다는 점이다. 2002년에는 5만 대를 팔아 일약 자동차업계의 Big 8에 이름을 올렸다. 한마디로 규모를 강조하던 중국 자동차산업의 전설이 보기 좋게 무너진 셈이다.

중국이 말도 안 되는 전설을 만들어내는 이유는 무엇인가? 자체 개발을 부르짖는 사회적 여론이 커지자, 전설 운운하며 어물쩍 넘어가기 위해서다. 둥펑자동차東風汽車의 한 관리는 자체 개발을 하려면 적어도 200만 대를 생산할 수 있는 규모를 갖추어야 하며, 10억 위안에 달하는 고정자산 투자, 10억 위안의 운영비, 그리고 8,000~1만 명 규모의 개발 인력, 30여 개의 실험실이 있어야 한다고 설명했다. 듣기만 해도 숨이 턱턱 막힌다. 이 말을 듣고도 자체 개발에 나설 용감한 사람은 단한 명도 없을 것이다. 그래서 그는 지금 세대에 자체 개발을 기대하는 것은 시기상조라며, 몇 세대를 걸쳐 꾸준히 노력해야 가능하다고 지적했다. 그리고 앞에서 50만 대를 생산할 수 있는 규모를 갖추어야 자체 개발이 가능하다고 설명했던 베이징자동차의 관리는 자체 개발 능력을 보유한 기업이 반드시 등장할 것이라고 장담했다. 단, 1,000만 대자동차 시장, 정비된 산업 인프라와 관련 법규가 모두 잘 갖추어져 있어야 한다는 전제조건이 붙지만. 보다시피 전설이 되기 위한 문턱은 계속해서 높아져 왔다. 이런 추세가 계속된다면 2년이 지나도 600만대가 아니라 1,000만 대 생산 규모가 갖추어져야 자체 개발이 가능하다는 말을 또다시 듣게 될 것이다.

중소기업인 치루이자동차도 엔진을 만드는 마당에 왜 수많은 중국 국유 자동차기업 중 어느 누구도 자체 개발에 나서지 못하는 걸까? 이유는 간단하다. 이들은 외국 기업에 기생해서 살아가는 데에 익숙해졌기 때문이다. 완성차 자체를 의존했던 과거와 달리 이제는 부품 의존율이 50%를 넘어서는 안 된다는 규정이 생겨났다. 과거 중국은 정책적으로 중국 내 외국계 부품 업체를 강하게 규제하지 않았다. 합자 형태의 부품 업체의 경우에도 주식지분율에 제한이 없었고 심지어 외국 부품 업체의 독자 경영도 허용했다. 하지만 지금은 '외국계 기업의 산업투자 지도 목록'을 수정해, 신에너지 자동차의 중요 부품을 조달하는 업체의 외국계 자본 지분율이 50%를 넘어서는 안 된다고 규정하고 있다. 이렇게 규정하면 중국이 가장 필요로 하는 핵심 기술이 오히려 중국을 떠나게 되지 않을까? 이와 같은 행동이 중국에 무슨 도움이 되는지 도통 모르겠다. 중국이 진심으로 자동차산업을 육성하려고 한다면 국유 자동차업체가 외국 기업과 경쟁할 수 있도록 강하게 압박해야 한다. 그래야 자체 개발력이나 아이디어 계발 능력을 끌어올릴 수 있기 때문이다. 뒷짐만 진 채 수수방관한 탓에, 30년 동안 합자를 경험했음에도 진정한 의미의 자체적인 지적재산권을 보유한 자동차를 단 한 대도 만들어내지 못하고 있지 않은가.

한 가지 덧붙이고 싶은 말이 있다. 과거 중국은 이른바 시장-기술 교환, 즉 중국 시장을 외국 업체에 제공하되 그들로부터 앞선 기술을 전수받자는 정책을 추진했지만 결과적으로 헛수고였음이 증명되었다. 중국은 자국의 시장을 외국 업체에 내주었지만 정작 그 대가로 기술을 전수받지 못했다. 현재 중국의 합자 자동차업체는 한마디로 해외 자동차업체의 위탁 생산 기지에 불과하다. 이들 기업은 애플의 하청업체인 폭스콘만도 못하다. 적어도 폭스콘은 애플로부터 부품을 받아 조립 생산이라도 하고 있다. 하지만 중국 내 자동차업체는 루트, AS 과정에서 발생하는 이익 중 절반을 외국 업체에 넘겨주고 있을 뿐만 아니라 가공생산 과정에서의 수익마저 고스란히 내주고 있는 형편이다.

비겁한 국유기업이 택시 대란을 키웠다

택시업계에 대한 이야기를 독자 여러분과 꼭 한번 나누고 싶었다. 현재 중국의 대다수 택시회사들은 지방 국유기업이나 준국유기업에 소속되어 있으며, 평생 개혁을 외면하고 오로지 가격 인상에만 혈안이 되어 있다.

2011년은 중국 택시업계의 집단 운행 거부 사태가 유독 심한 해였던 것으로 기억한다. 2008년 11월 10일 하이난 성 싼야三亞 산하 택시 파업 사태를 시작으로 2008년 12월 광저우 택시 파업, 2010년 4월 20일 푸저우福州 택시 파업, 2011년 1월 14일 정저우鄭州의 택시 영업 중단에 이르기까지 중국 곳곳에서 택시 파업이 터졌다. 이런 현상이 나타나게 된 가장 중요한 이유는 택시기사가 회사에 내는 사납금이 너무 많기 때문이다.

사납금이 얼마나 많기에 파업 사태가 끊이지 않는지 자세히 들여다보자. 베이징에서 기사 두 명이 번갈아 가며 택시 한 대를 몰면 6,000위안의 한 달 사납금과 기름값 8,000위안을 제하고 남은 돈을 택시기사가 가진다. 일반적인 경우 택시기사가 손에 쥐는 수익은 약 3,000위안에 불과하다. 다시 말해 택시기사가 밤낮 가리지 않고 열심히 택시를 몰아 손에 넣는 돈이 택시회사가 떼어가는 돈보다도 적다는 뜻이다. 게다가 현재 유가가 계속해서 오르고 있어 택시기사의 부담은 커질 수밖에 없다. 그러다 보니 결국 참다못한 택시기사가 운전대를 던져버리게 된 것이다. 이처럼 열악한 환경에서 파업 사태가 나지 않는다는 게 오히려 이상할 정도다.

벼랑 끝에 선 중국 경제

　이 문제를 어떻게 해결해야 할까? 뉴욕과 홍콩의 경험을 참고해보는 것도 좋을 것이다. 먼저 정부가 몇 대의 택시가 필요한지 계산한 다음 여기에 맞는 자동차 면허증을 경매한다. 경영 계획을 세운 택시회사는 시장에서 개인 차주의 자동차 면허증을 구입해야 한다. 뉴욕시는 1만 2,400개의 택시 면허증을 발급하는데, 지난 20년 동안 해당 수치는 단 한 번도 변한 적이 없다. 공급량이 고정적으로 정해진 결과 현재 택시 면허증 하나의 가격이 50만 달러 대를 일정하게 유지하고 있다. 1998년부터 지금까지 홍콩은 1만 8,138개의 택시 면허증을 유지하고 있는데, 택시 영업 면허증 하나의 가격이 최고 400만 홍콩달러에 달한다. 가격이 조금 내렸다고 해도 350만 홍콩달러에 팔려나간다. 이런 방식을 통해 정부는 수익을 챙기고, 택시기사와 서민 모두 수혜를 입을 수 있다.

　이번 연구로 나는 뉴욕과 홍콩의 사고방식이 무척 단순하다는 사실을 알 수 있었다. 즉, 양쪽 모두 중간 업체를 과감하게 없애면, 설령 중간 업체가 존재한다고 해도 면허증을 획득하는 과정에서 아무런 편의도 제공해주지 않는다면 택시기사가 수탈당하는 일은 없을 것이다. 여기에 한 가지 규정을 더 추가한다면, 택시 운전은 오직 택시 영업증을 보유한 당사자만 가능하며, 이를 어긴 경우 교통경찰이 입건해 면허증을 취소하도록 규정하는 것이다. 그러면 흑심을 품은 일부 투기꾼도 잔머리를 굴리지 못할 것이다. 이와 같은 방법을 동원한다면 지나치게 비싼 면허증 가격을 잡을 수 있을 뿐만 아니라, 택시회사가 사라지자 면허증 소지자가 새로운 착취자로 등장한 원저우 사태 같은 상황도 발생하지 않을 것이다.

이렇게 되면 택시 면허증이 장당 수백만 위안까지 치솟아 결국 모두가 손해 아니냐고 반문하는 사람이 적지 않을 것이다. 이번에는 상하이에서 답을 찾아보자. 상하이에는 택시회사도 있고 개인 면허증을 소지한 수천 명의 택시기사도 있다. 이들에게 물으면 이 질문에 대한 답을 금방 들을 수 있을 것이다. 상하이에서는 택시기사가 매월 회사에 내는 사납금이 개인적으로 면허증과 택시를 매입해 매달 내야 하는 돈보다 훨씬 많다. 개인적으로 면허증을 소지한 택시기사가 택시업체에 소속된 기사보다 훨씬 더 많은 소득을 올리는 것이다.

앞에 등장한 수많은 국유기업을 분석하고 나서야 나는 명확한 결론에 도달할 수 있었다. 요컨대 현재의 국유기업은 전혀 돈을 벌어들이지 못한다. 국유기업이 잘 나가는 이유는 사업 전략이나 연구개발을 이룬 결과가 아니라 엄청난 규모의 국가 자원을 무상으로 차지하고 있기 때문이다. 국유기업은 대량의 특허 경영권을 향유하고 있을 뿐만 아니라 거액의 보조금·저금리 대출 등 민간 업체가 감히 꿈도 꾸지 못하는 사랑을 듬뿍 받고 있다.

이쯤에서 내 입장을 분명하게 밝히겠다. 국유기업을 바라보는 내 관점은 자유주의경제학자와는 전혀 다를 뿐만 아니라 세계은행과도 전혀 다르다. 국유기업에 대한 개혁을 호소하고 있기는 그들 역시 마찬가지라도 말이다. 먼저 그들과 선을 확실히 긋고자 한다. 현재 국유기업의 재산권에만 초점을 맞추고 있는 자유주의경제 진영은 국유기업을 매각해야 한다고 부르짖으며, 특효약이라고 주장하는 가짜 약을 잔뜩 팔고 있다. 시장화라는 가짜 명분을 내밀고 개혁을 추진하고 있는 것이다. 그 목적은 분명하다. 그들은 국유기업에 대한 개혁이 추진됨에 따라 국유기업에 제공되던 거액의 보조금과 무료 자원이 자유주의 경제 진영으로 대표되는 이익집단의 지갑 안으로 들어오기를 간절히 바란다. 일단 제 지갑 안에 원하는 것이 들어오면 재산권은 신성불가침하다는 명분을 들이대며 합법화하고 사유화하려 들 것이다.

이들 자유주의경제학자들은 개혁을 완전히 잘못 이끌고 있다. 현재 국유기업이 떠안고 있는 수많은 문제는 중국의 산업 정책과 국유기업의 관리에 오차가 생겼기 때문이다. 그리고 그 오차가 국유기업의 몸집을 부풀리고 있다. 실제로 그 속은 텅 비었지만……. 올바른 해결책은 국유기업이 보조금과 자원을 무상으로 이용하지 못하도록 제한하는 것이다. 그래야만 국유기업이 기술개발, 비용 절감, 경영 능력 향상을 통해 돈을 벌어들일 것이다. 나는 국유기업이 돈을 벌기 바란다. 그것도 아주 많이. 하지만 여기에는 두 가지 전제조건이 따른다. 하나는, 국유기업이 버는 돈이 독점적인 지위를 남용해 서민으로부터 빼앗은 것이 아니어야 한다. 나머지 하나는, 국유기업이 번 돈을 국유기업의 지갑 안으로 숨겨두지 말고 국가재정에 납부해 서민에게 환원되도록 해야 한다.

이를 위해 국유기업은 반드시 개혁되어야 한다. 개혁이라고 해서 무조건 밀어붙이는 것이 아니라, 올바른 국유기업 개혁, 나아가 서민이 혜택을 누릴 수 있는 개혁이 필요하다. 그런 점에서 개혁이라는 거짓 이름을 내걸고 도둑과 진배없는 짓을 하는 신자유주의적 개혁은 반드시 경계해야 할 대상이다. 또한 중국은 거대한 시스템 개혁을 추진해야 한다. 왜냐하면 현재의 시스템으로는 철저한 개혁이 불가능하기 때문이다. 이를테면 국유기업을 매각하고 국유기업의 주식을 분배하자

국유기업은 수익을 내고 있는가

고 주장한 일부 학자의 주장은 너무나 순진하다. 그들이 입으로는 국유기업을 개혁해야 한다고 외쳐대면서도 국유기업의 주식을 손에서 놓지 않는 저의가 무엇인지 정말 궁금하다.

세금 인상으로 때운 개혁, 전력

중국의 전력망업체들이 여전히 전통적인 차액 먹기로
자신의 이익을 챙기기에 골몰하고 있다는 데 문제가 있다.
국가에너지국의 한 관리는 솔직하게 속내를 밝혔다.
"이는 가장 낙후된 수익 모델로, 중국과 북한만 쓰고 있다."

국가와의 힘겨루기로 손해 본 발전소

2011년 나는 중국 서민을 대표해 전력 독점기업과 힘겨루기를 벌인 끝에 중국전력기업연합회中國電力企業聯合會가 답변을 내놓도록 압박을 가하는 데에 성공했다. 중국전력기업연합회가 이번에 들려준 대답은 과거 자신들의 거짓말을 스스로 인정하는 셈이었다. 과거 중국 내 매스컴은 중국전력기업연합회의 소식을 인용하며 전력업체가 수천억 위안을 손실을 입었다고 보도했는데, 당시 나 홀로 손을 번쩍 들고 질문을 던졌다. "중국전력기업연합회가 허위 기사를 내는 겁니까? 아니면 5대 전력 그룹이 허위로 된 회계 보고서를 발표한 겁니까?" 당시 나는 강한 의문에 휩싸였다. 이들 5대 전력업체가 모두 상장 업체임에도 왜 나를 제외한 어느 누구도 그들의 회계 보고서를 들여다보고 그 안의 내용을 자세하게 비교해볼 생각조차 하지 않았단 말인가?

먼저, 당시 나와 중국전력기업연합회 사이에 있었던 힘겨루기를 간략하게 소개해보겠다.

첫째, 중국전력기업연합회는 2011년 1~7월 화넝그룹中國華能集團公司, 다탕그룹中國大唐集團公司, 화뎬그룹中國華電集團公司, 궈뎬그룹中國國電集團公司, 중국전력투자그룹中國電力投資集團公司의 5대 발전업체가 전력 부문에서 본 전체 적자는 전년 동기 대비 82억 7,000만 위안 증가한 74억 6,000만 위안이라고 밝혔다. 그 가운데 화력발전은 전년 동기 대비 113억 위안 늘어난 180억 9,000만 위안에 달하는 적자가 발생했다. 결론적으로 말해 발전소는 적자가 아니다. 심사를 거쳐 발표된 회계 보고서에 따르면 화뎬그룹 산하 화뎬인터내셔날이 상반기에 순이익은 1억 1,800만 위안인 것으로 나타났다. 나머지 업체의 상황도 살펴보자. 화넝그룹 산하의 화넝인터내셔날은 11억 7,800만 위안, 궈뎬그룹 산하의 궈뎬전력은 11억 4,000만 위안, 중국전력투자그룹 산하의 상하이전력은 1억 8,300만 위안, 다탕그룹 산하의 다탕전력은 8억 5,400만 위안이었다. 한마디로 적자를 기록한 곳은 단 한 곳도 없었다. 이뿐만이 아니다. 5대 전력 그룹 외에도 화룬華潤전력의 상반기 순이익은 20억 6,400만 위안을 기록했다. 초보자마저 단숨에 업계 1위로 우뚝 섰다는 사실을 감안할 때 발전사업은 적자가 아니라 충분한 이익을 거두었음이 분명하다.

그중에서도 화력발전을 주요 사업으로 취급하는 다탕전력을 예로 들어 설명해보겠다. 자료에 따르면 2011년 상반기 영업이익은 14억 위안, 합병으로 인한 순이익은 12억 5,000만 위안, 상장 기업의 순이익은 8억은 5,400만 위안이라고 한다. 화력발전의 주원료가 되는 석탄 가격이 최근 들어 크게 상승했는데, 이런 변화는 다탕전력의 수익에

세금 인상으로 때운 개혁, 전력

아무런 영향도 주지 못할 걸까? 겉으로 드러난 상황을 보았을 때는 어느 정도 영향을 받은 듯하다.

2011년 상반기 다탕전력의 연료비는 188억 7,100만 위안으로, 2010년 같은 기간 140억 5,700만 위안에 대비해 48억 1,400만 위안이 증가했다. 이처럼 연료비가 오른 데에는 석탄 가격 인상 외에도 발전량 증대라는 요소가 작용했다. 2011년 상반기 전력 판매량의 증가로 다탕전력의 수익은 약 44억 9,700만 위안이나 늘어났다. 여기에 평균 망 접속료 인상분까지 더하면 다탕전력의 수익은 무려 62억 6,200억 위안 늘어났다. 다시 말해 석탄 가격 인상이 다탕전력에 손해를 입히기는커녕 오히려 가격 인상과 전력 사용량 증가로 14억 9,800만 위안의 소득을 더 안겨주었다.

이런 내 주장에 중국전력기업연합회가 들려준 답변은 어처구니조차 없다. 산하 5대 전력 상장사가 모두 수익을 올렸지만 상장한 업체는 동부 지역의 일부 발전소일 뿐, 중서부와 동북 지역의 발전소는 모두 적자를 기록했다는 것이다. 백번 양보해 이 말에 수긍하더라도, 다른 지역의 전기요금이 화둥華東 지역처럼 비싸지는 않은 대신 석탄 가격이 훨씬 저렴하지 않은가. 5,500kcal 일반탄Steam Coal의 경우 화둥 지역의 톤당 가격은 852위안이지만 흑룡강黑龍江 솽야산雙鴨山 지역은 690위안, 신장은 200위안도 안 된다. 게다가 산시山西의 발전소가 손해를 보고 있다는 말은 어불성설이다. 동부 지역의 석탄 가격 중 절반이 운송비라고 하는데 중국 내 최대 석탄 생산지가 산시 아니던가. 운송비가 거의 공짜나 다름없는 산시에서 석탄 가격이 올라 적자를 보았다는 것은 누가 보더라도 뻔한 거짓말이다.

벼랑 끝에 선 중국 경제

둘째, 나는 발전소에서 발전용으로 사용하는 석탄의 60%는 국가발전개혁위원회에서 가격 인상을 불허하는 '계약 석탄'이어서 석탄 가격 인상에 따른 충격이 크지 않다고 주장했다. 석탄업체와 전력업체 간 계약을 통해 공급되는 계약 석탄은 시가보다 저렴한 가격으로 거래된다. 하지만 중국전력기업연합회는 발전소에서 한 해 동안 소모하는 전체 석탄량에서 계약 석탄의 비중이 40%에도 채 미치지 못한다며, 부족한 물량을 채우기 위해 비싼 값을 치르면서까지 시장에서 유통되는 석탄을 구입해야 했다고 반박했다. 하지만 2010년 석탄 경제 운용 상황 보고회에 참석한 중국석탄공업협회 부의장 장즈민姜智敏은 발전용 석탄의 계약 성사율이 90%를 넘어섰다고 설명했다.

앞에서 중국전력기업연합회는 계약을 통해 구매한 석탄이 전체 석탄량의 40%도 채 되지 않는다고 했는데 장즈민은 계약 성사율이 90%라고 했다. 그렇다면 중간의 50%는 누구의 지갑 속으로 들어간 걸까? 훗날 50%에 해당하는 석탄이 비싼 값을 받고 되팔렸다는 사실이 드러났다. 석탄선물회의 규정에 따르면 발전용 석탄의 계약은 자격을 갖춘 발전소와 국유 석탄 광산의 직접 서명을 통해 체결되어야만 효력이 발생한다. 이 점을 노린 일부 발전소에서 일부러 여러 석탄 광산과 계약을 맺고, 수요를 제외한 나머지 물량을 비싸게 되팔아 차액을 챙긴 것이다. 하지만 석탄 광산에서 받은 석탄을 다른 업체에 넘기려면 발전소와 탄광에서 직접 서명해야 했을 텐데 어떻게 그동안 아무도 눈치채지 못했을까? 한 발전소에서 과도하게 여러 석탄 광산과 계약을 맺다 보면 분명 다른 발전소에서 전력 생산에 필요한 석탄 물량을 확보하지 못하게 된다. 발전소를 돌리는 데 필요한 석탄이 없다면? 급할 것

세금 인상으로 때운 개혁, 전력

하나 없다. 중간상이 가격이 급등하기 전에 매집한 석탄이 있지 않은가. 마침 물량도 딱 필요한 만큼이다. 물론 가격은 계약 당시 정한 가격이 아니라 시가다. 이런 상황이라고 해도 석탄 확보에 마음이 급한 발전소는 선택의 여지가 없다. 누가 평소에 인간관계를 제대로 하지 못해 생산에 필요한 석탄을 확보하지 말라고 했던가.

셋째, 나는 중국의 발전소는 가격을 너무 쉽게 인상하기 때문에 효율을 높일 동력, 즉 동기가 없다고 주장했다. 그러자 중국전력기업연합회는 중국의 화력발전소는 미국에 비해 효율이 2%포인트 높고, 선진 수준이라고 반박했다. 그러면 다음의 내용을 비교해보자. 중국전력기업연합회가 발표한 데이터에 따르면 중국의 경우 전력 1kWh를 생산하는데에 333g이 소비된다. 이번에는 다른 국가의 데이터를 살펴보자. 1kWh당 투입되는 석탄의 경우 일본은 299g, 한국은 300g, 이탈리아는 303g이다. 중국이 앞서기는커녕 뒤처졌다는 것을 입증하기 위해 다른 자료를 추가로 인용할 필요는 없으리라. 그렇다고 실망할 필요는 없다. 순전히 중국의 기술력 부재로 이런 성적표를 받게 된 것은 아니니 말이다. 2010년 세계 화력발전업체의 에너지 최저 소모율은 1kWh당 279.39g으로, 신기록의 주인공은 상하이 와이가오차오外高橋 제3발전소다. 이 기술을 중국 전역으로 보급할 수 있다면 중국이 생산해내는 전력량은 적어도 15% 증가하거나 최소 1억여 톤의 일반탄을 절약할 수 있을 것이다.

물론 발전소라는 이익집단을 대변하는 중국전력기업연합회의 곤란한 처지를 모르는 바가 아니다. 중국전력기업연합회는 전력 소매가격이 아니라 망 접속료를 인상하려고 한다. 소매가격이야 자신들과 아무런 관계도 없기 때문이다. 2010년의 경우 국가전력망공사國家電網公司는 5대 전력 그룹으로부터 전력을 구입했는데, 1kWh당 평균 가격은 0.38위안에 불과했지만 서민에게는 0.57위안으로 공급되었다. 다시 말해 국가전력망공사가 발전소로부터 전기를 구입해 서민에게 판매하기까지의 가격 인상분이 무려 49%에 달한다. 사실 중국전력기업연합회도 차이나 텔레콤이나 차이나 유니콤을 시장독점으로 고발한 광디엔네트워크廣電網絡처럼 국가전력망공사를 반독점 혐의로 제보해 조사받도록 할 수 있다. 전매를 통해 국가전력망공사가 챙긴 판매 총이익률이 49%를 넘기 때문에 충분히 독점 혐의로 고소할 수 있다.

그렇다면 국가전력망공사가 중간에서 벌어들인 거액의 이익은 어디로 사라졌을까? 국가전력관리감독위원회國家電力監管委員會가 제공한 자료에 따르면, 전력망업체의 배전·송전 비용 중 감가상각비가 41.64%로 1위를 차지했고, 기타 비용 27.15%가 2위, 직원 임금은 19.32%로 3위를 차지했다. 기타 비용과 직원 임금이 전체 비용에서 차지하는 비중은 46.47%로, 전체 비용의 절반에 육박한다. 기타 비용은 아마도 삼공경비라고 일컫는 중앙 부처의 공용차 구입 및 운행비, 공무원 해외출장비, 공무접대비를 의미하는 것 같다. 비용 구조에 대한 비교로 보면 기업의 전체 영업수익에서 직원 임금이 차지하는 비중이 가장 높은 업종은 아무래도 전력업계인 듯하다. 그러다 보니 발전소는 전력이 부족하다며 가격을 올려야 한다고 압박한다. 결국 정부가 나서서 가격을 조정하는데, 그 방식이 실로 대단하다. 소매가격을 올리는 것이 아니라 망 접속료를 인상하는 것이다. 이는 사실상 국가전력망공사가 발전소를 착취하는 것과 진배없다.

세금 인상으로 때운 개혁, 전력

발전소의 발전량은 계획 내 발전과 계획 외 발전으로 나뉜다. 계획 내 발전량의 경우 전력망업체가 국가 규정에 따라 망 접속료를 지불하는데, 여기에 해당되는 발전소는 수익을 올릴 수 있다. 계획 외 발전량의 경우 전력망업체는 저가로 전력을 구입할 수 있지만 이를 판매가격에 반영하지 않고 기존과 동일한 가격으로 판매한다. 그 결과 발전소는 가격을 무조건 깎으려고만 하는 전력망업체 때문에 손해를 보게 된다. 이런 상황 때문에 발전소는 계획 외 전력 수요에 별다른 관심이 없다. 그런 점에서 진정한 의미의 전력 부족 사태는 계획된 발전량을 생산한 후 전력업체가 점검을 위한 발전기 운행 중단이라는 핑계를 대며 더 이상 전력을 추가로 생산하지 않으면서 생겨난 문제라고 할 수 있다. 그렇다면 누가 계획을 정할까? 나름 최선을 다해 공개된 모든 자료를 들여다보았지만 마땅한 답을 찾지 못했다. 어쨌든 전력 부족 사태가 나타난 근본적인 원인은 중국이 여전히 고수하고 있는 계획경제이며, 근본적인 문제는 전력망업체에 대한 개혁이 철저하게 이루어지지 않았기 때문이다.

논쟁이 거의 끝날 즈음 국가발전개혁위원회는 전기요금을 인상하겠다고 선포했다. 인상안을 막지는 못했지만 나름 뿌듯하다. 적어도 내 외침이 최악의 결과를 피하는 데에 일조했기 때문이다. 당시 나는 다음과 같은 주장을 제시했다. 첫째, 발전소가 적자를 기록한 것은 망 접속료가 지나치게 낮아 생긴 문제이므로, 전기 판매가격을 조정하는 것이 아니라 망 접속료를 조정하는 것이 우선이다. 발전소의 적자를 메워주어야 하는 것은 국민이 아니라 국가전력망공사의 몫이다. 둘째, 차등적 전기요금 제도를 추진해도 되지만, 구체적인 방법은 미국에서 배워야 할 것이다. 다시 말해 한 번에 모든 개혁을 끝내려고 하지 말고, 최저 소득 계층이 혜택을 볼 수 있도록 단계적으로 추진해야 한다. 다행스럽게도 국가발전개혁위원회는 기본적으로 내 주장을 모두 존중해주었다. 현재 인상된 전기요금은 망 접속료와 비주거용 전기 판매 가격이며, 주거용 전력에 대해서는 차등적인 전기요금제를 실행하고 있다.

전력 개혁에 대한 미국의 체계적인 사고

중국은 전력 개혁 문제를 어떻게 다루어야 할까? 미국의 경험이 좋은 팁이 될 것이다. 먼저 한 가지 확인해야 할 것이 있다. 국가발전개혁위원회가 과거 발표한 중국과 각국의 전기요금을 비교해보자. 2008년 세계 주요 국가의 1kWh당 전기요금을 살펴보면, 독일과 영국이 각각 263달러와 231달러를 기록했고, 일본은 176달러, 프랑스는 169달러, 미국은 114달러, 한국과 중국이 각각 89달러와 69달러였다. 이렇게 늘어놓고 보더라도 중국의 전기요금은 의심할 바 없이 세계적으로도 상당히 저렴한 편에 속한다. 하지만 해당 전기요금을 현지 주민의 평균 소득과 비교해보면 정반대의 결론이 나온다. 2008년 독일의 1인당 국민소득은 4만 2,440달러로, 그 가운데 1kWh당 전기요금이 차지하는 비중은 0.62%, 미국 역시 0.24%에 불과하지만 중국은 무려 2.49%를 기록했다. 중국의 전기요금이 독일보다 네 배 이상, 미국보다는 열 배 이상 비싸다.

미국 펜실베이니아 주의 현황을 살펴보자. 펜실베이니아 주를 선택한 이유가 궁금하다면 중국 매스컴에서 전기요금을 비교할 때 펜실베이니아 주의 자료를 애용하기 때문이라고 하겠다. 관련 보도를 분석하던 중 나는 그 내용에 심각한 오류가 있음을 발견했다. 중국 매스컴에서 보도한 펜실베이니아 주의 전기요금은 크게 두 가지 설로 나뉘어 있다. 하나는 사용량이 500kWh 이하인 경우 한 달 고정요금이 5.32달러라는 설과, 전기 사용량이 500kWh 이하인 경우 1kWh당 전기요금은 14.72센트라는 설이다. 자체적인 검증을 통해 펜실베이니아 주에서 전기 공급 사업에 종사하고 있는 업체는 모두 여덟 곳이며, 평균 1kWh당 전기요금은 2012년 4월 4일을 기준으로 6.99펜스, 즉 0.44위안이라는 사실을 확인할 수 있었다.

미국의 전력 사업 구상은 어떻게 구성되어 있을까? 요컨대 누구든지 발전소를 세울 권리가 있다는 것이다. 미국의 전력법에서는 개인이나 단체 모두 화력발전소 프로젝트에 투자할 수 있으며, 전력 계획 없이도 투자자 스스로 부지를 고르면 된다. 일단 프로젝트가 개인에게 넘겨지면 투자자는 발전소 프로젝트에 투자를 결정하기 전에 배전업체와 장기 계약을 맺어야 한다. 장기 계약을 맺지 않으면 투자자는 함부로 발전소를 지을 수 없고, 은행 역시 해당 프로젝트에 대출을 제공해서는 안 된다. 이런 작업이 마무리되면 5만kW 이하 규모의 화력발전 프로젝트는 별도의 사업 허가증이 없이도 바로 운영이 가능하다. 5만kW 이상 규모의 화력발전소는 주 정부로부터 사업 허가증을 받기 위해 신청서를 제출해야 한다.

이제부터 정부가 본격적으로 나서기 시작한다.

벼랑 끝에 선 중국 경제

첫째는 환경보호다. 미국 정부에서 발급하는 사업 허가증은 중국 것과는 성격 자체가 다르다. 중국 정부는 전력 계획·건설 위치·건설 기한·투자 규모·발전 시간 등처럼 경제적인 항목만 주로 평가한다면, 미국은 환경보호에 관한 항목을 중점적으로 사업 허가 여부를 심사한다. 평가 과정에서 심사 담당자는 지방정부, 주 정부의 야생동물 관련 부서, 수자원 부서 및 유해물질 관리 부서, 연방정부의 환경보호국, 미국군사프로젝트협회, 미국야생동물보호기구 등과 협력해야 한다. 반면에 중국은 몇 만kW 이하의 소형 화력발전소는 모조리 폐쇄해야 한다고 생각한다. 무엇이든 커야만 좋다고 생각하는 오랜 습관 때문이다.

둘째, 전기요금 관리 감독 문제다. 미국에서 관리 감독을 받는 공공 전력회사는 주로 도시와 도심지 주변부 지역에 몰려 있다. 전기요금에 대한 관리 감독은 단순히 소비자나 발전업체의 편에 서는 것보다는 공정한 시장 질서를 수호함으로써 모든 이들에게 경제적 혜택을 골고루 안겨주는 데에 집중하고 있다. 캘리포니아 주의 전력 부족 사태로 곤욕을 치른 미국이 피눈물을 쏟아가며 배운 교훈이다.

그렇다면 전기요금은 어떻게 정해야 할까? 관리 감독을 받는 공공 전력회사는 반드시 관리 감독 기구에 전기요금 명세표를 제출해야 한다. 모니터링을 담당하는 기구는 자체적으로 배포한 통일된 회계 기준에 따라 전력업체에서 제출한 명세표를 심사한다. 주로 해당 서비스와 규제 조건 등이 공공이익에 부합하는지, 비용 자료가 합리적인지를 확인한다. 여러 주州를 걸쳐 진행되는 송전사업과 전력 도매 사업의 경우 전력업체는 연방에너지규제위원회에 가격 명세표를 제출해야 하고,

세금 인상으로 때운 개혁, 전력

배전을 제공하는 주 내 전력 소매 사업의 경우 각 주의 공공사업관리 감독위원회에 명세표를 제출해야 한다.

전기요금은 어떻게 조절할까? 관리 감독을 받는 모든 전력업체는 전기요금 조정이 필요하다고 판단되면 먼저 관리 감독 기구에 가격 조정 신청서를 제출하고 이를 서면으로 사용자에게 알려야 한다. 관리 감독 기구는 업체에서 제출한 가격 조정 신청서를 접수한 후 일반적으로 심사팀을 구성하는데, 여기에는 변호사·회계사·재무 분석가·경제 및 프로젝트 기술 분야의 전문가로 구성된다. 심사팀은 신청서 중 기초비용, 투자 회수율, 회사의 재정 상태와 신용대출, 운영 비용, 감가상각, 소득세와 기타 세비를 하나하나 심사한다. 심사 과정에서 이견 차이가 심할 경우 심사팀은 관리감독위원회에 청문회를 열 것을 요청해 행정 법관의 판결에 따른다. 가격 조정 신청이 관리 감독 기구로부터 거절되었다면 전력업체에서 추가로 징수한 비용은 반드시 전액을 사용자에게 돌려주어야 한다.

셋째, 저소득층에 대한 재정적 지원이다. 미국 국토의 75%를 차지하는 농촌과 소도시의 전력 공급은 주로 관리 감독을 받지 않는 시정市政 전력업체와 농촌 지역 전력 협력 업체가 담당하고 있다. 이들은 비영리적 성격의 자치적 전력 공급 기관이다. 민간 전력업체가 농촌 지역을 꺼리기 때문에 연방정부가 전면에 나서 행동할 수밖에 없다. 연방정부는 농촌 지역 전력 협력 업체의 발전을 지원하는 한편, 광활한 농촌 지역에 안정적으로 전력을 공급하기 위해 두 가지 조치를 취한다. 하나는 농촌 지역 전력 협력 업체에 30년에 달하는 장기 우대 대출 서비스를 제공함으로써 협력 업체의 전력 시설 확충을 지원한다. 이는

벼랑 끝에 선 중국 경제

농촌 지역 전력 협력 업체의 전력 공급 비용을 크게 줄이는 효과를 가져온다. 나머지 하나는 농촌 지역 전력 협력 업체의 전력 공급 확보를 적극적으로 지원한다. 다시 말해 연방정부가 보유한 수력발전소에서 저렴하면서도 양질의 전력을 공급받을 수 있도록 지원한다. 이밖에 도시에 거주하는 저소득층의 경우 정부가 제공하는 보조금 혜택을 누릴 수 있다. 캘리포니아 주의 경우 3인 기준 소득이 3만 2,500달러 이하면 저소득 가정으로 분류되는데, 이 경우 20%의 전기요금 할인 혜택을 누릴 수 있다.

이런 노력이 지속되면서 도시 주변부에서 전력 사용량이 많은 지역을 중심으로 독립 발전업체, 수직 일체의 공공 전력업체, 공공 업체 산하 발전기업 등이 생겨나기 시작했다. 농촌과 소도시에도 비영리적 발전소가 등장했는데, 이들은 정부로부터 보조금을 받고 있다. 한편 합리적인 이익이 보장되는 지역을 선호하는 민간 사업자는 도시와 산업지구에서 주로 발전소를 운영하고 있다. 1970년대 말부터 지금까지 미국의 대다수 신규 전력 설비가 독립된 민간 발전업체를 통해 구축되었기 때문에 제대로 된 경쟁 없이 특정 업체에 의해 시장이 독식되는 상황을 막을 수 있었다. 미국 내 수백 개에 이르는 발전업체 중 최대 발전업체가 장악하고 있는 설비용량은 미국 전체의 4%도 되지 않는다. 미국 내 상위 20개 업체의 설비용량을 모두 합쳐도 전체의 45%에 불과하다.

이번에는 중국의 상황을 살펴보자. 미국과는 대조적인 현상을 보이고 있는 중국의 전력 시장은 한마디로 관리 감독을 전혀 이해하지 못하고 있다. 중국의 국가전력관리감독위원회는 허수아비로 전락했다는

세금 인상으로 때운 개혁, 전력

참담한 현실도 눈에 들어온다.

첫째, 전기요금 결정권은 국가발전개혁위원회에게 있으며, 국가전력관리감독위원회는 의견을 게재할 수 있는 권리만 갖고 있다.

둘째, 대외적으로 볼 때 국가전력관리감독위원회에 전력업체의 사업허가증을 발급할 권한이 주어졌지만 전력업체의 위법행위를 규탄할 수 있는 권한이 전혀 없다. 국가전력관리감독위원회가 자랑하는 최대 권력은 전력 시장의 운영 규칙을 위배한 업체에게 고작 10만 위안 이상 100만 위안 이하의 벌금을 부과할 수 있다는 것뿐이다. 그렇다면 가격 관련 규정을 위반하거나 불법행위를 저질렀을 때 부과되는 벌금은 적당한 편일까? 2005년 미국이 새로 발표한 에너지정책법에 따르면, 연방에너지규제위원회는 시장 내 불법 사건에 대해 1일 기준 100만 달러의 벌금을 부과할 수 있으며, 악의적으로 시장을 조작한 업체 책임자에게 5년 동안의 감금을 언도할 수 있다.

셋째, 인력 부족 문제가 심각하다. 중국 화둥 지역의 발전용량은 1억 2,000만kW를 넘는다. 해당 지역에서 전력을 공급받는 인구는 2억 3,000만 명에 달하지만 전력 관리 감독 인원은 100명도 채 되지 않는다. 반면에 미국 캘리포니아 주의 공공사업관리감독위원회는 4,500만kW 규모의 발전 현황을 모니터링하는데, 전력 관리 감독 인원만 무려 450여 명에 달한다. 이보다 더 중요한 사실은 이들이 중국의 산림경찰이나 철도경찰과 비슷한 경찰 신분이라는 점이다.

넷째, 송전 네트워크 시장의 80%를 독점하고 있는 중국 국가전력망 공사는 닥치는 대로 기업을 집어삼키고 있지만 국가전력관리감독위원회는 주의하라는 말조차 꺼내지 못한다. 국가전력관리감독위원회

벼랑 끝에 선 중국 경제

에는 반독점이나 부정한 행위를 조사할 수 있는 권한이 아예 없기 때
문이다.

어떻게 전력 네트워크를 개혁할 것인가

경제 주간지 《신스지에新世紀》 기자가 베이징, 상하이, 충칭, 광저우, 난
징南京, 지난濟南, 시안西安, 장사長沙, 인촨銀川, 우하이烏海, 자싱嘉興, 폭산 등
지에서 공업용 전력 사용자를 대상으로 샘플 조사를 실시했다. 조사
지역은 화베이華北, 화난華南, 시난西南, 시베이西北을 아우르는 광대한 지역
으로, 비단 범위뿐만 아니라 다양한 경제적 상황도 고스란히 담아내고
있다. 결과에 따르면 공업 및 상업 업체, 특히 중소형 상업 업체의 실
제 전기 사용 요금이 국가발전개혁위원회 및 지방 국가발전개혁위원
회에서 발표한 표준 전기요금보다 비싼 것으로 나타났다. 베이징 내
오피스텔 밀집 지역의 전기요금은 평균 1kWh당 0.9위안을 넘었고, 상
점과 음식점에서 사용하는 전기요금은 1kWh당 1.1위안 이상이었다.
시간대별 정가 요소라는 점을 감안하더라도 여전히 표준 전기요금보
다 0.06위안에서 0.278위안 더 비쌌다.

중국은 에너지 절약과 오염물 배출 절감이라는 기치를 내걸고 시간
대별 전력요금 제도를 실시했지만 그 결과는 참담했다. 전기를 사용
하는 업체를 약탈한 셈이었기 때문이다. 그리고 누가 이득을 챙겼을
까? 예상대로 전력망업체였다. 허난성에 있는 30개 화력발전 관련 업
체는 시간대별 전력요금제 때문에 망 접속료가 1kWh당 평균 0.005위

세금 인상으로 때운 개혁, 전력

안 줄어들어 약 4억 2,900만 위안의 손해를 보았다. 주요 원인은 전력 조정이 전력망업체의 말 한마디에 결정되기 때문이다. 쉽게 말해 발전업체는 발전 시간대를 배분하는 과정에서 아무런 결정권도 갖지 못한다.

전력망업체는 소매 업체의 숨통만 조이는 것이 아니라 전력 생산 업체도 가만히 내버려두지 않는다. 5대 발전 그룹 출신인 기업의 대표는 석탄 가격-전기요금 연동 정책에 대해 못마땅하다는 입장을 밝혔다. 전기요금이 오르면 석탄 가격도 오르게 될 텐데, 그런 경우 전기요금이 인상폭을 따라갈 수 없기 때문이란다. 발전업체가 계산한 결과에 따르면, 전력망업체가 구매한 전력요금이 국가발전개혁위원회가 발표한 망 접속료에 비해 1kWh당 0.3~0.4위안이 낮다고 한다. 중국 발전업체가 손해를 보는 결정적인 원인이 바로 여기에 있다.

여기에서 가장 고민해야 할 문제는 중국 전력업계의 본질이다. 전력망업체와 관련 일선 담당자가 전기요금을 한 푼이라도 더 벌기 위해 혈안이 된 까닭은 무엇인가? 다른 국가에서는 효과적으로 사용되고 있는 시간대별 전력요금제가 중국에서 역효과를 본 까닭은 무엇인가? 현재 중국의 전력망업체가 여전히 전통적인 차액 먹기로 이익을 챙기고 있다는 데에 문제가 있다. 국가에너지국의 한 관리는 한때 솔직하게 속내를 밝혔다. "세계에서 가장 낙후된 수익 모델이죠. 그걸 중국과 북한만 쓰고 있습니다." 차액은 이른바 소매용 전기요금과 망 접속료 간의 가치 차이로, 중국 전력망업체는 바로 이 차액에서 수익을 창출한다. 이런 수익 모델이 바로잡히지 않는다면 전력망업체는 독점적 우위를 이용해 최대한 망 접속료를 내리누르는 한편 판매용 전력요금을 계속

벼랑 끝에 선 중국 경제

해서 올릴 것이다.

이를 어떻게 개혁해야 할까? 해결책은 의외로 간단하다. 세 가지 개혁에만 착수하면 상황을 깨끗하게 정리할 수 있다.

첫째, 전력의 직접 공급을 허용하고, 전력망의 독점적 도매 권리를 강제적으로 폐지해야 한다. 이 문제라면 영국의 경험을 참고하는 게 도움이 될 것이다. 즉, 주식시장과 같은 전력거래소를 차려, 전력을 대량으로 사용하는 업체와 거대한 발전 규모를 자랑하는 발전업체가 만날 수 있도록 주선하는 것이다. 양측 간 협상을 통해 전기요금과 발전 규모, 전기 공급 시간을 정하도록 유도한다. 그리고 전력망업체에는 고정적인 통행료만 지불해주면 그만이다. 국가전력망공사는 반드시, 무조건적으로 송전 서비스를 제공해야 하며, 차액이 발생한 부분은 법률상 의무를 이행함으로써 조정에 나서야 한다. 그런 후에 다시 점진적으로 발전소와 전력 사용 및 전력 판매 업체의 진입 문턱을 낮추어야 한다.

둘째, 미국처럼 중간만 관리하는 것이다. 전력망이 단독으로 가격을 정하는 방식의 경우 망 접속료든 판매용 전력요금이든 전혀 개의치 말고 두 가격에 대한 결정권을 시장에 일임하는 것이다. 대신 송전·배전 비용만 관리하면 그만이다. 전력망의 운영 비용을 심사, 대조하는 방법으로 관리 감독 부서가 합리적인 송전·배전 기준을 마련하도록 한다.

셋째, 소매 배전업체에 대한 진입 문턱을 낮추고, 국유·지방·주식제도·민간자본 등 다원화된 형태의 지분 소유를 허용한다. 영국의 관리 감독 과정에서 국유와 지방 두 가지만 제대로 관리해도 절반의 성

세금 인상으로 때운 개혁, 전력

공을 거둔 것이나 다름없다는 사실을 확인할 수 있다. 가장 중요한 것은 경쟁을 만들어낼 수 있는가, 기업의 회계를 투명하게 만들 수 있는가, 그리고 청문회가 제 역할을 제대로 발휘하도록 지원할 수 있는가다.

폭리에 취해 무너진 민간항공

중국의 항공권 가격이 턱없이 비싼 것은 둘째치고서라도
항공사의 낙후된 서비스는 도무지 받아들일 수 없다.
항상이라고 해도 좋을 만큼 걸핏하면 운항이 지연되고
불편을 겪은 승객들과 항공사 간 갈등이 더 심해지고 있다.

민간항공에 대한 문제를 언급하기 위해 특별히 자리를 마련한 것은 중국의 민간항공이 세계에서 가장 많은 폭리를 취하고 있다거나 걸핏하면 연착되는 상황을 고발하기 위한 것만은 아니다. 이보다는 모든 국유기업 개혁 중에서 민간항공 분야의 개혁이 가장 위선적이라는 점을 알리기 위해서다. 겉으로 보았을 때, 민간항공은 중앙 기업 중에서 개혁이 가장 철저하게 이루어진 듯하다. 개혁을 통해 민간항공업계는 관리 감독을 담당하는 민간항공총국, 수송 및 운영을 책임지는 3대 항공사, 여객 서비스를 담당하는 공항 허브라는 독립된 부문으로 분리되었다. 여기에 국내 및 국제 항공노선에서 몇몇 경쟁자까지 두고 있다. 겉으로 드러나는 면만 보았을 때 이처럼 완벽하게 규범화된 곳도 없을 듯하다. 그 때문에 철도부가 민간항공업계를 개혁의 롤 모델로 삼았다고 했는가 싶다. 하지만 보이는 것에 흔들리지 말고, 화려한 겉모습 아래 숨겨진 본질을 꿰뚫어볼 줄 알아야 한다.

민간항공업계에 대한 심도 있는 연구를 통해 나는 몇 가지 이상한 현상을 찾아냈다.

첫째는 기형적인 수익 모델이다. 3대 국유항공사는 항공권 판매나 서비스를 통해 수익을 창출하는 것이 아니라 유류할증료로 돈을 번다. 세계 여객 수송량과 화물 운송량 부문에서 중국 민간항공업계의 비중은 5%도 채 되지 않지만 유류할증료라는 요상한 수익 모델로 세계 항공업계에서 60%에 달하는 이익을 챙기고 있다.

둘째는 습관화된 운항 지연이다. 중국의 민간항공사에게 운항 지연은 익숙한 광경이다. 오히려 정시에 이륙하는 경우가 드물다. 민간항공총국의 통계 자료에 따르면, 2010년 주요 항공사의 전체 운항 횟수 188만 8,000편 중 정상 운항은 143만 1,000건, 이상 운항은 45만 7,000건으로, 이상 운항 비중이 무려 24.2%에 달하는 것으로 나타났다. 쉽게 말해 네 번 중 한 번 꼴로 운항이 지연된다는 뜻이다. 단언하건대 이 수치는 상당히 저평가된 자료다. 민간항공총국은 항공기가 격납고를 떠나는 시점을 기준으로 운항 지연 여부를 평가하고 있기 때문이다. 멍하니 활주로 위에서 비행기가 이륙하기만 기다리던 경험이 셀 수 없이 많다. 비행기 표를 변경해달라고 해도 매번 거절당하기 일쑤였다. 이런 상황이 계속 반복되다 보니 어느덧 나 역시 항공기 운항 지연에 익숙해져버렸다. 비행기가 정시에 이륙할 때면 오히려 무슨 일이라도 난 양 어색하기만 하다.

셋째는 비합리적인 운항 시간표다. 각 항공사의 운항표를 자세히 대조하다가 특이한 공통점을 찾아냈다. 활동하기 편리한 시간대나 황금 노선에서 민간항공사의 그림자를 거의 찾아볼 수 없었다. 춘추春秋항공사가 운영하는 베이징발 상하이행 노선의 경우 오로지 한 편의 노선만 운영 중이었는데, 그마저도 새벽 6시 35분에 출발한다. 더 안타까운 사실은, 이마저도 춘추항공사가 몇 년 동안 온갖 노력을 기울인 끝에 간신히 얻어낸 것이라고 한다. 이런 일이 벌어지는 이유는 간단하다. 중국의 3대 국유항공사가 온갖 업계 관례를 들먹이며 경쟁자를 깎아내리고 수익이 좋은 황금 노선을 독식하고 있기 때문이다. 말 그대로 불공정한 경쟁이다.

익숙해진 업계 부패도 빠트릴 수 없다. 이 문제는 별도의 분석 없이 과거에 일어났던 사건만 대충 훑어보아도 쉽게 이해할 수 있을 것이다. 2007년 6월, 베이징 서우두공항그룹首都機場集團의 전 사장 리페이잉李培英이 2,661여 억 위안의 뇌물을 받은 것 외에도 8,250억 위안을 횡령해 구금된 상태에서 조사를 받았다. 2009년 6월, 리페이잉의 뒤를 이어 취임한 장즈중張志忠도 금전 관련 혐의로 형사 구류되었다. 2010년 1월, 민간항공총국 전 부국장 위런루宇仁錄와 서우두공항에서 보안을 책임지고 있는 부사장 황강黃剛 역시 설비 조달 과정에서 뇌물을 받은 혐의로 사법기관에 이송되어 처벌을 받았다.

'비행기 표 한 장이면 충분합니다'

지난 5년 동안 민간항공업계는 대대적인 개혁을 단행했다. 이를테면 2006년 3월 당시 민간항공총국은 새로운 국내 항공노선 경영 허가 규정을 실시함으로써 국내 항공노선에서도 허브공항에서 출발하지 않는

벼랑 끝에 선 중국 경제

노선을 신청할 수 있도록 규제를 다소 완화했다. 2006년부터 2010년까지 전체 민간항공업계에 투자된 비용만 무려 1조 위안으로, 제11차 경제개발 5개년계획보다 다섯 배나 많은 세금이 동원되었다. 5년 동안의 인프라 건설 사업에 약 2,500억 위안이 들어갔는데, 이는 지난 25년 동안 민간항공 건설 자금을 모두 합친 것과 맞먹는 금액이다. 5년 동안 33개의 신규 공항이 등장했고, 증축된 공항이 33곳, 그리고 이전된 공항은 네 곳인 것으로 나타났다. 그 밖에 공항 시설을 개선한 곳이 41곳, 현재 건설 중인 공항도 11곳이나 된다.

숫자만 놓고 보았을 때 개혁을 통해 민간항공업계가 거둔 성적은 화려하기 그지없다. 앞에서 소개한 규정이 실제로 집행된다면 민간항공사도 허브공항에서 출발하지 않는 시범 노선을 신청할 수 있게 되었다. 업계 전체에 걸쳐 대규모 투자가 추진되고 신규 공항도 하루가 다르게 늘어나게 되었다는 뜻이다. 항공사 간 경쟁이 치열해질수록 항공권은 인하되어야 정상이다. 굳이 머리를 싸매고 고민하지 않아도 쉽게 알 수 있는 상식이다. 하지만 지금 눈앞에 펼쳐진 상황은 우리가 알고 있는 상식과는 거리가 멀다. 항공권 가격은 점점 오르고, 항공사에 돌아가는 이익도 점점 늘어나고 있다.

먼저 항공권 가격부터 살펴보자. 2010년 6월부터 민간항공사가 운행하는 국내 노선의 일등석, 비즈니스석에 대해 시장 조정 가격을 적용한 가격 책정 제도가 실시되었다. 그 결과 대형 항공사가 항공권 가격을 모조리 인상했다. 선전항공深圳航空의 일등석 가격은 기존 이코노미석보다 1.5~2배 비쌌고, 비즈니스석의 가격 역시 이코노미석보다 1.3~1.5배 정도 비쌌다. 동방항공東方航空이 운영하는 상하이-베이징 간

노선의 경우 비즈니스석의 가격은 이코노미석의 두 배에 상당했고, 일등석은 이코노미석의 2.5배로 인상되었다.

이번에는 항공업계의 이익을 살펴보자. 2010년 민간항공업계는 437억 위안에 달하는 수익을 올렸는데, 효율 면에서 역대 최고치를 기록했다. 하지만 아쉽게도 앞서 말한 것처럼 전 세계 항공운수업계에서 중국의 비중은 5%도 채 안 된다. 그럼에도 무려 60%의 이익을 벌어들였다. 거액의 수익을 올릴 수 있었던 것은 유류할증료 때문이었다. 중국은 2009년 말에 유류할증료를 이중으로 부과하기 시작했다. 당시 민간항공총국은 유류할증료 부과 기준을 800km 이상 노선은 50위안, 800km 이하 노선은 20위안으로 설정했는데, 그로부터 2년도 채 지나지 않은 2011년 12월 5일부터 800km 이상 국내 항공노선의 유류할증료가 140위안, 800km 이하 노선의 경우 70위안으로 인상되었다.

이상한 점은, 가격 조정 행위에 대해 평소 논증, 청문회, 승인이라는 절차를 고수했던 국가발전개혁위원회가 어찌된 영문인지 유류할증료 문제는 얼렁뚱땅 처리하려고 했다는 점이다. 국가발전개혁위원회 문건에서는 '항공사는 위에서 규정한 범위 안에서 유류할증료와 구체적인 수취 기준, 집행 시점을 자체적으로 확정해 사회 대중에게 알린 후에 집행해야 한다. 아울러 국가발전개혁위원회, 민간항공국에 비안을 제출해야 한다'〔가격 (2009) 2879호〕고 직접적으로 규정했다. 이때부터 중국의 항공사는 아무런 비준도 거치지 않고 마음대로 유류할증료를 수취할 수 있게 되었다. 이보다 더 중요한 사실은 항공사가 담합해 유류할증료를 인상한 것을 보고도 국가발전개혁위원회는 전혀 개의치 않고 있다는 점이다. 감시망에서 벗어난 중국의 항공사는 막강한 카르

벼랑 끝에 선 중국 경제

텔을 구축하며 제 잇속을 챙기느라 혈안이 되었다.

항공사가 폭리를 취하는지 확인하는 방법은 의외로 간단하다. 해당 항공사의 스튜어디스를 보면 된다. 황당하게 들릴지 모르지만, 여기에는 나름의 경제학적 이론이 숨어 있다. 이는 이른바 '독점 정가Monopoly Pricing'라고 불리는 개념이다. 독점기업의 가장 뚜렷한 특징은 인위적으로 상품 공급을 줄여 상품의 독점 정가를 유지하는 것이다. 그 결과 적게 일하고도 많은 돈을 번다. 몇몇 독점 항공사가 경쟁을 벌인다고 하지만 이는 눈 가리고 아웅 하는 짓이다. 경쟁으로 위장한 담합을 통해 카르텔을 구축하고 가격 인상을 위해 온갖 핑곗거리를 찾기 바쁘다. 그러다 보니 가격은 한 치의 흔들림 없이 꾸준히 비싼 몸값을 자랑한다. 한마디로 경쟁 자체가 무의미한 상황 속에서 민간항공사는 고가 정책을 선보이며, 경제활동에 종사하는 비즈니스 고객에 초점을 맞춘다. 경제적으로 여유로운 이들은 가격에 그다지 민감하지 않지만 대신 가격 외의 서비스를 중요시한다. 이런 수요를 파악한 항공사는 그 일환으로 센스 있게 고객의 마음을 잘 헤아리면서도 아름답고 어린 스튜어디스를 고용한다. 개혁 이후 미국 항공업계의 독점 정가 시스템이 완전히 무너져 내리면서 폭리가 크게 줄어들었다. 상황이 이렇게 되자 예쁘고 어린 스튜어디스는 더 이상 고객의 눈길을 사로잡지 못했고, 짐을 무료로 운반해주는 서비스조차 큰 감동을 선사하지 못했다. 가격이야말로 고객의 마음을 사로잡을 수 있는 가장 강력한 무기가 된 셈이다. 현재 중국의 스튜어디스는 대부분 20~30대의 젊은 여성이다. 미국의 경험을 참고했을 때 중국의 항공사가 얼마나 많은 폭리를 취하는지 쉽게 알 수 있다.

폭리에 취해 무너진 민간항공

미국은 어떻게 개혁했는가

중국 항공업계에 아직 희망은 있는가? 미국 항공업계에서 그 답을 찾아보자. 믿기 어렵겠지만 미국 민간항공업계도 한때는 중국보다 더 엉망일 때가 있었다. 1978년 항공사 규제완화법이 등장하기 전, 미국에도 CAB라고 불리는 민간항공위원회가 있었다. 해당 기관은 관료주의적 색채를 물씬 풍기는 것으로 유명했는데, 신규 항공노선을 신청하든 항공권 가격을 조정하든, 혹은 유류할증료를 조정하든 반드시 민간항공위원회로부터 비준을 받아야 했다. 관료주의적 기관의 존재는 필연적으로 공정한 경쟁을 가로막고, 기존 항공사가 독점적 우위를 이용해 황금 노선과 황금시간대를 독점하는 사태를 유발시키기 마련이다. 그 결과 미국식 부패, 즉 비싼 표값-낮은 항공기 좌석률이라는 심각한 자원 낭비 현상이 나타났다. 당시 실제 운행 중이던 노선을 예로 들어 설명해보겠다. 총길이 338마일의 캘리포니아-LA 노선, 총길이 339마일의 보스턴-워싱턴 노선을 이용한 연간 여객수가 각각 91만 5,000명, 98만 1,000명으로, 전체적으로 비슷한 소비층을 보유하고 있었다. 하지만 캘리포니아-LA 노선의 항공료가 18.75달러인 데 반해 보스턴-워싱턴 노선은 41.67달러였다. 미국항공협회는 조사를 통해 모든 객관적인 요소, 이를테면 비행 거리·승객 수 등의 요소를 감안했을 때 두 노선 간 최고 6달러의 차액은 설명할 수 있지만 나머지 16.92달러의 차액에 대해서는 답변을 들려줄 수 없다고 밝혔다. 나중에야 그 원인이 밝혀졌는데, 주州 경계선을 넘어야 하는 보스턴-워싱턴 노선은 민간항공위원회로부터 관리 감독이 받아야 했기 때문이었다. 캘리포니아－LA 노선의 경우 캘리포니아 주 내에서 운행되기 때문에 관료 기관의 간섭에서 벗어날 수 있었다.

이런 문제를 해결하기 위해 미국은 어떻게 했을까? 민간항공위원회라는 관료 기관을 직접적으로 폐지하고, 예전부터 존재했던 미국연방항공국에 항공기기 관리, 공항의 국가 안전기준 부합 여부, 항공교통 및 협동관리 등의 문제만 담당하도록 했다. 하늘 길을 책임지는 교통경찰로서의 역할만 일임하고 항공권에 대해서는 아무런 권리도 부여하지 않았다. 항공권 가격 문제는 미국 사법부 산하 반독점 부서로부터 관리 감독을 받도록 유도함으로써 각 항공사 간 가격담합 가능성을 완전히 배제하도록 했다.

항공권 독점 및 공무원의 부패 문제가 해소되면서 항공사는 대대적으로 가격전쟁을 벌여야 했다. 소비자의 눈길을 사로잡기 위해 항공사는 자연스럽게 비용을 절감할 수 있는 방법을 찾기 시작했다. 항공기와 유류비가 어느 정도 고정되어 있는 상황에서 비용을 줄일 수 있는 항목은 조종사와 스튜어디스의 연봉뿐이었다. 각 대형 항공사가 연봉을 운영비 삭감의 주요 방법으로 채택하면서, 돈도 많이 벌면서 전 세계를 여행할 수 있다며 많은 이들이 선망하던 조종사와 스튜어디스의 호시절도 모두 지나가고 말았다. 중국 민간항공사에 근무하고 있는 조종사의 월급은 약 3만 위안, 연봉은 30만 위안으로 미국에 비해 훨씬 많은 편이다. 미국 콜간항공사에서 단거리 노선을 책임지고 있는 부기장의 연봉은 겨우 1만 6,000달러에 불과하다. 이를 당시 환율로 보면 약 10만 위안이다. 주의하라. 월급이 아니라 연봉이다. 처음에 나 역시 잘못 알았다고 생각해 미국 국가교통안전국의 사고 조사 보고서를 열람

폭리에 취해 무너진 민간항공

했는데, 연봉이라는 사실을 내 두 눈으로 똑똑히 확인할 수 있었다. 게다가 대형 항공사라고 해서 연봉을 더 주는 것도 아니었다. US에어웨이에서 근무하는 조종사의 연봉은 2만 1,600달러다. 평균적으로 보았을 때 지방 항공사에서 일하는 조종사의 첫 연봉은 1만 8,000달러, 대형 항공사의 경우 3만 6,300달러다. 수익이 상대적으로 높은 미국 사우스웨스트항공사의 조종사가 근무 첫해 받는 최저 연봉이 4만 9,600달러다. 하지만 사우스웨스트항공에서 고용하는 조종사의 경우 상당히 까다로운 과정을 거쳐 선발된다는 점에서 상대적으로 높은 연봉에 절로 수긍이 간다. 실제로 그들은 최소 수천 시간 이상 되는 비행기록을 보유하고 있어야 하는데, 이 정도의 기록이면 다른 항공사에서 정식 기장이 될 수도 있는 실력이다.

조종사에 대해 한마디 덧붙이고 싶은 말이 있다. 유럽이나 미국 등 선진국에서는 조종사를 육성하기 위해 개방된 환경을 제공한다. 유럽 최대 항공사인 독일의 루프트한자는 세계 각국에서 초빙한 청년들을 미국 애리조나 주에 있는 기지로 불러들여 비행 교육을 이수하도록 한다. 홍콩 특구 역시 일반 대학교 졸업생이 캐세이패시픽항공에 지원해 합격할 경우 일정 교육을 통해 조종사로 육성하는 프로그램을 운영하고 있다. 이와는 대조적으로 중국에서는 항공 기술 학교도 독점되어 있을 뿐만 아니라, 국유항공사는 조종사 선발에 온갖 까다로운 조건을 내걸고 있다. 이런 행동은 민간항공의 공정한 경쟁을 저해할 뿐만 아니라 나아가 중국 민간항공업계 전체의 건전한 성장을 방해한다.

벼랑 끝에 선 중국 경제

지연과 독점, 부패에 찌든 항공노선

물론 일반 승객이 직접 얼굴을 마주하는 대상은 민간항공국이 아니라 항공사다. 중국의 항공권 가격이 비싼 것은 차치하더라도 도무지 받아들일 수 없는 사실은 항공사에서 제공하는 낙후된 서비스다. 항상이라고 말할 정도로 걸핏하면 운항이 지연되지만 이 때문에 불편을 겪게 된 승객을 제대로 파악하지 못해 승객과 항공사 간 갈등이 점차 심해지고 있다. 인터넷에서 탑승 거부만 검색해도 현재 중국 항공업계의 서비스가 얼마나 낙후되었는지 쉽게 알 수 있다. 그중에서 한 가지 사건을 예로 들면, 2011년 5월 8일 중국국제항공공사Air China 탑승객 100여 명이 갑작스러운 운항 취소로 선전 바오안寶安국제공항에서 발목이 잡혔다. 항공권 변경 일정에 불만은 품은 탑승객 사이에서 고성이 터져 나오며 문제가 불거지기 시작했다. 9일 오전 8시가 되어서야 중국국제항공공사 측은 체류하고 있는 모든 탑승객의 항공권을 모두 변경해주기로 약속하고 정식 사과문을 서면으로 제출했다. 하지만 문제는 이번이 처음이 아니라는 데에 있다. 그전인 4월 17일 중국국제항공공사 산하의 선전항공도 선전 바오안국제공항에서 비슷한 사건을 겪었다. 대기시간이 예정보다 훨씬 길어졌음에도 사과 한마디 없는 항공사의 무성의한 태도에 화가 난 탑승객이 선전항공사의 지상직 담당자와 주먹다짐을 벌인 것이다. 이보다 더 심각한 사실은, 운항 지연을 지극히 당연한 일처럼 생각한 항공사 측에서 탑승객에게 보상은커녕 항공권도 변경해주지 않았다.

중국에서는 운항 지연을 왜 자연스러운 일로 받아들이는 걸까? 항공

폭리에 취해 무너진 민간항공

사는 주로 유동량 조절, 기상 악화와 같은 이유를 들먹거리지만 민간 항공총국의 공식 데이터를 보면 전체 운항 지연 사건 중 41.1%가 항공사의 자체적인 문제 때문인 것으로 확인되었다. 이에 반해 유동량 조절과 기상 악화에 따른 운항 지연은 각각 20.7%와 19.5%로 그리 많지 않았다. 운항이 지연되는 가장 근본적인 이유는 경쟁 없이 특정 업체에 의해 시장이 독점되었기 때문이다. 다시 말해 3대 항공사가 모든 항공노선을 독식하고 있기 때문에 진정한 의미의 경쟁이 불가능해졌고, 독점은 결국 오만을 불러와 운항 지연이니 고객의 편의니 하는 문제를 대수롭지 않게 여기게 만들었다.

운항 지연 문제에 이어 이번에는 항공업계의 심각한 부패 현상을 다루어보자. 항공사가 항공기를 구입할 때부터 뇌물이 등장한다는 사실을 혹시 알고 있는가? 노선, 운항 시간, 항공권 판매에 이르는 전 과정이 한마디로 완벽한 부패 산업 구조로 이루어져 있다.

항공사의 수익은 황금시간대와 황금 노선의 확보 여하에 따라 결정된다고 해도 과언이 아니다. 먼저 운항 시간의 경우 굳이 설명이 필요 없을 것 같다. 새벽 6시에 출발하는 노선보다 오전 10시에 출발하는 노선이 훨씬 인기 있지 않겠는가. 그렇다면 황금 노선과 황금시간대에 해당하는 항공권은 어떻게 구할 수 있을까? 이 질문에 대한 답변을 들려주어야 하는 나마저도 씁쓸함을 감출 수가 없다. 경쟁이 아니라 경매처럼 관시로 불리는 인맥과 뒷문을 이용하기 때문이다. 국유항공사인 남방항공南方航空조차 업계 관례를 들먹인 끝에 자신이 원하는 노선과 시간을 확보했다.

케케묵은 관례나 불공정한 경쟁에 따른 피해자는 비단 중국 내 항공

벼랑 끝에 선 중국 경제

사만은 아니다. 아메리칸항공사는 중국과 미국 간 하늘길을 연 후에 베이징노선을 신청했다. 하지만 서우두공항은 이들에게 새벽 2시 도착하고 새벽 4시에 이륙하는 운항편을 제공했다. 탑승객의 편의를 전혀 고려하지 않은 무리한 일정 때문에 아메리칸항공사는 여태껏 취항도 하지 못하고 있다. 이밖에 베이징발 파리행 노선의 경우 중국은 카타르항공사에 새벽 2시 이륙하는 운항편을 제공했고, 이집트항공사에는 0시 30분, 싱가포르항공사에는 0시 45분에 이륙하는 운항편을 배정했다. 너무 심하다고 생각하기에는 아직 이르다. 중국 민간항공사는 이보다도 심한 취급을 받고 있기 때문이다. 춘추항공사의 경우 줄곧 베이징 노선 취항을 신청하고 있지만 번번이 퇴짜를 맞았다. 춘추항공사 사이트에 소개된 노선표를 보면 상하이에서 이륙하는 16개 노선을 보유했지만 광저우행 노선은 겨우 하나에 불과하고 베이징행 노선은 아예 있지도 않다. 그러다 보니 춘추항공사에서 운영하고 있는 항공편은 대부분 지방 소도시에 취항하고 있다.

부패를 척결하자는 행동이 본질을 잃는다면 필연적으로 독점을 유발할 수밖에 없다. 부패형 독점이 판치는 상황에서 국유기업, 민영기업, 외국계 기업 모두 피해자가 된다.

마지막으로 운항편 심사를 살펴보자. 겉으로 보기에 중국에는 '민간항공 운항 시간 관리에 관한 임시 방법'이 있지만, 실제 심사 과정은 단일 부서가 심사를 단독으로 처리하던 기존 방식에서 집단 결정 체제로 전환되어 진행된다. 운항 시간을 심사하는 위원회는 20여 명의 위원으로 구성되는데, 이들 모두 3대 국유항공사에서 일하고 있다는 데에 함정이 있다. 3대 항공사 출신이라고 해서 당연히 제 회사를 위해 죽을

폭리에 취해 무너진 민간항공

각오로 이익을 차지할 것이라고 섣불리 판단하지 마라. 이들의 관심사는 제 잇속을 차리는 것뿐이다. 손에 쥔 권력을 이용해 저가로 운항권을 양도하거나 다른 사람에게 팔아넘긴다. 항공사는 일종의 업계 관례나 보이지 않는 규칙을 통해 운항 시간을 배정받는데, 전세기 시스템 역시 업계의 부패가 낳은 산물이라 하겠다.

개인이나 단체가 특별한 이유로 항공사에 특정 운항편을 신청하는 것을 보통 전세기라고 부른다. 하지만 최근 들어 전세기는 전혀 다른 의미로 통하는 듯하다. 이른바 뒷배경이 든든한 사람이 관리 감독 부서에서 특정 노선을 확보한 후 항공사와 손을 잡고 운송 능력을 제공하거나 업체를 대신해 화물과 승객을 조달한다. 노선이라는 무기를 쥔 쪽은 좌석 수에 따라 직접 보상금을 받거나 수수료를 받기도 한다. 노선별로 가격이 다른데, 노선 하나의 가격이 보통 4,000만~5,000만 위안에 달한다고 한다. 한때 많은 이들이 눈독 들였던 곳은 베이징과 창사 사이를 오가는 노선이다. 당시 후난 위성TV가 방영한 〈차오지뉘성^{超級女聲}〉은 여성 가수 오디션 프로그램으로, 중국 전역에 오디션 열풍을 일으켰다. 화제성이 커지면서 많은 배우나 인기스타가 심사위원이나 패널로 참가하는 일이 점점 늘어났다. 스타 한 명만 움직인 것이 아니라, 그들을 후원하는 스폰서, 기획팀, 팬클럽도 함께 비행기에 몸을 싣는 바람에 베이징-창사 노선의 표를 구하기란 그야말로 하늘의 별 따기나 다름없었다. 당시 창사로 출장을 갔던 지인이 베이징행 항공편을 구하지 못해 고생했다는 말을 들은 적이 있다. 해당 노선이 전부 전세로 팔려나갔기 때문이란다.

미국, 관료주의와 독점 카르텔을 깨뜨리다

1978년 개혁법이 등장하기 전까지 미국의 상황은 현재 중국보다 더 심각했다. 미국에 비하면 중국 민간항공국은 그래도 분명한 편이다. 승인을 내줄 수 없다고 하면 실제로도 승인을 내주지 않으니 말이다. 미국 민간항공위원회는 얼마나 형편없었을까? 월드 에어웨이즈가 1967년 뉴욕 – LA 노선 취항을 신청했지만 6년이 지난 후에야 승인 불가라는 답변을 받았다. 덴버 – 샌디에이고 노선 취항을 신청한 콘티넨탈항공사의 경우 민간항공위원회로부터 답변을 받기까지 무려 8년을 기다려야 했다. 당시 콘티넨탈항공사의 경영주는 위험을 무릅쓰고 민간항공위원회를 미국 연방항소법원에 고소한 끝에 법원의 보호하에 정식 취항 허가를 받을 수 있었다.

극단적인 관료주의는 자연스럽게 심각한 독점을 초래한다. 예를 들어 미국에서 가장 높은 수익률을 자랑하는 동서 해안 노선의 경우 시카고를 경유해 허브공항으로 취항하는 노선의 운영 허가권이 유나이티드항공사에만 제공되었다. 트랜스월드항공사도 세인트루이스를 경유해 허브공항으로 취항하는 노선을 단독 운영하고 있었다. 현재 중국의 상황과 다를 게 없다. 중국국제항공공사의 경우 베이징을 중심으로 항공편을 운영하고 있으며, 동방항공과 남방항공은 각각 상하이, 광저우를 이용하고 있다. 이들 3대 공항에서 운항 시간을 배정할 때는 현지 항공사를 우선적으로 고려한다.

1984년에 미국이 민간항공위원회라는 관료 기관을 직접 폐지했다는 언급을 기억할 것이다. 그렇다면 그 후 항공노선을 결정할 수 있는 권

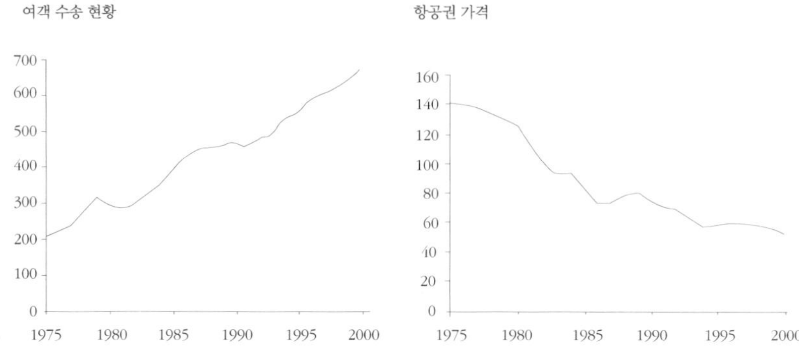

1975~2000년 미국 내 항공 여객 수송 현황 및 항공권 가격

력은 누구의 손으로 들어갔을까? 바로 지방공항이다. 초기 상태로 되돌아간 것이다. 뉴욕공항에서 8시 30분 보딩 게이트 이용 - 9시 이륙 활주로 이용이라는 운항 스케줄에 동의했다면 도착지인 시카고공항에서도 11시에 착륙 활주로와 격납고를 사용해도 된다고 허가해야 한다. 즉, 두 지방공항이 합의를 통해 운항 일정에 모두 동의해야만 운항 스케줄을 짤 수 있다. 미국연방항공국은 교통경찰처럼 열심히 교통질서를 정리한 뒤에 임시 운항편을 처리하는 데에만 집중하면 된다. 민간 항공위원회라는 권력기구가 사라지면서 전체 시스템이 보다 효율적으로 운영되었다는 증거가 속속 나타났는데, 항공권 가격은 절반 이상 뚝 떨어졌고, 미국 항공업계의 여객 수송량 역시 연인원 2억 명에서 7억 명 이상으로 늘어나며 두 배 이상 뛰었다.

공항의 입김이 커지면서 밀실거래가 나타나지 않았을까? 물론 가능성은 충분히 있다. 특히 허브공항일수록 그 가능성은 더 높을 수밖에 없었다. 이런 일을 사전에 방지하기 위해 미국은 여객 수송량이나 화물 물동량이 큰 공항을 중심으로 이착륙 비용 시스템을 최대한 빨리 개선할 수 있도록 관련 법령을 발표했다. 구체적인 내용을 소개하면 다음과 같다. 과거에는 항공기의 이착륙 비용을 항공기 중량에 따라 계산하는 것이 일종의 업계 관례였지만, 새로운 시스템이 출범하면서 해당 공항의 운항 지연율이 전체 지연율보다 1% 높을 경우 혼잡한 공항으로 분류되어 추가 비용을 지불하도록 했다. 또한 여객량과 시간에 따라 탄력적으로 요금 기준을 적용했다. 예컨대 10시에 출발하는 노선의 경우 7시 노선보다 이용 시간이 편하기 때문에 요금을 7시 노선보다 두 배 이상 비싸게 책정한 것이다. 이러면 일부 항공편에서는 피크 타임 때를 피해 이용하기 가장 편한 시간을 효율이 가장 높은 업체나 가격 수용 능력이 높은 고객에게 제공할 수 있다. 미국의 이착륙 비용이 중국보다 세 배나 많다는 점을 감안할 때 공항은 든든한 수입원을 갖게 된 셈이다. 물론 그 대신 항공사는 치열한 경쟁을 받아들여야 한다. 하지만 이보다 중요한 사실은, 미국 공항은 민간항공국이 관리하는 것이 아니라 전문 매니저 그룹이 관리하기 때문에 수많은 이익충돌을 피할 수 있다는 점이다.

부패 척결과 철저한 시장화만이 살길

지금까지의 분석을 바탕으로 이번 장에서 처음 제시했던 문제로 돌아가 보자. 철저한 개혁에 성공한 듯한 중국 민간항공업계는 왜 산더미처럼 쌓인 문제를 떠안고 있는가? 민간항공업계에 실제로 많은 문제가 있다면 기업화, 주식화, 상장화, 국제화라는 목표에 따라 중국이 줄곧 고수하던 전통적인 국유기업 개혁 이념에 문제가 있음을 의미하는 것은 아닐까?

겉으로 보기에 과거 중국의 국유기업 개혁은 기업화와 주식화를 통해 재산권을 개혁하는 데에 성공한 듯하다. 기업을 개혁한 듯 보이지만 기업의 정책 결정 및 경영은 여전히 경영주가 모든 것을 결정하는 국유기업의 고루한 방식을 따르고 있다. 이 문제는 공항 경영에서 두드러지는데, 특히 인프라 프로젝트가 실패했음에도 계속해서 잘못을 되풀이하고 있다. 2010년 조사를 받은 다롄국제공항공사 사장 후즈안胡志安 사건이 가장 대표적인 사례다. 경영주의 직책을 예산 편성, 경영권 관리에만 국한시키고 이사회에 최종결정권을 일임한다면 이익 충돌과 관료의 개입이라는 상황을 피할 수 있을 것이다. 이론에 불과하다고 치부하지 마라. 실제로 400억 홍콩달러 규모의 공항 인프라 증축 프로젝트에서는 단 한 건의 부패 사건도 발생하지 않았다. 내가 부패를 근절하기 위해서는 공정 흐름 시스템Process Flow System을 도입해야 한다고 일관된 주장을 펼친 이유가 바로 여기에 있다. 해당 시스템을 개혁하지 않은 상태에서 부패를 척결하겠다고 제아무리 굳은 결심을 한들 사후 관리만 가능할 뿐 사전 예방은 결코 이루어지지 못할 게 뻔하기 때문이다.

국민경제라는 큰 틀에 놓고 보았을 때 중국이 줄곧 수정한 것은 경영권일 뿐 중요한 재산권 개혁에는 상대적으로 소홀했다. 항공사의 본질은 항공기와 항공노선이라는 두 가지 중요한 자산을 효과적으로 경영

벼랑 끝에 선 중국 경제

하는 데에 있다. 항공사는 두 재산권의 경영자일 뿐이다. 이들 재산권을 개혁하지 않고 경영자의 재산권만 개혁한다면 국유 경영자는 개혁 전 자신의 재산권을 지키기 위해 기존의 우위를 총동원할 것이다. 다시 말해 민간 업체라는 경쟁자가 공정한 방식으로 재산권을 확보하려는 행위를 방해하려 들 것이다. 해당 재산권은 항공사가 마음대로 행사할 수 있는 것이 아니기 때문에, 국유업체의 경영주조차 경쟁우위를 확보하기 위해 법률의 사각지대에서 담당 공무원을 상대로 로비를 벌이는 위험까지 감수하기도 한다.

먼저 항공기를 알아보자. 항공기의 구매 여부는 주주가 결정할 일이다. 국유항공사는 국무원 국유자산관리위원회로부터 구매 승인을 받아야 하고, 제 돈을 내놓아야 하는 민간항공사는 신중하게 매입 여부를 검토한다. 게다가 항공기 매입 시 외화를 신청해야 하기 때문에 국가가 관리하지 못할 이유가 없다. 하지만 반드시 국가발전개혁위원회의 민항처로부터 심의ㆍ허가를 받아야 한다고 강조하는 국내 규정 때문에 '쾅신 스캔들' 같은 문제가 터져 나온 것은 충분히 예상했던 일이다. 보잉 757기 열 대를 구입하려던 한 항공사가 거래가 성사된 후 민간항공총국 부국장을 포함한 100여 명의 민간항공 시스템 관련 인사를 호텔에 초대해 성대한 파티를 열었다. 당시 해당 항공사의 사장은 민항항공총국 부국장을 차편으로 에스코트한 다음, 재빨리 민항처 처장인 쾅신匡新과 단독 면담을 갖고 은밀한 거래를 주고받았다. 국가발전개혁위원회 민항처는 각 항공사의 항공기 구매와 공항 건설 등 주요 사안을 허가하는 부서로, 강력한 영향력을 행사하고 있었다. 절대 권력은 자연스럽게 절대 부패를 불러들이기 마련이다. 사실 부패를 근절

폭리에 취해 무너진 민간항공

하는 일은 그다지 어렵지 않다. 불필요한 관료의 간섭만 제거하면 부패가 확산될 수 있는 토양이 사라지기 때문이다.

이번에는 항공노선을 들여다보자. 중국의 항공노선은 여전히 시장화된 경쟁과 분배 시스템을 보유하지 못하고 있다. 결과적으로 국유항공사와 담당 공무원이 그 빈틈을 노리고 항공노선을 악의적으로 장악하고 있다. 요컨대 심사를 포함한 모든 과정에 꼼수를 부리고 있다. 국유항공사, 이를테면 항권航權 시간을 독점한 중국국제항공공사는 자사의 항공기가 운행하지 않는 시간조차 다른 업체에 양보하지 않는다. 하지만 민간항공 부문에는 중국국제항공공사의 부당한 행위를 처벌할 힘이 없기 때문에 결과적으로 운항할 기회조차 얻지 못해 국유항공사와 제대로 된 진검승부를 펼칠 수 없다. 설상가상으로 허브 중심의 항공운행, 비정기 운항, 불법 전세 서비스 등으로 더욱 기형적인 형태로 발전한다. 항공노선의 독점 문제가 얼마나 심각한지 남방항공 같은 국유항공사조차 자신의 텃밭을 떠나 화북 시장을 개척하려고 젖 먹던 힘까지 다하고 있다. 국유기업이 법률의 사각지대에서 꼼수나 부리는 법을 배우고 있는 동안 항공 개혁의 필요성은 발등에 떨어진 불이 되었다.

그래서 앞으로의 개혁은 전국적으로 운항 지연율이 가장 높은 공항, 전국적으로 가장 혼잡한 공항을 대상으로 테스트를 실시해야 한다. 가장 간단한 방법은 항공노선을 경매하는 것이지만 경매에도 자체적인 결함이 있기 때문에 궁극적으로 항공권 가격을 끌어올릴 수 있다. 특히, 막강한 재력과 강력한 의지로 무장한 국유기업은 민영기업을 제 발밑에 두기 위해서라면 기꺼이 거액의 돈을 쏟아 붓는다. 이런 문제를 해결하려면 민간항공 시스템은 베이징의 농수산 시장에서 한 수 배

벼랑 끝에 선 중국 경제

워야 한다고 본다. 즉, 정부에서 보조금을 제공해주기 때문에 목이 좋은 가게를 두고 돈이 오갈 이유가 없다. 그리고 공정함을 구현하기 위해 정기적으로 판매 위치를 바꾼다.

예를 들어 서우두공항은 여객 수송량에 따라 항공편을 번잡-보통-한산이라는 시간대로 분리한 후 시간대에 따라 항공사 항권 사용률, 항공편 정시 운행률, 고객 만족도, 좌석 점유율 등을 심사한다. 요컨대 전체 항목에 대한 종합적인 평가를 실시해, 시간대별로 상위 10%, 하위 10%에 해당하는 항공사를 선정한다. 그리고 번잡한 시간대에 하위 10%에 든 항공사의 항권 시간을 몰수하거나 정상 시간대 상위 10%에 든 업체에 혼잡한 시간대의 항권 시간을 받을 수 있는 권한을 주는 것이다. 마찬가지로 한산한 시간대에 상위 10%에 해당하는 항공사에게 정상 시간대 하위 10% 업체의 항권 시간을 양도한다. 그밖에도 한 해 중에서 특별 기간, 이를테면 구정·건국일 같은 황금연휴 때 앞에서 설명한 방식을 적용해 관리 상태를 심사해야 한다. 이렇게 하면 자연스러운 경쟁을 유도할 수 있을 뿐만 아니라 항공편 시간을 효과적으로 이용할 수 있다. 관리 제도의 투명성을 강화했기 때문에 효과적인 부패 근절을 기대할 수 있다.

이런 정책을 적용할 경우 항공편이 걸핏하면 변동되는 것이 아니냐고 우려하는 이들도 있을 것이다. 결론적으로 말하면 전혀 그렇지 않다. 현재 서우두공항은 겨울과 봄, 여름과 가을로 이루어진 두 종류의 운항 시간표를 상황에 따라 탄력적으로 운영하고 있다. 게다가 서우두공항이 가장 바쁜 시간에는 한 시간당 83대의 항공기가 이착륙하기 때문에 6개월마다 조정되더라도 항공편이 변동된 경우는 10여 편에 불

폭리에 취해 무너진 민간항공

과할 뿐 80%의 항공편은 기존과 동일하게 운영된다.

지금까지 설명한 이야기에 진지하게 귀를 기울인 독자라면 이쯤에서 한 가지 결론에 도달할 수 있을 것이다. 요컨대 항공권 폭리, 운항 지연, 항공노선 독점 등의 문제 모두 부패의 만연과 심각한 독점 때문에 비롯되었다. 독점 현상 때문에 폭리를 취할 수 있고, 폭리를 취할 수 있기 때문에 수단과 방법을 가리지 않고 부패를 일삼는다. 그런 점에서 향후 민간항공 개혁의 성공 여부는 관료주의와 부패 근절, 철저한 시장화를 끝까지 수행할 수 있는 의지와 노력 여하에 달렸다고 할 수 있다.

벼랑 끝에 선 중국 경제

통신, 느리고 비싸고 전망도 어둡다

시장독점으로 중국의 통신업계는 광대역 서비스를 제공할 동력을 잃었고, 가격을 인하해야 할 필요성도 느끼지 못했다. 독점을 앞세워 폭리를 취하는 통신업체들은 잠재적인 경쟁 상대를 제거하는 데에만 몰두하고 있다.

통신에 관한 글을 쓰면서 착잡한 심정을 감출 수 없었다. 앞에서 수많은 국유기업을 신랄하게 비난했지만, 중국 내 100여 개 중앙 기업과 수천 개에 달하는 국유기업에 비하면 이들은 그나마 괜찮은 편에 속하기 때문이다. 적어도 업계를 독점해 돈을 벌 수 있을 만큼 실력도 갖추었고 짭짤한 수입도 챙겼다. 제 밥값은 한 셈이다. 하지만 제 손으로 금으로 만든 밥그릇을 움켜쥐고도 밥 내놓으라며 졸라대는 대다수의 국유기업을 보고 있노라면 한숨이 절로 나온다. 원고 분량을 감안할 때 국유기업에 대한 쓴소리를 다 풀어내지는 못하는 게 아쉬울 뿐이다. 그만큼 사방이 온통 지뢰밭 투성이인 중국 경제에서도 국유기업은 가장 골치 아픈 문제다.

중국 내 국유기업에 의한 업계 독점 현상은 언제나 그리고 어디에서나 횡행하고 있지만 모두 입에 자물쇠라도 단 듯 침묵을 지키고 있다. 이런 환경에서 국유기업은 조용히 경쟁자를 제거하면서 차분히 시장을 독점한다. 특정 업계의 자원을 장악하는 방식으로 조용히 거액의 부를 쌓는 국유기업은 자신을 개혁의 선구자라고 주장하고 있지만, 그들이 추진하는 개혁은 형태와 강도, 집행 등에서 항상 어딘가 부족하다는 느낌을 준다. 쉽게 볼 수 있는 사례를 주변에서 찾아보자. 중국의 통신 설비 사업 부문에서 활약이 두드러진 대표적인 곳으로는 화웨이와 중싱ZTE 같은 대형 민간 업체가 있다. 이들 외에도 4~5곳의 중앙 기업이 통신 설비 사업에 진출했는데 하루 종일 뭐하느라 그렇게 바쁜지 잘 모르겠다. 심지어 민영기업이 주도하는 방직·건축자재·건축·경공업·물류·대외무역 등 경쟁이 무척 치열한 산업에도 중앙 기업이 곳곳에 포진해 있다. 그 결과 국유기업의 공격적 진출-민영기업의 심각한 침체라는 상황이 나타났다.

그중에서도 최고봉은 단연코 중국 통신업계 3대 거물인 차이나 모바일, 차이나 유니콤, 차이나 텔레콤이다. 이들은 개혁 대상으로 낙점되는 상황을 최대한 피하기 위해 단 한 번도 신문 1면에 오르락내리락하지 않고 최대한 조용하게 지내려고 노력한다. 실제로 매일 실생활에서 이들 업체를 접하는 일반 서민들도 그들의 정체를 전혀 알지 못한다. 조용히 경쟁자를 제거하거나 교묘한 방법으로 수수료를 독점하는 그들의 수법을 보고 있노라면 감탄이 절로 나온다. 예를 들어 핸드폰 로밍 요금을 살펴보자. 예전에는 그 누구도 핸드폰 로밍 요금이 불합리하다고 의심하지 않았다. 그 때문에 지금도 차이나 모바일은 자사의 선불식 충전 카드 사용자에게 고액의 핸드폰 로밍 요금을 부과하고 있다. 하지만 로밍 서비스를 제공하는 데에는 아무런 비용도 들지 않는다는 걸 알고 있는가? 문자 서비스 역시 마찬가지다. 핸드폰 사용자는 10년

통신, 느리고 비싸고 전망도 어둡다

전이나 지금이나 여전히 건당 0.1위안의 요금을 지불하고 있다. 같은 지역에서 동일한 네트워크를 사용한 핸드폰 간 문자 메시지를 전송하는 데도 아무런 비용이 들지 않는다. 설사 다른 지역에서 다른 네트워크를 사용해 문자 메시지를 전송하더라도 문자 메시지 1,000건을 전송하는 데 드는 비용은 1위안도 채 되지 않는다.

이들 통신업체는 말도 안 되는 이유를 갖다 대며 요금을 약탈하고 있을 뿐만 아니라, '가짜 광대역 서비스'를 내세워 소비자를 우롱하는 데에도 익숙하다. 가짜 광대역 서비스란 컴퓨터 사용자가 사용하는 실제 광대역의 다운로드 속도가 운영 업체에서 제공하는 명목상의 광대역 속도보다 낮은 경우를 가리킨다. 2011년 12월 중국 인터넷정보센터 CNNIC의 조사에 따르면 중국 내 대다수의 인터넷 사용자가 가짜 광대역 서비스를 사용하는 것으로 나타났다.

이들 통신업체는 인터넷 속도 향상에 머리를 쥐어짜기보다는 서민을 농락하기로 암묵적으로 합의한 셈이다. 이 때문에 오히려 중국 서민은 말도 안 되는 이들의 행동을 자연스러운 것으로 받아들이고 있다. 이것이야말로 가장 심각한 문제라 할 수 있다. 솔직히 말해 서민 입장에서는 일방적으로 피해자로 전락해야 하는 상황이 익숙해지지 않을래야 않을 수가 없다. 증권업체는 자신에게 피해를 입히는 업체를 증권감독위원회에 고소할 수 있고, 은행 역시 자신의 불만 사항을 은행감독위원회에 전달할 수 있다. 이들처럼 통신사업에도 불만 처리 기구가 있을까? 중국의 산업 · 에너지 · 정보통신 · 중소기업 정책 등을 담당하는 공업정보화부工業和新息化部 산하의 통신관리국이 그 주무 부서다. 다만 통신관리국이 지나치게 얌전하다는 데에 문제가 있다. 국무원에서 통신관리국의 업무를 '서비스 품질 관리 감독, 일반 서비스 확대, 국가 및 사용자의 이익 보호'(2008년 72호 문건)라고 분명하게 정의했음에도 불구하고 중국에 통신관리국이 있다는 걸 알고 있는 사람이 거의 없다고 보아도 무방하다. 소비자 불만 접수 전화번호가 몇 번인지 아는가? 중국의 서민은 그들이 통신사업을 관리 감독하는 목적은 물론이거니와 3대 통신사업자에 대한 이들의 평가와 정책도 본 적이 없다. 미래 통신 개혁에 어떤 거시적인 계획을 갖고 있는지는 더군다나 알 길이 없다.

페트로 차이나와 시노펙그룹이 중국 서민을 분노케 하고 중국전력기업연합회가 어이없는 웃음을 선사했다면 통신 관리 감독은 슬픔을 안겨다주었다.

중국 광대역 시장은 왜 거짓말하는가

모든 문제의 근원은 바로 시장독점이다. 시장독점으로 통신업계는 서민에게 믿을 만한 광대역 서비스를 제공할 동력을 잃었을 뿐만 아니라 가격을 인하해야 할 필요성도 느끼지 못했다. 그러다 보니 독점이라는 무기를 내세워 폭리를 취할 수 있게 된 통신업체의 관심사는 오로지 잠재적인 경쟁 상대를 제거하는 데에만 쏠려 있었다.

3대 통신사업자의 경영진이 이 책을 읽었다면 분명 내게 험한 말을 내뱉을지도 모른다. 어쩌면 쓴맛 좀 보여주겠다며 그들의 친정인 국무원 국유자산관리위원회의 지도자를 찾아갈지도 모른다. 분명한 것은

통신, 느리고 비싸고 전망도 어둡다

그들에 대한 내 견해를 듣는다면 강하게 반발할 것이라는 점이다. "중국에는 3대 통신사 외에도 부가가치 서비스를 제공하는 수백 개의 통신업체가 있다. 게다가 3대 통신사에서는 서로 다른 네트워크 표준 서비스를 사용하고 있으니 한마디로 경쟁사 관계라고 할 수 있다. 그런 걸 시장독점이라고 할 수 있는가." 그런 뒤 여태껏 하던 대로 평소 자신들의 어용학자를 불러들여 미국 통신시장도 AT&T, 버라이즌, 스프린트, T-Mobile 등 몇몇 업체에게 점령당하지 않았느냐는 주장을 내놓을 것이 뻔하다. 이들 전문가는 온갖 데이터와 자료를 무기 삼아 내게 덤벼든다. 예를 들어 통신 요금율이 최근 몇 년 동안 얼마나 인하되었는지를 들먹이면서 말이다. "3대 대형 통신사 중에서 차이나 모바일만 거액의 수익을 올리고 있을 뿐 나머지 두 업체는 사용자를 보조하는 것만으로도 버겁다. 그런 업체더러 시장을 독점해 폭리를 취한다는 게 가당키나 한가." 먼저 3대 통신 거물을 위해 한껏 옹호의 목소리를 높이는 이들의 변론을 여기에 일일이 적는 이유는 훗날 나에 대한 공격에 나설 때 그들이 말한 근거의 출처 역시 나라는 점을 명확하게 밝히기 위해서다.

그들이 뭐라고 말하든 3대 통신사의 시장독점은 논란의 여지가 없는 사실이다. 특정 업계에 몇몇 업체만 있다고 해서 독점이라고 볼 수는 없다. 기업 간에 진정한 경쟁이 벌어지는지, 그리고 그 경쟁이 공정한지를 보고 시장독점 여부를 판단해야 한다. 진정한 의미의 경쟁이 존재한다면 설사 이 세상에 두 개의 업체만 있다고 해도 독점 현상이 반드시 나타난다는 보장은 없다. 하지만 경쟁이 없다면 같은 업계에 100개도 넘는 업체가 있더라도 업체 간 공모나 담합을 통해 시장을 충분

벼랑 끝에 선 중국 경제

히 독점할 수 있다. 가장 전형적인 사례로 중국의 은행업계를 꼽을 수 있다. 겉으로 보기에 중국에는 전국적인 지점을 가진 은행이 약 10여 개, 지역을 중심으로 운영되는 은행이 수백 개에 달한다. 하지만 은행 간 경쟁을 유도하는 데에 금리를 이용할 수 없고, 민간 자본의 신규 은행 설립도 원천적으로 차단당한 상황이다. 심지어 농촌의 마을은행村鎮銀行에서 중국은행연합銀聯 시스템이나 인민은행의 거액 지불 시스템에 접근할 수 있는 루트조차 겹겹이 막혀 있다. 이런 상황에서 진정한 경쟁은 결코 이루어질 수 없다.

중국의 통신업계에서 업체 간 공모나 담합 현상은 점차 광풍으로 발전하고 있다. 먼저, 인프라 통신 영역의 경우 3대 업체를 제외한 나머지 업체의 시장 진입은 원천적으로 허용되지 않는다. 광대역 통신의 경우 북방 지역은 기본적으로 차이나 유니콤 산하의 차이나넷콤이 지배하고 있고, 남방 지역은 차이나 텔레콤이 차지하고 있다. 이 양대 산맥이 서민에게 양질의 서비스를 제공하고 있다면 그들이 시장을 독점했다고 해도 그러려니 하겠지만, 진정한 광대역 통신 서비스조차 제대로 제공하지 못할 만큼 현실은 암울하기만 하다. 중국 인터넷정보센터의 통계 자료에 따르면 4M 광대역 네트워크 속도가 날조된 경우는 전체의 91.2%, 2M의 경우 67.6%에 달한다고 한다. 차이나넷콤과 차이나 텔레콤은 자신들이 제공하고 있는 네트워크 속도가 느려져도 크게 문제될 것이 없다며 느긋한 태도를 취하고 있는 반면 소비자 통신 요금은 절대로 에누리가 없다며 강경한 입장을 고수하고 있다. 실제 1M 광대역 통신 서비스를 제공받는 데에 지불하는 요금을 비교해본 결과 중국 사용자가 홍콩 특구보다 무려 469배나 비싼 요금을 낸다는 충격

통신, 느리고 비싸고 전망도 어둡다

적인 사실을 알아냈다. 이게 공모나 담합이 아니면 뭐란 말인가. 마치 약속이라고 한 듯 사용자에게 제대로 된 광대역 서비스도 제공하지 않고, 네트워크 속도 개선 작업에도 소극적이었다. 물론 가격 인하는 더더욱 용납하지 않았다.

공모를 통해 취한 폭리를 지키기 위해 이들은 자연스럽게 잠재적인 경쟁자를 쓰러뜨리는 데에 전력을 기울이기 시작했다. 이들이 동원한 구체적인 제거 방법은 무엇일까? 예를 들어 유선 TV와 광대역 통신을 동시에 제공하는 광대역 접속 서비스 업체나 인터넷 서비스만 제공하는 업체가 있을 수 있다. 차이나 텔레콤과 차이나 유니콤은 이들과 가격전쟁을 벌이겠다고 아귀다툼을 벌이는 대신 지극히 신사적인 방법을 동원한다. 경쟁 업체가 무엇을 하든 가만히 상황만 지켜보는 것이다. 이것만으로도 손에 피 한 방울 묻히지 않고 경쟁자를 제거할 수 있다. 모든 경쟁자가 사라진 시장에서 최후의 승자는 차이나 텔레콤과 차이나 유니콤이다. 이들이 여유롭게 상황을 지켜볼 수 있는 것은 그들의 손에 시장을 독점할 수 있는 '절대 반지'인 기간망이 있기 때문이다.

차이나 텔레콤과 차이나 유니콤은 이들 경쟁사 간의 기간망 사용 요금을 마음대로 인상할 수 있다. 무슨 뜻인지 쉬운 예를 들어 설명해보겠다. 집에서 인터넷을 사용할 때 어떤 업체의 광대역 통신 서비스를 이용하더라도 해당 통신 서비스 업체는 반드시 자사의 네트워크를 기간망에 연결시켜야 하는데, 바로 이 기간망을 차이나 텔레콤과 차이나 유니콤이 장악하고 있다. 쉽게 말해 차이나 텔레콤과 차이나 유니콤이 도매업자라면 나머지 광대역 통신 서비스 업체는 소매상이라고 할

벼랑 끝에 선 중국 경제

수 있다. 한 달 1G의 용량을 사용하는 데 드는 비용이 20만 위안이라고 가정해보자. 두 도매업자는 자사가 운영하는 소매 업체에는 정가인 25만 위안을 받고 물건을 넘기지만 다른 소매 업체에는 무려 100만 위안을 받고 물건을 넘긴다. 그러다 보니 두 도매업자와 연이 닿지 않는 나머지 소매 업체는 차마 가격전쟁에 뛰어들 엄두도 내지 못하거나 심지어 규모 확장에도 몸을 사린다. 몸집이 커질수록 두 도매업자에게 더 많은 물건 값을 지불해야 할 테니 제 손에 떨어지는 몫은 얼마 안 될 게 뻔하기 때문이다. 광디엔네트워크의 경우 두 업체의 눈치를 보느라 절반 이상의 수입을 고스란히 갖다 바치기도 했다. 상황이 이렇다 보니 모든 통신 서비스 운영 업체는 소비자에게 저렴한 요금 서비스를 제공할 엄두도 내지 못하고, 네트워크 속도를 개선해야겠다고 마음먹을 여유도 없다. 슬그머니 이의를 제기하거나 이들의 뜻에 거스르는 짓을 하면 이를 마뜩하지 않게 여긴 차이나 텔레콤과 차이나 유니콤으로부터 호출당할 수 있기 때문이다.

중국의 반독점 부서, 통신 관리 부서가 아무런 조치도 취하고 있지 않은 상황에서, 정밀 타격 전략을 구사하는 차이나 텔레콤의 위력 앞에 차이나 모바일 산하의 차이나레일콤中國鐵通조차 벌벌 떨었으니 다른 업체야 두말할 나위도 없으리라. 차이나 텔레콤이 네트워크 사용량에 따라 네트워크 사용 요금을 부과하겠다는 정책을 고수하고 있다 보니 대다수의 광대역 통신 서비스 업체는 생존을 위해 소형 인터넷 서비스 공급 업체를 찾아가 트래픽을 위탁 매입해야 하는데, 중국에서는 이를 ‘트래픽 침투’라고 부른다. 이를 용납할 수 없었던 차이나 텔레콤은 소규모 인터넷 서비스 사업자에 대한 대규모 숙청을 단행했다. 소규모

통신, 느리고 비싸고 전망도 어둡다

인터넷 서비스 사업자에 대한 네트워크 공급을 일체 중단함으로써 제 뜻을 거스르는 사업자를 향해 시퍼런 칼날을 들이민 것이다. 이 싸움의 백미는 광둥 차이나레일컴에 정밀 타격을 구사한 차이나 텔레콤의 끝장 대결이었다. 2010년 8월 12일부터 9월 9일까지 광둥 차이나레일컴은 무려 3만 7,477건의 비난 메일을 받았을 뿐만 아니라 3만 8,443명의 사용자로부터 요금을 낼 수 없다는 거센 항의에 받았다. 당시 대다수의 중국 네티즌은 광둥 차이나레일컴의 서비스가 엉망이라 사용자의 인터넷 사용을 방해하고 있다고만 여겼을 뿐, 이 사태의 원흉이 일방적으로 네트워크 공급을 중단한 차이나 텔레콤이라는 사실을 전혀 알지 못했다.

그렇다면 이 전쟁에서 가장 큰 피해를 입은 쪽은 어디일까? 차이나레일컴이 치른 대가는 고객을 잃는 것에 그쳤다. 사용자가 인터넷 서비스를 사용하지 않으면 차이나 텔레콤에 네트워크 사용 요금을 낼 필요가 없다는 점에서 그리 큰 손실이라고는 볼 수 없다. 업체 간 힘겨루기의 최대 피해자는 그들과는 전혀 상관없는, 바로 무고한 서민이다. 서민들로서는 저렴한 가격의 광대역 서비스를 신중하게 선택했을 뿐이다. 아무 잘못도 하지 않았음에도 아무 이유도 없이 인터넷을 사용할 수 없게 된 것은 물론 보상조차 전혀 받지 못했다. 이것이 바로 반독점 부서의 집행력 부재, 관리 감독 부문의 무책임이 낳은 결과다.

벼랑 끝에 선 중국 경제

미국은 네트워크를 어떻게 관리하는가

중국의 관리 감독 구조를 들여다보면 너무나 흥미로울 정도다. 우선 관련 부서 수가 상당히 많은데, 저마다 자기 부서 없이는 돌아가지 않는다고 거들먹거린다. 그러면서도 자기가 맡은 관할 부서만 감싸는 데에 급급하거나 걸핏하면 다른 부서와 주먹다짐하기에 바쁘다. 그 일이 어떤 것이든 자신의 승리를 위해 싸우느라 문제를 제대로 파악할 틈이 없다. 광디엔네트워크는 왜 공업정보화부 산하의 통신관리국이 아니라 국가발전개혁위원회을 찾아가 차이나 텔레콤을 고소했을까? 중국 내 각 성에서 성 통신관리국이 운영되고 있음에도 불구하고 광디엔네트워크는 왜 현지 통신관리국을 찾아가지 않았을까?

2011년 통신관리국이 처리한 첫 번째 처벌 사건을 보면 답을 쉽게 알 수 있다. 통신관리국은 한 업체가 홍콩 업체와 손잡고 가상사설망 VPN 서비스를 함부로 제공하고 있다는 사실을 알아냈고, 이에 100만 위안의 벌금형을 내렸다. VPN은 사실 우리 주변에 널리 사용되고 있는데, 상당수의 대학교에서도 학생과 교수진에게 해당 서비스를 제공하고 있다. VPN 서비스를 사용하면 쉽게 교내 사이트에 접속하거나 해외 인터넷이나 해외 학술 논문을 찾을 수 있다. 대수롭지 않은 일이건만 통신관리국은 무슨 근거로 거액의 벌금형을 선고했을까? 중국에서 95%에 달하는 국제 인터넷 출구를 차이나 텔레콤, 차이나 유니콤 산하의 차이나넷콤이 독식하고 있기 때문이었다. 차이나넷콤으로서는 일종의 영역 침범을 당한 셈이었다. 해당 업체가 자기 허락도 받지 않고 함부로 국제 인터넷 서비스를 제공했기 때문에 절대 용서하지 않은

통신, 느리고 비싸고 전망도 어둡다

것이다. 광디엔네트워크는 이 사건을 지켜보면서 중요한 힌트를 얻었다. 95%의 국제 인터넷 출구를 차이나넷콤이 독점하고 있다는 사실은 광디엔네트워크가 차이나 텔레콤과 차이나 유니콤을 고소하는 데에 유력한 증거로 활용할 수 있었던 것이다.

객관적으로 볼 때 통신사업자가 방송사업에 종사하는 것은 현행 법률이나 법규를 위반한 것은 아니다. 1990년 국무원이 비준한 '유선 TV 관리에 관한 임시 방법'에 따르면 차이나 텔레콤과 차이나 유니콤에게도 유선 텔레비전 사업 허가증을 신청할 자격은 있다. 다만 방송 관리 부서에서 차이나 텔레콤과 차이나 유니콤에 자격증 지급을 허락하지 않았을 뿐이다. 이런 일이 미국에서 발생했다면 차이나 텔레콤과 차이나 유니콤은 일찌감치 방송사업국을 찾아가 자격을 신청했을 것이다. 자격이 거절당했다면 행정 재심사를 요청한 후 법원에 행정소송을 냈을 것이다. 실제로 그런 일이 있었다면 통신사업자와 방송사업자 간의 법정 싸움이 지금까지 계속 이어질 수도 있는 노릇이다. 하지만 차이나 텔레콤과 차이나 유니콤의 자제력은 실로 대단했다. 방송 관리 부서로부터 자격증으로 받지 못했지만 즉각적으로 행동하기보다는 정부에 여러 번 협조를 요청했다. 그 노력은 마침내 2010년 1월 13일 국무원 상무회의에서 방송-통신-인터넷을 하나로 통합하는 3망 융합[三網融合]에 박차를 가하라는 합의로 이어졌다. 그럼에도 방송사업국은 온갖 핑계를 대며 차이나 텔레콤의 방송 사업 진출을 차일피일 미루고 있다. 그런 점에서 광디엔네트워크가 국가발전개혁위원회로 달려가 차이나 텔레콤의 독점을 고발하는 것은 단지 시간을 벌기 위한 눈속임에 불과하다.

통신업계를 둘러싼 잡음이 끊이지 않는 중국과 달리 미국에서 이런 소동이 벌어질 가능성은 없다. 이는 간단하다. 미국 연방통신위원회가 통신, 방송과 인터넷 사업을 동시에 관리하고 있기 때문에 방송사업자를 봐주기 위해 통신사업자를 조사한다든지 통신사업자의 편의를 고려해 방송사업자나 인터넷사업자의 불만을 외면한다는 일은 전혀 용납될 수 없기 때문이다. 차이나 텔레콤과 광둥 차이나레일컴의 줄다리기와 같은 상황이 일어날 가능성은 더더욱 희박하다. 이유는 단순명료하다. 미국 인터넷의 기본 정신은 망 중립성이다. 네트워크는 어떤 사용자도 무시하거나 권리를 제한해서는 안 된다는 망 중립성은 네트워크상의 모든 트래픽이 전송 품질이나 가격에 대한 차별 없이 처리되어야 한다고 주장하는 것으로, 미국의 자유로운 영혼을 반영하고 있다.

미국 국민에게 망 중립성은 지극히 상식적인 것이라, 어떤 네트워크 서비스 업체도 감히 상식에 도전하지 않으려 한다.

2005년 메디슨리버 사건으로 이야기해보겠다. 음성 전화를 통한 수익 구조를 가진 메디슨리버 사는 현지 지역 통신사업자로, IP 전화 서비스 업체인 보나지가 나타나자 촉각을 곤두세웠다. 본능적으로 위기감을 느낀 메디슨리버는 보나지의 트래픽을 전부 차단해버렸다. 제아무리 대중을 위한 서비스를 제공하고 있다고 해도 궁극적으로 이익 확보를 최우선으로 추구하는 기업으로서 메디슨리버의 결정은 어느 정도 이해된다. 하지만 미국 연방통신위원회는 이런 조치가 망 중립성을 훼손했다고 판단했다. 다른 업체의 IP 전화가 설령 자사의 트래픽을 사용하고 있다고 해도, IP 전화가 자사의 사업에 경쟁을 유도한다는 이유로 일방적으로 트래픽을 막아서는 안 된다는 것이 연방통신위원회의 입장이었다. 메디슨리버 측이 자신의 행동을 깨끗하게 인정하자, 연방통신위원회는 별도의 정식 조사 없이 메디슨리버 사에 벌금을 선고했다. 1만 5,000달러의 벌금을 낸 메디슨리버 측은 연방통신위원회의 지시에 따라 즉각적으로 차단했던 트래픽도 해제했다. 이처럼 미국의 반독점 시스템은 효과적으로 운용되고 있는 까닭에 소규모 통신업체도 대기업의 횡포에 시달리지 않고 오로지 자사의 발전에만 몰두할 수 있다.

망 중립성에 관한 규칙을 도입한다면, 차이나 텔레콤이 광둥 차이나 레일컴과 광디엔네트워크에 취한 일방적인 서비스 중단은 엄연한 위법행위에 해당되며, 차별적 요금 정책 역시 불법에 해당한다는 결론이 나온다. 차이나 텔레콤의 경쟁 업체가 차이나 텔레콤의 네트워크를 사용하는 행위와 일반 사용자의 사용을 구별할 수 없기 때문에 차이나 텔레콤은 공정한 서비스를 제공하고 망 중립성을 수호하는 데에만 집중해야 한다. 이 내용을 종합해볼 때 중국에서 일어난 극단적인 상황은 결코 우연한 일이 아님을 알 수 있다. 이런 현상이 흔하게 일어나는 가장 근본적인 원인은 본래 시장 경쟁 질서를 보호해야 하는 중국의 관리 감독 기관이 제 역할을 하지 못하고 있기 때문이다.

시장경제의 공정한 질서 유지와 건전한 발전을 수호하는 데에는 두 개의 방화벽이 작용하고 있지만 중국의 통신 관리 감독은 그 힘을 모조리 잃어버렸다. 첫 번째 방화벽은 통신 관리 감독 부문이다. 중국의 관리 감독 기관은 여태껏 분열되어 있기 때문에 통신업계에서 펼쳐지고 있는 경쟁은 옥석 가리기가 아니라 도토리 키재기 식 경쟁으로 전락하고 말았다. 대표적인 사례로 차이나 텔레콤과 차이나 유니콤의 경

벼랑 끝에 선 중국 경제

쟁이 그렇다. 현재 중국에 절실한 것은 다양한 상품 간에 펼쳐지는 치열한 서비스 경쟁이다. 예를 들어, 방송 네트워크에 기반을 둔 광대역 통신, 지능형 전력망과 통신네트워크에 각각 기반을 둔 광대역 통신 간의 경쟁, 그리고 다양한 기술에 기반을 둔 국제전화 경쟁이 지금의 중국에 절실하다. 지난 10년 동안의 최대 전화요금 인하 사건 역시 이런 경쟁에서부터 비롯되었다. 고정 전화 네트워크에 기반을 둔 간이휴대전화PHS와 이동전화 업체 간 경쟁으로 가격전쟁이 벌어진 것이다.

마찬가지로 통신사업자는 IPTV를 통해 전통적인 방송사업자와 경쟁을 벌일 수 있다. 지상파 방송 사업자와 유선 방송 사업자 역시 충분한 경쟁 구도를 형성할 수 있다지만 현행 중국의 분업 관리 감독 시스템에서 IPTV 및 유선 방송의 운영 심사권은 모두 방송사업 부서가 장악하고 있다.

이보다 더 우려되는 일은, 중국이 추진한 개혁은 관리 감독 강화 및 협조의 중요성을 여전히 깨닫고 있지 못할 뿐만 아니라 이와 정반대의 길을 걷고 있다는 점이다. 개인적으로 통신관리국의 처지가 몹시 딱하다고 생각한다. 왜냐하면 통신관리국이 가진 대부분의 관리 감독 기능이 모두 분산되었기 때문이다. 통신업계의 장기적인 계획을 결정하는 권력은 공업정보화부의 기획팀이 쥐고 있고, 산업 정책과 기준을 정하는 권력은 산업정책팀에 있다. 통신시장을 관리 감독하는 핵심적인 기능조차 통신발전팀, 통신보호국, 무선전화관리국과 나누어 가져야 한다. 통신 업무 요금에 대한 관리 감독 대상은 도매가격과 소매가격으로만 한정되어 있는데, 소매가격의 제정과 감독권은 통신발전팀, 네트워크 간 도매가격의 산정과 감독권은 전신관리국, 가격 반독점권은 국

통신, 느리고 비싸고 전망도 어둡다

가발전개혁위원회 반독점국이라는 '삼권분립' 구조가 탄생했다. 설상가상으로 중국의 통신 관리 감독 부서에는 통신사업자의 반독점을 일상적으로 관리 감독할 권한이 없는 것은 물론 3대 통신사업자의 위법 행위를 처벌할 권력마저 없다.

두 번째 방화벽은 반독점 부서다. 아쉽게도 중국의 반독점 부서는 너무 어려 자신보다 계급이 높은 통신 운영 업체에는 줄곧 '예가 아니면 보지 말고 예가 아니면 듣지도 마라非禮勿視 非禮勿聽'는 입장을 고수하고 있다. 반독점이 얼마나 중요한지 잘 모르는 중국인을 위해 이 문제를 특별히 다루고자 한다. 먼저 미국 통신 운영 업체 간 합병에 대해 중국은 심각하게 오해하고 있다. 중국 내 일부 매스컴과 어용학자들은 과거 미국의 사례를 들먹이며 반독점이 위험하다고 주장한다. 과거 미국의 반독점 부서가 반독점을 이유로 AT&T를 강제적으로 해체했다고 주장하고 있지만 그들의 생각은 틀렸다. 틀렸다고 자신 있게 이야기할 수 있는 데에는 크게 두 가지 근거가 있다.

하나는 AT&T는 당초 미국 사법부에 의해 장거리전화를 전문적으로 경영하는 at&t와 일곱 개의 독립된 지역 전화 사업자로 분리되었으나, 2005년 이들 일곱 개 지역 전화 회사 중 하나인 사우스웨스턴 벨이 AT&T를 인수해 새로운 AT&T를 세웠다. 그리고 2006년에 새로운 AT&T가 벨사우스를 인수했다.

둘째, 2000년 미국의 관리 감독 부문은 심사를 통해 AOL American Online 과 타임워너의 합병안을 통과시켰다. 위의 두 사례는 당초 기업 분할은 틀렸으며, 합병을 통해 몸집을 키우고 힘을 기르는 것이야말로 옳은 일이라는 미국의 입장을 고스란히 담고 있다며 반독점에 반대했다.

중국이 겉만 핥고 본질을 놓친다고 지적하는 이유가 여기에 있다. 1996년 미국은 통신법을 반포한 후 통신업계에 대한 관리 감독을 완화했지만, 공정한 경쟁이 가능한 시장 질서를 보호하는 일에서만은 단 한 번도 관리 감독의 고삐를 늦춘 적이 없다. 위에서 언급한 인수안은 표면적으로 드러난 상황만 보았을 때는 심의에서 통과된 것 같지만 관리 감독 부서는 상당히 까다로운 조건을 내걸었다. 제한 조건을 내건 목적은 경쟁을 독려하고 나머지 경쟁자를 보호하기 위해서였다.

앞에서 제시한 첫 번째 근거에 대해 이야기해보자. 표면적으로 보았을 때 미국의 관리 감독 부서는 과거 여덟 개 업체 중 세 곳의 합병을 승인한 듯하지만, AT&T가 2005년 사우스웨스턴 벨에 인수되기 전에 연이은 판단 착오로 거액의 채무를 시달렸다는 사실을 알고 있는가? 상황이 얼마나 심각했던지 3대 핵심 사업인 이동전화, 유선 TV와 광대역 통신을 분리해 매각해야 할 정도였다. 그리고 사우스웨스턴 벨은 상표를 산 것에 불과했기 때문에 관리 감독 부문의 비준을 얻을 수 있었다.

두 번째 근거인 AOL과 타임워너의 합병안을 살펴보자. AOL은 미국 최대의 전화식 모뎀Dial-up Modem 서비스 업체고, 타임워너는 유선 TV 네트워크를 운영하고 있다. 많은 이들이 AOL을 인터넷업계의 거물로, 미국 최대의 유선 채팅 툴인 ICQ를 보유하고 있다고 생각한다. 또 타임워너는 할리우드의 유명인사로, 거대한 TV 및 영화 콘텐츠를 확보하고 있다고 생각한다. 하지만 이는 모두 엉터리 분석에 지나지 않는다. 한마디로 완전히 틀렸다. 이들 업체가 합병하려던 사업 부문은 바로 통신 분야였다. 전화식 모뎀 서비스와 유선 TV 네트워크는 모두 인프라 통신사업에 속하기 때문에 미국 연방통신위원회는 합병을 비준

통신, 느리고 비싸고 전망도 어둡다

하되 몇 가지 요구 조건을 내걸었다.

첫째, 다른 인터넷 서비스 업체를 배척하지 않는다.

둘째, 인터넷 접속 성공 후의 등록 페이지에 관여하지 않고, AOL이 변경되는 것을 묵인하지 않는다.

셋째, 다른 유료 시스템을 규제하지 않는다.

넷째, AOL의 ICQ는 반드시 통신 협의가 개방되었음을 보장해야 하며, 다른 통신 소프트웨어를 고의적으로 숨겨서는 안 된다.

미국의 반독점 부서가 시장에서 충분한 경쟁이 펼쳐질 수 있도록 보장함으로써 AOL과 타임워너는 결국 합병해도 서로에게 별다른 이익이 없음을 확인하고 10년 후 결국 갈라섰다.

중국이 미국으로부터 첫 번째 조건을 배웠다면 차이나 텔레콤이 광둥 차이나레일컴을 압박하는 일은 일어나지 않았을 것이다. 중국 내 상당수 유명 인터넷업체에서 두 번째와 세 번째 조건에 위배되는 잘못된 습관을 쉽게 찾아볼 수 있다. 사용자의 컴퓨터에 도대체 무슨 짓을 한 것인가? 설마 해커라도 끌어들였단 말인가? 사용자의 동의 없이 컴퓨터를 건드린다면 비밀번호를 유출시키는 기술을 가르치는 온상이 되는 것과 진배없다. 이보다 더 화나는 일은 중국의 공업정보화부가 이런 문제가 매번 터질 때마다 말로 둘러대기만 할 뿐 처벌은커녕 규제를 실시하거나 제정할 권한조차 없다는 점이다. 이래서야 어떻게 공정한 경쟁을 보장한단 말인가.

미국은 이런 문제가 발생하리라 일찌감치 예상하고 2000년에 위와

벼랑 끝에 선 중국 경제

같은 판결을 내렸다. 이와는 대조적으로 중국은 1999년 제2차 통신 개혁, 2002년 제3차 통신 개혁, 2008년 제4차 통신 개혁을 연이어 실시했지만 반독점에 관한 문제를 단 한 번도 예상하지 못했다. 그런 점에서 중국은 들여다볼수록 흥미로울 정도다. 반독점법은 미국, 독일에서 '경제 헌법'이라고 불리지만 중국은 이렇게 중요한 권력을 쳐다보지도 않고, 합병을 심사하는 업무를 국가발전개혁위원회의 반독점국이나 국가공상총국이 아니라 3대 통신사업자보다도 행정 계급이 낮은 상무부 반독점국에게 맡겼다. 제4차 통신 개혁을 진행 중이던 2008년 반독점법은 통과되었지만 그 내용 중에서 위에 언급한 세 반독점 부서는 코빼기도 찾아볼 수 없었다.

여전히 아이폰에 의지해도 괜찮을까

이번에 광대역을 고문할 기회를 절대로 놓치지 않았으면 한다. 차이나 텔레콤과 국가발전개혁위원회가 제 힘을 잃어버린 이상 앞으로 참담한 결과를 맞으리란 것은 불 보듯 뻔한 일이기 때문이다. 그런 점에서 차이나 유니콤의 아이폰 사업 실패가 좋은 교훈이 될 것이다.

애플의 중국 파트너인 차이나 유니콤은 2009년 10월부터 아이폰 3GS의 독점 판매권을 확보하며 번들 패키지 판매로 상당한 수익을 올렸다. 뒤이어 2010년 9월 말부터 2년 약정으로 가입자에게 아이폰4를 애플 스토어보다 낮은 가격에 팔거나 무료로 제공했다. 월 286위안 요금제의 경우 5,880위안을 보증금으로 내면 아이폰4를 무료로 받고

통신, 느리고 비싸고 전망도 어둡다

5,880위안의 보증금을 24개월 할부로 사용자에게 환불하는 구조다. 아이폰4의 가격이 6,000위안이 넘는 점을 감안할 때 차이나 유니콤의 요금제는 분명히 매력적일 수밖에 없었다. 차이나 유니콤은 파격적인 요금제를 적극 활용해 20만 대의 아이폰4를 팔고도 60만 명이 예약 대기자로 남을 만큼 대대적인 성공을 거두었다. 하지만 2010년 11월 들어 차이나 유니콤이 갑자기 요금제를 일시 중단하기로 했다고 발표했다. 번들 패키지가 악용되었기 때문이다. 차이나 유니콤은 엄청난 수의 가입자가 휴대전화 본체를 SIM 카드, 즉 가입자 식별 카드와 분리해 전화기를 다른 사람에게 판매하는 부정한 방법으로 이득을 챙긴 사건이 있었다고 설명했다. 차이나 유니콤 대리점에 5,880위안을 지불하고 월 286위안의 요금제를 2년 약정하면 즉시 아이폰4 기기와 SIM 카드를 받게 된다. 사용자는 아이폰4를 시가인 6,000위안에 다른 사람에게 넘기고 5,880위안의 보증금이 있는 SIM 카드를 다른 사람에게 절반 가격에 되팔았다. 그렇게 하면 3,000위안을 거의 손 하나 안 대고 버는 셈이었다. 한 달여 동안 대책을 강구한 차이나 유니콤이 11월 판촉을 재개했지만 신규 가입자에 한해 새로운 조건을 내걸었다.

2010년 12월 1일부터 아이폰4에 대해 휴대전화 본체와 SIM 카드 분리를 금지하는 제도를 실시한 것이다. 요컨대 신규 고객이 약정한 핸드폰 기기에 탑재한 SIM 카드를 다른 통신업체의 SIM 카드로 바꾸어 끼우면 차이나 유니콤에서 사용자의 핸드폰 본체를 원격으로 잠그고, 그 번호를 가입 해지시키기로 했다. 이런 상황이 나온 배후에는 차이나 유니콤이 자사의 미래를 핸드폰에 걸었다는 안타까운 사연이 숨어 있다. 사실 아이폰이 중국 시장에 처음 발을 들여놓았을 당시, 애플은

벼랑 끝에 선 중국 경제

차이나 모바일과 협상에 나섰지만 까다로운 조건에 난색을 표하자 다른 파트너를 물색하다가 차이나 유니콤과 만남을 가졌다. 세계적으로 유명한 애플이 내놓은 아이폰이라면 성공은 따 놓은 당상이라고 판단한 차이나 유니콤은 냉큼 애플의 요구가 무엇이든 다 들어주겠노라 큰소리쳤다. 그 후 어떤 결과가 펼쳐졌을까? 내가 갖고 있는 데이터에 따르면, 차이나 유니콤은 아이폰으로 매년 31억 2,000만 위안의 수익을 얻었지만 2011년 상반기에만 39억 위안에 달하는 보조금을 떠안아야 했다. 차이나 유니콤의 중반기 실적이 이 때문에 동기 대비 61.8% 감소했다. 2012년이 되자 차이나 텔레콤도 팍팍하기 짝이 없는 애플의 조건을 수용하기로 약속했다. 하지만 차이나 텔레콤 역시 별다른 재미를 보지는 못했다. 실제 이익을 통해 얻은 기쁨보다 이익 확보를 위해 받은 스트레스가 더 컸기 때문이다. 차이나 텔레콤의 이익은 18% 감소했다고 추산된다.

내 말을 오해하지 말기 바란다. 내가 중국의 3대 통신사업자가 거둔 실적을 함구하는 이유는 평소 이들이 자사의 높은 수익률에 자부심을 느끼고 있다는 발언을 공식석상에서 여러 차례 밝힌 터라 굳이 나까지 나서서 똑같은 말을 되풀이할 필요가 없다고 판단해서다. 아이폰에 대한 차이나 유니콤의 지나친 의존이라는 사건을 놓고 몇 가지 문제를 제시해보겠다.

첫째, 3G 이후 네트워크 표준은 가장 중요해졌지만 중국은 여전히 그 점을 깨닫지 못하고 있다. 중국의 3세대 이동통신 기술표준으로 시분할 동기방식 3세대 이동통신 규격인 TD-SCDMA와 제3세대 무선접속 기술표준인 CDMA2000 사태에 대한 체계적인 반성도 부족했다

통신, 느리고 비싸고 전망도 어둡다

고 본다. 세계에서 모바일 인터넷이 가장 발달한 시장은 일본으로, 전체 핸드폰 사용자 중 무려 87%에 달하는 고객이 핸드폰을 이용해 인터넷에 접속한다. 전체 인터넷 트래픽의 25%가 핸드폰에서 비롯될 정도라고 한다. 일본의 모바일 인터넷 발전 초기 단계에서 국제전기통신연합^{ITU}에 3G 기술표준을 추천할 당시 일본의 전신기술위원회는 90여 개의 일본 업체와 손잡고 IMT - 2000이라는 연구위원회를 세웠다. IMT-2000은 국가별로 개별 운영되고 있는 다양한 이동전화 시스템의 규격을 통일해 세계 어느 지역에서도 하나의 단말기 또는 사용자 접속 카드로 서비스를 이용할 수 있는 제3세대 이동통신 서비스를 말한다. 이밖에도 거국적인 노력을 기울여 광대역 코드분할 다중접속 방식인 WCDMA를 세계 최초로 상용화하는 데에 성공했다. 기존 CDMA에 비해 대역폭이 크고 데이터 전송 속도가 빠른 이 기술 덕분에 일본은 세계에서 가장 많은 3G 고객을 보유하고 있을 뿐만 아니라 3G 데이터 사업에서도 일약 선두 그룹에 올라섰다. 일본보다 비록 출발은 조금 늦었지만 미국 역시 자신의 문제를 재빨리 파악하고, 불필요한 관리 감독을 완화하거나 폐지하는 등 공정한 경쟁에 영향을 주지 않는 선에서 기업의 통합을 독려했다. 또한 신속하게 자국의 통신법을 수정한 뒤 맹렬히 일본의 뒤를 쫓았다.

이들에 비해 중국은 여전히 체계적인 반성이 부족했다. 3G 사업권 문제가 이렇게까지 늦어진 것이 이를 입증한다. 지금까지도, 특히 차이나 텔레콤의 경우 기술표준이 충분히 성숙했음에도 다른 국가에 비해 8년 늦게 시장에 뛰어들었기 때문에 곤란한 처지에 놓이고 말았다. 네트워크를 확산하려던 차이나 텔레콤은 미국이 내놓은 표준화된 핸드폰이 기기 본체와 SIM 카드 분리를 금하는 방식이라는 충격적인 사실과 마주쳤다. 미국 시장을 공략하기 위해 차이나 텔레콤은 자사의 핸드폰 단말기 산업 구조를 재편하기에 이르렀다. 거액의 홍보 비용, 기술적 난이도 면에서 차이나 텔레콤이 들인 노력의 땀방울은 자사의 TD 부문을 육성하기 위해 들인 것과 맞먹을 정도였다. 당초 차이나 텔레콤이 해당 표준을 일찌감치 제시했다면 현재 미국의 CDMA 시장에서 분명 핸드폰 본체와 SIM 카드가 분리되는 중국 핸드폰이 대세가 되었을 것이다. 마찬가지로 차이나 모바일이 차이나 유니콤, 차이나 텔레콤이 동의한 기준에 찬성했다면 아이폰의 강력한 기술력에 힘입어 TD 표준을 일찌감치 해외에 수출시켜 이름을 떨쳤을지도 모를 일이다.

둘째, 중국 통신사업자의 목표는 도대체 무엇인가? 이익의 극대화인가? 아니면 낮은 순이익률을 가지고 지속적으로 효율을 제고하는 것인가? 지금의 경영 방식은 모회사에서 지방의 자회사에 핵심성과지표^{KPI}를 확정해주는 것만큼 그렇게 단순하고 조악한가? 이들 운영 업체의 이사회는 어떤 이익을 고민하는 걸까? 그리고 국무원 국유자산관리위원회는 3대 통신업체의 경영진을 어떻게 심사하고 응원할 것인가?

현재 중국의 이동통신 현황을 한마디로 정리하면 다음과 같다. '차이나 모바일은 개혁에 게으르고, 차이나 유니콤과 차이나 텔레콤은 보조금 지원을 통해 시장을 차지하고 있다. 수익은 모두 전통적인 음성통화를 통해 얻고 있을 뿐, 데이터 사업은 아예 성장의 기미조차 보이지 않고 있다.' 이보다 더 우려스러운 것은 중국의 3대 사업자가 개혁은 물론 신규 사업에 진출하는 것을 두려워하고 있다는 점이다. TD 3G 기술표준이 미성숙하다는 이유로 TD LTE 4G 기술표준이라는 새로운

통신, 느리고 비싸고 전망도 어둡다

영역 개발에 심혈을 기울이고 있는 차이나 모바일 외에 나머지 두 업체는 아무런 액션도 취하지 않고 있다. 현재 세계 LTE 시장에서 여전히 두각을 보이고 있는 것은 단연코 북미 시장이다. 2011년 4분기 전 세계 LTE 사용자 중 71%인 530만 명이 모두 북미 사용자인 것으로 나타났다. 이들은 북미가 지속적으로 세계 최대 LTE 시장을 견인하도록 떠받치고 있는 기반으로, 그중에서도 미국 최대 이동 운영 업체인 버라이즌은 미국 내 38개 도시에 LTE 네트워크를 설치했다. 이들과 경쟁 관계에 있는 또 다른 4G 기술표준인 와이맥스WiMax의 최대 시장도 미국이다. 그 밖에 미국의 대형 이동전화 사업자인 스프린트가 있다. 대만의 경우, 주관 부서에서 모두 여섯 장의 와이맥스 운영 사업권을 발급한 것에 반해, 와이맥스는 중국에서 PHS와 같은 운명에 처하고 말았다. 즉, 3대 사업자로부터 견제를 받아 차이나 유니콤의 표준위원회의 심의조차 통과하지 못했을 뿐만 아니라 공업정보화부는 와이맥스에 대한 사업권과 주파수 대역을 고려조차 하지 않았다.

셋째, 시장독점이라는 상황을 타개하고, 민영기업에 성장을 위한 환경을 제시해줄 수 있을까? 광대역 시장의 진흙탕 싸움을 일으킨 도화선은 기간망의 인터넷데이터센터IDC 네트워크 사용 요금이었다. 사용자 대다수의 트래픽이 대형 포털사이트에 집중되어 있기 때문에 해당 사이트의 서버는 일반적으로 인터넷데이터센터로 보내져 관리된다. 2007년 이전, 해당 사업은 주로 민간 업체가 담당하고 있었지만 2007년 2월 반독점법이 반포되기 바로 전에 차이나 텔레콤과 차이나넷콤이 건전한 경쟁을 펼치겠다는 협의를 체결하면서 상황이 달라지기 시작했다. 다시 말해 민영기업의 이익이 대폭 줄어들었을 뿐만 아니라 통신 인터넷데이터센터 사업에서도 차이나 텔레콤과 차이나넷콤과의 직접적인 협공에 직면해야 했다.

착잡한 마음을 금할 길이 없다. 중국 내 많은 이들이 개혁을 심화하고 적극적으로 박차를 가해야 한다고 입을 모아 말하지만 말과 달리 개혁의 발걸음이 크게 뒷걸음질치고 있으니 말이다. 가장 전형적인 사례는 사회과학원이 구상한 제5차 통신 분할 방안이다. 여섯 장에 불과한 내용이지만 양대 통신사업자의 인터넷데이터센터 업무를 직접 광디엔네트워크에 나누어주고, 광디엔네트워크 산하의 고속 광대역과 광디엔 시스템의 파이버 네트워크를 합병해 국가 방송 통신 네크워크 그룹을 세우자고 건의하고 있다. 차이나 텔레콤과 차이나넷콤이 시장을 독점하는 탓에 가뜩이나 운신의 폭이 좁아진 민간 업체로서는 해당 건의대로 개혁이 추진된다면 시장에서 밀려나는 것과 진배없는 셈이다.

내 상식으로는 도저히 이해할 수가 없다. 인터넷을 전혀 관리 감독하지 않는 미국과 달리 중국은 관리해야 할 것을 오히려 방치하고, 관리할 필요 없는 것에는 줄곧 관리 감독이라는 미명하에 강한 집착을 보였다. 미국에서 인터넷은 정보 서비스 산업에 속하기 때문에 미국 연방통신위원회로부터 관리 감독을 받지 않는다. 하지만 중국은 정반대다. 인터넷이 접속하기 위한 안전결제 서비스, 인터넷 콘텐츠[ICP] 서비스 모두 부가가치 통신사업에 속한다. 인터넷 데이터 전송 역시 인프라 통신사업으로 분류되어 엄격한 관리 감독을 받고 있다. 본래 민영기업에서도 충분히 능력을 발휘할 수 있는 영역이지만 중국은 이를 인프라 통신 사업으로 분류해 민간 업체의 시장 진출을 원천적으로 봉쇄하고 있을 뿐만 아니라, 매년 부가가치 통신사업을 심사하는 방식으로

통신, 느리고 비싸고 전망도 어둡다

나머지 업체의 진출을 막기 위해 두 겹 세 겹의 방어막을 치고 있다. 하지만 독점적 지위를 남용하는 차이나 텔레콤과 차이나 유니콤의 행위는 정작 보고도 못 본 체한다.

관리 감독 시스템을 어떻게 고쳐야 할까

중국의 통신업계가 이처럼 어려운 문제를 떠안게 된 것은 통신 관리 감독 부문이 제 일에 소홀하기 때문이다. 먼저, 통신 품질에 대해 아무도 신경 쓰지 않고 있다. 일부 지역의 핸드폰 신호는 상당히 복잡한데, 이를테면 베이징 교외에 거주하면서 베이징 시내로 출근하는 직장인이 자신이 일하는 빌딩 아래에서 전화를 받으면 로밍이 아니라 베이징 시내전화로 간주된다. 하지만 빌딩 안으로 들어오면 일단 통화는 계속할 수 있지만 베이징이 아니라 허베이 로밍으로 바뀐다.

불합리한 비용, 즉 로밍 요금도 골치 아픈 문제다. 세계 핸드폰 생산 업체는 자사의 기지국 서비스 범위 내에서 이용되는 통화 서비스에 대해 로밍 요금이라는 단어를 꺼내지도 않는다. 186번으로 시작하는 차이나 유니폼은 전국을 대상으로 무료 로밍 서비스를 실시하기 시작했다. 이는 로밍 요금이 근본적으로 존재하지 않는 비용임을 재차 입증한 셈이다. 그럼에도 통신 부서에서는 왜 차이나 모바일의 로밍 요금을 조사하지 않았단 말인가?

아이폰의 트래픽 하이재킹 문제도 그렇다. 얼마 전 매스컴을 통해 충격적인 소식이 전해졌다. 일부 핸드폰 업체가 서비스 업체와 짜고, 불

벼랑 끝에 선 중국 경제

법 소프트웨어를 설치한 핸드폰을 일반 고객에게 판매해 고액의 서비스 요금을 청구하는 사건이 급증하고 있다고 한다. 사실 이런 일은 처음이 아니다. 몇 년 전 한때 중국 사회를 떠들썩하게 했던 불법 SMS 과금 문제 역시 소비자에게 적지 않은 피해를 안겨주었다. 불법 SMS 과금 문제란 사용자가 SMS를 확인하거나 사용하는 순간, 이를테면 SMS를 통해 들어간 사이트에서 콘텐츠를 다운로드하는 경우 서비스 요금으로 인식되어 나중에 사용 요금으로 청구된다. SMS를 이용할 때마다 발송자가 그 비용을 돈으로 돌려받게 되는 구조다. 이처럼 핸드폰을 이용한 사용자 피해 사례가 급증하자 관련 사업자 역시 책임을 피할 수 없게 되었다. 하지만 수박 겉핥기식으로 몇몇 조항만 개정했을 뿐 실제적인 금전적 보상으로 이어지지는 않았다. 이와 대조적으로 2010년 10월 미국 최대 통신사업자인 버라이즌은 1,500만 명에 달하는 미국 내 자사 사용자에게 최대 9,000만 달러의 보상금을 지불하겠다고 약속했다. 버라이즌 역시 불법 소프트웨어가 설치된 핸드폰을 판매해 사용자로부터 거액의 데이터 요금과 인터넷 요금을 챙겼다는 사실이 매스컴을 통해 드러났기 때문이다. 버라이즌이 자신들의 잘못을 사과하며 보상까지 약속한 데에는 그만한 사정이 있었다. 하나는 집단소송제도가 상당히 발달한 미국에서는 소비자와 직접 법정 싸움을 벌여 패소했을 경우 9,000만 달러보다 훨씬 많은 배상금을 내야 할 것이 분명했기 때문이다. 나머지 하나는, 미국 연방통신위원회 내 법률집행국이라는, 막강한 파워를 가진 주관 부서가 줄곧 소비자를 위해 버라이즌을 압박하고 있었기 때문이다. 이와는 대조적으로 중국 서민들은 차이나 모바일이나 차이나 유니콤이 소비자에게 배상했다는 이야기를 단 한 번도

통신, 느리고 비싸고 전망도 어둡다

들어본 적이 없다.

결론적으로 유럽, 미국과 같은 선진국에 비해 중국 통신업체의 운영비는 상당히 저렴하다. 중국의 통신업체는 정부에 고액의 핸드폰 사업권 비용을 낼 필요가 없기 때문이다. 국유기업의 독점 문제를 다룬 앞장에서 설명했던 것처럼 통신 주파수는 중국 국민이 가진 자연자원으로, 사업자가 무상으로 자원을 이용해 수익을 올리고 있으니 당연히 자원의 소유자인 국민에게 사용료를 지불해야 한다. 유럽에서 3G 무선 주파수 사업 허가증을 위해 통신사업자가 국민 한 사람당 지불하고 있는 비용은 평균 219유로에 달한다. 그리고 유럽의 통신사업자가 취하는 이익은 사업 면허증 비용을 국민에게 미리 지불한 다음에야 발생한다. 이에 반해 차이나 모바일은 어떤가? 차이나 모바일은 사업 허가증 비용을 지불하지 않고 있을 뿐만 아니라 국민들에게 배당도 하지 않았다. 이런 상황이라면 중국의 통화료는 유럽이나 미국보다 낮아야 정상이겠지만 오히려 정반대다. 중국의 이동전화 요금은 유럽이나 미국보다 훨씬 비싸다.

여러 가지 이유 중에서도 가장 중요한 원인은 중국의 효율성 저하 때문이다. 게다가 미국 연방통신위원회에 비해 중국의 통신관리국은 공업정보화부 산하의 일개 부처에 불과할 뿐이다. 수억 명에 달하는 소비자를 앞에 두고도 해당 관리 감독 부서는 되도록 행동에 나서지 않으려 몸을 사린다. 제 앞가림하는 데에만 급급한 이들은 차등적 통신요금이나 시장독점을 조사해야 한다는 책임감도 느끼지 못할뿐더러 일반 서민의 불만과 문의 사항을 처리할 시간도 능력도 없다. 소극적으로 행동하는 것은 물론이거니와 민심을 외면한 통신관리국을 철저

벼랑 끝에 선 중국 경제

하게 개혁하지 않은 상황에 통신사업자에 대한 내부적인 정리에 나선
다 한들 과연 얼마나 효과가 있을지 궁금할 따름이다.

Part 3

문제
투성이의
금융정책

누가 고금리 대출을 양산하는가

설 곳을 잃은 중소기업들은 자금 부족에 괴로워하며
살길을 찾아 지상에서 지하로 내려가야만 했다.
하지만 지하 시장에서 융통되는 자금도 한계가 있기 때문에
자금 공급이 부족해지면서 자연스럽게 금리가 상승했다.

2012년, 민간 신용대출 시스템이 극도로 혼란에 빠지면서 많은 지역에서 연쇄적으로 금융 리스크 문제가 불거져 나왔다. 예를 들어 민간 자본이 가장 활발하게 돌아가는 원저우에서는 채권자들이 단체로 실종되기도 했다. 가장 심했을 때는 한 달 동안 원저우에서 적어도 20명 이상의 채무자가 도망쳤다. 여기에 두 눈을 의심하게 할 정도로 살인적인 고금리까지 가세했다. 실제로 장쑤성 쓰훙泗洪현 지역의 월 대출이자는 중국에서 가장 높은 50%를 기록했다. 100위안을 빌렸을 때 한 달 이자만 50위안이고, 연 이자는 심지어 원금보다 여섯 배 많은 600위안이었다.

민간 신용대출 시장이 위험할 정도로 과열 조짐을 보이자 전국적으로 고리대를 향한 비난이 쏟아지더니 급기야 민간 금융으로 불똥이 튀었다. 이를 지켜보면서 나는 안도의 한숨을 내쉬기는커녕 도리어 불안한 마음을 감출 수 없었다. 순간적인 분위기에 휩쓸려 마녀사냥이 본격적으로 시작된다면 민간 신용대출 시장이 몰살당할 수도 있다는 걱정에서였다. 내가 우려하는 상황이 실제로 나타나면 중국의 중소기업은 더 큰 위기에 봉착할 수도 있다. 요컨대 비싼 이자를 치르는 한이 있더라도 자금을 빌릴 수 있는 지금과 달리 민간 신용대출 시장이 얼어붙으면 비싼 이자를 지불해도 돈을 빌릴 데가 없어지기 때문이다. 그런 점에서 이른바 민간 금융가라는 사람들을 더 이상 비난할 필요는 없다고 본다. 그래봤자 아무 소용이 없으므로. 그보다는 더 심층적인 문제를 다루어보려 한다. 과연 누가 고리대를 만들어낸 걸까?

고리대 사업에 뛰어든 국유은행

본격적인 이야기에 앞서 먼저 분명하게 확인해야 할 한 가지 문제가 있다. '누가 고리대를 양산해내는 걸까?' 이 문제를 조사, 연구하는 과정에서 눈부신 활약상을 보인 주인공을 찾아낼 수 있었는데, 그것은 바로 중국의 은행과 국유기업이었다. 이들은 어떻게 고리대를 쏟아내고 있을까? 그 내용을 대략적으로 정리해보면 다음과 같다.

첫째, 은행을 통한 고리대다. 2011년 이후 긴축정책으로 대출을 받지 못한 기업이 속출하자, 누군가 그 속에서 기회를 발견해 본격적으로 고리대 사업에 착수했다.

① A가 높은 이자를 받아주겠다며 B에게 접근해 원저우 은행에 가서 계좌를 개설하고 예금하도록 한다. 이때 A가 B에게 제시한 이자는 10%로, 은행의 예금 금리가 3.5%라면 나머지 6.5%의 이자는 A가 B에

게 지불한다.

② B의 자금이 원저우 은행에 입금되면서 결과적으로 거액의 예금을 확보하게 된 A는 은행에 영향력을 행사할 수 있는 위치에 서게 된다. 예금이 늘어나면 은행의 대출한도도 거기에 맞추어 늘어나므로 B의 예금을 받은 은행은 B와 관련된 A의 대출한도를 일정 수준 이상으로 높여준다. 그렇게 해서 낮은 금리로 많은 돈을 대출받은 A는 이를 이용해 큰돈이 필요한 고객에게 대출해준다. 이때 은행은 반드시 이 대출을 A의 고객인 C에게 제공해주어야 한다. 그렇지 않으면 A는 다른 은행을 찾을 테고, 그러면 은행은 막대한 예금을 잃게 되기 때문이다.

③ C가 은행에서 대출받은 후 이자를 지불할 때 이자는 은행의 공식 금리가 아닌 은행이 A와 사전에 약속한 이자를 기준으로 한다. 예를 들어 은행과 A가 약속한 이자가 20%라면 A는 10%의 이자 차액을 벌어들이고, 은행 역시 고리대를 받는다.

은행이 이렇게 쉽게 돈 버는 방법을 지나칠 리 만무했다. 여기서 두 번째 방법이 시도된다. 은행 스스로 고리대를 제공하는 것이다. 국가 규정에 따르면 은행 스스로 금리를 마음대로 인상할 수 없기 때문에 은행은 꼼수를 부린다. 요컨대 은행은 대출을 해줄 때 고객과 은밀하게 한 가지 약속을 정한다. "돈을 빌려줄 테니 대신 이 돈을 우리가 지정한 은행에 넣어두십시오. 자금이 필요할 경우 이 예금을 담보로 다시 대출을 받으세요." 이렇게 해서 은행은 손쉽게 두 배의 이자를 벌어들인다. 은행에서 제시한 1년 만기 대출의 금리가 6.6%라는 기사나 소식을 접할 수 있는데, 사실 여기에는 함정이 숨어 있다. 이 금리는 국유기업에만 해당된다는 점이다. 심지어 실제 운영 과정에서는 이보다

벼랑 끝에 선 중국 경제

더 낮은 금리를 제공할 수도 있는데, 이 역시 국유기업에만 해당하는 사항이다. 이와는 대조적으로 중소기업에 대한 대출은 남의 나라 이야기다. 금리만 하더라도 기준 금리의 최소 두 배 이상에 육박할 뿐만 아니라 은행 관계자에게 거액의 접대비를 제공해야 하기 때문이다.

물론 똑똑하기 그지없는 은행은 이 외에도 여러 가지 방법을 갖고 있는데, 일일이 소개하지는 않겠다. 내가 말하고 싶은 것은 은행이 아니라 국유기업이기 때문이다. 사실 중국의 수많은 국유기업이 적극적으로 대출에 참여하고 있는데, 가장 대표적인 업체가 시노펙그룹이다. 2011년 2월 7일 시노펙그룹 쓰촨 마케팅 주식회사는 실명을 밝힌 누군가로부터 '고리대를 이용해 자사 협력사로부터 대출받은 쓰촨 진신金鑫 부동산개발 주식회사의 주식을 강탈했다'며 고소당했다. 이번 법적 공방에 참여하고 있는 변호사의 설명에 따르면, 시노펙그룹 쓰촨 마케팅 주식회사는 제련유 판매 대출과 은행 대출을 남용해 약 20억 위안의 자금을 마련했는데, 이 돈으로 대출 사업을 벌였다고 한다. 그중에는 현지에서 운영 중인 부동산업체 여섯 곳도 있었는데, 이들 역시 시노펙그룹으로부터 대출을 받았다. 진신 부동산개발 주식회사 역시 그중 하나로, 연 대출이자가 무려 36%나 되다 보니 대출이자를 상환하기도 벅찬 상황이 왔고, 결국 눈물을 머금고 자사의 주식을 담보로 내놓았다는 것이다. 이보다 심각한 문제는 중국의 수많은 국유기업 대부분이 이와 비슷한 사업에 손대고 있다는 점이다. 여기에는 차이나 모바일, 페트로 차이나 등 내로라하는 업체도 포함되어 있다. 중국의 국유기업과 은행 모두 대놓고 고리대 사업을 벌이는 마당에 무슨 근거로 민간 자본만 고리대 사업을 하지 말라고 규제할 수 있겠는가.

무조건 올릴 줄만 아는 고리대

국유기업과 은행에서 제공하는 대출이자를 계산해보던 중 민간의 대출이자가 내가 예상했던 것처럼 그렇게 높지 않다는 사실을 알게 되었다. 인민은행 원저우 시 지점이 2011년 상반기에 제출한 〈원저우 민간 금융시장 보고서〉에 따르면 2011년 1월부터 같은 해 3월까지 원저우 지역 민간 금융 부문의 종합 금리는 각각 23.01%, 24.14%, 24.81%라고 한다. 그 후 같은 해 5월 금리는 24.6%, 6월 금리는 24.4%를 기록했다. 역사상 최고치라고 하지만 월 이자로 따지면 20%에 불과한데다 그마저도 대부분이 단기 대출이다.

사실 민간 대출은 어느 날 갑자기 등장한 것이 아니라 예전부터 존재했다. 민간 금융이 가장 발달한 원저우를 예로 들면, 1970년대 말 동네 사람이나 친구, 가족끼리 만든 계가 있었다. 친구 몇 명끼리 1억 위안을 모은 뒤 순서대로 자금을 사용하는 형태로, 사용자는 반드시 이자를 지불해야 한다. 물론 이자도 서로 상의해서 결정한다. 1980년대에 이르러 원저우에 전문적인 브로커, 즉 돈을 빌려주는 이들이 등장하기 시작했다. 이들은 돈이 필요한 사람을 찾은 후 신용 등에 문제가 없다고 판단되면 필요한 자금을 빌려주고 자신은 중간에서 금리 차액을 챙겼다. 원저우에서 이런 일은 지극히 일상적인 모습이다. 인민은행 원저우 지점이 실시한 민간 대출에 관한 설문 조사에 따르면 전체 가정 중 89%, 전체 기업의 60%가 민간 대출을 이용한 경험이 있다고 한다.

그렇다고 해서 누구나 민간 금융에 손댈 수 있는 것은 아니다. 대부분 믿을 만한 사람이 민간 금융을 운영하는 경우가 많은데, 한때 중국에서 뜨거운 논쟁을 불러일으켰던 '정주쥐 사건'을 놓고 이야기해보자. 많은 이들이 그녀를 사기꾼이라고 비난했지만 사실은 그렇지 않았다. 정주쥐鄭珠菊는 원저우에서 무려 20년 동안 가전 판매 업체를 운영한 베테랑 사업가로, 원저우 최대 가전 대리 및 판매 업체를 보유하고 있었다. 게다가 그녀가 보유하고 있는 최고급 호화 차량만 10여 대에 달한다. 어디를 보아도 사기꾼이라고는 여겨지지 않았다. 그 밖에 푸저우福州에서 쉬훠許火라는 촌장이 야반도주한 사건이 터졌다. 그는 동네에서 알아주는 부자로, 가구점과 오락장을 운영하고 있을 뿐만 아니라 10여 년 동안 담보업체를 경영하고 있었다.

정확한 속사정도 모른 채 민간 대출에 대한 비난이 정도를 넘어선 듯하다. 왜 그토록 민간 금융을 몰아붙이고 있는 걸까? 내가 관찰한 바에 따르면 민간 금융에 대한 비난 수위가 점점 높아지고 있는 배경은 다음과 같다.

첫째는 고리대는 많은 기업을 파산의 늪으로 밀어 넣는다는 점을 내세운다. 하지만 이는 완전히 헛소리다. 그러면 이렇게 물어보겠다. '업체가 대출을 받는 바람에 파산했다면 대출을 받지 못했으면 파산하지 않을 수도 있다는 말인가?'

민간 금융에 대한 비난이 유달리 높은 다른 배경에는 민간 대출의 리스크가 높다는 시각이 숨어 있다. 흔히 리스크가 한번 터지면 상상조차 하기 어려운 최악의 상황이 닥쳐올 수 있다고 말한다. 이런 주장은 더욱 말이 안 된다. 민간 대출은 사실 리스크가 가장 낮은 금융업이라 할 수 있다. 왜냐하면 민간 대출을 이용하는 채무자와 채권자가 일대일로 직접 상대하기 때문이다. 설사 계약이 깨지더라도 피해를 보는

누가 고금리 대출을 양산하는가

것은 계약 당사자인 채권자와 채무자 두 사람뿐이다. 이와는 반대로 대형 금융기관이라면 문제가 커진다. 금융기관이 도산하면 연쇄반응을 일으켜 대규모 파산 사태를 촉발할 수 있다. 게다가 민간 대출의 계약이 깨지는 경우는 우리가 생각하는 것과 달리 그리 많지 않다. 심지어 과거 국유은행의 부실채권률보다도 낮다. 그 비결은 간단하다. 돈을 빌려준 채권자 입장에서는 자신의 귀한 돈을 빌려주었으니 빌린 돈을 받아내지 못하면 고스란히 자기만 피해를 보는 셈이다. 그러다 보니 조금이라도 미심쩍은 부분이 있다면 결코 제 귀한 돈을 내놓을 리 없다.

민간 금융에 대한 비난이 올바른지 따져보라. 그들의 시선 자체가 잘못되었다. 일부 매스컴에서 민간 대출의 연 이자가 최고 180%라고 보도했지만 그것은 지극히 특이한 사례일 뿐이다. 실제 상황은 어떨까? 민간 대출의 연 이자는 대부분 30%선을 유지하고 있다. 게다가 대부분이 단기 대출이다. 대출을 이용하는 기간이 며칠이나 몇 주, 길어도 3개월을 넘지 않는다. 그 밖에도 민간 대출은 복잡한 절차 없이 간단한 수속만으로 자금을 마련할 수 있다. 저당이나 담보 없이도 누구든지 쉽게 돈을 빌릴 수 있고, 수수료나 중개비 등의 추가 비용도 들지 않는다. 누가 보아도 많은 장점이 있는 대출을 이자가 높다는 이유로 쓰지 못한다는 것은 말이 안 된다.

결론적으로 민간 대출 자체는 아무런 잘못도 없다. 오히려 시장의 수요를 적절하게 소화하고 있다. 그리고 민간 대출의 이자가 높은 것도 시장의 흐름에 발맞춘 결과다. 현재 민간 대출이 눈에 띄는 활약상을 보여주는 비결은 무엇일까? 가장 근본적인 원인은 2010년 이후 인플

벼랑 끝에 선 중국 경제

레이션을 잡겠다며 국가에서 돈줄을 바짝 죄는 바람에 오갈 데 없어진 중소기업이 민간 대출에 의탁해왔기 때문이다. 금융시장에서 설 곳을 잃은 중소기업은 자금 부족에 괴로워하며 살길을 찾아 지상에서 지하로 내려갔다. 하지만 지하 금융시장에서 융통되는 자금도 한계가 있기 때문에 자금 공급 부족 사태가 나타나면서 자연스럽게 금리가 상승했다. 그러자 높은 수익이라는 매력에 홀린 많은 자금이 미친 듯이 쏟아져 들어오기 시작했는데, 그중에는 당초 제조업에 투입된 자금도 있었다. 현존하는 경제 시스템에서 제조업은 거의 이익을 내지 못한다. 중소기업의 경우 그 정도가 더 심한데, 수익률이 3%도 채 안 된다. 이런 상황에 당신이 기업을 경영하는 사람이라면 돈을 손에 쥐고 있어도 차마 생산 확대에 과감하게 투자하지는 못하리라. 이유는 간단하다. 대출로 벌어들인 이자가 힘들게 고생하며 기업을 운영해 번 수익보다 훨씬 많기 때문이다.

안타깝게도 중국은 이미 민간 대출에 대대적인 공세를 쏟아 붓고 있다. 한 치의 동정도 허락하지 않는 공세가 쏟아진 후에 과연 무엇이 남았을까? 지속적인 금리 인상이다. 리스크와 투자수익률은 정비례한다는 경제적 원리가 가져온 결과다. 쉽게 말해 대출 리스크가 정부에 의해 인위적으로 상승하면 금리도 자연스럽게 상승한다.

솔직히 말해 정부가 왜 민간 대출을 단속하려는지 나로서는 그 이유를 전혀 모르겠다. 민간 대출이 원천적으로 금지될 수 없다는 것을 이미 많은 사례가 입증하지 않았던가. 인민일보 인터넷판인 인민망人民網의 데이터를 함께 살펴보자. 2005년부터 2010년 6월까지 중국에서 불법 자금 모집 사례는 이미 1만 건을 넘어섰고 여기에 연루된 금액만 수

누가 고금리 대출을 양산하는가

천억 위안에 달한다. 매년 2,000건씩 증가하고 있는데다, 매년 200억 위안씩 자금 규모도 빠르게 늘어나고 있다. 민간 대출이 줄어들기는커녕 오히려 늘어나는 이유는 간단하다. 민간 자금은 예금에서부터 신용 대출에 이르기까지 정부가 구축한 금융 시스템 밖으로 쫓겨났기 때문이다. 문제의 발단은 정부의 은행 시스템에서 대규모 민간 프로젝트에 신용대출 지원을 제공하지 않는 데에서 비롯되었다. 하지만 이들 민간 프로젝트는 높은 수익률과 함께 탁월한 부채 능력도 보유하고 있다.

이보다 중요한 사실은, 관방은행 계통 내 리스크 평가 시스템에 문제가 생기는 바람에 결과적으로 민간 신용대출의 공백이 발생했다는 점이다. 정부의 신용대출 시스템에서 제공하는 대출은 사실 프로젝트의 성공 가능성이나 채무자의 신용도에 별다른 흥미를 보이지 않는다. 정부의 신용대출 평가 시스템에서는 사실상 정부와 가까울수록 돈을 빌리기 쉽다. 주요 대출 대상을 순위별로 살펴보면 일순위는 정부 프로젝트, 그 다음으로 중앙 기업, 지방 국유기업, 그리고 정부와 국유기업에 기술 설비를 납품하는 업체와 서비스업체 순이다. 민간 채무자는 정부의 신용대출 평가 시스템에서 아무런 효력도 발휘하지 못한다. 국유기업은 대출로 사용하는 자금이 제 돈이 아니라는 이유로 최대한 리스크를 피하려는 경향을 보인다. 그러다 보니 실제 평가를 내팽개치고, 민간 대출에 대해서는 저당물의 가치만 따지려 든다.

이렇게 생겨난 공백을 민간 신용대출이 메웠다. 정부 은행이 민간 프로젝트의 대출 수요를 충족하지 못할수록 민간의 신용대출 금리는 점점 치솟는다. 금리가 오른다고 해서 무작정 덤벼든다고 능사가 아니다. 왜냐하면 민간 대출업자는 제 소중한 돈을 밑천으로 장사를 해야

벼랑 끝에 선 중국 경제

하기 때문이다. 요컨대 자신의 신용과 가족, 목숨을 담보로 마련한 예금을 대출 자금으로 사용하기 때문에 자신만의 리스크 심사 방법으로 상대방의 신용이나 배경을 조사한다. 홍콩 최대의 중국계 은행인 항생은행恒生銀行을 예로 들어보자. 항생은행의 창업주 허산헝何善衡은 앞에서 말한 공백을 메우며 경제계에서 자리를 잡기 시작했다. 과거 영국계 은행들은 각종 재무 보고서를 확인하고 나서야 대출을 주려 했지만, 중국계 업체의 고충을 누구보다 잘 알고 있던 그는 이들에 대한 전폭적인 대출 지원을 약속하며 대대적인 사업 확장에 나섰다. 그의 도움을 받은 업체들은 훗날 몸집을 키우거나 영향력을 확대하며 어엿한 대기업으로 성장한 후 지금의 자신을 있게 해준 은인인 항생은행을 주거래은행으로 삼았다.

은행 대출과 민간 대출에서 확연한 대조를 보이는 항목은 자금의 출처와 대출 대상이다. 구체적으로 말해 국유은행에서는 잘 알지 못하는 이들의 자금을 흡수해 국유기업, 지방정부 아니면 생소한 이들에게 대출로 제공했다. 하지만 민간 신용대출 기관은 잘 아는 사람의 예금을 유치해 아는 사람에게만 대출 서비스를 제공한다. 아는 사람들끼리만 사업하는 것이 민간 금융업계의 불문율이다. 불문율만 제대로 지킨다면 걱정할 것이 없다. 문제가 터지는 경우는 대부분 불문율을 어겼을 때뿐이다. 해당 불문율 때문에 일부 민간 대출이 정부 정책에서 완전히 벗어나기도 하는데, 이런 경우 어떻게 정리해도 크게 문제 될 것이 없다. 자금 거래가 아는 사람 사이에서 이루어지기 때문에 설사 돈을 갚지 못한다고 해도 큰 소동이 일어나지 않기 때문이다. 주산자오 지역의 민간 신용대출이 원저우와 달리 별다른 문제를 일으키지 않는 비

누가 고금리 대출을 양산하는가

결이 바로 여기에 있다.

1970년대 대만의 상황에서 현재 중국의 모습을 발견할 수 있다. 당시 대만에서는 국유기업과 지방정부가 주도하는 대외 수출형 산업만 정부로부터 대출을 받을 수 있었다. 그럼에도 민간 대출의 성장을 가로막지는 못했다. 1964년부터 1981년까지 전체 대출에서 민간 대출이 차지하는 비중이 35.83%를 기록했고, 민간기업의 전체 대출 중 47%가 민간 대출 시장에서 조달한 것이었다. 이런 현상이 나타나게 된 원인은 역시나 똑같다. 민간 신용대출은 예금에서부터 대출에 이르기까지 자체적인 시스템을 구축하고 있기 때문이다. 민간 신용대출은 선천적으로 리스크 평가와 프로젝트 관리 면에서 정부 대출보다 훨씬 강한 면모를 자랑한다. 민간 신용대출에서 지원하는 민간 프로젝트의 장기적인 성적표 역시 정부의 것보다 월등히 뛰어나다는 점 때문에 민간경제의 발전과 함께 민간 신용대출도 자연스럽게 발전할 수 있었다. 이와는 달리 인위적으로 경제법칙을 좌지우지하려던 계획이 하나같이 실패한 것은 자연스러운 결과라고 할 수 있다.

이런 점에서 민간 신용대출에 대해 관리 감독 당국은 소통을 원활히 하는 정책을 중심으로 엄격한 관리 감독과 보호를 곁들여야 한다. 중소기업이 은행권으로부터 대출받는 일은 상대적으로 무척 복잡하다. 대출 신청에서부터 자금 확보에 이르기까지 상당히 긴 시간을 요한다. 이를테면 재무 심사, 저당물 평가 등 일련의 프로세스를 끝내는 데만도 보통 한 달 이상 걸린다. 그렇게 어영부영 한두 달 시간을 보내고 난 후에 대출을 받는 데에 성공했다고 해서 능사가 아니다. 대출 심사를 기다리는 동안 사업 기회가 저 멀리 날아가버렸을 수도 있기 때문

벼랑 끝에 선 중국 경제

이다. 하지만 민간 신용대출의 경우 채권자가 상대방의 사정을 잘 알고 있고, 경영 형태나 실제 실적 등에서 대해서도 너무나 잘 알고 있기 때문에 대출이 훨씬 효과적으로 진행된다.

하지만 현재 중국의 대출 상황은 암담하다. 대출을 관리 감독하는 기관도 없고 구체적인 보호책도 마련되어 있지 않다. 소액 담보 업체, 신용대출 업체, 전당포 등 민간 금융기관에 대해서도 관리 감독하는 사람이 없다. 소액 대출 회사를 설립하려면, 표면상으로는 등록 자본금 등에 대한 요구가 몹시 까다로워 보이지만 남에게 돈을 빌려서라도 5,000만 위안을 마련하면 공상부에서 사업 허가증을 내준다. 회사를 세우고 5,000만 위안을 갚으면 그 후 무슨 일을 하더라도 관리 감독 부서에서는 전혀 관심을 보이지 않는다. 또한 대출업자에 대한 구체적인 조례가 여전히 마련되지 않았기 때문에 재무 상태가 건전한 상당수의 주식·투자·펀드 투자자가 자신이 투자한 기업을 위해 대출금 출자전환 같은 사업계획을 세우지 못한다. 저장浙江에서 시범 운영에 나섰지만 결과적으로 공상국이 민간 신용대출을 관리했다. 여기 한 가지 흥미로운 사실이 있다. 중국은행업감독관리위원회中國銀行業監督管理委員會나 지방의 금융기관은 왜 민간 신용대출에 손대는 것을 그토록 꺼리는 걸까? 공상국의 관리 경험이 풍부해서일까? 중국은 표면적으로 소액 담보 회사, 신용대출 회사, 전당포 심사에 엄청난 양의 요구사항을 쏟아내지만 일상적인 관리를 어떻게 조사해야 하는지조차 알지 못한다. 심지어 중국은행업감독관리위원회가 관리하더라도 그 방법이나 내용이 민간 신용대출 기관에 대한 것과는 달라야 한다는 사실도 알지 못한다. 단적으로 말해, 중국은 관리 감독 수준을 높이거나 민간 신용대출에 보

누가 고금리 대출을 양산하는가

다 원활히 서비스를 공급할 수 있는 관리 감독 경험을 연구하지 않고, 엉뚱하게도 민간의 금융 진출만 죽기 살기로 막고 있다. 문제를 공개하지 않고 쉬쉬한다면 민간 금융에 대한 중국 정부의 통제력은 점점 무력화될 뿐이다.

누가 우잉에게 돌을 던질 것인가

결론적으로, 고리대의 원흉은 민간 자본의 은행 진출이 봉쇄하는 바람에 민간 자본이 지하로 숨어들어가 전장錢庄을 운영하고 있기 때문에 나타났다. 이들에 대한 법적 보장은 물론 관리 감독이 제대로 이루어지지 않기 때문에 예금 유치에 많은 비용이 들어가면서 대출금리도 자연스럽게 올라갈 수밖에 없었다. 민간 자본에도 외국 자본과 같은 조건을 제시했다면 중국의 민간 금융은 정규화된 금융 시스템으로 재빨리 성장할 수 있었을 것이다.

하지만 아쉽게도 중국의 은행업 감독관리법은 민간 자본을 옭아매는 조례를 세우고 있다. '국무원 은행업 감독 관리 기관의 승인을 받지 못한 단위나 개인은 은행업 금융기관을 세우거나 은행업 금융기관의 관련 활동에 종사해서는 안 된다.' 법률적으로 민간 자본의 은행업 진출을 위한 길이 완전히 차단되었을 뿐만 아니라, 심지어 일부 기관에서는 이 내용을 들먹여가며 납득할 수 없는 이유로 대출을 거부하고 있다. 여기서 몇 가지 예를 살펴보자. 2000년 상하이 저우셴ㅈ先은 인민은행 상하이 지점에 은행을 세우겠다는 신청서를 제출했지만 인민은행

벼랑 끝에 선 중국 경제

으로부터 알 수 없는 이유로 대출을 거절당했다. 상하이 은행업계의 경쟁이 이미 충분한 수준까지 올랐다는 게 이유의 전부였다. 인민은행 상하이 지점이 무엇을 가지고 상하이 은행업계의 경쟁이 충분하다고 운운했는지 나로서는 도무지 모르겠다. 확실한 증거라도 있단 말인가? 실제로 이에 대해 인민은행 측은 아무런 설명도 하지 않았다. 2004년 6월 말, 종루이그룹中瑞集團의 4대 주주인 타이리泰力實業, 아오캉奧康集團, 선리神力集團와 궈광투자주식회사國光投資有限公司가 힘을 합쳐 세운 지엔화민간은행建華民營銀行 역시 심사 부서로부터 비준을 받지 못했다. 그 밖에도 창장長江금융연구소에서 제출한 5대 상업은행 설계 구상안 역시 모두 부결되었다.

이런 상황에서 소액 신용대출 업체는 겉으로는 탈출구처럼 보이지만 일단 안에 발을 들여놓으면 쉽게 빠져나올 수 없는 미로와 같다. 2008년 중국은행업감독관리위원회는 '대출만 가능하고 예금은 취급하지 않는' 소액 대출 업체의 설립을 허가했다. 해당 업체의 금리 상한선을 기준 금리의 네 배 이하로 제한했다. 이런 소식에 민간 자본이 폭발적으로 늘었고 규모도 커졌다. 2011년 6월 현재, 전국 각 지역에 세워진 소액 대출 업체는 모두 3,366개로, 대출 잔액은 2,875억 위안에 달한다. 상당수 지역에서 100개 이상 되는 소액 대출 업체가 생겨났고, 부분적으로나마 민간 업체의 자금난을 해결하는 데에 일조했다.

하지만 이들 업체는 소액 대출 업체를 차린 후에야 시장 전망이 그리 밝지 않다는 사실을 깨달았다. 이유는 간단했다. 대출만 해주었지 예금을 취급할 수 없었기 때문이다. 제조업의 경우 이익을 창출하는 핵심은 이익률이 아니라 회전율이다. 대다수 업종, 이를테면 패스트푸드

점, 가전 판매 체인점이나 잡화점의 마진율은 그리 높지 않지만 회전율이 충분히 높기 때문에 해당 업계의 주주 자기자본이익률은 무척 높은 편이다. 은행업의 경우라면 회전율은 자금 회전율과 같은 개념이다. 자본금만 가지고 대출하라고 하면 은행의 대출 능력은 제한될 수밖에 없다. 이 경우 경영 비용은 물론 세금 부담으로 은행의 이익은 줄어들게 된다. 하지만 소액 대출 업체의 경쟁자인 상업은행은 손쉽게 자금을 유치하고 대출 서비스를 제공할 수 있어 자금 회전율이 소액 대출 업체의 10여 배에 육박한다.

물론 관리 감독 당국도 공공의 이익을 보호하기 위해 예금 유치를 허용하지 않겠다는 입장을 밝혔지만, 사실 소액 예금만 개방하지 않으면 그만이다. 이를테면 홍콩에서 신용대출 업체는 50만 위안 이상의 고액 예금만 취급할 수 있다. 이런 손님의 경우 대체로 일반 서민이 아닌 경제적인 여유가 넉넉한 부유층이기 때문에 소액 대출 업체가 도처에서 예금을 빨아들이는 상황은 발생하지 않는다. 현재 중국 정부가 자세한 사정을 살피지 않고 일괄적인 잣대로 일을 처리하면 오히려 서민에게 피해를 줄 뿐이다. 무조건 불법이라고 낙인을 찍어대는 것보다는 자금의 원활한 흐름을 지원하고 소액 대출 업체의 자금에 대한 관찰과 감독을 강화하는 편이 낫다. 소액 대출 업체가 홍콩 업체처럼 고액의 예금을 취급하는 것을 무조건 막기만 한다면 결국에는 합법적으로 업체를 경영한 소액 대출 업체마저 살아남지 못할 것이다.

소액 대출 업체의 업그레이드판인 마을은행이야말로 탈출구가 보이지 않는 미로다. 중국은행업감독관리위원회가 발표한 '소액 대출 업체 제도 개혁 후 마을은행 전환에 관한 임시 규정'에서는 소액 대출 업

벼랑 끝에 선 중국 경제

체가 농촌의 마을은행으로 전환할 수 있는 구체적인 조건을 명시하고 있다. 구체적인 내용을 살펴보면 3년 연속 정상 영업을 하고, 최근 두 차례 회계연도에서 연속 흑자 기록, 부실채권 비율 2% 이하, 주식 보유율 20% 이상인 은행업 금융기관을 최대 주주로 유치하는 등의 조건을 만족해야만 마을은행으로의 전환을 신청할 수 있다. 아울러 소액 대출 업체가 마을은행으로 전환하는 데에 중요한 조건 중 하나로 민간 자본의 지배권이 50%를 넘어서는 안 된다는 규정이 명시되었다. 한마디로 소액 대출 업체가 마을은행이 되려면 다른 나머지 은행 기관의 자회사가 되어야 한다는 뜻이다.

이런 내용은 겉으로만 보이는 장애물일 뿐, 마을은행을 정말 힘겹게 하는 것은 행정적인 조건이 아니라 현실적인 문제다. 상당수의 마을은행은 중국은행연합 시스템에 가입할 수 없기 때문에 은행 카드를 발급할 수 없다. 인민은행은 상당히 복잡한 고액 결제 시스템을 운영하고 있는데, 상업은행에만 이를 제공하고 있다. 마을은행에는 해당 서비스를 제공하지 않겠다고 공개적으로 밝히지는 않았지만 이를 암암리에 묵인하고 있는 것이다. 게다가 상당수의 마을은행이 은행 코드조차 없다 보니 마을은행에서 은행 카드를 발급한다고 해도 타행으로의 이체는 물론 다른 사람으로부터 송금을 받을 수 없어 서비스 이용이 몹시 불편하다. 심지어 자동입출금기에서 예금 인출도 안 되기 때문에 반드시 은행 영업시간에 직접 은행을 찾아가 인출 서비스를 받아야 한다.

높은 문턱 외에도 소액 대출 업체와 마을은행을 힘겹게 하는 것이 세금이다. 신용대출 기관에 대한 세제 우대 서비스를 제공하는 미국과 달리 중국의 소액 대출 업체와 마을은행은 아무런 세제 혜택도 받지 못할 뿐만 아니라, 전체 이자소득의 25%를 소득세로 내고 5.56%의 영업세와 부가가치세도 추가로 내야 한다. 이 내용을 가지고 계산해보니 대출 리스크가 전혀 없는 상황이라고 해도 평균 이익률은 16%, 연간 자본금 회수율은 10% 정도에 그친다. 한마디로 말해 부실 자산이 조금이라도 있다면 대출업체는 그 즉시 적자를 보게 된다.

민간 자본의 은행업 진출을 위한 여정에 중국 정부가 너무 많은 지뢰를 설치해놓은 탓에 민간 대출의 성장세가 점점 가속화되고 있다. 성장 과정에는 반드시 여러 가지 문제가 생기기 마련이다. 하지만 민간 대출과 관련된 수많은 문제가 여전히 법적 근거를 갖추지 못했기 때문에 이들 문제에 대한 법적인 태도는 아주 중요하게 작용한다. 한때 세간을 떠들썩하게 했던 '우잉 사건'을 놓고 이야기해보자. 처음에는 단순한 민간 융자 문제에 불과한 사건인 줄 알았지만 시간이 지나면서 문제의 심각성이 서서히 드러나기 시작했다. 특히 시나닷컴은 이번 사건의 본질을 정확하게 짚어냈다. '우잉 사건'을 두고 뜨거운 논쟁이 일어났다는 것은 중국 금융정책 개혁이 얼마나 시급한 문제인지를 보여주고 있다.' 그리고 해당 기사에 이런 글도 있었다. '계획경제 시대는 물론이거니와 제대로 정비된 시장경제 시대에도 우잉 사건은 있을 수 없는 사건이다.' 문제의 본질을 날카롭게 짚어냈다는 점은 높게 평가하지만 마지막 구절은 보류해두는 편이 좋겠다. 나는 이렇게 생각한다. '정상적인 시장경제 시대라면 우잉 사건은 있어서는 안 되는 사건이다.'

법원은 '자금 모집 사기죄'로 우잉吳英에게 사형을 선고했다. 자금 모집 사기죄라니 도대체 무슨 죄를 지었다는 걸까? 보다 정확한 내용을 알기 위해 나는 미국의 증권법을 전문적으로 연구하기 시작했지만 현

벼랑 끝에 선 중국 경제

존하는 미국의 법률에서 해당 죄목을 찾아볼 수 없었다. 미국의 증권법은 공개 발행된 증권만을 다루고 있기 때문에 법리가 분명하다. 공개 발행된 증권이 사회 대중의 이익에 영향을 줄 경우 정부는 대중을 보호할 의무가 있다는 것이다. 그렇다면 중국에서는 어떤 상황을 고려해 자금 모집 사기죄라는 판결을 내리게 되었을까? 크게 두 가지 조건이 필요하다. 하나는 불법점유의 목적이고, 나머지 하나는 사기로 자금을 모집한 경우다. 미국에서 가장 중요하게 평가하는, 대중이라는 요소만 빠져 있다는 데에 주목할 필요가 있다. 다시 우잉 사건을 살펴보자. 우잉이 신문 등에 자금을 모은다는 광고를 낸 적이 없음에도 중국 정부는 도대체 어떤 근거로 그녀가 불법점유의 목적을 갖고 있었다고 판단한 걸까? 직접적으로 서민을 우롱하는 일부 증권업체의 행위에 대해서는 아무 말도 하지 못하면서 개인의 자금 모집에 이러쿵저러쿵 떠들 자격이나 있는 걸까? 누가 개인의 자금 모집 행위를 탐탁하지 않게 보는 걸까? 민간 은행업자에게 예금을 모두 빼앗길까 전전긍긍하는 은행, 그리고 자금 모집 과정에서 문제라도 생겼을 때 뒷일을 감당할 자신이 없는 지방은행, 바로 그들이 민간 자본의 금융업계 진출을 두려워하고 있다.

앞의 두 가지 범죄 요건을 보면서 실소를 금할 수 없었다. '불법점유의 목적'이라? 해당 요건이 법적으로 성립된다면 상장사의 자금 모집 역시 불법이라고 볼 수 있다. 대주주의 목적은 소액주주의 자금을 점유하기 위해서가 아니던가. 더군다나 이들 죄목을 민간 자본시장에 적용하는 것은 더욱 어이없는 짓이다. 민간에서 자금을 모집하는 사람들 역시 일수나 단기 대부로 수수료와 금리 차액을 챙기는 데에 관심이

누가 고금리 대출을 양산하는가

있을 뿐, 예금 자체를 점유하는 데에는 아무도 관심이 없다. 우잉 역시 마찬가지였다. 융자를 받아 재빨리 단기 대부로 돌리려고 했던 것을 어떻게 점유라고 할 수 있겠는가.

그리고 법원에서는 그녀가 사기로 자금을 모집했다고 하는데, 내가 알고 있는 사기와는 그 의미가 전혀 다른가 보다. 리먼 미니본드Lehman Minibonds가 홍콩에서 커다란 사회적 혼란을 불러일으켰지만 홍콩 주민들은 리먼 미니본드가 무엇인지도 잘 몰랐다. 상당히 복잡한 금융 파생상품이라는 점은 더더욱 알 리 없었다. 참고로 미니본드란 신용연계채권CLN을 가리키는데, 홍콩과 싱가포르에서 주로 미니본드라고 부른다. 신용연계채권은 일반 채권에 신용부도스와프CDS를 결합해 증권화한 신용 파생상품이다. 이는 기업에 대한 신용 위험을 채권 형태로 전가시키는 상품으로, 채권과 기업의 부도 위험을 사고팔 수 있는 CDS에 동시에 투자하기 때문에 회사채 등의 기초자산보다 수익률이 높다. 하지만 파산 등의 경우에는 기초자산을 양도받거나 시장가로 수령하는 등 원금 손실의 위험이 존재한다. 리먼 미니본드의 경우 발행 기관이 파산하면서 수많은 개인 투자자가 커다란 피해를 입었다. 상당수 고객이 전문적인 금융 관련 지식이 없는 점을 악용한 은행 담당자가 이름만 거창할 뿐 사실 달러와 다를 게 없다며, 정기적으로 이자까지 받을 수 있으니 꿩 먹고 알 먹기 아니냐며 가입할 것을 권유한 것이다. 이런 것이 오도, 즉 그릇된 길로 이끄는 것이지만 사기라고는 할 수 없다. 해당 은행 담당자는 평범한 제 고객이 신용연계채권 같은 거창하고 복잡한 금융 상품에 대해 전혀 모른다는 사실을 알고 있었기 때문에 사기가 아니라 오도한 것이다. 이 문제를 처리하기 위해 홍콩의 금융관

벼랑 끝에 선 중국 경제

리국은 각 은행에 사재를 털어 해당 상품을 모조리 환수할 것을 요구했다. 이와는 확연한 대조를 보이는 것이 하나 있는데, Accumulator 혹은 KODA^{Knock Out Discount Accumulator}라고 부르는 누적옵션이 그것이다. 투자자들 사이에서는 이를 'I kill you later'라고 부르기도 하는데, 여기에는 그만한 사정이 있다. 해당 상품은 투자자를 현혹시킬 만큼 매력적인 수익률을 자랑하지만 그만큼 리스크가 높다. 증시가 주저앉기 시작하면 투자자는 손가락 하나 꼼짝하지 못한 채 고스란히 당할 수밖에 없다. 그래서 누군가 Accumulator의 발음인 어큐뮬레이터에 빗대어 'I kill you later', 즉 아킬유레이터라고 부르기 시작했다고 한다. 해당 금융 상품은 도박이라고 해도 과언이 아닐 정도로 오도성이 더 심각하다. 그럼에도 홍콩 금융관리국은 아무런 신경도 쓰지 않았다. 해당 금융 상품을 구입한 고객은 하나같이 돈 있고 배운 사람들로 어떻게 된 일인지 정확히 알고 있었기 때문이다. 탐욕이라는 덫에 걸린 것이지 결코 모르고 당한 사기가 아니었기에 당국으로서도 법적으로 소비자를 보호할 의무가 없었다. 그렇다면 우잉 사건은 어떨까? 우잉에게 돈을 맡긴 11명은 모두 직업적으로 고리대를 다루던 사람이었다. 내 상식으로 보았을 때 설사 사기라고 해도 우잉이 이들에게 사기를 친 것이 아니라 우잉이 사기를 당한 것 같다. 게다가 이들은 대중이라고 부르지 못할 정도로 극소수에 불과하다. 그럼에도 정부는 무슨 이유에서 억지로 개입한 걸까?

이보다 더 말도 안 되는 것은 우잉에 대한 저장성 고등법원의 평결 내용이다. 내용에 따르면 우잉이 허위로 대량의 기업을 등록했으며, 허위로 작성된 부동산 협의서와 집문서를 무더기로 제출했다고 한다.

누가 고금리 대출을 양산하는가

이런 법원의 평결에 대중들은 우잉을 기껏해야 가죽 회사나 소유한 돈 없는 사기꾼 정도로 생각했다. 하지만 대대적인 조사 끝에 경찰은 그녀 명의로 된 부동산 100여 채, 별장 두 채, 경주용 자동차 30대를 찾아냈다. 법원은 선물투자로 수천만 위안의 손해를 본 우잉에게는 채무를 탕감할 만한 자산이 없다고 평가했지만 그녀의 명의로 된 부동산 가치만 적어도 5억 위안에 달한다. 불공정한 법원의 판결에 더 이상 미련을 두지 마라. 현존하는 사법제도 하에서 저장성의 고등법원이나 최고법원은 사실심리가 아니라 법률심리만 할 뿐이다. 다시 말해 진실에 대한 심사와 평가는 저장성 둥양東陽 경찰과 일선 법원을 통해서만 가능하다는 뜻이다. 하지만 둥양 경찰은 법원의 최종심이 내리지기 전에 한 치의 망설임도 없이 우잉의 자산을 전부 처리했다. 시가 1,600만 위안짜리 호화 세단을 390만 위안에 팔았고, 5,000만 위안짜리 호텔을 겨우 450만 위안에 넘겼다. 법원이 이 증거만 갖고 법에 따라 판결을 내린 것이다. 엉터리로 증거를 조작한 경찰 측이 제시한 증거는 이미 신뢰성을 상실했다. 거짓으로 얼룩진 증거로 법원이 우잉을 심판할 때 과연 누가 경찰을 심판했던가?

벼랑 끝에 선 중국 경제

진흙투성이 되어버린 은행 신탁

현재 중국의 시중에서 흔하게 볼 수 있는 재테크 상품들은
지방정부나 지방 국유기업의 신탁 담보로 이루어졌다.
그 결과 신탁 상품을 발행하려는 중국 은행의 열망은
서브프라임 모기지론에 중독된 미국 은행보다 더 심하다.

호재는 많은데 증시가 오르지 않는 이유

2011년 5월 20일, 전국사회보험기금이사회 이사장 다이샹룽戴相龍이 100억 위안의 사회보험 자금을 주식시장에 투입할 계획이라고 밝힌 데 이어, 5월 25일 페트로 차이나는 자사주를 매입할 계획이라고 선포했다. 뒤이어 5월 31일 인민은행은 통계 자료를 인용해 4월 4,678억 위안의 예금이 인출되었다고 밝혔다. 연달아 일어난 호재에 중국 증시는 어떤 반응을 내놓았을까? 2011년 5월 상하이 증권 종합지수는 5.77% 하락했고, 선전 증권 종합지수도 5.26% 떨어졌다. 상하이 증권 종합지수는 4월 18일 그해 최고치인 3,067.46포인트를 찍은 후 단 한 번의 브레이크도 없이 추락하다가 2011년 6월 2일 결국 2,705포인트로 장을 마감했다. 한 달 반 동안 무려 주가가 11.8% 하락했다. 뭔가 이상하다. 전통적인 3대 호재가 줄줄이 등장했는데도 증시가 힘을 받기는커녕 오히려 크게 주저앉았다. 도대체 무슨 일이 일어나고 있는 걸까? 나는 반년 전에 TV 프로그램에 출연해 문제의 심각성을 지적한 적이 있었다. 그리고 출간한 책에서도 구체적인 분석 결과를 제시했다. 지금의 증시 지수를 보며 내 감이 여전히 죽지 않았다는 걸 다시 한 번 확신했다.

먼저, 사회보험 자금의 규모가 너무 작다. 25조 위안에 달하는 A증시에서 100억 위안은 새 발의 피나 다름없다. 증시 거래 대금만 비교하더라도 100억 위안으로는 명함도 내밀기 힘들다. 참고로 6월 3일 하루 동안 상하이 증권 종합지수와 선전 증권 종합지수의 거래 대금은 1,352억 위안을 기록했다.

둘째, 페트로 차이나의 자사주 매입은 그저 허세일 뿐이며, 흔히 말하는 시장 떠받들기Holding the Market에 불과하다. 페트로 차이나는 2011년 5월 25일 상하이증권거래소의 거래 시스템을 통해 전략적 차원에서 전체 주식의 0.017%에 해당하는 자사주 3,108만 4,700주를 매입했다. 그 밖에 중위안해운주식회사中遠航運股份有限公司, 다탕전력공사中國大唐集團公司, 구이저우 마오타이주 주식회사貴州茅臺酒股份有限公司, 상하이제약上海醫藥 등의 국유기업도 자사주 매입을 공시하며 행동에 나섰다. 페트로 차이나의 주가가 바닥을 친 걸까? 반드시 그런 것은 아닌 듯하다. 재무 정보 제공 회사인 윈드 인포메이션의 통계 자료에 따르면, 2011년 5월 말까지 A주에서 페트로 차이나는 모두 102번 자사주를 매입했다고 한다. 다른 회사 51개를 합쳐도 시가 총액은 31억 6,000만 위안에 불과할 것이라고 한다. 전체 시가 총액 25조 위안, 일일 예상 거래 대금 1,300억 위안 이상인 A주 증시에 비하면 존재감마저 느껴지지 않는다.

진흙투성이가 되어버린 은행 신탁

그래서 페트로 차이나의 주식 부양에도 시장은 담담한 반응이다. 페트로 차이나가 자사주 매입을 시작한 5월 25일 종가는 주당 10.84위안이었으나 6월 3일 10.71위안으로 떨어지면서 계속 하락했다. 주당 최고가인 12.11위안을 기록한 4월 8일부터 6월 3일 종가는 10.5% 떨어졌다.

전국사회보험기금이사회와 페트로 차이나의 증시 참여 규모가 원체 작다 보니 주가 하락을 막는 데에 역부족이었을 수도 있다. 하지만 인민은행이 발표한, 2011년 4월분 예금 인출 규모를 감안했을 때 고민에 커질 수밖에 없다. 4월분 위안화 예금은 같은 기간보다 8,325억 위안 줄어든 3,377억 위안에 그쳤고, 시중 은행의 4월분 주민 저축 순감소액이 무려 4,678억 위안에 달했다. 예전의 경험에 비추어볼 때 예금이 증시로 이동하면 주가는 반드시 올랐다. 예를 들어 2010년 10월 상황을 살펴보면, 10월 신규 위안화 예금은 1,769억 위안으로 1조 4,500억 위안을 기록했던 9월보다 대폭 감소했을 뿐만 아니라 2009년 같은 기간의 2,897억 위안보다도 낮은 수준을 보였다. 예금이 도대체 어디로 사라진 걸까? 인민은행이 2010년 10월 신용대출 자료를 발표하기 일주일 전, 주간 주식 계좌 개설수가 11개월 만에 최고치를 경신했다. 이를 볼 때 예금이 은행을 빠져나가 주가 상승을 이끈 중요 동력원으로 작용했음이 분명했다. 실제로 10월 상하이증권거래소와 선전증권거래소 종합주가지수의 누적 상승률은 각각 12.17%, 16.56%를 기록했는데, 이는 세계 주요 증시 가운데 단연코 최고의 성적이라 자평할 만했다. 그럼에도 왜 이번에는 전혀 다른 상황이 펼쳐진 걸까?

벼랑 끝에 선 중국 경제

1,000억 위안은 어디로 갔을까

아무리 생각해도 잘 모르겠다. 거액의 예금이 갑자기 은행에서 이탈하게 된 계기는 무엇이었을까? 게다가 그 돈이 증시로 흘러들어 간 것도 아니라면 도대체 어디로 사라졌단 말인가?

이 책을 읽고 있는 독자 여러분도 그런 경험이 있을 것이다. 은행에 고이고이 모아놓았던 예금을 인출하기로 마음먹은 것은 지나치게 낮은 예금 금리 탓이다. 경제 관련 지식이 조금이라도 있는 사람이라면 잘 알 것이다. 예금 금리가 소비자물가지수 상승폭보다 낮다면 은행에 저축한 돈의 가치는 떨어진다. 2011년 4월 26일 발표된 최신 금리를 비교해보자. 보통예금의 연 이자는 0.5%에 불과했다. 그러면 소비자물가지수는 어떤가? 4월은 5.3%, 5월은 5.6%로 올라섰다. 보통 예금 금리보다 소비자물가지수가 열 배 이상 높은 셈이다. 지난 1년여 동안 인민은행이 연속해서 금리를 인상하기는 했지만 1년 만기 정기예금 금리는 3.25%에 그쳤고, 3년 만기 정기예금 금리도 4.75%를 기록하며 소비자물가지수 상승폭보다 낮았다.

저금리를 견디다 못한 예금은 왜 증시로 흘러들어 가지 않았을까? 중국 증시의 성적표를 보면 절로 고개가 끄덕여질 것이다. 2011년 6월 2일 현재, 주식시장에 142개 신규 종목이 상장되었지만 그중 무려 112개 종목은 발행가격을 밑돌고 있다. 2011년 상장 종목 중에 발행가격을 하회하는 주식 비율은 78.87%다. 이것을 보더라도 증시에 뛰어들 강심장이 어디 있으랴.

서민들이 자산 가치를 보존할 방법이 전무하다며 한숨을 내쉬는 순

진흙투성이 되어버린 은행 신탁

간 아이디어로 무장한 금융 상품이 혜성처럼 나타나 시장을 뒤흔들면서 유례없는 신기록을 세웠다. 그 주인공은 바로 재테크 상품이다. 재테크 상품은 은행에서 원금과 이자를 모두 보장한다는 무기를 앞세워 투자자를 공략했다. 은행을 통해 발행되는 재테크 상품의 한 해 투자 수익률이 보통 5% 이상, 때로는 8%의 높은 수익률을 자랑하기도 한다.

이렇게 해서 재테크 상품의 분출은 순조롭게 시작되었다. 사회과학원 금융연구소의 통계에 따르면, 2011년 1~4월까지 은행 재테크 상품의 발행량은 5,429건으로, 동기 대비 3,061건 증가했다고 한다. 증가폭이 무려 129%에 달한다. 신규 발행된 재테크 상품이 모집한 자금 규모는 동기 대비 172.52% 증가한 4조 위안을 넘어섰다. 이는 2010년 한 해 동안 은행에서 발행한 재테크 상품 전체 규모의 절반에 육박하는 수치였다.

여기서 간단한 질문 하나를 해보겠다. 어떤 상품에 투자하기에 이처럼 고수익률을 올릴 수 있을까? 게다가 은행, 지방정부, 기업이 원금과 이자를 보장해주겠다며 적극적으로 지원사격까지 나선다. 누가 보더라도 엄청난 투자 기회임이 분명한데 왜 돈을 빌리지 못한 걸까? 사업하다 보면 자금이 부족할 수도 있지만, 도무지 말이 안 된다.

이 정도 힌트라면 정답이 무엇인지 독자 여러분도 눈치 챘으리라. 오직 한 업종이 여기에 해당한다. 바로 부동산이다. 지금까지 유일하게 수익을 창출하고 있지만 은행으로부터 대출을 받지 못하는 업종이다. 유일한 수익 창출의 기회, 은행으로부터의 대출 실패라는 특징을 유심히 살펴보면 놀라운 비밀을 찾아낼 수 있다. 톡톡 튀는 아이디어로 무장한 중국의 재테크 상품이 원래는 미국 서브프라임 모기지론의 복사

벼랑 끝에 선 중국 경제

판이라는 것이다. '원금과 이자가 모두 보장되는 재테크 상품', '예금처럼 안정한 대체품'이라는 휘황찬란한 수식어와 달리 그 뒤에는 무서운 위험이 도사리고 있는 업종이 바로 부동산이다. 중국신탁업협회中國信託業協會의 데이터에 따르면 2011년 1분기 동안 부동산으로 흘러들어간 신규 신탁 금액이 710억 9,000만 위안이라고 한다. 기껏해야 700억 위안이라며 대수롭지 않은 일로 치부할 수도 있겠다. 4조 위안 규모의 경기 부양 자금, 4,000억 위안의 예금 인출금에 비하면 얼마 되지도 않는다고 대수롭지 않게 생각하다간 나중에 큰코다칠 수 있다. 왜 그런지 이제부터 들려주는 말에 귀 기울여보라.

첫째, 화려하기 짝이 없는 투자 수익률을 자랑하는 재테크 상품은 재테크라는 껍데기를 뒤집어썼지만 뿌리부터 확실한 부동산 종목이다. 신규로 발행된 부동산신탁 상품의 예상 수익률은 시장 평균치를 웃도는데, 특히 3년 약정 부동산신탁 상품의 예상 수익률은 평균 15%에 달한다. 예를 들어 현재 중국 시장에서 가장 높은 수익률을 자랑하는 상품은 중국 네이멍구 자치구인 오르도스鄂爾多斯 시의 이진휘뤄伊金霍洛 지역 판자촌 재개발사업 계획으로, 최고 수익률이 무려 12%에 달한다.

둘째, 기존에 제시된 통계는 모두 과거의 상황만을 바탕으로 하고 있다. 현재 추세대로라면 부동산에 투자하는 재테크 상품이 점점 늘어날 것이다. 2011년 4월 신규 발행된 신탁 상품 중 부동산 관련 상품은 모두 57개로, 전체 재테크 상품 중 23.27%에 달한다. 이는 3월보다 0.27%포인트 상승했다. 5월 마지막 주, 신규 발행된 부동산신탁 상품은 전체 재테크 상품 중 47.83%를 차지했다. 그 외에도 통계 자료에 따르면 2011년 4월 은행 - 신용 대출 협력 상품 발행 수는 803개로, 발

진흙투성이가 되어버린 은행 신탁

행 규모가 4,528억 1,400만 위안에 달한다. 이는 4월에 빠져나간 예금 4,678억 위안에 맞먹는 금액이다.

홀로 버텨야 하는 예금주와 투자자들

중국은 항상 온갖 명분을 들이대며 규제에 나서지만 그 결과는 서민의 이익을 보호해주기는커녕 오히려 기득권 세력을 보호하기 위한 방패 막이로 작용하는 듯하다. 예를 들어, 집값이 대폭 상승하는 상황을 막 겠다며 2010년부터 중국증권관리감독위원회中國證券監督管理委員會에서 상장 된 부동산업체의 재대출 신청을 전면적으로 중단하는 조치를 취하고, 모든 부동산업체의 증시를 통한 자금 조달 계획을 중단시켰다. 중국증 권관리감독위원회가 이렇게 순진한 줄 정말 몰랐다. 설마하니 부동산 업체가 돈줄이 막혔다며 허둥지둥 집값을 깎기라도 한단 말인가? 그렇 다면 부동산업체를 한참 얕본 것이다. 그들은 자금을 조달할 수 있는 다양한 방법을 알고 있다. 손에 쥐고 있는 주식을 저당 잡히거나 신탁 대출을 발행해도 되고, 은행을 통해 위탁 대출Entrusted Loan을 받아도 된 다. 정부의 규제만으로는 거대한 부동산업체를 결코 무너뜨리지 못한 다. 오히려 이들 대형 부동산업체는 모든 상장 준비를 끝마쳤다. 그렇 다면 정부가 타도해야 할 목표는 무엇인가? 아직 상장하지 않은 중소 형 부동산업체다. 이들에게는 상장에 필요한 자금을 융통할 방법이 없 기 때문이다. 하지만 결과적으로 보았을 때 규제 정책은 기득권을 보 호하고 자금난에 허덕이는 중소형 부동산업체를 훨씬 적은 돈으로 인수할 수 있도록 기득권에 힘을 실어주었다.

인플레이션이 한층 악화되는 것을 막으려면 나라에서 돈줄을 조이고 대출을 엄격하게 규제해야 한다고 정부는 주장한다. 하지만 결과적으로 가장 큰 피해를 입는 것은 대기업이 아니라 영세한 중소기업이다. 대출을 받는 데에 실패한 중소기업은 기준 금리보다 몇 배나 비싼 이자를 내는 상황을 감수해서라도 사금융을 이용하거나, 아니면 죽을 날만 가만히 기다리고 있을 수밖에 없다. 이보다 더 심각한 문제는 인플레이션을 막기 위해 중국이 치른 대가가 정말 그만한 가치가 있었느냐다. 인플레이션을 억제하기 위해 들인 노력이 만족스러운 결과로 돌아왔는가? 서민에게 골고루 혜택을 나누어주었는가? 안타깝게도 답은 '아니오'다.

얼마 안 되는 푼돈일지언정 인플레이션으로 가치가 떨어지기 전에 서민들은 재테크 상품을 구입하기 시작했다. 세계 어느 나라에도 이런 상품은 없다. 이런 괴상한 상품이 있는 곳은 오로지 중국뿐이다. 셀 수 없이 많은 신탁 상품이 하루가 다르게 쏟아져 나오고 있지만 종류나 이름을 막론하고 한 가지 공통점이 찾을 수 있다. 유통시장^{Secondary Market}에서 유통될 수 없다는 것이다. 쉽게 말해 해당 상품을 팔고 싶어도 소비자 마음대로 팔 수 없다. 이런 대출 상품을 채권으로 발행할 수 없는 이유는 은행과 중국은행업감독관리위원회가 다른 사람 잘 되는 꼴을 가만히 두고 볼 리 만무하기 때문이다.

다시 말해 업체가 마음대로 채권을 발행할 수 있다면 증권업체나 중국증권관리감독위원회로서는 수익을 창출할 길이 사라진다. 이런 상황이 연출되기까지 중국만의 특수성이 역시나 유감없이 발휘되었다.

진흙투성이 되어버린 은행 신탁

중국에는 크게 두 개의 채권시장이 존재하는데, 하나는 은행간 채권시장이고 나머지 하나가 증권거래소에 기반을 둔 채권시장이다. 전자는 은행, 채권 펀드와 같은 기관투자자에게만 개방되고, 후자의 경우 시장 규모가 이런저런 이유로 제한된 상태라 대규모 대출을 지원할 수 없다. 이보다 더 신기한 것은, 거래 시장이 고립되고 분리되었을 뿐만 아니라, 누가 채권 심사를 할 것인가를 두고도 이러쿵저러쿵 말들이 많다는 것이다. 솔직히 말해 국가발전개혁위원회國家發展和改革委員會가 심사를 담당하고 있는 회사채와 인민은행이 지금 구상 중인 중기 어음이 무엇이 어떻게 다른지 난 잘 모르겠다. 이보다 더 이해할 수 없는 사실은, 회사채와 중기 어음 외에도 거래소 채권이 왜 추가되었는가다. 게다가 중국증권관리감독위원회라는 이름에 증권이라는 말이 들어 있지만 어떤 이유에서 채권이라는 가장 기본적인 증권 상품조차 심사할 수 없다는 건지 도무지 그 이유를 모르겠다.

중국에는 다른 나라에 없는 개성이 넘쳐나는데, 그중 하나가 내려올 기미도 보이지 않는 높은 저축률이다. 최근에 예금이 대거 빠져나가는 상황이 발생했지만 중국 국유은행은 여전히 엄청난 규모의 예금을 움켜쥐고 있다. 바로 여기에서 문제가 생겨난다. 곰곰이 생각해보라. 은행은 인민은행이 무상으로 사용하도록 지급 준비금을 강제로 상납해야 할 뿐만 아니라, 핵심 자본을 보충하기 위해 쉬지 않고 재대출을 통해 수익을 꾀한다. 그러고도 남은 예금이 업체에 대출되지 않는다면 은행은 결국 제 주머니를 털어 예금주에게 이자를 주어야 한다. 그렇다고 무턱대고 아무 기업에 대출해줄 수도 없는 노릇이다. 대출이 워낙 예상할 수 없는 리스크로 가득 차 있기 때문이다. 이도저도 할 수

벼랑 끝에 선 중국 경제

없는 갑갑한 처지에 골치를 앓던 은행이 마침내 완벽한 해결책을 찾아
냈다. 재테크 상품을 고안해낸 것이다. 은행이 재테크 상품으로 얼마
나 많은 수익을 올렸는지 아는가? 판매 수수료만 5%에 달한다. 솔직
히 말해 재테크 상품이 대출보다 훨씬 남는 장사다. 대출의 경우 상환
하는 데에만 보통 3~5년 정도 걸릴 뿐만 아니라 자칫하면 자금 사정이
좋지 못한 지방정부가 돈이 없다며 강짜를 부릴 수도 있는 노릇이다.
이에 반해 재테크 상품은 즉각적으로 이익을 손에 거머쥘 수 있고 리
스크도 전가시킬 수 있다. 사실상 은행의 재테크 상품은 규제에 대한
중국은행관리 감독위원회의 입장을 고스란히 담고 있다. 중국은행업
감독관리위원회는 신탁 상품 그 자체는 반대하지 않았지만 은행의 신
탁 담보 문제를 탐탁하지 않게 여기고 있다. 그 때문에 현재 시중에서
볼 수 있는 대다수의 재테크 상품은 주로 지방정부나 지방 국유기업의
신탁 담보를 통해 이루어진 것이 많다. 이 결과 신탁 상품을 발행하려
는 중국 은행의 열망은 서브프라임 모기지론에 중독된 미국 은행보다
훨씬 뜨겁다.

이것으로 끝이라고 생각하면 오산이다. 은행은 더 많은 돈을 벌어들
이기 위해 재테크 상품을 구입할 수 있는 문턱을 대폭 낮추었다. 그전
까지만 해도 신탁 상품의 구입 조건은 몹시 까다로웠다. 과거 상품 가
격만 최소 400만 위안 이상이었지만 지금은 점점 낮아지고 있다. 실제
로 서민용 주택 관련 신탁 상품의 최저 매입가는 50만 위안까지 떨어
졌고, 1년 수익률 8% 이상을 유지하면 그만이다. 실제로 은행에 가보
면 예전처럼 높은 문턱을 제시하는 재테크 상품을 거의 찾아볼 수 없
다. 게다가 수만 위안을 주고 어떤 상품을 구입하더라도 은행에서 무

진흙투성이가 되어버린 은행 신탁

조건 상품 구입자에게 4~5%의 이자를 제공한다고 한다. 아무리 생각해도 말이 안 된다. 매입가나 상품에 따라 제공되는 이자율이 달라야 하는데 은행이 손해를 감수하면서까지 재테크 상품을 팔기 위해 혈안이 되었단 말인가? 이에 관해 최근에 이상한 이야기를 들었는데, 독자 여러분에게도 소개한다. 현재 시장에 쏟아져 나온 수많은 재테크 상품이 사실상 변형된 형태의 경쟁성 예금 상품이라는 것이다. 그런데 이를 예금이라고 부를 경우 은행에서 높은 이자를 주지 않는다고 한다. 예금이라고 불렀다가 중국은행업감독관리위원회나 인민은행에 걸리기라도 하면 골치 아픈 상황에 처할 수 있기 때문이란다.

이런 상황이 나타나게 된 데에는 돈줄이 마르면서 자금난에 시달리게 된 은행이 본점인 인민은행의 심사 목표인 예대비율을 맞추기 위해 어쩔 수 없이 우회적인 해결책, 즉 문턱을 낮추고 파격적인 금리 우대 서비스를 제공하는 방식을 택했기 때문이다.

재테크 상품 외에도 은행은 위탁 대출을 실시한다. 무슨 뜻이냐면, 대출이 필요한 당신이 은행을 찾아가 대출을 받으려고 하지만 자금 사정이 여의치 않은 은행으로서는 대출을 제공할 수 없다. 하지만 누구에게 돈이 있는지 잘 알고 있는 은행은, 대출 신청자와 자금 사정이 괜찮은 사람을 불러놓고 구체적인 대출금리는 은행에서 상관하지 않을 테니 두 사람이 알아서 정하면 된다고 슬쩍 이야기를 흘린다. 참고로 연 금리는 대부분 20% 정도 된다. 중매쟁이로 나선 은행은 리스크에 대한 아무런 부담 없이 5%의 수수료를 챙긴다. 은행이 중매쟁이로 나서고 있다는 점을 제외하면 이번 대출은 사실상 고금리나 진배없다. 은행이 하는 일 중에서 위탁 대출만큼 은행의 가장 탐욕스러운 면을

벼랑 끝에 선 중국 경제

보여주는 것도 없으리라. 은행은 왜 탄생했는가? 자금을 융통 과정에서 리스크를 보장하기 위해서다. 그런 은행이 채권자와 채무자에게 리스크를 고스란히 전가하고 있다. 한마디로 은행은 손끝 하나 움직이지 않고 어부지리로 짭짤한 수익을 챙긴다. 계약이 성사되면 무조건 5%의 수수료를 받기 때문에 단 한 번의 위탁 대출로 필요한 돈을 몽땅 벌어들인다. 칼만 들지 않았을 뿐 날강도가 따로 없다.

중국 내 은행에서 운영하는 위탁 대출의 규모는 우리의 상상을 훌쩍 뛰어넘는다. 인민은행이 발표한 자료에 따르면 2011년 1분기 위탁 대출은 2010년 동기 대비보다 2.1배 늘어난 3,204억 위안이다. 그중 상장사가 은행을 통해 발행한 최소 17건의 위탁 대출 규모가 2010년 동기 대비 네 배나 늘어난 14억 위안에 육박한다. 그리고 17건의 위탁 대출 중 14건의 평균 대출금리가 16.8%를 기록했는데, 그 가운데 가장 높은 금리는 무려 22%에 달한다.

높은 수익을 보장해주는 고리대는 사실 위험하기 짝이 없는 함정이다. 이렇게 말하는 데에는 그만한 이유가 있다. 지금부터 들려주는 사례를 살펴보며 판단해보기 바란다. 2010년 4월 30일 닝보^{寧波}의 핸드폰 개발업체인 보다오^{波導}와 칭하이^{靑海}의 중진^{中金}창업투자주식회사는 위탁 대출에 관한 협의를 체결했다. '위탁 대출 9,000만 위안, 월 이자 13%, 연 이자 15.6%, 기한은 2010년 5월 5일부터 2011년 5월 4일.' 하지만 보다오는 여전히 중진창업투자주식회사로부터 상환금을 제대로 받지 못했다. 2011년 5월 23일 전당포 관련 상장사인 샹이롱통^{香溢融通}은 현재 자기자본 5,000만 위안, 3,000만 위안, 3,000만 위안을 닝보은행^{寧波銀行}에 맡겼다. 해당 자금은 각각 홍예^{宏業}건설그룹 주식회사, 타이주^{臺州}

홍예 시멘트주식회사, 린하이臨海 시의 홍예 시멘트주식회사에 대출되었다. 위탁 기한은 12개월로, 월 이자가 12.5%였다. 하지만 해당 위탁 대출 모두 제때 상환되지 못했다. 앞에서 열거한 사례들을 통해 우리는 현재 중국 은행의 운영 모델, 즉 은행이 거액의 수수료를 챙긴 후 위탁 대출 양측 당사자에게 리스크를 고스란히 전가하는 장면을 볼 수 있다. 계약을 위반할 경우 양측 당사자의 권익은 당연히 보장받지 못한다.

벼랑 끝에 선 중국 경제

국유은행은 일본의 비극을 따를 것인가

중국 은행업계의 조악한 경영 모델은 두렵기까지 하다.
이보다 두려운 것은, 인민은행이 금리 시장화나 민간 자본의
은행업 진출을 허용해야 하는 필요성을 깨닫지 못하면서도
위안화의 국제화를 위한 방법만 연구하고 있다는 점이다.

국유은행이 평가절하 성적표를 받은 이유

2011년 8월 30일, 국제 3대 신용 평가 기관 중 하나인 피치Fitch는 중국 은행권을 향해 다시 한 번 '부정적 전망'을 내놓았다. 최근 중국 은행권에서 뜨거운 화두로 떠올랐던 지방정부 파이낸싱 대출LGFP, 사회 융자 총량, 부동산 대출 등에 대해 피치는 한결같이 회의적인 태도를 보이고 있다. 피치의 평가 보고서는 상당히 전문적인데, 회의적이라는 반응을 내놓은 이유를 정리하면 다음과 같다.

첫 번째 근거는 지방정부 파이낸싱 대출이 은행 위기를 촉발한 근본적인 원인은 아니지만, 이번 위기의 도화선이 될 수 있다는 것이다. 미처 손 쓸 새도 없이 은행권을 단번에 무너뜨릴 수 있는 시나리오는 지방정부의 채무불이행으로 부동산, 인프라 건설 개발 업체 및 하청업체, 관련 기업이 은행으로부터 대출을 받는 데에 어려움을 겪는 것이다. 피치가 제공한 데이터에 따르면, 전체 대출에서 인프라 설비 관련 대출 비중이 가장 높은 5대 중국 은행은 공상은행, 교통은행, 베이징은행, 건설은행, 중국은행 순인 것으로 나타났다. 하지만 공상은행의 전체 대출에서 인프라 설비 대출의 비중이 32.5%를 기록한 데에 반해 2011년 중반기 현재 공상은행의 지방정부 파이낸싱 대출은 7.5%에 불과했다.

피치가 회의적인 반응을 내놓게 된 두 번째 근거는 하나같이 부실 채권을 떠안고 있는 중국 은행이 자금 확보에 소홀했다는 점이다. 최근 개최된 상반기 실적 보고회에서 공상은행 행장 양카이성楊凱生은 공상은행의 신용대출 자산은 상당히 건전하다고 평가했다. 실제로 2011년 상반기 공상은행의 부실 채권률은 다소 감소했는데, 구체적인 내역은 다음과 같다. '요주의 대출 2.4% 감소, 고정 대출 0.3% 감소, 회수 의문 대출 3.4% 감소, 추정 손실 대출 18.4% 감소.' 이런 현상이 나타나게 된 근본적인 원인은 금융위기 이후 유동성 자금이 대거 시장으로 쏟아지면서 기업의 채무 상환 능력이 강화되었기 때문이다. 게다가 2009년 초 중국은행업감독관리위원회는 대출 상환에 어려움을 겪고 있는 일부 기업의 대출을 구조조정하거나 만기를 연장해주도록 중국계 은행을 독려했다. 만기 연장된 대출 중 부실 채권이나 요주의 대출 자료에 포함된 경우는 대체로 드물었다.

피치가 내세운 세 번째 근거는 신중한 관리 감독과 건전한 재무 능력에 대한 요구에 부응하기 위해 중국계 은행에서 대출을 재테크 상품으로 포장해 판매하는 사례가 점점 증가했고, 이런 행동은 눈에 보이지 않는 신용과 유동성 리스트를 키울 뿐이라는 것이다. 피치는 2008년

국유은행은 일본의 비극을 따를 것인가

말 이후 약 5조 6,000만 위안 규모의 대출과 할인어음이 은행 대출이라는 카테고리 밖으로 사라졌다고 평가했다. 하지만 그중 10%만 감액된 금액으로 대출되었다면 시중은행의 부실 대출 잔액은 최소 두 배 이상 증가했을 것이다. 이를테면 농업은행의 부실 채권률은 8%를 기록할 것이다.

위의 세 가지 근거를 가지고 피치는 2013년 중반기 전에 중국에서 은행 위기가 터질 확률은 60%에 달한다는 결론을 내놓았다.

월스트리트가 일본과 한국에서 저지른 추태

안타깝게도 이번에 피치가 시도한 공격의 진위 여부에 대해 중국은 자체적인 판단을 내릴 수 없다. 중국의 재무 평가 보고서에서는 해당 자료를 전혀 언급하고 있지 않기 때문이다. 국유은행이 무슨 생각으로 국가, 국내 주식 투자자보다 해외 신용 평가 기관에 더 많은 정보를 제공하는지 도무지 이해되지 않지만 이 문제는 잠시 접어두자. 왜냐하면 지금 중국은 이보다 더 심각한 문제에 직면해 있기 때문이다. 피치의 이번 공격을 중국은 반드시 경계해야 한다. 월스트리트는 일본 경제계를 무대 삼아 물 샐 틈 없이 완벽하게 짜인 시나리오를 사용한 적이 있기 때문이다.

미국 시티그룹이 일본의 3대 증권사 중 하나인 닛코日興증권을 손에 넣은 과정을 통해 그들의 장기를 구체적으로 설명하겠다. 닛코증권을 집어삼키려는 시티그룹의 대대적인 공세가 이어지는 가운데, 일본 측에서도 결코 만만히 당하고만 있지는 않았다. 시티그룹에 5%도 채 안 되는 4.9%의 주식만 매매하며 본격적인 견제에 나선 것이다. 그 결과 시티그룹은 이사회에 의안을 제출할 자격조차 없지 못했지만 결코 서둘지 않고 느긋하게 물밑 작업에 나섰다. 첫 번째 목표는 알권리, 즉 기업의 내부 기밀을 얻을 수 있는 권리를 확보하는 일이었다. 2005년 시티그룹은 마침내 벼르고 벼르던 절호의 기회를 얻었다. 일본 닛코증권이 불법 회계 조작을 통해 자사의 순이익을 33% 부풀린 사실을 확인했다. 시티그룹은 내심 쾌재를 부르며 의도적으로 이 소식을 퍼 나르는 등 닛코증권 때리기에 나섰고, 마침내 일본증권거래관리감독위원회의 개입을 이끌어내는 데에 성공했다. 엄격하게 법을 준수했다는 결백함을 입증하기 위해 일본 여론은 일본 금융청에 닛코증권의 불법행위에 대한 엄격한 처벌을 주문하며 5억 엔의 벌금형을 선고할 것을 요구했다. 일본 금융청 수립 이래 최고 벌금형이었다. 이 소식이 전해지면서 닛코증권의 주가가 10% 넘게 하락하자 도쿄 증권거래소는 닛코증권의 주식을 요주의 명단에 올려놓고 더 큰 폭락에 대비해 만반의 준비를 하고 있었다.

바로 이때 한 편의 드라마처럼 기적적으로 '백마 탄 왕자'가 나타났다. 캐나다의 투자 관리회사인 맥킨지파이낸셜이 닛코증권에 투자하고 싶다며 돈을 들고 등장한 것이다. 단, 자사가 최대 주주가 되어야 한다는 조건을 내걸고 말이다. 맥킨지는 캐나다 최대 기관투자자인 IGM 파이낸셜의 자회사로, 맥킨지의 최고경영자이자 IGM 파이낸셜의 공동 CEO인 심즈는 순전히 투자 목적으로 닛코증권의 주식을 매입하겠다고 밝혔다. 투자용으로 주식을 매입하겠다는 말이 도대체 무슨 뜻일까? 당시 닛코증권의 주식은 그야말로 휴지조각이나 다름없었다. 그런데도 투자용으로 주식을 매입했다니? 모두의 궁금증을 뒤로하고 그로부터 2년 뒤 해답이 나왔다. 맥킨지는 인수한 닛코증권의 주식을 77억 달러에 시티그룹에 양도했다. 다시 말해 시티그룹은 77억 달러를 주고 닛코증권의 지분율을 최대 61.1%로 끌어올리며 최대 주주의 자리에 오르는 데에 성공했다.

시티그룹이 장기간에 걸쳐 치밀하게 작전을 추진한 궁극적인 목적은 무엇이었을까? 물론 손쉽게 돈을 벌려는 목적도 있었겠지만 이보다는 더 중요한 이유가 있었다. 2004년 일본 금융청은 시티그룹이 불공정한 거래 행위를 일삼고 있으며, 돈세탁과 관련된 거래 활동에 참여했다는 증거가 발견되었다며 시티그룹의 일본 내 개인은행 업무를 모조리 폐쇄하라고 명령했다. 아울러 일본 정부가 진행하는 채권 경매에 시티그룹이 참여할 수 없도록 원천적으로 출입금지 명령을 내렸을 뿐만 아니라 신규 고객의 외화 예금도 받지 못하도록 했다. 일본 금융청은 시티그룹이 '지나치게 이익에만 집착할 뿐만 아니라 일본의 법률을 무시하고 합법적인 판매 루트에서 벗어났다'며 강력한 제재에 나서게 된 배경을 매스컴에 공개했다.

이보다 더 흥미로운 사실은, 2004년부터 누군가 줄곧 닛코증권의 주식을 먹어치우기 위해 일본 증시에 개입했을 뿐만 아니라 도쿄 증권거래소에 시티재팬을 상장시켰다는 점이다. 그 주인공은 바로 일본 시티그룹의 CEO인 더그 피터슨이다. 더그 피터슨은 2011년 9월부터 미국 최대 신용 평가 기관인 S&P의 최고경영자이기도 하다.

이와 비슷한 일이 한국에서도 일어났다. 미국의 론스타가 아시아 금

벼랑 끝에 선 중국 경제

융위기 이후 한국 최대 대외무역 및 외환 은행인 한국 외환은행을 인수했다. 당시 인수 가격은 12억 달러가 채 안 되었지만 인수 후 국민은행에 무려 70억 달러를 받고 되팔았다. 어떻게 해서 말도 안 되는 폭리를 취할 수 있었을까? 2003년 10월 론스타는 외환은행의 대주주가 되면서 외환은행이 대주주로 있는 외환카드에 대해서도 대주주로서의 권한을 행사했다. 이른바 피라미드 구조다. 론스타가 외환은행을 인수할 당시 신용카드 대란으로 한국 정부가 카드회사를 강제로 모기업에 합병시키고 있었다. 다시 말해 외환은행 역시 외환카드를 합병해야 했다. 하지만 2003년 당시 론스타가 인수한 외환은행은 제1주주로서 외환카드 지분 43%를 보유하고 있었는데, 외환카드를 지배하기 위한 최소 자본인 50%+α인 51%에는 못 미쳤다. 8%의 지분을 더 사려고 했지만 외환카드 주가가 비싸다고 판단한 론스타가 외환카드와 관련한 감자설을 배포해 의도적으로 주가 폭락을 유도했다. 요컨대 외환카드에 대한 지배적 구조를 이용해 2003년 11월 론스타는 금융위원회에 외환카드의 감자와 합병을 요청하는 공문을 보냈다. 감자설이 순식간에 시장에 퍼져나가며 외환카드 주가가 폭락했지만 감자설은 결국 해프닝으로 끝나고 말았다. 외환은행, 즉 외환카드의 대주주인 론스타가 공문에 명시한 감자를 실시하지 않고 외환카드 2대 주주인 올림퍼스 캐피털이 소유한 외환은행 주식을 매입하는 방식으로 외환카드를 합병한 것이다. 이로써 론스타는 주가 및 수익률 조작 등으로 소액주주에게 249여억 원의 손해를 입혔다. 결과적으로 감자 발표는 합병을 발표하기 전 외환카드 주가를 떨어뜨려 매입가를 낮추려는 효과를 가져왔다.

일본 장기신용은행 파산 사태를 되풀이하지 않으려면

우려스러운 것은, 중국의 4대 국유은행이 일본의 전철을 밟을 가능성이 무척 높다는 것이다. 중국은행이 위기에 봉착했다며 피치가 내놓은 세 가지 근거를 일본의 최대 정책성 은행인 일본장기신용은행과 비교해보면 놀라울 정도로 비슷한 점을 발견할 수 있다.

첫째, 일본장기신용은행 역시 부동산 대출에 지나치게 의존했다. 일본장기신용은행에는 일본 부동산 개발사인 EIE 인터내셔널이라는 대형 고객이 있었다. EIE는 일본장기신용은행과 나머지 은행에서 받은 대출로 해외 곳곳에서 호화 호텔, 리조트와 관광 시설을 매입하거나 직접 건설하며 관광객로부터 호평을 받았다. 하지만 인수 및 건설비용으로 거액의 자금을 쏟아 붓는 바람에 해마다 적자를 기록하고 말았다. 이번에는 중국 국유은행의 사정을 살펴보자. 지방정부의 실적 쌓기용 프로젝트, 인프라 건설 프로젝트, 호텔이나 철도부의 고속철 프로젝트에 거액의 대출이 투입되었다. 하나같이 화려하기 그지없는 사업임은 틀림없지만 투입된 비용이 너무 방대해 제대로 된 수익을 올리지 못했다.

둘째, 자본 확보에 소홀했다. 정부의 압력에 못 이겨 상환 능력이 없는 사업에 계속해서 돈을 대주어야 했다. 일본장기신용은행의 직속기관 중에는 비금융권 업체도 포함되어 있는데, 그중에서도 일본리스[JLIC], 일본 NIE 등이 가장 많은 부실 자산을 떠안고 있었다. 1997년 당시 부실 대출이 최대 1조 2,000억 엔을 기록하며 일본장기신용은행의 발목을 붙잡자, 은행 측에서는 여러 차례 정리에 나서려 했지만 행동에 옮기기는 생각처럼 쉽지 않았다. 구조조정에 나섰다간 이들 업체에 거액의 대출을 제공하는 일본 농업계 은행 기관과 중소형 보험사가 연쇄적으로 위기에 빠질 것이 분명했기 때문이다. 일본장기신용은행은 그야말로 이도저도 할 수 없는 딜레마에 빠지고 말았다. 금융위기의 도화선이 될 생각도 없었거니와 소비자의 신뢰를 잃고 싶은 마음도 없었다. 일본 행정 당국은 금융 혼란을 막기 위해 해당 업체에 대한 정리 작업에 동의하지 않았다. 옴짝달싹할 수 없는 답답한 상황에서 일본장기신용은행은 아까운 시간만 허비하며 속만 태우고 말았다.

셋째, '신중한 관리 감독과 건전한 재무 능력에 대한 요구에 부응하기 위해' 도끼로 제 발등을 찍고 말았다. 일본장기신용은행 행장은 자기자본비율을 8%로 유지해야 한다는 규정에 따라 각 영업 지부에 규정대로 대출을 줄이고 대출 회수에 박차를 가하라는 지시를 내렸다. 하지만 대출 상환에 동의한 기업은 자금 사정이 넉넉한 대기업에 불과할 뿐, 경영 실적이 좋지 않은 중소기업은 사실상 상환이 불가능한 상황이었다. 결과적으로 일본장기신용은행의 VIP 고객은 계속 떨어져나갔고, 경영 실적이 부실한 기업의 부실 채권만 산더미처럼 쌓이고 말았다. 현재 중국이 취한 긴축정책의 축소판이라고 할 만큼 진행 상황이 비슷하다.

일본장기신용은행 사태는 어떤 결말을 맞았을까? 일본장기신용은행은 미처 손 쓸 새도 없이 파산하고 말았다. 이보다 더 경악할 만한 사실은, 이번 파산 사태에 처음 칼을 빼든 사람이 다른 사람도 아닌 일본장기신용은행과 외국 투자자가 합자해서 세운 일본장기신용은행 월버그였다. 1998년 6월 1일 영업을 시작한 일본장기신용은행 월버그는

6월 9일 갑자기 150만 주의 일본장기신용은행 주식을 팔아치웠다. 6월 5일 일본에서 가장 큰 영향력을 자랑하는 한 월간지가 일본장기신용은행이 보유한 대규모 경영 자료와 구체적인 사례를 분석했을 때 파산이 머지않았다는 소식을 공개했기 때문이다. 이 이야기는 일본장기신용은행이 UBS은행과 협력을 논의하는 과정에서 새어 나왔다. 일본장기신용은행은 UBS은행과의 협력을 위해 주요 경영 자료를 넘겼는데, 이 자료를 받아본 UBS은행이 부실한 경영 상태에 충격을 받았다는 것이다.

일본장기신용은행이 UBS은행과의 합자를 추진한 궁극적인 목적은, UBS은행에서 2,000억 엔의 자금을 확보하기 위해서였다. UBS은행은 당초 일본장기신용은행이 발행한 700억 엔 규모의 채권과 1,300엔 규모의 우선주를 매입하겠다고 약속했다. 하지만 그 후 증시 상황이 좋지 않다는 이유로 2,000억 엔 규모의 일본장기신용은행 우선주와 채권 인수 계획을 차일피일 미루기 시작했다. 설상가상으로 양사가 주식 3%를 교환하자는 당초의 계획마저 수정할 것을 요구했다. 여러 차례에 걸친 협상 끝에 1998년 4월 양사 간 주식 교환 규모를 1%로 축소하기로 합의했다. 하지만 당시 일본장기신용은행의 주가가 워낙 많이 내려간 터라 UBS은행으로부터 거액의 자금을 확보하는 데에 실패하고 말았다.

무슨 상황인지 정확한 파악이 불가능했던 일본의 주식 투자자는 일본장기신용은행이 자사 주식을 대량 매도하는 장면을 목격하곤 무언가 잘못되었다는 생각에 공포에 질려 무턱대고 보유하고 있던 일본장기신용은행 주식을 내다팔았다. 그 결과 당일 폐장 때 일본장기신용은

벼랑 끝에 선 중국 경제

행의 주가는 하루 전의 181엔에서 140엔으로 폭락했고, 거래량은 전일 보다 30배 증가한 2,900만 주에 달했다.

가뜩이나 만신창이가 된 일본장기신용은행에 최후의 일격을 날리기 위해 월스트리트의 투자은행과 신용평가기관이 합동 공격에 나섰다. 6월 17일, 미국의 모간스탠리와 골드만삭스가 각각 일본장기신용은행의 주식 390만 주, 270만 주를 내다팔자 다시 한번 타격을 입은 일본장기신용은행의 주가가 주당 120엔으로 떨어졌다. 6월 18일, 미국의 신용 평가 기관이 일본장기신용은행의 채권 등급을 단숨에 3등급으로 하향조정하며 투자 리스크가 가장 큰 '투자 부적합'이라는 도장을 쾅쾅 내리찍었다.

일본장기신용은행에 숨 돌릴 틈도 주지 않기 위해 월스트리트는 일본장기신용은행에 구원의 손길을 내밀 가능성, 심지어 생각을 가진 모든 일본 기관을 향해 칼날을 겨누었다. 그러던 중 6월 26일, 일본장기신용은행과 일본 스미토모신탁은행이 합병 협의를 체결했다. 일본 정부 역시 이 소식에 크게 환영의 뜻을 보이며 합병 후 지원책을 실시하고 일본장기신용은행의 채권인에 대한 보호를 약속하겠다는 뉘앙스를 풍겼다. 그러자 월스트리트는 어떤 대가를 치르더라도 일본 스미토모신탁은행을 가만히 놔두지 않겠다며 단단히 배수진을 쳤다. 결국 일본 스미토모신탁은행은 제 밥그릇 챙길 생각에 일본장기신용은행 인수에서 한 발 물러설 수밖에 없었다.

마지막으로 일본 내 최대 인프라 사업 대출을 담당하고 있는 은행이 12억 달러라는 헐값으로 미국 사모펀드 JCF를 운영하고 있는 JC플라워스와 미국 사모펀드 업체인 리플우드 홀딩스의 최고경영자인 팀 콜린스에게 팔렸다. 일본장기신용은행이 인수되기 전에 일본 정부는 해당 은행의 자산 부채를 청산하기 위해 360억 달러를 쏟아 부었다. 이와는 대조적으로 2004년 플라워스와 콜린스는 일본장기신용은행에 대한 구조조정을 실시해 신세이은행으로 개명한 뒤 도쿄 증권거래소에 상장시켜 기액의 수익을 올렸다. 실제로 첫날 주가가 58% 상승하며 한때 시가가 124억 달러에 육박하기도 했다.

중국이라고 일본과 같은 실수를 저지르지 말라는 법은 없다. 뱅크 오브 아메리카는 119억 1,000만 달러로 건설은행의 주식 19.14%를 매입한 뒤 그중 15%의 주식을 팔아 194억 달러를 챙기고도 여전히 5%의 주식을 쥐고 있다. 영국 스코틀랜드왕립은행 역시 이런 방법으로 중국은행 투자를 통해 이익을 챙겼고, 골드만삭스 역시 공상은행 투자와 관련해 똑같은 수법으로 한몫 단단히 챙겼다. 홍콩상하이은행HSBC이 주식시장에 뛰어들어 교통은행의 주식을 매입하기 시작했을 당시 주가는 주당 1.86위안이었지만 주식을 팔 때 주가는 주당 5.14위안으로 뛰어오른 상태였다. 그 결과 홍콩상하이은행은 거액의 수익을 올렸고 여전히 18.63%의 지분을 보유하고 있다. 현재 교통은행의 최대 주주인 재정부가 보유하고 있는 주식은 26%로, 교통은행은 자칫하면 소리소문 없이 홍콩상하이은행을 최대 주주로 맞이해야 했던 '제2의 핑안平安保險'이 될 수 있다는 점에 주의해야 한다.

벼랑 끝에 선 중국 경제

중국 은행업계가 직면한 심각한 문제들

중국 은행은 이미 무서운 위기에 빠졌다. 초심을 잃고 폭리를 취하는 무자비한 괴물로 변했기 때문이다. 2011년 4~12월기까지 중국 시중은행의 이익 누적액은 8,173억 위안으로, 이런 추세라면 2011년 연간 이익 누적액 1조 위안이라는 기록을 거뜬히 넘어서리라는 전망이 우세했다. 사람들은 담배업계의 폭리가 지나치게 높다고 하지만 2011년 1분기부터 3분기까지 동안 중국 내 담배업계의 평균 이익 상승률이 20%를 기록한 반면 같은 기간 16개 시중은행의 이익 상승률은 무려 31.49%를 기록했다. 폭리 여부를 판단하는 가장 중요한 지표가 순자산 회수율인데, 해당 지표만 보면 중국 은행업계가 석유, 담배보다 훨씬 더 많은 폭리를 취하고 있음을 알 수 있다.

은행이 폭리를 취하는 방법을 조사한 결과, 은행 수입에서 가장 많은 비중을 차지하는 것이 예대마진이라는 것을 확인할 수 있었다. 전체 은행업계를 보았을 때, 은행 수입에서 예대마진의 비중이 무려 80%에 육박한다. 인민은행이 규정한 예대마진은 약 3~3.5% 선이다. 이는 지방정부, 중앙기업만 해당하는 명목상 수치에 불과하다. 대다수 민간 업체의 예대마진은 7%에 달한다. 그렇다면 미국, 홍콩의 사정도 중국과 비슷할까? 아니다. 결론적으로 말해 이들 지역의 예대마진은 0.3%에 불과하다. 예대마진 외에도, 중국 은행은 독점적 지위를 이용해 온갖 명분을 갖다 대며 수수료 수입을 올리고 있다. 중국 농업은행 행장 장윈張雲은 자신이 쓴 글에서 2003년 10월 1일 시행된 '시중은행 서비스 가격 관리에 관한 임시 규정'에는 은행의 유료 서비스 항목이 300여 개에 달한다고 명시되어 있지만 현재 '시중은행 서비스 가격 관리 방법'에 나열된 유료 항목은 무려 3,000여 개에 달한다고 지적했다.

왜 이런 현상이 나타났을까? 그 해답을 알 수 있는 힌트를 미국에서 찾을 수 있다. 미국에서 강도 사건이 자주 일어나는 곳은 어디일까? 자료니 데이터를 뒤적거리지 말고 머릿속에 떠오르는 대로 대답해보라. 대형 은행이다. 때로는 미국 할리우드영화에 등장하는 악당이 사는 호화주택으로 무대가 바뀌기도 한다. 단순한 우연일까, 아니면 영화를 너무 많이 봐서 자연스럽게 떠오르는 걸까? 둘 다 틀렸다. 미국의 경우 실제로 대형 은행과 범죄 조직의 악당에게만 현금이 있기 때문이다. 유럽이나 미국에서는 일상적으로 수표를 사용한다. 19세기 유럽과 미국의 은행에서 개인 수표책 서비스를 무상으로 제공하면서부터 생겨난 소비 습관이다. 홍콩 역시, 수표 계좌이체 서비스를 무료로 제공하기 있기 때문에 굳이 현금을 몸에 지니고 다닐 필요가 없다. 이와는 대조적으로 현금을 직접 들고 다니는 일은 오직 중국에서만 일어난다. 다시 말해 은행이라는 똑같은 기관을 중심으로 전혀 다른 상황이 나타나게 된 것은 중국 은행권이 보다 편리하고 우수한 서비스를 제공하는 방법에 무관심하기 때문이다. 오로지 관심 있는 것이라곤 서민에게서 어떻게든 더 많은 돈을 빨아들일 수 있는지 연구하는 것뿐이다. 2011년 상반기 보고서에 따르면 12개 상장 은행이 지난 6개월 동안 벌어들인 순이익은 4,000억 위안으로, 그중 수수료와 수속비만으로 거두어들인 순이익이 무려 2,057억 4,300만 위안에 달한다고 한다. 일반적인 이자 수익 증가율이 40% 전후인 점을 감안할 때 순이익의 절반을 수수료와 수속비만으로 벌어들이고 있다는 뜻이다. 그러자 중국 내 일부 전문가가 해당 계산법에 문제가 있다며 반박에 나섰다. 그들의 주장은, 수속비는 완전히 순수한 의미의 순이익이라고 볼 수 없다며, 영업소득과 비교해야 한다는 것이다. 그리고 그렇게 계산했을 때 은행 소득 중 수속비를 통해 벌어들이는 소득이 20%에 불과하다고 주장했다. 은행이 얼마나 잔머리를 굴려대든지 상관할 바 아니다. 그 누구도 부정할 수 없는 분명한 사실은 상장 은행의 순이익 증가율에서 수속비와 수수료의 공헌율이 무려 3분의 2나 된다는 점이다. 미국, 홍콩과 비교해보더라도 현재 중국 은행의 수익 모델은 철저한 자기반성이 필요하다.

사실 가장 근본적인 문제는 중국 은행이 조방형 경영 모델을 통해 돈을 벌어들이고 있다는 점이다. 조방형 경영 모델이란 무엇인가? 바로 미친 듯이 투자자로부터 자금만 끌어 모으고, 미친 듯이 대출을 해주며 거액의 예대마진을 꿀꺽 삼키는 방식으로 수익을 올리고 있다. 건설은행, 중국은행, 민생은행民生銀行, 흥업은행興業銀行 역시 예외가 아니다. 제 잇속을 차리는 데에만 혈안이 된 중국 은행권의 이기적인 행동 때문에 수백억 위안에 달하는 자금이 3~5개월 안에 순식간에 사라진다. A주에서 융자를 받는 데에 실패했다면 어떻게 해야 할까? 엄청나게 저렴한 가격으로 홍콩 증시에서 자금을 조달할 수 있다면? 정답은 똑같다. 회사 주식을 내다팔아야 한다. 그렇다면 선진국 은행에서는 어떤 경영 모델로 소득을 올리고 있을까? 선진국 은행의 진입 문턱이 중국보다 확연히 낮다는 것을 모르는 사람은 거의 없지만 그들이 어떻게 소득을 올리는지는 잘 모른다. 답은 바로 서비스다.

서비스를 통한 수익 창출에 관해 홍콩의 은행은 괄목할 만한 성과를 올리고 있다. 홍콩 은행업계의 서비스는 섬세하고 까다롭기로 유명한

국유은행은 일본의 비극을 따를 것인가

홍콩의 요식업과 어깨를 나란히 할 만큼 고객에 대한 각별한 배려가 유별나다. 대표적인 고객서비스로는 24시간 운영하는 고객서비스센터가 있다. 게다가 이런 서비스는 고객의 호감을 사기 위한 싸구려 쇼가 결코 아니다. 홍콩 은행업계 내부적으로 존재하는 내부 통제 시스템과 관리 시스템을 통해 모든 직원이 규정에 따라 고객에게 서비스를 제공해야 한다. 그렇다면 중국 대륙의 은행을 어떨까? 이들 은행에 대한 관리는 단순히 점수로 실적을 매기는 낙후된 평가 단계에 여전히 머물러 있다. 예를 들어 하루에 처리하는 고객 수, 한 달 동안 처리한 예금액, 금융상품 판매 수 등등. 결론적으로 중국 대륙의 은행이 서비스 품질을 높이는 방법에 대해 진지하게 고민하는 경우가 상대적으로 드물다. 이보다는 이른바 단순한 은행 업무, 예를 들어 지폐 빨리 세기와 같은 일에 더 많은 시간과 공을 들인다. 반면에 홍콩 은행업계에서는 직원의 말이나 태도에 좀 더 신경을 쓴다. 있는 그대로 말해 홍콩 은행 직원들의 평소 훈련 모습은 올림픽이나 아시아올림픽 때 메달 수여를 돕는 도우미를 떠올릴 만큼 정중하고 차분하다. 이와는 달리 친절한 중국 대륙의 은행은 올림픽 때나 간혹 볼 수 있는 것이지 평소에 흔히 볼 수 있는 게 아니다. 솔직히 말해 업무가 정신없이 바쁠 때 고객에게 고함만 치지 않아도 다행이다. 예를 들어 은행에 가서 예금계좌 증명서를 발급해달라고 신청하면 굳은 표정을 한 은행 직원이 규정에 따라 먼저 수수료를 내야 한다고 엄격한 목소리로 훈계한다. 서류 접수 기한을 물으니 다음 주에나 한 번 와보라는 답변이 고작이다. 심지어 최근 거래 내역서를 발급받는 것조차 쉽지 않다. 은행에서 거래 내역서를 뽑아주기만 하면 되는데 역시나 먼저 수수료를 내라고 한다. 앵무

벼랑 끝에 선 중국 경제

새처럼 규정대로 처리해야 한다는 말만 쉴 새 없이 되풀이한다. 결론적으로 국유은행은 악순환에 빠져 있다. 본사의 관리가 세분화될수록 실무 서비스의 품질이 떨어지는 것이다. 게다가 무슨 일만 하면 규정대로 해야 한다는 말만 끊임없이 되풀이한다. 중국 대륙의 한 기자가 홍콩 내 은행을 상대로 인터뷰한 결과 재미난 사실을 발견했다. '이 문제는 세 살배기 코흘리개도 다 알아요', '우리 은행은 원래 이렇게 합니다', '전 잘 모릅니다', '그런 말 한 적 없습니다', '절대로 안 됩니다', '무슨 말인지 모르겠네요', '규정이 이렇습니다' 등은 홍콩 은행업계에서는 일종의 금기어인 셈이다. 반면 중국 은행에서 일하는 직원들은 이런 금지어를 하루 종일 입에 달고 산다. 일하는 게 귀찮아 죽겠다고 하면서도 돈 받을 때만은 웬만한 장사꾼 저리 가라 할 정도다.

이처럼 은행업계의 심각한 문제를 지켜본 중국 내 전문가들은 과연 어떤 의견을 내놓았을까? 그들의 주장에 따르면, 예금 금리를 인상하고 은행의 폭리에 세금을 부과하는 것이 해결책이 될 수 있다고 한다. 과연 효과적인 해결책이 될 수 있을까? 시노펙그룹, 페트로 차이나에 폭리세를 부과한 결과가 어땠는지 함께 살펴보자. 폭리세 부과 이후 유가는 더 오른 반면 기름 부족 사태는 더욱 심화되었다. 그 밖에도 수수료 제도의 폐지 외에도 제3기관을 초빙해 관리 감독을 위탁하거나 행정명령을 내리는 방법 등의 해결책도 제시되었다. 미안하지만 흔히 전문가라는 사람들이 문제의 본질도 제대로 파악하지 못한 것 같다. 한 가지 분명하게 짚고 넘어가야 할 문제가 있다. 하늘 높은 줄 모르고 중국의 은행이 마구잡이로 날뛰며 말도 안 되는 폭리를 취하는 비결은 무엇인가?

그것은 비빌 언덕이 있기 때문이다. 중국에서 기업이 대출을 받으려면 국유은행을 찾아갈 수밖에 없다. 국유은행만이 충분한 금액의 대출을 제공해줄 수 있기 때문이다. 게다가 예금할 때 자세하게 살펴보면 모든 은행의 예금 금리가 같다는 것을 알 수 있을 것이다. 예금 금리가 같은 상황에서 정부가 돌봐주는 국유은행은 상대적으로 안전하다고 평가받는다. 고금리로 예금을 유치하려는 은행이 등장한다면 즉각적으로 인민은행과 중국은행업감독관리위원회로부터 강한 압박에 시달릴 것이다.

얻는 게 있으면 잃는 것도 있는 법. 시중은행도 그에 따른 대가를 치러야 한다.

첫째, 정부의 말이라면 무조건 따라야 한다. 지방정부에 적극적으로 대출 서비스를 제공하거나 지방정부의 GDP를 높이기 위해서는 발 벗고 나서야 한다.

둘째, 땅장사를 하는 국유기업에 대출 서비스를 제공하고, 부동산시장에 뛰어들어야 한다.

셋째, 국채 발행의 저수익률을 위해 저금리정책을 실시해야 한다.

은행의 위기는 위안화의 국제화를 가로막는다

조악하기 짝이 없는 중국 은행업계의 경영 모델은 두렵기까지 하다. 하지만 이보다 더 두려운 사실은, 인민은행이 금리 시장화나 민간 자본의 은행업 진출을 허용해야 하는 필요성을 전혀 깨닫지 못한 상태에

벼랑 끝에 선 중국 경제

서 위안화의 국제화를 위한 방법만 매일같이 연구하고 있다는 점이다. 이런 문제를 놓고 중국 내 여론이 분분한데, 대체적인 상황을 정리해보면 금리 시장화에 대한 논의는 그다지 활발하게 이루어지지 않고 있다. 이에 반해 위안화의 국제화를 놓고 열띤 토론이 이루어지고 있는데, 그중에서도 중국은 가능한 한 빨리 자본을 개방해야 한다는 주장에 힘이 실리고 있다. 다시 말해 중국이 선택한 길은 금리 시장화, 이에 따른 자본 개방이 아니라 위안화 환율 시장 개방, 그리고 금리 시장화라는 길이다.

개인적으로 논쟁을 불러일으킬 의도는 아니지만, 앞에서 설명한 중국의 선택은 연구에 볼 가치가 있다고 본다. 먼저 이와 관련된 구체적인 관점을 간략하게나마 소개해보겠다.

첫째, 자본시장을 개방하지 않으면 국제화는 10%만 완성되었다고 볼 수 있다.

둘째, 중국 A주 증시와 채권시장의 개방도는 0.8%에 불과하다. 모든 이머징마켓 중에서도 가장 낮은 수치로, 베트남조차 중국의 열 배에 해당한다. 나머지 이머징마켓 증시의 평균 개방도는 26%, 채권시장의 평균 개방도도 13%로, 중국보다 수십 배 높다.

셋째, '중국 자본시장의 개방 가속화는 거시적인 안정이 보장된다는 전제 하에서 실현될 수 있다.' 물론 이런 주장은 모형을 가지고 추산한 것뿐이다.

넷째, 은행간 시장, 위안화 시장과 중국 금융시장은 해외 기관에 좀 더 활짝 개방의 문을 열어야 한다.

금리의 시장화와 민영화가 이루어지지 않는 상태에서 자본에 향한 문을 열면 무시무시한 올가미에 걸려들 수도 있다는 사실을 명심해야 한다. 왜냐하면 해외의 경우 금리가 너무 낮기 때문이다. 아무 생각 없이 무턱대고 자본시장의 문을 열어젖힌다면 월스트리트의 자본이 중국에 물밀 듯 몰려들어와 라틴아메리카를 붕괴시켰던 역사를 다시 한 번 재연할 가능성이 크다. 아르헨티나는 개발도상국 중에서 가장 먼저 금융 국제화에 나섰지만 국내 금융기관의 대출 열기가 과도하게 달아오르는 바람에 사방에서 돈줄이 막혔다는 이야기가 쏟아져 나오기 시작했다. 급기야 국내에서 돈을 구하지 못한 사람들이 금리가 낮은 국제 금융시장으로 몰려가 대출을 받기 시작했고, 그 결과 아르헨티나의 외채가 순식간에 급격히 불어났다. 마찬가지로 중국 역시 갑자기 자본시장의 문을 열어젖힌다면 해외 핫머니가 쏟아져 들어올 것이다. 현재 중국이 취하고 있는 다양한 규제, 이를테면 신용대출 규제가 효과를 거두고 있는 것도 중국의 금융 시스템이 기본적으로 폐쇄되었기 때문이다. 하지만 해당 시스템이 개방되면 세계에서 손꼽힐 만큼 높은 실제 대출금리를 제공하는 중국의 자본시장에 해외 자금이 쏟아져 들어올 것은 불 보듯 뻔하다. 실제로 2년에 걸친 규제 기간에 헝다恒大부동산 같은 업체가 해외에서 달러 채권을 대거 발행하는 장면을 목격하지 않았던가. 지금 금융 시스템을 개방한다면 중국의 부동산 관련 업체는 해외에 가지 않고도 국내에서 해외 자금의 돈을 빌리거나 헝다처럼 달러 대출을 받는 방법을 흉내 낼 수 있을 것이다. 요컨대 국유은행으로부터 대출을 받는 데에 실패했더라도 외국계 은행을 통해 공백을 메울 수 있다는 뜻이다. 그 결과 중국 기업은 눈 깜짝할 사이에 거액의 외채를 짊어질 수 있다. 그렇기 때문에 일단 핫머니가 유입되면 새로운 인

벼랑 끝에 선 중국 경제

플레이션이 나타난다고 보아도 무방하다는 것이다.

대규모 핫머니가 중국 시장에 쏟아졌을 때 미국 연방준비제도이사회가 돌연 달러의 금리 인상 가능성을 시사하거나 월스트리트에서 갑자기 자국 환율을 조작해 공격에 나선다면 핫머니가 중국 시장에서 대거 빠져나갈 것이다. 그 밖에도 인플레이션을 잡기 위해 해당 국가의 정부가 돈줄을 조여도 이와 같은 결과가 나타난다. 이런 상황이 발생한다면 중국 기업은 한마디로 끝장 난다. 환율이 1 대 6이었을 때 100만 달러를 빌렸다면 600만 달러만 갚으면 되지만 환율이 1 대 50으로 떨어졌다면 6,000만 위안을 갚아야 하기 때문이다. 그렇게 되면 제아무리 잘 나가는 대기업이라도 채무를 상환할 능력을 잃고 도산하게 된다. 게다가 이런 현상은 은행권에도 충격을 주기 때문에 은행의 줄도산을 유발할 수도 있다. 1981년 3월 터진 아르헨티나 금융위기 당시, 약 70여 개의 금융기관이 시장에서 퇴출당하면서 전체 시중은행 자산 중 16%, 전체 금융업체 자산 중 35%에 해당하는 돈이 감쪽같이 증발했다. 1975년부터 시작된 아르헨티나의 금융 국제화는 6년 동안 온갖 우여곡절을 겪으며 결국 원래 자리로 돌아왔다. 설상가상으로 아르헨티나뿐만 아니라 칠레·멕시코·자메이카 등도 미국의 금융자본에 보유하고 있던 자산을 몽땅 털리고 말았다.

실제로 국제 금융계가 위안화 역외시장의 갑작스러운 붕괴를 이미 조용히 준비하고 있음을 보여주는 명확한 증거가 여러 곳에서 포착되었다.

영국 《파이낸셜 타임즈》가 2012년 2월 15일에 발표한 보도에 따르면, 전 세계 약 1만 개의 은행에서 운영 중인 세계지불시스템^{Swift}이 위

국유은행은 일본의 비극을 따를 것인가

안화 역외시장에 대한 대비를 마쳤다고 한다. 세계지불시스템은 세계 전자 은행 결제를 담당하는 전 세계 은행 금융 텔레커뮤니케이션 협회로, 국제간 대금 결제 등에 관한 데이터통신의 연결망을 기획하고 운영하는 것을 목적으로 한 비영리 조직이다. 세계적인 은행들의 지분으로 조직되었으며, 189개국 6,700여 개 금융기관과 은행 간의 결제 메시지 서비스를 제공하는 글로벌 네트워크 연합체다. 이 네트워크를 이용하면 해외 거래 은행의 계정 잔액 및 대차 내역을 편리하게 확인할 수 있으며, 우편·전신·송금 수표 등의 송금 및 추심 업무, 신용장 발행, 환어음 통지 등 은행 간의 국제무역 결제를 편리하게 수행할 수 있다. 구체적으로 말해 위안화 역외시장이 유동성을 완전히 상실했다고 해도 세계지불시스템이라는 틀 안에서 회원기구 간 거래 집행을 지원할 준비가 끝났다는 것이다. 해당 협정이 체결됨에 따라 은행은 위안화 역외시장이 유동성 실종, 교환 지급 불가, 혹은 이전 불가한 상황에 처하더라도 지불을 연기할 수 있는 권한을 확보하는 것은 물론 달러, 즉 위안화 외 통화로 결제할 수 있게 되었다.

누가 이런 협의를 상정한 걸까? 사람들의 궁금증이 깊어지는 가운데 그 주인공으로 뜻밖의 인물이 등장했다. 세계적으로 유명한 국제스왑파생상품협회ISDA가 협의를 상정한 것으로 확인되었다. 국제스왑파생상품협회는 현재 46개국, 600개 기관을 회원으로 거느린 국제 협회로, 파생상품 거래에 종사하고 있는 세계적인 금융기관, 정부 조직, 장외시장 파생성 상품을 사용해 리스크를 관리하는 업체 및 국제적인 법률 사무소가 포함되어 있다.

이런 협의를 체결하게 된 이유에 대해 Swift의 위안화 국제화 총감독

벼랑 끝에 선 중국 경제

인 리사 오코너는 영국 《파이낸셜 타임즈》와의 인터뷰에서 위안화 역외시장은 규모가 여전히 크지 않은데다 외부 충격에 쉽게 흔들리는 경향이 있다고 밝혔다. 2011년 9월, 일부 국제 투자자가 위안화의 평가 절상 폭이 예상보다 낮을 수도 있다는 생각에 서둘러 위안화를 내다팔고 달러를 대거 사들였다. 그 결과 역외시장의 위안화 대 달러 환율과 역내 시장 사이에 2% 차이가 발생했다. 이와 거의 동시에 홍콩의 위안화 저축 자금이 줄어들면서 위안화 역외시장의 금리가 빠르게 오르기 시작했다. 9월의 사건은 무엇을 의미하는가? 위안화에 대한 국제 투자자의 신뢰를 사라지면서 위안화의 갑작스러운 붕괴에 대비하기 위해 국제 투자자가 미리 후사를 준비하기로 마음먹었다는 것이다.

그렇다면 중국은 어떻게 최악의 상황을 피할 것인가? 다음에 소개하는 행보에 주목해주기 바란다.

1단계, 민간 자본의 은행권 진출을 허용한다.

2단계, 대출금리와 예금 금리에 대한 규제를 풀어 순이자 마진을 제거해야 한다. 동시에 민간 기업에 대한 민간 자본의 대출을 허용해 민간 금리 인하를 유도해야 한다.

3단계, 민간 은행은 시장 경쟁을 통해 국유은행이 보유한 계좌의 일부 예금을 흡수해야 한다. 자본을 잃은 국유은행은 다시금 투자자의 마음을 얻기 위해 지방정부의 인프라 건설 투자를 규제할 것이다. 그 결과 인플레이션이 사라지고 금리도 인하될 것이다. 해외처럼 중국의 금리가 낮아졌을 때, 그리고 위의 세 단계를 차근차근 집행해 금리 변동에 대한 중국 기업의 적응력을 키워주어야 한다. 그런 뒤에 위안화의 국제화에 대한 재논의를 추진해도 늦지 않는다. 그래야 중국의 기업과 금융기관이 외부의 금리 변동에 따른 충격을 보다 쉽게 소화해낼 수 있기 때문이다.

한 치 앞도 안 보이는 중국 증시

중국 증시는 감독 권한을 가진 중국증권관리감독위원회의
눈치를 보느라 바쁘다. 그들의 손짓과 눈짓에만 정신이 팔려
지난 20여 년 동안 제대로 된 성과를 내지 못했다.
이는 권력을 내놓지 않는 중국증권관리감독위원회 때문이다.

국제판은 페트로 차이나 사태의 복사판

국제판國際板이란 무엇인가? 중국증권감독관리위원회의 정의에 따르면 중국에서 등록하지 않은 기업이 중국 증시, 즉 A주 증시에 상장된 경우를 가리킨다. 독자의 이해를 돕기 위해 좀 더 쉽게 설명해보면, 홍콩에서 주당 1.6~1.7홍콩달러인 주식이 주당 16.7위안으로 상하이증시에 상장해 48위안까지 치솟는 것, 이것이 바로 국제판의 본질이다.

국제판에 대해 저마다 로망을 가지고 있는 듯하지만 환상을 버리고 냉혹한 현실을 직시해야 한다. 페트로 차이나는 7년 동안의 방랑생활 끝에 2000년 뉴욕과 홍콩 증시에 상장했다. 2007년 A주로 복귀한 페트로 차이나는 향후 국제판의 비극적인 결말을 예고한다. 해외 상장 업체, 즉 국제판 상장 업체와 국내 상장 업체 사이에는 데뷔 무대가 다르다는 점 외에 별다른 차이점은 없다. 게다가 두 곳 모두 위안화로 가격을 표시할 수 있다. 국제판 상장 업체는 한 가지 조건이 완화된 사실상의 A주라고 보아도 무방하다. 이른바 완화된 조건이란 해외 증시에서 상장했어도 A주에 참여할 수 있는 기회를 제공받은 것을 의미한다.

이런 방법이 홍콩상하이은행, 골드만삭스, 코카콜라에 먹힐 것이라고 생각하는가? 이 말에 솔깃한 국제적인 대기업이 눈에 불을 켜고 중국 증시에 상장하러 달려올 것이라고 생각하는가? 이 물음에 고개를 끄덕인다면 당신은 너무나 순진하다. 국제판은 이들 업체에 그다지 매력적인 존재가 아니다. 골드만삭스나 코카콜라 등의 대형 업체는 돈이 전혀 궁하지 않다. 그럼에도 국제판에 상장했다면 중국을 돕기 위해서가 아니라 곤경에 빠뜨리기 위함이다. 페트로 차이나를 흉내 내고 있을 뿐, 자국의 주식 투자자를 돌봐주는 것처럼 중국 투자자를 배려해줄 이유가 전혀 없다.

그렇다고 해서 내가 밑도 끝도 없이 국제판을 반대하는 것은 아니다. 정확하게 말해 중국증권관리감독위원회와 상하이증권거래소가 A주의 국제판 주가수익률을 홍콩증권거래소, 뉴욕증권거래소와 비슷한 수준으로 올릴 수 있다면 나 역시 무조건 국제판을 응원할 것이다. 하지만 안타깝게도 중국 정부가 해낼 수 없다는 것을 알기에 불쌍한 서민의 돈에 눈독 들이지 말라고 간곡히 호소하는 바다.

홍콩증권거래소가 내세우는 기준이 무엇인지 아는가? 워렌 버핏이 투자계의 '살아 있는 미다스의 손'으로 불리게 된 전설을 알고 있는가? 버핏이 홍콩의 까다로운 기준에 맞을 정도로 실력을 갖춘 페트로 차이나를 한눈에 골라냈기 때문이다. 중국에서 페트로 차이나가 수많은 개인 투자자에게 손해를 입혔던 것과 달리 홍콩에서는 투자자로부터 많은 사랑을 받았다. 워렌 버핏은 페트로 차이나에 대한 투자를 통해 무려 277억 홍콩달러의 수익을 챙겼다. 페트로 차이나에 투자하게 된 이유에 대해 워렌 버핏은 이렇게 이야기했다. "페트로 차이나에 투자하게 된 사정을 이야기하자면 대략 8년 전쯤이었던 걸로 기억합니다. 당시 내가 하는 일이라고는 사무실에서 페트로 차이나의 연간 보고서를 들여다보는 것뿐이었죠. 영어로 쓴 보고서였는데, 그 내용이 무척 흥미롭더군요. 보고서를 읽고 난 뒤에 이 회사는 1,000억 달러의 가치를 가졌다고 확신했죠. 그래서 이 회사의 주식거래 시가를 확인해보니 겨우 350억 달러에 불과하더군요. …… 페트로 차이나가 연간 보고서에서 제시한 내용 중 가장 흥미로운 점은 이익의 45%를 배당금을 내놓겠다는 부분이었어요. 내 기억으로는 다른 대형 석유업체 중에서 이렇게 공언한 곳은 단 한 곳도 없었죠. 이 점은 내가 투자 결정을 내리는 데에 상당히 중요하게 작용했습니다. 미국에 있는 어떤 회사도 이런 약속을 내놓은 적이 없었거든요. 그런데 페트로 차이나가 그런 약속을 했고, 그리고 실제로 약속을 지켰죠."

쉽게 말해 워렌 버핏은 페트로 차이나의 주가가 1,000억 달러, 즉 6,500억 위안화에 달할 것이라고 생각했지만 그해 홍콩 증시에 막 상장한 페트로 차이나의 평가가치는 크게 떨어져 있었다. 하지만 페트로 차이나가 A주 증시로 복귀했을 때의 시가는 460%의 상승률 달성한 3조 위안에 달했다. 다시 말해 신규 주식을 매입한 홍콩 투자자가 지금까지도 페트로 차이나의 주식을 보유하고 있다면 주당 가격이 10홍콩달러를 호가할 것이다. 당시 매입가보다 무려 여섯 배나 많은 금액이다. 이와는 대조적으로 중국 투자자의 주당 가격은 당시 매입가인 16.7

위안의 66%에 해당하는 11위안화에 불과하기 때문에 결과적으로 손해를 본 셈이다.

이번에는 배당금 문제를 살펴보자. 2010년의 상황을 예로 들어보면, A주 내 2,153개 상장사의 순이익은 1조 7,612억 2,800만 위안으로, 배당금 760억 위안, 배당율 4.3%를 기록했다. 하지만 페트로 차이나가 H주에서 약속한 배당율은 이보다 열 배 이상 높은 45%였다. 그 밖에도 중국에서 상장사, 증권거래소, 증권업체, 세무국, 대주주가 가져가는 배당금이 개인 투자자보다 월등히 많았다. 다음의 두 데이터를 통해 개인 투자자의 수익을 알아보자. 먼저 2010년, 증시 상장과 유상증자를 통해 1조 100억 위안을 챙겼고, 세무국은 주식거래세 수입으로 544억 위안을 벌어들였다. 증권업체 역시 주식거래 수수료로 1,230억 위안을 벌었고, 상하이증권거래소와 선전증권거래소는 수수료 명목으로 140억 위안을 챙겼다. 이것저것 제하고 나니 개인 투자자에게 돌아간 몫은 겨우 760억 위안에 불과했다.

두 번째 자료는 상하이증권거래소와 선전증권거래소가 처음 등장한 2005년의 통계 자료를 바탕으로 만든 것으로, 당시 상장회사는 개인 투자자로부터 8,000여 억 위안의 증모 자금을 거두었고, 인화세와 거래 수수료는 4,500억 위안을 챙겼다. 남은 배당금은 겨우 700여 억 위안에 불과했지만 그마저도 대부분 대주주에게 돌아갔고, 개인 투자자에게 주어진 것은 겨우 100~200억 위안에 그쳤다.

국제판에 몰려든 또 다른 국유기업

분명히 짚고 넘어가야 할 또 다른 문제는 국제판이 홍콩상하이은행이나 골드만삭스 같은 세계적인 다국적기업이 아니라 중국의 국유기업을 끌어들였다는 점이다. 중국 국유기업은 깜찍하게도 국내에서 일부 업체를 등록시키고, 나머지를 해외 증시에서 상장시켰다. 전자의 경우 국내 증시는 물론 홍콩 증시에서도 상장할 수 있는데, 이를 H주라고 한다. 반면 후자는 홍콩이나 미국 증시에만 상장할 수 있었는데, 홍콩에서는 이를 레드칩^{Red Chip}, 즉 R주라고 부른다.

그렇다면 R주에는 어떤 업체들이 포진해 있을까? 시가순으로 따지면 Top 10에는 차이나 모바일, 중국해양석유총공사, 차이나 유니콤, 홍콩 중국은행, 중국해외발전공사^{中國海外發展公司}, 투자유치국^{招商局}, 시틱 퍼시픽^{中信泰富}, 화룬창업^{華潤創業}, 화룬부동산, 페트로 차이나 산하의 쿤룬 에너지, 화룬전력, 화룬시멘트가 포함되었다.

각각 98개 업체, 132개 업체를 거느린 R주와 H주의 전체 시가 총액은 4조 4,000억 홍콩달러, 5조 4,000억 홍콩달러를 기록했다. 단순히 가격만 놓고 보면 1조 홍콩달러의 차이를 보이고 있지만 업체 수를 감안하면 전체적으로 비슷한 수준이다. 상대적으로 적은 업체로 R주가 고무적인 성과를 거둔 데에는 차이나 모바일, 투자유치국, 화룬그룹 같은 대형 중앙기업이 곳곳에 포진한 덕분이었다.

이제야 국제판이 어떻게 돌아가는지 알겠는가? 국무원 국유자산관리위원회에게는 '아이'가 둘 있다. 첫째 아이의 이름은 H주로, 해외에 유학 중인데 그린카드가 없다. 둘째아이는 R주, 마찬가지로 해외에서 공부하고 있는 중인데 그린카드를 소지하고 있다. 중국 증시의 수익률이 높다는 소식에 첫째아이인 페트로 차이나가 고향에 돌아와 거액의 수익을 챙겼다. 질투심에 눈이 먼 둘째아이가 어떻게 이럴 수 있냐며 중국증권관리감독위원회를 찾아가 국제판을 추진해야 한다며 적극적인 설득에 나섰다. 그 결과 그린카드를 쥔 둘째아이 차이나 모바일이 국제라는 이름만 내세워 고향에서 쉽게 돈을 벌고 있다.

제아무리 팔이 안으로 굽는다지만 R주라고 해서 아무렇지 않게 원래 자리로 돌아와 마음대로 돈을 벌도록 내버려둔다면 모양새가 보기 좋지 않다고 판단한 중국증권관리감독위원회는 여론의 눈치를 살피며 뭐라도 하는 시늉을 하기 시작했다. 아마도 홍콩상하이은행·시티은행 같은 몇몇 외국계 업체의 국제판 참여를 허용할 것이다. 그렇게 되면 국제판의 몸집이 지금의 주거래 시장과 비슷해지고, 결국 주거래 시장에 추가 자금이 유입되지 않는 한 상하이증권지수가 반 토막 나는 상황을 지켜보게 될 것이 분명했다.

외국 거래소가 중국 기업을 환대하는 까닭

국제판 출범 문제를 놓고 상하이증권거래소는 매우 의욕적인 모습을 보여주고 있다. 국제판의 운영 규칙과 기술 준비 작업을 모두 끝마친 상하이증권거래소는 국제판 출범에 커다란 기대를 걸고 있다. 상하이 증권거래소가 흥분한 데에는 수익 창출이라는 잿밥이 앞에 놓여 있기 때문이다. 그래서 그 누구보다 앞장서서 국제판 출범을 추진하고 있다.

한 치 앞도 안 보이는 중국 증시

요새 뉴스에서 중국 업체가 미국 나스닥에 상장했다는 소식을 심심치 않게 접할 수 있다. 이 소식은 중국인의 가슴을 뛰게 할 만큼 대형 기사에 속한다. 하지만 우리가 생각하는 것처럼 나스닥 상장이 그렇게 대단한 일은 아니다. 나스닥은 현재 중국에 대표 사무소를 차린 후 나스닥을 홍보하는 데에 주력하고 있다. 나스닥이 머나먼 중국 땅에 와서 사무실을 차린 까닭은 무엇일까? 이유는 간단하다. 수익을 올려야 하기 때문이다. 나스닥에 상장하고 유지하는 데에 드는 비용은 상당히 큰데, 한눈에 파악할 수 있도록 구체적인 숫자로 설명해보겠다. 엄격한 심사 기준으로 최고 수준의 상장 조건을 통과한 기업이 모여 있는 나스닥 국제우량시장NASDAQ Global Select Market에서 1억 주를 발행할 경우 나스닥 진출 비용은 150만 위안에 달하는 22만 5,000달러에 달한다. 그 후 매년 유지비로 44만 위안에 상당하는 6만 8,500달러를 지불해야 한다. 비싼 몸값을 자랑하는 나스닥과 달리 홍콩증권거래소 주거래 시장의 진출 비용은 35만 홍콩달러, 이후 매년 유지비로 30만 위안인 35만 6,000홍콩달러를 지불하면 그만이다. 상하이증권거래소의 경우 A주 상장 비용은 최고 3만 위안에 불과하다. 미국과 홍콩의 상장 비용은 중국보다 무려 각각 50배, 10배 높다. 상하이증권거래소가 매년 지불하는 유지비 상한가 역시 6,000위안에 불과한데, 미국의 74배, 홍콩의 50배와 여러 면에서 현격한 차이를 보인다.

사실 위에서 설명한 비용은 통행료에 불과하다. 거래 및 결산 부문에서 이보다 훨씬 큰 비용이 발생하기 때문이다. 홍콩증권거래소의 연간 보고서에 따르면 2010년 기준 75억 6,600만 홍콩달러의 수익을 올렸는데, 여기에는 거래 비용 및 거래 시스템 사용비 28억 4,000만 홍콩달

벼랑 끝에 선 중국 경제

러, 결산 및 거래비 15억 7,000만 홍콩달러, 상장 비용 9억 5,000만 홍콩달러가 포함되었다. 그 밖에도 시장 데이터 비용, 예탁료, 수탁료 및 수임인 서비스 비용 등 온갖 명분의 수수료가 있다. 홍콩증권거래소도 주주에게 배당금을 나누어주어야 한다는 점에서는 일반 기업과 다를 게 없다. 하는 일만 다를 뿐이다. 무역·개발 같은 일반적인 경영 활동을 통해 수익을 창출하는 일반 기업과 달리 이들은 운을 시험해보라며 도박장을 차려놓고 전 세계를 걸쳐 구매자와 판매자를 찾고 있다.

나스닥도 사정은 마찬가지다. 수익 창출을 위해 심지어 다른 거래소를 인수하기도 하는데, 2007년 5월에 36억 달러를 주고 북유럽 최대 증권거래소인 OMX그룹을 인수하기도 했다. 2007년 11월, 뉴욕의 범유럽계 증권거래소를 물리친 나스닥은 6억 5,000만 달러의 현금을 내고 필라델피아 증권거래소를 차지하는 데에 성공했다. 이런 행동은 일반적인 기업 인수와 다를 게 없다.

이쯤에서 한 가지 시정할 사항이 있다. 중국 내 여전히 많은 이들이 마이크로소프트를 성장기반시장에서 성공을 거둔 대표적인 기업으로 평가하고 있다. 1986년 3월, 마이크로소프트가 나스닥 상장을 선택했을 때 자산이 200만 달러에 불과했다고 하지만 반드시 그런 것도 아니다. 마이크로소프트는 중국인이 상상하는 소액 자본시장에서 상장한 것이 아니라 처음부터 나스닥의 전국시장에 상장했고 순자산 규모 역시 나스닥 전국시장의 한도를 훌쩍 넘어섰다. 1985년 말, 마이크로소프트의 순자산은 5,444억 달러, 순수익만 1억 4,000만 달러에 달했다. 한마디로 우리가 생각하는 중소기업과는 거리가 멀었다. 그리고 나스닥에는 창업판이 존재하지 않는다. 기업별 맞춤 상장이 가능하도록 거

한 치 앞도 안 보이는 중국 증시

래소를 세 개 제공하고 있는데, 초우량기업을 대상으로 하는 국제우량시장, 우량 기업을 대상으로 하는 전국시장, 그리고 중소기업을 대상으로 하는 자본시장이 여기에 해당된다. 이들은 선전증권거래소의 메인보드, 중소판中小板과 창업판創業板과 비슷하다. 그중에서도 국제우량시장의 상장 심사 기준은 뉴욕증권거래소보다 훨씬 까다롭기로 유명하다.

3고 문제를 해결하지 못한다면

국제판에 반대한다기보다 개인 투자자로부터 폭리를 취하는 국제판을 반대한다. 상하이증권거래소 국제판의 평가 가치가 홍콩처럼 낮은 수준을 유지한다면 중국의 개인 투자자도 워렌 버핏처럼 이익을 챙길 수 있을 것이다. 그런 국제판이라면 나 역시 두 손 들고 환영한다.

하지만 권력의 오만함으로 탄생된 지금의 국제판은 실망스럽기 짝이 없다. 중국 증시에서 일어나는 모든 관리 감독은 중국증권관리감독위원회의 눈치를 보느라 바쁘다. 그들의 손짓 하나, 눈짓 하나에 정신이 팔려 증시 개혁을 추진한 지난 20여 년 동안 제대로 된 성과를 내지 못했다. 이 모든 책임은 권력을 내려놓을 줄 모르는 중국증권관리감독위원회에 있다. 세계 각국은 주식 발행 심사위원회의 권한을 주식거래소에 넘겨주었지만 오로지 중국만 중국증권관리감독위원회에서 움켜쥐고 있다. 그렇다고 해서 지금 당장 권한을 거래소에 넘기라는 말이 아니다. 지금과 같은 시장 환경에서 권한을 거래소에 넘겨준다면 더 나쁜 결과만 초래할 게 뻔하니 말이다. 요컨대 권력을 동원해 제 몫만 챙

벼랑 끝에 선 중국 경제

길 생각에 선전증권거래소와 상하이증권거래소 사이의 피 튀기는 전쟁이 벌어질 것이다.

권력의 오만함에 사로잡힌 중국증권관리감독위원회 같은 심사 기관은 자본시장이 무엇을 원하는지 제대로 파악조차 하지 못한다. 2010년 12월 중소판, 창업판에서 모두 26개의 중소기업이 기업공개IPO했다. 이들은 당초 93억 4,700만 위안의 자금을 모집할 예정이었지만 실제 공모 과정에서 당초 계획보다 190.9% 늘어난 237억 7,800만 위안을 모으는 데에 성공했다. 상장회사가 실제 필요로 한 돈은 1위안인데 시장에서 3위안이나 준 셈이다. 이들 26개 업체가 주식공개를 통해 마련하려던 자금은 93억 4,700만 위안이었지만 오프라인 청약, 온라인 발행을 통해 모두 3조 3,800억 위안이라는 거액의 자금을 조달했다. 결과적으로 당초 공모 계획 금액의 361.86배에 달하는 자금을 모집한 것이다. 중국증권관리감독위원회는 행정 효율을 높이겠다고 했지만, '20여 명에 불과한 증권거래소 발행 심사위원들이 수천 개에 달하는 IPO를 심사하하기란 불가능하다. 아무것도 입에 대지 않고 야근까지 해가며 심사에만 몰두해도 시장의 수요를 제때 충족할 수 없다.'

중국 증시의 주식가치가 홍콩보다 높은 이유는 무엇인가? 홍콩에서는 상장 기업의 자금이 특별히 많거나 주식가치마저 높게 평가되었을 경우 모든 상장회사의 증자를 허용한다. 이렇게 하면 자금을 빨아들여 궁극적으로 주가는 떨어지게 된다. 게다가 홍콩에서는 25%의 주식을 추가 발행하더라도 증권관리감독위원회로부터 별도의 허가를 받을 필요가 없다. 주주총회에서 비준하면 되는 사안이기 때문이다. 심지어 일부 업체는 이사회의 동의만 받아도 주식을 추가 발행할 수 있다.

하지만 중국의 사정은 이와는 정반대다. 3조 3,800억 위안의 주식을 청약하겠다는 시장의 의지가 분명한데도 일 처리가 늦은 중국증권관리감독위원회에 상장회사의 추가 발행 주식을 심사할 수 있는 권한이 주어진 탓에 93억 4,700만 위안 규모의 주식 상장만 비준을 받는 데에 그쳤다. 그 결과 주식 품귀 현상이 나타나 주식 가치가 비정상적으로 높아졌다. 중국증권관리감독위원회의 업무 효율이 이렇게 낮은 까닭은 무엇인가? 그 원인에 대해서는 여기서 언급하고 싶지 않다.

당장 중국증권관리감독위원회를 개혁하라

귀수칭郭樹淸은 중국증권관리감독위원회 의장 자리에 오른 후 중국 증시를 치료하기 위한 일련의 정책을 쏟아냈지만 이것만으로는 터무니없이 부족하다. 다음의 세 가지 근본적인 개혁을 추진할 것을 중국증권관리감독위원회에 강력하게 호소한다.

첫째, 중국증권관리감독위원회와 거래소 모두 재정에 손을 벌리는 행위를 자제해주기 바란다. 중국증권관리감독위원회는 상하이증권거래소와 선전증권거래소의 직접적인 경쟁을 허용해야 한다.

2011년 중국 중국증권관리감독위원회가 확보한 재정 지원금은 7억 7,000만 위안이지만, 벌금을 부과해 얻은 수입은 차마 입에 담을 수 없을 정도로 극히 소액에 불과하다. 이와는 대조적으로 미국 증권거래위원회는 2005년부터 2009년까지 벌금 부과를 통해 74억 달러의 수입을 올렸는데, 전액 미국 재무부에 납부되었다. 그리고 미국 재무부는 그중 45억 달러를 증권거래위원회의 예산으로 편성했다.

이뿐만이 아니다. 나스닥과 뉴욕증권거래소는 미국 증시를 놓고 치열한 경쟁을 벌이고 있다. 투자자의 마음을 사로잡기 위해 양측에서 고민의 시간을 보내는 동안 투자자는 여유롭게 상황을 지켜보며 자신에게 유리한 곳에 투자할 수 있다. 이들 간의 경쟁으로 가장 큰 수혜를 보는 것은 투자자다. 그런 점에서 중국증권관리감독위원회는 선전증권거래소만 편애해서는 안 된다. 현재 중국증권관리감독위원회는 선전증권거래소의 창업판만 허용하고 있는데, 이는 상하이증권거래소의 거센 반발을 일으켰다. 하루가 다르게 성장하는 차스닥의 실적에 배가 아픈 상하이증권거래소가 자신에게도 국제판을 운영할 기회를 달라며 적극적인 설득에 나서고 있다.

마찬가지로 선전증권거래소가 과거 차스닥을 출범시키려고 젖 먹던 힘까지 쏟아냈던 것 역시 상하이증권거래소에서만 대형주를 취급할 수 있도록 정부에서 배려했기 때문이었다. 두 거래소가 차스닥에 많은 관심을 보이고 있는 상황에 중국증권관리감독위원회가 이들 간 경쟁을 유도하기 위해 무대 뒤로 사라졌다면 과연 어떤 결과가 나타날까? 과거 선전발전은행深圳發展銀行과 전자제품 생산 업체인 창홍長虹 사이에 벌어졌던 전투 같은 상황이 재현된다고 하더라도 중국증권관리감독위원회가 한 치의 망설임도 없이 이들 거래소에 직접 벌금을 물면 그만이다. 선전발전은행과 창홍 간의 피비린내 나는 전투를 잘 모르는 독자를 위해 간단하게 소개한다. 1997년 중국 증시는 그야말로 호황 중의 호황을 누리고 있었다. 뭘 해도 다 된다고 할 만큼 증시가 하루가 다르게 몸집을 키워가고 있었는데, 당시 창홍과 선전발전은행이 각각

한 치 앞도 안 보이는 중국 증시

상하이증권거래소와 선전증권거래소를 견인하고 있었다. 중국 증시를 떠받들고 있다고 해도 과언이 아닐 정도로 양대 산맥으로 자리 잡은 두 업체의 주식이 투자자의 사랑을 한 몸에 받으며 빠르게 치솟기 시작했다. 첫 포문은 선전발전은행이 열었다. 1997년 초 개장 시 주당 16.50위안이었던 주가가 그해 5월 8일 기준으로 49위안을 기록했다. 창홍 역시 1997년 초 주당 22.77위안에서 5월 21일 기준 66.18위안까지 치솟았다. 그 후에도 두 업체 간 주가는 엎치락뒤치락하며 계속해서 가격경쟁에 나섰다.

지금의 중국증권관리감독위원회는 거래소와 상장사에 강한 애정을 갖고 있다. 정보공개에 관한 문제 중 가장 유명한 사건은 '충칭맥주 사건'이다. 중국증권관리감독위원회 역시 나중이지만 자신의 정보공개 규정에 문제가 있다고 솔직히 인정했다. 충칭맥주 사건은 중국 증시에서 상당히 상징적 의미를 지닌 사건이다. 맥주를 취급하던 충칭맥주가 갑자기 백신 사업에 손을 대며 문제를 일으키기 시작했다. 백신 사업의 경우 효과적인 제품 개발, 이를테면 제품 연구개발에서부터 양산화, 판매 루트 개척에 이르는 전 과정에 성공하면 소위 대박을 터뜨릴 수 있지만 전망은 그리 밝지 않았다. 그 때문에 재무 보고서에 자세한 내용을 공개하지 않고, 상장사가 임시 공고를 통해 선별적으로 공개한 내용만 외부에 공개했다.

이보다 더 무서운 사실은, 중국증권관리감독위원회에서 정보공개 규정 자체를 수정하기 위해 여전히 노력하고 있다는 점이다. 하지만 이는 잘못된 방법이다. 중국증권관리감독위원회가 제아무리 노력한들 노련한 상장사를 제 발밑에 두기란 결코 쉽지 않다. 이런 사태에 대응

벼랑 끝에 선 중국 경제

할 수 있는 가장 효과적인 방법은 손해를 본 주식 투자자가 업체를 상
대로 소송을 낼 수 있도록 법률의 문턱을 낮추어, 투자자를 기만하려
들 경우 법원에 소환될 수도 있다는 공포감을 상장사에 심어주어야 한
다. 이를테면 충칭맥주가 공개한 정보의 중요성에 대해 중국증권관리
감독위원회에 심사권을 주지 않고 피해를 입은 투자자가 제 손으로 증
거를 찾도록 하는 것이다. 상장사의 정보 부족이나 잘못된 정보를 내
보내는 행위에 대해 주식 투자자 스스로 증거를 찾아내어 법원에 보상
을 청구하도록 독려해야 한다. 중국증권관리감독위원회가 이런 권력
을 투자자에게 돌려준다면 모든 주식 투자자, 투자 기관이 중국증권관
리감독위원회가 되어 고의적으로 잘못된 정보를 흘리거나 부풀리는
행위를 원천적으로 봉쇄할 수 있는 영향력을 갖게 될 것이다. 중국 증
시를 수호하는 중국증권관리감독위원회라고 하지만 때로는 미국에 머
리를 숙이고 한 수 가르침을 받을 줄도 알아야 한다. 기본이 되는 전체
적인 원칙만 먼저 정한 후 자세한 사정은 법정에서 직접 확인하는 것
이다. 상장사에는 자신의 결백을 입증할 기회를 주고, 판결에 따라 벌
금을 부과하거나 교육을 실시해야 한다.

이번에는 상장사의 실적 조작을 근절할 방법을 살펴보자. 이 문제를
해결하기 위해 궈수칭 임기 내에 상당한 노력이 이루어졌는데, 그중에
서도 가장 유명한 3대 사건은 뤼따디, 성징산허勝景山河와 커미엔목업科隆
木業의 실적 조작 사건이다. 이 사건 모두 중국증권관리감독위원회가 실
적 조작을 근절하기 위해 노력했다는 증거이기도 하지만 역시나 용두
사미로 끝나고 말았다. 상장을 준비할 때부터 실적을 조작한 뤼따디는
상장 후에도 계속해서 실적을 조작했다. 투자자를 기만하는 방법으로

뤼따디는 3억 4,600만 위안의 투자금을 확보했지만 선고받은 벌금은 고작 400만 위안에 불과했다. 경영진 역시 형사상 책임을 물어 집행유예를 받았지만 결국은 흐지부지 끝나고 말았다.

이런 문제가 끊이지 않는 것은 중국증권관리감독위원회의 조사가 끝난 후에야 개인 투자자가 상장사를 고소할 수 있는 잘못된 관행이 계속 이어져 왔기 때문이다. 중국의 A주에는 미국처럼 정보 조작으로 업체가 부당 이익을 취했을 경우 철저하게 문제를 조사하기 위해 전문 기관과 변호사를 참여시키도록 적극적으로 권장하는 시스템이 여전히 정착되지 못했다. 뤼따디 문제를 조사하기 위해 중국증권관리감독위원회도 최선을 다했지만 판결 결과를 본 모든 상장사가 안도의 한숨을 내쉬었다. 누가 보더라도 분명한 회계 조작 사건이지만 거액의 벌금도 물리지 않았을 뿐더러 구속 조치도 이루어지지 않았다. 쉽게 말해 사방에서 투자자로부터 소송에 시달리게 될 걱정에서 벗어난 것이다. 중국증권관리감독위원회는 직접 뤼따디의 경영권을 박탈하고, 3억 위안의 벌금형을 내렸어야 옳다. 그래야 아무렇지도 않게 실적이나 정보를 마구잡이로 조작하는 비양심적인 상장사가 단번에 사라질 것이다.

마찬가지로 이들과 관련된 중간 업체를 확실히 교육시키는 데에 벌금을 이용할 수 있다. 궈수칭 의장이 주관한 중국증권관리감독위원회는 성징산허의 보증 기관인 핑안증권平安證券에 경고장을 보내는 한편, 두 명의 보증인에 대해서도 보증 자격 박탈이라는 극형을 선고했다. 다시 말해 성징산허의 보증 업체인 종선中審국제회계사무소, 후난치湖南啓 변호사사무소에 경고장을 보내는 관리 감독을 실시했다. 성징산허의 공식 회계사인 야오윈하이姚運海, 우춘吳淳은 36개월 동안 성징산허와 관련된 문서를 접수, 처리해서는 안 된다는 행정명령이 담긴 경고장을 받았다. 마찬가지로 성징산허의 공식 변호사인 류창허劉長河, 장징위張敬宇는 12개월 동안 성징산허와 관련된 문서에 손을 대서는 안 된다는 명령이 담긴 경고장을 받았다. 거액의 벌금이 머리 위에 떡하니 버티고 있으면 중간 업체들도 얼마 안 되는 돈 때문에 엄청난 위험을 감수할 가치가 전혀 없음을 깨달을 것이다.

중국 증시를 치료하려면 둘째, 중국증권관리감독위원회는 제 왼손을 잘라야 한다. 즉, 구조조정 및 주식 추가 발행 심사권을 폐지해야 한다.

궈수칭 의장은 중국증권관리감독위원회라는 존재 자체만으로도 문제가 된다는 사실을 깨닫는 중요한 성과를 거두었다. 상황을 판단한 그는 권력 부패와 봐주기 식 심사를 막기 위해 전례 없는 개혁을 실시했다. 순환 보직 대상을 처장급 인사 중 근무 경력이 5년 이상인 임원으로 확대했다. 중국증권관리감독위원회의 말을 그대로 빌리면, 이번 조정의 핵심은 행정 허가 심사권을 보유한 아홉 개 부서, 즉 발행부, 창업판부, 상장부, 기관부, 펀드부, 선물1부, 선물2부, 국제부, 회계부에서 처장급 이상 인사 중 근무 경력이 5년 이상인 임원에게 관련 프로그램을 이수하도록 한 뒤, 행정 허가 심사권이 없는 부서에 근무하도록 하는 데에 있다. 이와는 반대로 행정 허가 심사권이 없는 부서의 관련 담당자는 나열한 아홉 개 부서에서 돌아가며 근무하도록 했다.

그의 활약이 눈부셨던 또 다른 성과로는 IPO 심사 과정을 처음 대중에게 공개한 사건이 있다. 그 결과 현재 외부에서도 IPO 신청서를 사전에 파악할 수 있을 뿐만 아니라 중국증권관리감독위원회 발행부와 창업판부에서 각각 제공하는 심사 과정도 훤히 들여다볼 수 있었다. 현재까지 IPO 신청 대기 리스트에 이름을 올려놓고 심사를 기다리고 있는 업체는 모두 515곳에 이른다. 이 두 가지 성과에 대해서는 그에게 100점 만점을 주고 싶다.

그렇다고 해서 그가 모두 다 잘했다는 것은 아니다. 이익 다툼 혐의를 받고 있는 구조조정위원회에 중국증권관리감독위원회는 벌금 고지서를 보냈지만 이런 식의 솜방망이 처벌로는 문제의 싹을 잘라낼 수 없다. 본질적인 문제를 해결하려면 중국증권관리감독위원회는 자신의 왼팔, 즉 구조조정 및 주식 추가 발행 심사권을 폐지해야 한다. 기관투자자는 주주로서 기업 경영 개선에 참여하고, 허위로 실적을 부풀렸는지를 감시하는 역할을 해야 한다. 내가 중국증권관리감독위원회의 심사권을 폐지해야 한다고 강조하는 데에는 나름의 이유가 있다. 기업 개편과 추가 발행 시는 기관투자자가 상장 기업을 가장 효과적으로 압박할 수 있는 기회다. 그러므로 기관투자자와 개인 투자자는 상장 기업의 기업 개편이나 추가 발행 가격에 동의해주는 대신 주식을 할인된 가격에 인수하는 방식으로 장기 투자하는 일종의 룰을 만들어야 한다. 홍콩상하이은행을 예로 들어보면, 2009년 주식을 추가 발행할 때 투자자에게 제시한 가격은 주당 2.54파운드, 즉 28홍콩달러였다. 기관투자자와 주식 투자자로부터 주식 추가 발행에 대한 동의를 얻기 위해서는 주가를 큰 폭으로 할인해주어야 했기 때문이다. 당시 46홍콩달러였던 홍콩상하이은행의 주가는 이제 62홍콩달러라는 몸값을 자랑하고 있다.

관리대상종목ST으로도 돈을 벌 수 있는 것도 모두 증권관리감독위원회 같은 부결권이 투자자의 손에 쥐어졌기 때문이다. 투자자가 동의하지 않았다면 상장사의 조직 개편은 분명 실패했을 것이다. 이를테면 2009년부터 2010년에 이르는 1년도 채 안 되는 짧은 시간 동안 왕야웨이王亞偉가 이끄는 화샤다판華夏大盤은 현금 운영에 어려움을 겪고 있는 ST 종목에 투자해 9,000여 만 위안의 수익을 챙겼다. 화려한 성과를 올릴 수 있었던 것은 화샤다판이 유통주의 최대 주주였기 때문이다. 조직 개편 과정에서 상장사는 성공적인 구조조정을 위해 자연스럽게 투자자의 이익을 살뜰히 살피기 마련이다. 이런 점을 감안했을 때 앞으로 다음과 같은 상황이 펼쳐질 것이라고 확신한다. 이후 A주에서 ST뿐만 아니라 배당금, 주식 추가 발행, 상장폐지를 결정할 수 있는 권력을 중국증권관리감독위원회에서 주식 투자자와 기관투자자에 이양시킨다면 매년 상장기업에 할인해 주식을 배정하도록 압력을 가하거나 과감하게 배당금을 지급하라고 청구할 수 있는 힘이 생기게 될 것이다. 정말로 이런 상황이 펼쳐진다면 IBM처럼 95년 연속 현금 배당하는 기업이 중국 땅에도 나타날지 모른다.

그렇다고 마냥 기뻐할 일이 아니다. 달콤한 과실을 먹으려면 땀 흘려 일해야 하기 때문이다. 다시 말해 이런 성과를 거두려면 내부자거래를 철저하게 근절해야 한다. 내부거래나 각종 정보 조작으로 수익을 창출할 수 있다면 주가는 기업 경영과 배당금 같은 기초체력이 아니라 악의적으로 엉터리 소식을 쏟아내는 일부 큰손에 의해 놀아날 것이다. 이를테면 부동산·인프라 건설·교육 사업에 투자하고 있는 쑤닝유니버설蘇寧環球이 광산업에 투자할 것이라는 소문이 3개월 동안 시중에 파다하게 퍼졌지만 소문과 달리 12월에 거래가 중지되고 말았다. 그후

쑤닝유니버설은 황금 등 귀금속 개발·비철금속 개발·석탄 채굴 등으로 경영다각화에 나선다는 소식을 공식적으로 발표했다. 2011년 대표적인 저가주, 즉 잡주인 중인中茵부동산은 주 종목인 부동산 외에 제약 등으로 경영다각화에 나섰는데, 진출 과정에서 정보가 유출되면서 투자자에게 거액의 손해를 입혔다. 그러므로 중국증권관리감독위원회는 확고한 룰을 견고하게 세워야 한다. 요컨대 투자자가 상장사를 압박하거나 공격하는 일은 물론 심지어 경영 방해나 악의적인 소문을 의도적으로 퍼뜨리는 경우 강하게 처벌해야 한다. 이런 법칙이 불문율로 굳어진다면 중국 증시는 합리적인 성장을 통해 '세계에서 가장 빠른 경제성장률을 자랑하는 국가, 하지만 세계 증시 중 최악의 실적을 기록한 국가'라는 꼬리표를 뗄 수 있을 것이다.

하지만 내부자거래를 근절하는 것만으로는 기관투자자에 대한 체계적인 관리 감독 시스템을 재구축하기는 어렵다. 그들의 역할에 대한 중국증권관리감독위원회의 체계적인 개혁 사고가 부족하기 때문이다. 궈수칭 의장의 집권 시절, 단기매매로 시세차익을 노리는 스캘핑Scalping 그룹, 2009년 리딩그룹領先集團有限公司과 중국광화과학기술펀드中國光華科技基金會의 합병 협상 발표되기 전에 오간 내부자거래를 적극적으로 처리하기는 했지만 기형적인 중국의 펀드 생태계는 조금도 나아지지 않았다. 최근에 발표된 바에 의하면 연간 보고서를 발표한 211개 펀드사가 모두 846억 위안의 적자를 보았다고 한다. 기형적인 중국의 펀드 생태계를 감안할 때 이 소식은 결코 놀랄 만한 일이 아니다. 거북하겠지만 해야 할 말은 해야겠다. 수천만의 펀드 투자자들이여, 당신은 수천만 펀드 고객 중 하나일 뿐이다.

기관투자자가 생각하는 진정한 의미의 물주는 바로 은행이다. 펀드를 얼마나 팔든, 수수료를 얼마나 받든, 모든 것이 은행과의 관계에 달렸다고 생각하기 때문이다. 2009년 중국증권관리감독위원회가 펀드 판매를 제한하기 위해 도입한 펀드 보수율이 단번에 40%까지 치솟더니 급기야 최고 70%를 기록하기도 했다. 게다가 펀드의 운영비용이 은행 판매보다 높기 때문에 대다수의 관리비를 사실상 투자를 책임지고 있는 펀드 운용사가 아닌 은행이 가져간다. 그럼에도 은행은 펀드 발행 이후의 실적에는 그다지 신경 쓰지 않는다. 펀드 운용 실적과 수수료는 아무런 상관이 없기 때문에 은행으로서는 수수료에만 관심을 기울일 뿐이다. 요컨대 기관투자자로서는 차분히 투자 전략을 연구하고 주식을 분석하는 것보다 은행에 연줄을 대는 데에 시간을 들이는 편이 훨씬 낫다. 그래야 나중에 유행하는 펀드를 은행을 통해 조금이라도 더 받을 수 있기 때문이다.

중국증권관리감독위원회는 궈수칭의 진두지휘 아래 제삼자 독립 판매 기관 면허증을 발행하기 시작했다. 2012년 2월 22일, 중국증권관리감독위원회는 독립적인 펀드 판매 기관 명단을 발표했는데, 선전 종뤼투자고문주식회사深圳衆祿投資顧問有限公司, 상하이 눠야정항上海諾亞正行基金銷售投資顧問有限公司, 하오마이차이푸好買財富, 동팡차이푸東方財富 네 곳이 동시에 선정되었다. 이렇게 해서 문제가 해결되었을까? 그렇지 않다. 독립된 이들 펀드 소비 기관과 기관투자자가 합의한 펀드 보수율은 여전히 40%였다. 결론적으로 말해 중국은 여전히 판매 기관, 펀드매니저, 펀드 투자자의 이익을 장기적인 투자수익률과 일치시킬 수 있는 시스템을 마련하지 못했을 뿐만 아니라 무책임한 기관투자자에 대해 법적 책임을

한 치 앞도 안 보이는 중국 증시

물을 수 있는 권리를 펀드 투자자에게 부여하지 못했다.

　중국 증시를 근본적으로 개혁하려면 셋째, 중국증권관리감독위원회는 제 오른손, 즉 상장과 퇴출 심사권을 폐지해야 한다.

　현재 중국의 심사 시스템은 말 그대로 엉망진창이다. 중국증권관리감독위원회의 상장 심사를 통과하기 위해 기업은 온갖 꼼수를 부리고 있는데, 이를테면 거액을 들여 주요 보증인을 교체하거나, 물에 빠진 놈 지푸라기라도 잡는 심정으로 벤처 투자 기관을 끌어들이기도 한다. 특히 상장 재심사를 앞두고 있는 상당수 업체는 실적과 자본 부풀리기에 공을 들이는 모습이 역력하다. 그중에서도 정도를 가장 벗어난 행위는 발행 심사위원회 위원을 경질하는 경우다. 주하이珠海 호카이의료설비주식회사和佳醫療設備股份有限公司를 예로 들어 설명해보겠다. 2011년 7월 11일, 호카이의료설비주식회사가 투자 설명서를 발행하자마자 매스컴에 의해 부패 스캔들이 터져 나왔다. 후난성 정부가 공식 사이트에 '뇌물을 수여한 39개 의료기관 블랙리스트'를 게시했는데, 그중 하나가 호카이의료설비주식회사였다. 가장 치명적인 문제는 스캔들이 터진 타이밍이었다. 이 소식은 2008년 7월 18일에 공개되었는데, 중국증권관리감독위원회에서는 주식 발행자가 주식 발행 3년 안에 심각한 위법행위를 저지를 경우 심사 대상에 오를 수 없다고 규정하고 있기 때문이었다. 해당 규정에 따라 호카이의료설비주식회사의 상장 심사 신청은 즉각 취소되었다. 하지만 어찌 된 영문인지 그로부터 보름도 채 지나지 않아 호카이의료설비주식회사가 차스닥에 다시 한번 등장했다. 그 모습을 지켜본 시장에서 '역사상 가장 빠른 재입성'이라며 혀를 내둘

벼랑 끝에 선 중국 경제

렀다. 이보다 더 우스운 사실은 상장 재심사 과정에서 호카이의료설비주식회사가 제출한 재무 보고서의 데이터가 이전 심사 때와 한 글자도 달라진 게 없다는 것이다. 게다가 투자 설명서도 다시 제출하지 않았다. 호카이의료설비주식회사는 어떻게 해서 재심사를 무사히 통과한 걸까? 개인적으로 조사해보니, 1차 심사 때와 달라진 것이라고는 오직 호카이의료설비주식회사의 상장 재심사 과정에 기존의 상장 심사위원 일곱 명 외에도 변호사 두 명이 추가로 참석했다는 것뿐이었다.

상장에서 가장 중요한 것은 객관적인 검증을 통해 건전하고 전도유망한 옥석을 골라내는 것이다. 그럼에도 중국증권관리감독위원회는 주식 투자자에게 투명성과 객관성이 보장된 심사평을 여전히 들려주지 못하고 있다. 상장 심사에서 부패와 권력이 뒤범벅된 곳이 바로 재심사 과정이다. 1차 심사 때 심사에 통과하지 못한 업체가 기존과 동일한 정보를 제출했음에도 순조롭게 재심사를 통과할 수 있었던 비결은 무엇일까? 재심사에 통과한 업체를 대상으로 대략적으로 통계를 내보니, 지금까지 재심사에 통과한 사례 중 임시로 보증 기관을 교체한 업체가 다섯 곳, 상장 지점地点을 변경한 업체 네 곳, 재심사를 무사히 통과하기 위한 방편으로 PE/VC, 즉 사모펀드와 벤처 캐피탈이라는 포석을 깔고 기습 상장을 저지른 업체가 여덟 곳인 것으로 나타났다. 기습 상장으로 어떻게 상장 심사에서 통과할 수 있단 말인가? 새로운 주주가 뒤에서 작업에 나선 것은 아닐까? 이런 일이 있을 때마다 사법기관에서 관련 조사에 나서야 한다고 강하게 호소하는 바다. 그 배후에는 어쩌면 심각한 부패 사건이 연루되어 있을지도 모른다.

호카이의료설비주식회사와 같은 수많은 상장 부패 사건은 귀수칭이

한 치 앞도 안 보이는 중국 증시

중국증권관리감독위원회 의장으로 있는 동안 발생한 문제는 아니지만 재심사 공개 문제는 아무런 성과를 거두지 못하고 흐지부지 끝나고 말았다. 그 밖에 주식 투자자는 여전히 중국증권관리감독위원회의 상장 심사위원에 대해 소송을 제기할 수 없다. 뤼따디 사건이 터지면서 이번 사건과 관련된 상장사 임원진과 담당자가 모두 조사를 받았지만 뤼따디를 심사한 상장 심사위원 중에 문책당한 사람은 단 한 명도 없었다. 소송이든 아니면 문책이든 중국증권관리감독위원회에 증권법을 준수하도록 압력을 행사할 방법이 전무한 실정이다.

이런 문제를 해결할 수 있는 가장 효과적인 해결책은 아예 증권관리감독위원회의 주식발행심사위원회를 폐지하고 증권거래소에 심사권을 주는 것이다. 선전증권거래소에 대형주에 대한 심사권을, 상하이증권거래소에는 중소판과 창업판에 대한 심사권을 부여하는 것이다. 두 증권거래소 간 경쟁을 유도하고 중국증권관리감독위원회는 관리 감독만 담당하면 그만이다. 만일 상장 심사를 두고 두 거래소에서 문제가 다시 불거져 나온다면 중국증권관리감독위원회는 몇 억 위안의 벌금형을 선고하거나 상장 일시정지와 같은 처벌에 나서면 된다.

상장뿐만 아니라 상장폐지를 결정할 수 있는 권리를 주식 투자자에게 넘겨주는 일에 대해서도 중국증권관리감독위원회는 진지하게 고민해볼 필요가 있다. 물론 궈수칭 의장의 과감한 결단력과 추진력은 높게 평가한다. 그의 노력에 힘입어 올해 상반기에 차스닥과 주거래 시장에서 새로운 상장폐지 제도가 실시된다는 소식을 나 역시 들었다. 하지만 이것만으로는 부족하다. 권리를 주식 투자자에게 돌려주려면 아직도 멀었다. 실제로 A주 시장에서 업체의 상장을 폐지할 수 있는 권한을 쥐고 있는 것은 중국증권관리감독위원회뿐이다. 이를테면 중국증권관리감독위원회가 조사를 통해 실적이 조작된 것이라고 판단하면 상장이 폐지된다. 이론적으로는 그렇지만 현실은 이와 다르다는 데에 문제가 있다. 중국증권관리감독위원회는 조사를 통한 부실기업 옥석 가리기에 아무런 관심이 없기 때문이다. 게다가 중국증권관리감독위원회가 업체의 손실을 인정했다고 하더라도 탐욕스러운 대주주가 상장사를 쉘 컴퍼니Shell company, 즉 자산이나 사업 실적이 없는 명목상의 회사로 만들어 매각하면 그만이다. 대주주는 그나마 수익이라도 올릴 수 있지만 소액주주는 대주주의 일방적 권력 행사를 막을 발언권조차 없다.

그렇다면 미국은 어떨까? 중국과 달리 상장을 폐지할 수 있는 권한이 관리 감독 당국이 아니라 투자자의 손에 쥐어져 있다. 본래 상장사의 최고 권력자는 오로지 주주이기 때문이다. 나스닥의 상장폐지제도는 무척 간단하다. 중소기업의 주가가 1달러 이하, 대기업의 주주가 5달러 이하로 떨어질 때 상장이 폐지된다. 그리고 해당 업체의 주주가 적어도 400명 있어야 폐지가 결정된다. 요컨대 상장폐지 여부는 상장사에 의해 쉽게 조작될 수 있는 이익이 아니라 해당 주식에 대한 주주의 가치평가에 달려 있다. 지금은 적자를 기록하더라도 해당 업체에 대해 주주가 아직 희망이 있다고 판단한다면 상장폐지를 밀어붙이지 않는다. 반대로 투자가치가 없다고 판단될 경우 주식을 팔면 그만이다. 소액 투자자의 주식 매도로 주가가 1달러 이하로 떨어지면 놀란 대주주가 달려 나와 수습에 나설 것이다. 그럼에도 소액주주가 계속해서 줄어들어 400명 이하로 떨어지면 영업정지라는 선고를 받게 된다.

Part **4**

위기에 직면한 민영기업들

타오바오 대전을
조종하는 세력

높은 세금과 임대료가 중국인들의 일자리를 없애고 있으며,
GDP와 내수시장의 활성화마저 가로막고 있다.
오프라인 매장의 판매가격이 온라인 매장보다 더 비싼 것도
과도한 세금, 계속 오르는 임대료와 인건비를 피하기 위해서다.

2011년 세간의 이목을 집중시켰던 사건 중에 '3Q대전'과 '타오바오 대전'이 있었다. 두 사건은 그해 중국 인터넷을 뜨겁게 달구었던 이슈라는 공통점을 띠고 있지만 문제의 발단 면에서 두 사건은 성격을 달리한다. 우선 3Q대전은 이익을 위해서라면 소비자조차 인질로 삼는 대기업의 횡포를 있는 그대로 보여주고 있다. 중국 최대 온라인 보안 업체 치후奇虎360이 개인정보 유출 방지용 보안 프로그램 360세이프를 출시하면서 문제가 불거지기 시작했다. 해당 보안 프로그램이 깔린 컴퓨터에서 온라인게임 업체인 텐센트Tencent가 개발한 인터넷 메신저 서비스 QQ를 사용할 수 없게 되자, 텐센트는 QQ 메신저의 정상적인 작동에 악영향을 줄 수 있다며 해당 보안 프로그램이 설치된 유저의 QQ 메신저 사용을 일방적으로 막았다. 이로 인해 당시 약 10억 명의 네티즌이 사용에 불편을 겪었다. 두 업체 간 갈등이 심화되는 가운데 중국 정부가 사업 정지에 준하는 경고 서면을 하는 등의 제지로 문제는 간

벼랑 끝에 선 중국 경제

신히 일단락되었다. 치후360 측은 보안 프로그램을 수거했고, 텐센트 역시 QQ 메신저를 복원시켰다. 하지만 네티즌을 볼모로 한 두 업체 간의 기싸움은 이익을 위해서라면 소비자의 권리마저도 일방적으로 무시할 수 있다는 중국 인터넷업계의 냉혹한 현실과 부도덕성을 알리는 계기가 되었다.

이와는 반대로 타오바오 대전은 현재 중국 민간 기업, 특히 중소 상인이 처한 어려운 현실을 있는 그대로 보여주고 있는데, 이번 장에서 이를 구체적으로 다루고자 한다. 타오바오 대전이 최고조를 치닫던 당시, 무려 5만 명이 17차례에 걸쳐 타오바오淘寶에서 제공하는 법인 B2C 서비스인 타오바오 몰 내의 유명 브랜드를 공격했다. 사건의 발단은 아주 단순했다. 타오바오 몰이 2011년 10월 10일 갑작스럽게 2012년의 기술 서비스 비용을 기존의 6,000위안에서 3만 위안, 6만 위안으로 차등 인상하겠다고 밝혔다. 게다가 기존의 1만 위안이었던 입점상 위약 보증금 제도의 기준금도 5만 위안, 10만 위안, 15만 위안으로 차등 인상하기로 했다는 성명을 추가로 발표했다. 타오바오의 일방적인 선언에 불만을 품은 일부 영세 상인들이 중국의 대표적인 포털 사이트이자 중국판 구글이라 불리는 바이두百度 게시판과 QQ를 통해 함께 행동에 나서기로 뜻을 모았다. 후불 결제로 타오바오 매장에서 물건을 구입한 뒤 마음에 들지 않는다며 환불을 요구하는 방식으로 유명 브랜드 업체를 공격한 것이다. 그들만의 소란이라고 무심하게 볼 일이 아니다. 이번 전쟁이 중국 경제에 얼마나 중요한 의미로 다가서는지 그 이유를 알게 된다면.

고성장하는 인터넷쇼핑의 이면을 보라

이번 전쟁에서 중소 상인들이 저지른 행동은 그 자체만으로도 불법행위임에 틀림없지만 이것을 문제 삼을 생각은 추호도 없다. 그보다는 소자본만으로도 사업할 수 있는 세상을 바라는 중소 경영주의 뜨거운 갈망이 그들의 행동에 반영되었다는 데에 주목해야 한다고 본다. 타오바오는 전 세계에서 가장 큰 오픈 마켓인 이베이에서 사업 모델을 배웠지만 취급하는 콘텐츠는 다소 성격이 다르다. 이베이의 경우 취급하고 있는 상품의 80%가 중고품이지만 타오바오에서는 전체 상품의 90%가 신제품이다. 취급 품목에서 이런 차이가 나타나게 된 근본적인 원인은 타오바오의 진입 문턱이 낮기 때문이다. 요컨대 타오바오에서 일어나는 모든 거래는 기본적으로 보증금만 내면 별도로 추가 세금을 낼 필요가 없다. 보증금을 지불한 후 타오바오 계정만 등록하면 그만이다. 사실 이는 중국이라는 특수한 경제체제에서 생겨난 독특한 산물로, 그 특징을 정리해보면 대략 다음과 같다.

첫째, 중국의 인터넷쇼핑 소매액이 빠르게 성장했다. 중국 인터넷정보센터가 최근에 발표한 '제28차 중국 인터넷 발전 상황에 관한 통계보고'에 따르면, 2010년 중국 인터넷시장의 전체 거래액은 5,231억 위안으로 2009년의 2,500억 위안보다 두 배 이상 상승했다. 2007년과 2008년 인터넷시장의 전체 거래액이 각각 560억 위안, 1,281억 위안을 기록했다는 점을 감안할 때 중국 내 인터넷쇼핑 시장이 급성장하고 있음을 쉽게 알 수 있다.

둘째, 인터넷쇼핑의 거래 규모가 무서운 속도로 증가했다. 2010년

벼랑 끝에 선 중국 경제

데이터에 따르면, 전 세계 인터넷쇼핑 시장에서 중국이 차지하는 비중은 7분의 1인 약 14%인 것으로 나타났다. 2010년 말 세계 GDP에서 중국의 GDP가 차지하는 비중이 10%가 채 안 된다는 점을 떠올려볼 때 중국의 인터넷쇼핑 시장이 기하급수적으로 성장하고 있음을 한눈에 알 수 있다.

셋째, 인터넷쇼핑 시장의 성장과 중국의 인터넷 보급률 상승은 하등의 관계도 없다. 일본, 미국의 인터넷 보급률은 중국보다 높지만, 이들 국가의 네티즌은 중국 네티즌과 달리 인터넷쇼핑에 그다지 관심이 없다. 나는 자료 비교를 통해 한 가지 사실을 찾아냈는데, 미국의 인터넷쇼핑에서 취급하고 있는 상품이 주로 전자책·소프트웨어인 반면 중국의 경우 의류·신발·도서·화장품 등 일상용품을 주로 취급하는 것으로 확인되었다.

넷째, 인터넷쇼핑이 중국에서 빠르게 성장할 수 있었던 주된 이유는 합리적인 가격 때문이다. 오해하지 마라. 나는 중국의 인터넷쇼핑 가격이 합리적이라고 했지 저렴하다고 말한 적은 단 한 번도 없다. 최근 높은 인기를 끌고 있는 아이폰4로 구체적인 예를 들어보자. 타오바오몰에서 아이폰4 한 대 가격은 4,400위안인데, 개인 C2C 서비스인 타오바오 마켓 플레이스淘寶集市에서는 4,100위안에 팔리고 있다. 그렇다면 홍콩 내 아이폰4 공식 사이트에 명시된 가격은 얼마일까? 4,600홍콩달러, 즉 3,845위안에 판매되고 있다. 요컨대 타오바오 마켓 플레이스의 최종 판매가는 홍콩에서 구입한 아이폰4보다 200여 위안 더 비싼 셈이다. 그럼에도 아이폰4가 타오바오에서 불티나게 팔리는 것은 중국 내 아이폰 오프라인 매장의 판매가인 4,688위안보다 훨씬 저렴하기 때문이다. 핸드폰 외에도 많은 이들이 오프라인 매장을 찾아 제품의 크기와 색깔을 꼼꼼하게 살핀 후 인터넷에서 구입한다. 적어도 30% 이상 저렴한 가격을 주고 똑같은 제품을 구입할 수 있으니 소비자 입장에서는 당연히 온라인쇼핑에 손이 간다. 디자인은 물론 품질마저 똑같은 구두를 오프라인 매장에서는 899위안에 팔고 온라인상에서는 600위안에 팔고 있는 경우도 허다하다. 오프라인 매장의 판매가격이 더 비싼 데에는 크게 두 가지 원인이 작용했기 때문이다. 하나는 과도한 세금이고, 나머지 하나는 임대료와 인건비가 계속해서 인상되고 있기 때문이다.

소매 시장이 기형적으로 변한 이유

중국 대륙에서 잡화점을 하나 열기 위해 밟아야 하는 수속이 대형 유통 매장과 비슷할 뿐만 아니라 감면 혜택을 받을 수 있는 세금 항목도 없다. 잡화점 하나 여는 데에 부과해야 하는 세금에는 영업세 5%, 부가가치세 4~17%, 영업세와 부가가치세 총합의 7%인 도시건설세, 영업세와 부가가치세 총합의 3%인 교육비, 영업세와 부가가치세 총합의 2%인 지방교육비, 인화세, 도시 토지 사용세 등이 포함된다. 얼추 그 수만 세어 보아도 대략 15개 항목으로, 대형 유통 매장이 내는 세금 항목과 거의 맞먹는다. 그 밖에도 각 지역의 상황에 따라 별도의 세금을 추가로 내기도 하는데, 이를테면 공상국 행정관리비·문화국 심사수수료 등이 있다. 소금·담배·주류·의약품 등의 특허가 필요한 품목을

벼랑 끝에 선 중국 경제

다룬다면 공안국에 가서 관련 등록을 밟고 서류를 준비해야 한다. 물론 여기에도 수수료를 내야 한다.

소규모 업체는 세금을 낼 필요 없다고 주장하는 사람이 있다. 규정에 따르면 월 영업액이 5,000위안 이하인 업체는 부가가치세, 도시건설세, 교육비가 면제된다는 것이다. 좋은 소식임이 틀림없지만, 한 가지 신경 쓰이는 문제가 있다. 월 영업액 5,000위안이면 도대체 어느 정도의 수익을 의미하는 걸까? 독자의 이해를 돕는 차원에서 구체적인 수치로 설명해보겠다. 중국인은 아침을 주로 밖에서 해결하는 편이라 아침식사만 전문적으로 파는 식당을 흔히 볼 수 있는데, 베이징에 있는 식당에서 아침 한나절 장사로 보통 하루에 500위안 이상 번다고 한다. 단언하건대 이보다 더 적게 버는 가게는 결코 없으리라. 한 달 수입이 5,000위안이라고 해도 이익률이 20%에 불과하다면 입에 풀칠하기도 벅차다. 게다가 이익률이 20%나 되는 잡화점이 과연 몇 개나 된단 말인가. 앞에서 설명한 대로 계산해보면 잡화점의 99.99%는 세금을 내야 한다는 결론이 나온다.

세금 외에도 각종 임대료와 인건비 역시 빠르게 오르고 있다. 개인적으로 친분이 있는 한 지인과 안부를 주고받던 중에, 지인이 살고 있는 건물 아래에서 장사하던 만두가게가 갑자기 문을 닫았다는 이야기를 들었다. 장사가 쏠쏠하게 되던 곳인데 갑자기 문을 닫은 까닭이 뭐냐고 묻자, 임대료와 인건비가 너무나 뛰었기 때문이란다. 예전에 6,000위안 하던 한 달 임대료가 지금은 갑자기 1만 5,000위안으로 치솟았고, 1인당 800위안이었던 인건비도 지금 1,200위안으로 올랐다는 것이다. 그마저도 일할 사람을 구하지 못해 애를 태웠다고 한다. 전체 이

타오바오 대전을 조종하는 세력

익에서 임대료와 인건비만 빼도 손에 남는 것이 없으니 가게 문을 닫는 수밖에 없었다고 한다. 이런 현상 때문에 베이징에서 잡화점은 점점 사라지고, 그 자리를 대형 유통 매장이 빠르게 채우는 것을 볼 수 있다. 오죽하면 중저가 스포츠용품 브랜드인 리닝마저 버텨내지 못했겠는가. 2010년 말, 리닝은 개혁이라는 미명 하에 약 500~600개 매장을 모두 철수시켰다. 회사 측에서는 효율성 향상을 위한 과감한 조치였다고 평가했지만 사실은 그렇지 않았다. 갑자기 수많은 매장을 폐쇄한 진짜 이유는 더 이상 매장을 운영하기 어려울 정도로 리닝 사가 운영하고 있는 개별 매장의 실적이 크게 떨어졌기 때문이었다. 나름 인지도를 자랑하는 업체마저 이런데 의류나 일상용품을 파는 영세 상인이 어떻게 버텨낼 수 있겠는가.

대형 유통 매장의 경우 잡화점이나 과일가게보다 좀 더 저렴한 가격으로 상품을 판매하기만 해도 쉽게 고객을 유치할 수 있다. 왜냐하면 중국 소비자가 물건을 구입할 수 있는 곳이 소규모 상점, 잡화점, 대형 유통 매장밖에 없기 때문이다. 하지만 소규모 상점과 잡화점의 경우 무거운 세금을 떠안고 있는데다 규모도 작기 때문에 상품 단가가 상대적으로 비싸 결과적으로 소비자로부터 외면당하고 말았다.

이보다 더 흥미로운 사실은, 전 세계 소비 시장 중 오로지 중국에만 입점세라는 형태의 소매 모델이 있다는 것이다. 요컨대 납품 업체가 입점세를 내야만 비로소 대형 유통 매장에서 비로소 납품 업체의 상품을 진열해주는 것이다. 대형 유통업체의 횡포는 여기서 끝이 아니다. 대형 유통업체는 상품이 판매된 뒤에 즉각 납품 업체에 결제해주지 않고 세월아 네월아 하면서 대금 결제를 미루고 있다. 대형 유통업체의

벼랑 끝에 선 중국 경제

납품 업체 쥐어짜기 기술은 점점 고도로 발달하면서 영세한 납품 업체를 벼랑 끝으로 내몰고 있다. 이처럼 시장에서의 우위를 이용해 중소기업을 핍박하면서 소자본만으로 쾌속 성장을 일구어낸 대표적인 기업으로 까르푸가 있다.

대형 유통업체의 입김이 커지면서 기형적인 유통 구조가 탄생하고 말았다. 이를테면 출고가가 1.2위안 하는 누룽지가 3위안에 대형 유통 매장에서 팔리고 있다. 한 기자가 조사한 결과에 따르면, 베이징 진시우錦銹 도매시장에서 아몬드 100g당 판매가격이 4.8위안, 캐슈너트 7위안, 깐 잣 7.2위안, 생호두 6.6위안, 건포도 1.2위안, 피스타치오는 6.6위안이라고 한다. 하지만 베이징에 있는 대형 유통 매장 중 하나인 우메이物美 매장에 입점하는 순간 동일한 제품임에도 불구하고 가격이 거침없이 치솟는다. 4.8위안했던 아몬드 100g의 가격이 15.9위안으로 오르고, 캐슈너트는 14.2위안, 깐 잣은 25.8위안, 생호두는 19위안, 건포도는 3.29위안, 그리고 피스타치오는 17위안에 팔리고 있다. 대형 유통 매장에서 판매되는 여섯 개 품목의 평균 가격이 도매가격보다 무려 2.58배나 높은 것으로 나타났다.

잡화점, 편의점, 과일가게를 열 때 등록 수속이 간단하고 세금 부담도 크지 않다면 상품 가격이 내려갈 것이다. 게다가 영세한 소매업체는 주로 거주 지역이나 중심상업지구 주변에 집중적으로 몰려 있기 때문에 서민들로서는 필요한 상품을 손쉽게 구입할 수도 있다. 집이나 회사 주변에 있는 잡화점, 편의점을 이용하게 되면 대형 유통 매장을 찾을 이유가 없어질 것이고, 고객을 잃은 대형 유통 매장은 생존을 위해 어쩔 수 없이 가격을 인하할 것이다. 그렇게 되면 최종적으로 혜택을 보는 것은 소비자다.

이상의 분석을 통해 높은 세금-높은 임대료가 일자리를 없애고 있으며 GDP와 내수마저 위축시키고 있음을 알 수 있다. 이런 현상은 궁극적으로 대형 유통업체가 영세한 소매시장을 잠식하는 기형적인 상황을 유발한다. 중국에서 인터넷쇼핑이 상당히 발달하게 된 원인은 세금, 인건비와 임대료가 포함되지 않은 온라인 제품의 가격이 오프라인 매장보다 훨씬 저렴하기 때문이다.

홍콩과 일본의 소매업은 왜 잘되는가

대륙 밖으로 시선을 돌려 홍콩의 경우를 살펴보자. 홍콩의 중심상업지구나 주민 거주 지역 곳곳에서 상점이나 작은 술집, 가게를 찾아볼 수 있는데, 실제로 홍콩에서는 5분 안에 적어도 7~11분 거리에는 세븐일레븐이나 OK편의점을 만날 수 있다. 사람들이 많이 다니는 사거리에는 24시간 항상 환하게 불을 밝혀놓고 손님을 받고 있는 편의점을 볼 수 있다. 홍콩 곳곳에서 편의점이나 작은 상점을 쉽게 발견할 수 있는 까닭은 편의점이나 잡화점을 차리기 쉽기 때문이다. 업체 등록만 하더라도 신청에서부터 허가까지 길어도 12일을 넘지 않는다. 사전에 등록된 업체를 구입했다면 당일에 소유 절차를 모두 마칠 수도 있다. 자, 이제 가게를 등록했다. 그다음에 무엇을 하면 될까? 간단하다. 가게 문을 열고 바로 장사하면 된다. 과일을 팔아도 되고, 담배를 팔아도 되고, 문화 관련 상품을 팔아도 된다. 판매자가 원한다면 황금을 팔아도

벼랑 끝에 선 중국 경제

무방하다. 취급 품목에 대한 규제가 따로 없기 때문에 추가로 판매 등록을 하지 않아도 된다. 다시 말해 중국 대륙처럼 위생부衛生部나 공상부, 문화부, 공안부를 일일이 찾아다니며 신고하지 않아도 된다는 뜻이다.

게다가 15개나 되는 중국 대륙의 세금 항목에 비해 홍콩의 것은 단출하기 이를 데 없다. 하나는 중국 대륙에도 있는, 등록 시 등록 자본의 1,000분의 1에 해당하는 비용을 인화세印花稅로 지불하는 것이고, 나머지 하나는 17%에 달하는 이득세다. 수익세는 돈을 번 뒤 내는 세금으로, 수익이 없다면 내지 않아도 된다. 가게 문만 열어도 세금을 내야 하는 중국 대륙과는 하늘과 땅 차이다. 이처럼 낮은 세율 덕분에 홍콩의 소매업은 상당한 수준으로 발전할 수 있었다. 요컨대 낮은 세율이 현재 홍콩의 변화와 발전을 낳았다고 하겠다. 홍콩에는 중국 대륙과 달리 월마트나 까르푸 같은 대형 유통 매장이 없다. 홍콩 내 생활환경이 이들 대형 유통업체가 생존할 수 있는 여건과 전혀 맞지 않기 때문이다. 홍콩 주민들이 식재료를 사기 위해 가장 먼저 찾는 곳은 홍콩 전역에 있는 90여 개의 농산물시장이고, 그 다음이 편의점이다. 물론 홍콩에도 중등 이상 소득층의 소비 수요를 만족시켜 주기 위한 파크엔숍·웰컴 같은 중소형 잡화점도 있다.

그런 점에서 일본은 홍콩과 비슷한 점이 많다. 일본의 대형 매장과 잡화점은 1990년대부터 내리막길을 걷기 시작했는데, 그 공백을 편의점이 재빨리 메웠다. 일본 전역에 고르게 퍼져 있는 편의점은 일본인의 삶에 편리함을 가져다주었을 뿐만 아니라 대량의 취업 문제도 해결하는 데에 일조했다. 현재 일본 전역에 약 4만 개의 편의점이 있는데, 도

타오바오 대전을 조종하는 세력

쿄 지구에만 무려 6,121개의 편의점이 몰려 있다고 한다. 1,256만 명에 달하는 인구를 가진 도쿄 내 편의점 수가 6,121곳인 데에 비해 2,000만 명에 가까운 거대한 인구를 가진 베이징 내 편의점 수가 4,704개에 불과하다는 점만 보더라도 편의점이 일본인의 삶에 얼마나 깊이 파고들어갔는지 쉽게 알 수 있다.

입지가 점점 좁아지는 중국의 소매업과 달리 다양한 서비스와 차별화된 경쟁력으로 무장한 일본의 소매업은 일본인의 라이프스타일까지 바꿀 정도로 생활 곳곳에 깊이 파고들며 안정적인 성장세를 보이고 있다. 일본의 소매업이 지금의 성과를 올릴 수 있었던 것은 공정한 경쟁을 위한 환경을 마련되었기 때문이다. 일본의 편의점 도시락은 맛있고 저렴하기로 유명하다. 게다가 종류도 많고 소비자의 입맛을 그때그때 반영하는 등 노력을 기울인 덕분에 상당수의 일본인이 편의점 도시락을 애용하고 있다. 그러던 중 저렴하면서 신속한 서비스를 제공하는 것으로 치면 둘째가라면 서러워할 패스트푸드업계가 이 시장을 공략하며 공격적으로 서비스를 내놓기 시작했다. 심지어 일본 맥도날드는 50% 할인된 가격으로 도시락 세트를 판매하기도 했다. 여기에 전국적인 판매망을 갖춘 약국이 상비약도 판매하는 일본의 편의점과 가격·상품 전쟁을 벌였다. 싼 약 대신 비싼 약만 팔려는 얕은 상술로는 경쟁 자체가 될 수 없다고 판단한 약국업계가 모든 의약품에 대해 편의점과 치열한 경쟁을 벌였다. 일본의 식품점도 경쟁의 대열에 합류했는데, 도시락부터 뷔페식 패스트푸드에 이르기까지 전 품목에 걸쳐 가격경쟁에 나섰다. 여기에 영업시간을 밤 12시 이후로 연장하는 등 말 그대로 총력전을 펼쳤다. 편의점과 각 업계 간 치열한 경쟁은 결과적으로 일본 대중의 삶에 커다란 편의를 제공해주었다. 일본 소매업계가 기죽지 않고 강하게 맞설 수 있었던 것은, 일본 정부가 줄곧 중소 상인을 보호하는 법률을 채택하고 있었기 때문이다. 미국의 압박에도 불구하고 일본 정부는 과거 대형 유통 매장의 입점을 막는 대규모 소매점포법을 비롯해 대규모 소매점 지구 선정법, 대규모 소매점 입지법 같은 일련의 법적 조치를 강구함으로써 대형 유통 매장으로 인한 부작용을 최대한 막는 데에 전력을 다했다.

사실 선진국 대부분이 대형 점포에 엄격한 규제를 적용하고 있는데, 대표적인 국가로 프랑스가 있다. 프랑스의 까르푸가 중국에서 빠르게 세력 확장에 나서고 있는 것과는 달리 자국에서는 신규 지점을 오픈하려면 다른 지역에 있는 까르푸 한 곳의 문을 닫아야 한다. 영국의 경우 1996년 '대형 소매 점포 시설 개발에 관한 제3차 국가 방침'을 발표했다. 그전만 하더라도 영국에서 대형 매장은 급속도로 퍼져나가고 있었는데 이로 인해 중소 상인이 직접적인 타격을 받자 영국 정부가 팔을 걷어붙인 것이다. 영국 정부가 해당 법안을 발표하면서 영국에서는 소비자가 원하는 식품을 고를 수 있는 매장이 빠르게 퍼져나가기 시작했고, 소형 점포 역시 예전의 활기를 되찾았다. 한편 영국의 대형 점포는 국내에서 신규 대형 점포를 차릴 경우 온갖 규제에 시달려야 하는 곤혹스러운 처지에 빠지자 동유럽 국가로 눈을 돌렸다. 독일 정부 역시 소상인 보호에 앞장서고 있는데, 1,500m² 이상 규모의 대형 점포는 정부가 규정한 특별 지역에서만 영업을 할 수 있도록 규정한 건축물 사용 조례가 바로 그렇다. 독일 정부는 여기서 만족하지 않고, 1986년 개설 허가가 난 대형 매장의 면적을 1,200m²로 축소했고, 1990년대 중반

타오바오 대전을 조종하는 세력

에는 또다시 800m²로 면적을 줄였다. 1996년 독일은 중소 매장의 경영 안정화를 위해 대형 점포의 영업시간을 단축하도록 폐점법을 수정하기도 했다.

어떻게 개인 사업자를 지원할 것인가

첫째, 프랑스를 배워라. 정부가 개입해 납품 업체에 대한 대형 유통 매장의 횡포를 막아야 한다. ① 대형 유통업체에서 받는 각종 명목의 세금, 이를테면 마케팅비·명절비·진열비·입점세 등을 계약서에서 상세하게 설명하도록 해야 한다. 계약서상에 명시되지 않는 별도의 비용을 요구할 경우 납품 업체는 경제질서를 혼란하게 했다는 죄목으로 해당 대형 유통업체를 법원에 기소할 수 있다. ② 대형 유통업체는 납품 업체의 대금 지급을 차일피일 미루지 말고, 대금 지급기한을 규정해야 한다. 이를테면 식품류의 경우 30일 이내에 상품 대금을 지불하고, 나머지 상품도 90일 이내에 결제해주어야 한다. ③ 대형 유통업체는 납품 업체와의 관계를 일방적으로 해지해서는 안 된다. 매년 2월 15일 전에 소매업체는 구매 계약서를 체결해야 하고, 양측 간에 분쟁이 발생했을 경우 대형 유통업체 측은 계약 취소에 따른 의무를 져야 한다.

둘째, 근본적으로 문제를 해결하고 싶다면 중소 상점에 대한 면세 조치와 함께 등록 수속의 간소화 작업이 이루어져야 한다. 현재 15개에 달하는 세금 항목 중에서 기업 소득세를 제외한 나머지 항목은 폐지해

벼랑 끝에 선 중국 경제

도 무방하다. 커뮤니티 내 30m² 이하의 중소 상점이 수익을 올리지 못했다면 면세 혜택을 제공한다. 그 밖에 등록 수속을 간소화해 누구나 쉽게 소매점을 운영하도록 해야 한다. 그래야 동일한 커뮤니티 내에 많은 중소 상점이 입주하더라도 선의의 경쟁이 가능할 수 있기 때문이다. 이를 통해 중소기업에서 취급하는 상품의 가격이 저렴해지면 대형 유통 매장을 찾는 소비자의 발길이 점점 줄어들게 될 것이다. 그 결과 고객을 되찾기 위해 대형 유통 매장은 가격을 추가적으로 인하할 수밖에 없을 테고, 나아가 입점세·진열비를 받거나 인기 없는 상품을 매장 한구석에 몰아넣는 업계의 잘못된 관행도 사라질 것이다. 그렇지 않을 경우 납품 업체는 대형 유통 매장 대신 편의점이라는 새로운 루트를 직접 개척하면 그만이다.

마지막으로, 수많은 인터넷쇼핑몰 운영자에게 하고 싶은 말이 있다. 중국 최대 기업 간 전자상거래 사이트인 알리바바와 타오바오의 최고 경영자 마윈馬雲이 당신에게서 수만 위안을 뜯어간다고 원망할 것 없다. 더 무서운 상황이 그 뒤에 도사리고 있기 때문이다. 2011년 6월 우한 국세국國稅局이 처음으로 개인 인터넷쇼핑몰을 상대로 납세고지서를 발급했다. 우한 국세국으로부터 고지서를 받은 업체의 2010년 영업액은 1억 위안으로, 부가가치세·기업소득세·체납금 모두 합쳐 430만 7,900위안을 납부하라는 통보를 받았다고 한다. 다른 소식에 따르면 우한에서 타오바오 몰 중 소비자들이 가장 많이 찾는 업체들은 일괄적으로 세금 징수 대상으로 분류되었다고 한다. 생각해보라. 인터넷 쇼핑몰 하나 차렸을 뿐인데 부가가치세와 소득세를 납부하라니? 돈

타오바오 대전을 조종하는 세력

몇 푼 떼어가는 마원과는 비교도 안 되는 끔찍한 상황이 눈앞에 닥쳐
오고 있다.

다빈치의 눈물과 지적재산권 위기

당장의 이익에만 눈이 멀어 제 살을 깎은 탓에 중국 기업은
평균 수익률이 3%도 안 되는 제조업에만 몰려들고 있다.
이런 악순환이 반복되면서 중국산 가구는 중국산 우유처럼
세계에서 못 믿을 상품의 대명사로 불리고 있다.

2011년 7월 10일 CCTV는 중국 유명 가구의 대명사인 다빈치가구가 중국에서 제작된 싸구려 가구를 고가의 해외 명품 가구로 둔갑시켜 국내 소비자에게 판매한 사실을 폭로했다. 이 소식으로 중국 사회는 뜨겁게 달아오르며, 명품 선호 사상에 대한 비판 여론에서부터 중국의 고질병이었던 짝퉁 문제, 수익에만 눈이 먼 일부 비양심 업체에 대한 비판에 이르기까지 온갖 이야기가 뒤엉켜 쏟아져 나왔다. 그 때문일까? 엄청난 몸값을 자랑하던 다빈치가구를 사들이는 데에 혈안이었던 VIP 소비자뿐만 아니라 일반 소비자 역시 사건 이후의 상황에 상당한 관심을 보이고 있다. 요즘처럼 신뢰가 사라진 시대에 소비자가 정품이라는 단어가 얼마나 민감하게 작용하는지 반증하는 사례라고 할 수 있다. 베이징·상하이·광저우 등지의 공상 관련 부서가 '다빈치 사건'에 팔을 걷어붙이고 나서며 연일 소비자에게 진상을 알려주기 위해 최선을 다했다. 2011년 7월 15일, 광저우 공상국이 조사에 착수하기로 했다는 입장을 확인한 후 다빈치 사건은 빠르게 중국 전역으로 확대되면서 소비자의 신뢰가 무너졌다. 이런 사태를 지켜보는 중국의 여타 기업은 거센 여론의 반발과 소비자의 의심이 그들에게 향하는 것은 아닌지, 제2의 다빈치 사건 주인공으로 몰리지는 않을지 놀란 마음을 쓸어내렸다. 그도 그럴 것이 중국에서 이런 사건은 끊이지 않고 일어나고 있다. 과거에도 사이언트施恩, 오스뉴트리아澳優의 가짜 분유 사건이 외부에 알려지며 중국 전역을 충격에 빠뜨렸다. 해외 유명 업체에서 수입한 줄 알았던 제품이 모두 중국 내에서 생산되었기 때문이다. 특히 의류의 경우 상당수 업체가 국내 브랜드임에도 불구하고 칼텐딩Kaltendin · 미터즈본위Meters/bonwe · 세미르Semir · 엘크ERKE를 비롯해 서양식 이름을 사용한 터라 사람들은 이들이 고가의 수입 제품임을 의심하지 않았다. 물론 다빈치가 가짜 가구를 만들었다는 것을 입증할 만한 확실한 증거는 없지만 이번 사건으로 중국 브랜드가 신뢰 위기에 처한 것은 틀림없는 사실이다.

중국 제조업에 닥친 심각한 위기

먼저 다빈치 사건에 대해 이야기해보자. 다빈치는 원래 수입 가구를 판매하는 대리상으로, 카펠리티 · 쥬얼리 · 할리우드 · 아르마니 · 베르사체 · 펜디 · 람보르기니 등 100여 개의 대표 브랜드를 거느리고 있었다. 다빈치 가구는 특히 가격이 비싸기로 유명한데, TV 거실장 한 대 가격이 18만 위안, 침대 30만 위안, 소파 하나에 수백만 위안이라고 알

다빈치의 눈물과 지적재산권 위기

려졌다. CCTV의 조사에 따르면 다빈치는 카펠리티의 판매를 대행하는 한편 해당 제품의 디자인을 둥관東莞에 있는 가구업체에 넘겨 똑같은 제품을 만들라는 주문을 넣었다. 그 후 다빈치는 둥관에서 만든 가짜 가구를 이탈리아산 가구로 위장하기 위해 수입 수속을 밟고 그들이 주장하는 'Made in Italy' 초호화 가구로 탈바꿈시켰다. CCTV의 설명에 의하면 이른바 정품이라고 주장하는 가짜 가구가 다빈치 전체 매출의 10% 이상을 차지한다고 한다.

이런 주장에 대해 다빈치는 강하게 반발했지만, 내가 다루고자 하는 문제는 제품의 진위 여부 같은 단순한 문제가 아니다. 다빈치 사건이 일어나게 된 배후, 즉 중국 제조업이 직면한 심각한 위기에 관한 문제다. 2005년부터 중국에서 생산된 가구의 수출 생산액이 이탈리아를 넘어서더니 급기야 중국은 세계 최대 가구 수출국으로 우뚝 섰다. 중국에서 매년 유럽과 미국에 수출하고 있는 가구의 수출 총액은 100억 달러 이상 된다. 양적인 면에서 세계 최대 가구 수출국이라고 자평하는 중국이지만 해외 가구의 디자인을 베껴 얻은 빛바랜 영광이기도 하다.

다빈치 사건이 일어나게 된 데에는 정부 관리 감독 부서의 책임이 크다.

첫째, 중국 정부는 지적재산권을 보호하지 않는 것은 물론 '짝퉁' 제품에 대해서도 아무런 규제도 하지 않았다. 이런 상황에서 평범한 소비자가 다빈치 가구의 원산지, 재료, 조각 기술을 알아볼 수 있을 리만무하다. 다시 말해 관리 감독 부서의 책임 소홀로 소비자의 알권리와 권익은 제대로 보장받지 못했다. 평소 맡은 바 업무에 소홀하던 관련 부서가 문제가 터지고 여론이 들끓고 나서야 부랴부랴 품질 검사에

벼랑 끝에 선 중국 경제

나서는 이유는 뭐란 말인가. 소 잃고 외양간 고친다는 말을 설마 모른
다고 말하지는 못할 것이다.

　둘째, 소비자의 권리를 보장하는 데에 앞장서야 할 소비자협회 역시
침묵했다. 평범한 소비자로서는 상품의 품질 등을 과학적으로 판별하
기 어렵기 때문에, 대부분 상품을 구매하고 직접 사용한 뒤에 결함이
나 하자가 있음을 발견하게 된다. 이런 상황에서 판매 업체에 손해배
상을 청구하기란 결코 쉬운 일이 아니다. 다빈치 사건처럼 소비자를
우롱하는 사건을 밝혀내야 하는 것은 매스컴의 몫이 아니라 소비자협
회가 해야 마땅한 일이다. 뭐하느라 제 할 일도 제대로 하지 못했단 말
인가. 심지어 문제를 해결할 때조차 소비자협회의 그림자는 그 어디에
서도 찾아볼 수 없었다. 이와는 대조적으로 홍콩의 소비자위원회는 정
신없이 바쁜 일과를 보낸다. 그들의 일상을 잠시 들여다보면, 시장에
서 다양한 상품에 관한 샘플을 채취하고 검사 기관에 성분 검사를 요
청하느라 하루 종일 발품을 판다. 최근에 홍콩에서 가짜 주방 도자기
가 대량 유통되고 있다는 소식이 들려왔다. 주방 도자기는 고가품이라
일반 서민 입장에서는 선뜻 구입하기가 쉽지 않은데, 유독 저렴한 가
격으로 인기몰이를 하고 있다는 소식에 홍콩 소비자위원회는 본격적
인 조사에 들어갔다. 39개 가짜 주방 도자기를 조사한 결과, 그릇 안에
서 포름알데히드나 멜라민이 검출되었고, 네 개 제품에서는 심지어 기
준치 이상의 유기물질이 검출되기도 했다.

　수많은 업체에서 온갖 이미지나 이슈를 양산해내며 소비자를 현혹한
다. 소비자협회라면 소비자가 기만당할 때 적극적으로 문제를 해결해
야 하는 것이 본연의 책임일 것이다. 어느 해 유독 추운 날씨 탓에 홍

콩에 셀 수 없이 많은 종류의 보온 내의가 쏟아져 나오기 시작했다. 하루가 다르게 쏟아져 나오는 신제품 중에서도 보온 효과가 가장 뛰어난 제품에 대한 소비자의 궁금증이 더해지고 있는 가운데, 판매 업체는 자사 제품을 홍보하는 데에만 혈안이 되었다. 그중 일부 업체는 자사의 보온 내의는 천잠을 원료로 사용하고 있다며 보온 효과가 탁월하다고 자신하기도 했다. 참고로 천잠은 참나무산누에나방의 애벌레로, 천잠으로 만든 실은 최고급 비단의 소재로 쓰인다. 자연산 천잠사는 워낙 귀해 그 값을 따질 수 없을 정도인데, 영국 황실과 일본 왕실에서 주로 사용하는 것으로 알려져 있다. 이런 천잠으로 만든 보온 내외의 업체 간 홍보전이 치열해지자, 소비자협회가 판매율이 높은 보온 내의에 대한 테스트를 실시하고 그 결과를 소비자에게 공개했다. 확인 결과 테스트에 동원된 네 개 제품은 천잠사가 아닌 합성섬유로 만든 보온 내의임이 확인되었다. 보온 내의의 전통적인 소재인 양모와 비교해도 보온성은 물론 통기성도 빼어나다고 자신하던 신제품의 보온 효과가 크게 떨어진다는 것을 확인할 수 있었다. 한마디로 디자인만 최신 유행을 따르고 있을 뿐 기능적인 면에서는 기존 보온 내의만 못하다는 뜻이었다. 결국 소비자위원회에서 테스트 결과와 개인의 선호도를 참고해 제품을 선별하라고 소비자 측에 권고하는 것으로 일단락되었다.

그 밖에도 중국에서 소비자가 비양심적인 행위를 저지른 업체를 상대로 재판을 벌이기란 여간 어려운 일이 아니다. 이 문제 역시 국가가 해야 할 일이지만 중국의 소비자협회는 제 일에 무심하기 짝이 없다. 이에 반해 홍콩의 소비자위원회는 소비자의 법정 소송을 지원하는 기금을 조성해 혹시라도 있을 수 있는 법정 공방에서 권익을 침해당한

벼랑 끝에 선 중국 경제

소비자의 손해배상을 돕고 있다. 홍콩 소비자위원회의 활약을 보여주는 가장 대표적인 예가 1995년에 있었던 건물 매매 사건이다. 당시 한 부동산 개발 업체가 구역 소유권은 물론 개발권도 확보하지 못한 상황에 공사가 시작되기도 전에 건물을 소비자에게 매매했다. 이런 사실이 외부로 알려지면서 구매자 측에서는 소비자위원회를 통해 소비자의 소송을 지원하는 업체에 도움을 청했고, 객관적인 조사 규명을 통해 결국 부동산 개발 업체에 170만 홍콩달러의 배상금을 12번에 걸쳐 피해자 측에 돌려주라는 판결이 내려졌다. 해당 부동산 개발 업체가 처음 한두 번은 판결 내용을 준수하는 듯했지만 세 번째부터 명령을 이행하지 않자, 해당 업체에서 법원에 부동산 개발 업체의 의무 이행을 촉구하며 청산명령을 선고해줄 것을 청구했다. 법원과 경찰의 협조 하에 해당 사건은 1999년 깔끔하게 마무리되었다.

셋째, 지적재산권은 물론 소비자의 권익도 제대로 보호해주지 못하기 때문에 중국 내 기업들은 다른 사람의 것을 무작정 베끼거나 일반 소비자를 기만하는 일에 크게 개의치 않는다. 일부 업체에서는 합자를 통해 생산한 가구를 수입 가구로 속이고 들여와 소비자에게 팔기도 했다. 예를 들어 중외 합자를 통해 생산된 2+1짜리 소파 한 개당 가격은 1만 6,000위안에 불과하지만 수입품이라는 도장만 받으면 이보다 4~5배 많은 개당 7~8만 위안에 판매가 가능하다. 일부 업체에서는 전시장 안에 수입 가구를 진열해놓았다가 해당 제품을 구입한 소비자에게 상품을 배송할 때에는 국산 제품으로 바꿔치기도 한다. 이처럼 지적재산권을 보호하기는커녕 무시하는 풍토로 인해 중국의 자체적인 브랜드와 기업이 살아나지 못하고 외국산 브랜드가 고가 시장을 잠식하고 있다. 이런 우위를 무기 삼아 외국 브랜드는 중국 시장에서 가격결정권 마저 손에 쥐는 데에 성공했다. 설상가상으로 수입산이라고 하면 무조건 좋다고 보는 중국인의 심리를 파악한 다빈치 같은 비양심적인 업체가 그 틈을 파고들어 폭리를 취했다. 당장의 이익에만 눈이 멀어 제 살을 스스로 깎은 나머지 중국 기업은 평균 수익률이 3%도 채 안 되는 제조업에만 몰려들고 있다. 이런 악순환이 반복되면서 중국산 가구는 중국산 우유처럼 세계에서 못 믿을 상품의 대명사로 불리고 있다.

산업 사슬을 관리하지 못한 후유증

지적재산권 문제에 비하면 사실 원산지 문제는 그다지 심각한 것도 아니다. 실제로 유럽이나 미국에서 판매되는 가구 대부분이 유럽에서 디자인하고 중국에서 만들어진 것이기 때문이다. 한마디로 말해 중국 소비자가 이탈리아제라고 해서 비싼 돈을 주고 사는 가구가 품질이나 디자인 면에서 중국산 가구와 별반 다르지 않다는 뜻이다.

이번 사건에서 정작 다루어야 할 중요한 문제는 원산지가 아니라 지적재산권에 대한 중국인의 몰이해다. 다빈치가구를 옹호하는 일부 세력의 모습을 지켜보고 있노라면 아이폰이 애플 상품이지만 중국에서 만든 것인데, 중국 시장에서 왜 그렇기 비싸게 판매하느냐고 불평을 늘어놓는 중국의 일부 소비자가 불현듯 생각난다. 흥분을 가라앉히고 곰곰이 생각해보라. 애플은 자사의 상품이 완전한 미국산 정품이라고 말한 적이 없다. 오히려 모든 애플 제품에는 '미국 캘리포니아에서 디자인하고, 중국에서 조립했다'는 문구가 적혀 있다.

이 말은 애플이 사용하는 부품을 중국의 기타 핸드폰 업체도 구매할 수 있다는 뜻으로 볼 수 있다. 게다가 애플의 위탁 생산 업체인 폭스콘은 중국 선전과 청두에 공장을 두고 있지 않은가. 중국 위탁 생산 업체가, 그것도 중국 시장에서 부품을 조립하고 있는데도 아이폰과 같은 제품을 만들어내지 못하는 까닭은 무엇인가? 한때 중국이 자랑으로 여기던 짝퉁 핸드폰 생산 업체 중 3분의 2에 상당하는 기업이 지금은 전부 도산해 흔적도 없이 사라졌다. 중국 기업은 물론 세계 최대 핸드폰 생산 업체 중 하나인 노키아 역시 애플의 적수가 되지 못했다. 실제로 2009년 3분기 애플의 핸드폰 사업 부문 수익률이 노키아를 넘어섰다. 애플이 핸드폰 사업에 뛰어든 지 겨우 2년 만에 거둔 성과다.

애플은 어떻게 해서 천하무적이 될 수 있었을까? 산업 사슬의 가장 높은 곳에 위치한 디자인 부문을 꽉 잡고 있을 뿐만 아니라, 산업 사슬의 가장 아래에 해당하는 판매마저 움켜쥐고 있기 때문이다. 현재 분기마다 전 세계 326곳에 위치해 있는 애플 스토어를 찾는 방문객 수가 2010년 전 세계 4대 디즈니월드를 찾은 관광객 수 6,000만 명을 넘어섰다. 온라인 판매액을 제외하더라도 애플 스토어 1m²당 연간 판매액은 4,406달러에 달하는데, 이는 고급 주얼리 브랜드인 티파니의 3,070달러, 럭셔리 브랜드인 코치의 1,776달러를 크게 앞지르는 수치다. 아이튠즈를 포함한 온라인 판매액을 더한다면 애플 스토어의 1m²당 연간 판매액 5,914달러는 루이뷔통과 겨루어도 전혀 손색이 없다.

이제는 고민할 시간이다. 애플은 어떻게 가장 핵심이 되는 프로세스를 손에 넣을 수 있었을까? 바로 지적재산권을 통해서다. 기본적으로 지적재산권을 초석으로 삼고 있는 미국 경제의 구조는 미국의 대중국 수출에서도 그대로 반영된다. 대중국 수출 품목을 살펴보면 명확하게 이해할 수 있을 것이다. 수출 품목을 순위별로 살펴보면 1위는 컴퓨터 소프트웨어 · 정보 시스템 및 전자 부품이며, 2위는 대두와 같은 농산품, 3위는 의약품 및 화학공업품이며, 항공기를 비롯한 운송설비가 그 뒤를 잇고 있다. 1위부터 4위까지 해당하는 제품의 한 해 대중국 수출액은 100억 달러 이상으로, 이들 제품 모두 지적재산권을 최대 무기로 삼고 있다는 공통점을 지니고 있다. 대두 역시 그렇다. 미국이 중국에 수출하는 대두는 모두 유전자조작으로 생산된 것으로, 생산량이 많고 가격이 저렴하다는 장점을 지니고 있지만 다음해 생산량이 저조하거나 아예 생육이 안 되기도 하고 심지어 전염병에 쉽게 걸리기도 한다. 그래서 미국에서 대두 농사를 지으려면 반드시 특허권을 보유하고 있는 생화학 제조업체 몬산토에서 종자를 구입해야 하는데, 종자를 사는 데에 지불하는 비용 중 대부분이 바로 기술 특허 사용료다. 화학공업 · 제약 · 정보기술 등으로 이루어진 특허권 보호 및 소프트웨어산업과 엔터테인먼트 · 출판 등이 주요 대상이 되는 판권 보호 산업을 포함한 지적재산권 관련 산업은 미국 경제의 제1차 산업으로 불리며 미국 전체 경제활동의 17.3%, 전체 개인 경제활동의 20%에 해당하는 가치를 창출해내고 있다. 미국 전체 상장사 가치에서 지적재산권과 관련된 업체가 차지하고 있는 비중이 약 3분의 1에 상당한다.

벼랑 끝에 선 중국 경제

해외 브랜드가 산업 사슬을 다루는 법

다빈치 사건과 같은 짝퉁 해외 브랜드 문제에 대해 수입산이면 무조건 좋다고 여기는 중국 소비자의 잘못된 심리, 심지어 숭배에 가까운 태도에 문제가 있다고 지적하는 이도 적지 않다. 물론 가격이나 품질 등은 따져보지도 않고 무조건 수입산이 최고라고 치켜세우는 맹목적인 소비 방식이 잘못되었다는 것을 나 역시 옹호할 생각은 없다. 하지만 그보다는 수입품이라는 도장만 받으면 설사 중국에서 만든 제품이라 할지라도 국내 제품보다 몇 배나 비싼 가격에, 그것도 날개 돋친 듯 팔리는 현상에 대해 진지하게 고민해야 한다. 품질 면이나 디자인 면에서 그다지 차이가 있는 것도 아닌데 수입품이 훨씬 비싼 가격에 팔리는 현상의 배후에는 브랜드의 힘이 작용했기 때문이다. 다시 말해 해외 업체는 브랜드를 통해 가격결정권을 장악하고 있다. 많은 중국 여성들로부터 사랑받고 있는 유명 수입 화장품 브랜드 랑콤을 예로 들어 살펴보자. 무역 통계 자료에 따르면, 프랑스가 원산지인 랑콤 데이크림의 수입가는 1kg당 50유로로 약 463.5위안이다. 이 계산대로라면 랑콤 데이크림 50g의 수입가는 23위안으로, 여기에 세금 부담률이 50%라고 가정했을 때 12위안의 세금을 더한다고 하더라도 원가와 세금 모두 합쳐 40위안도 채 안 된다. 그런데 백화점에서는 무려 600여 위안이라는 고가에 날개 돋친 듯 팔려나가고 있다. 40위안도 채 안 되는 화장품이 어떻게 해서 600위안이라는 가격으로 팔리고 있을까? 그것이 바로 브랜드의 힘이다.

중국 기업이 브랜드의 힘을 이용해 수익을 올리지 못하는 가장 근본

다빈치의 눈물과 지적재산권 위기

적인 원인은 차별화를 원하는 소비자의 니즈를 전혀 읽어내지 못했기 때문이다. 중국 기업이 손대는 업종이나 상품 모두 외국 기업이 이미 했거나 성장 가능성이 없어 지금은 손 뗀 것들뿐이다.

이와는 대조적으로 해외 업체는 넓은 국제 시장에서 비슷한 제품 간 치열한 경쟁을 통해 누구도 함부로 흉내 낼 수 없는 독보적인 인지도를 확보함으로써 나만의 개성을 추구하는 현대 소비자에게 어필할 수 힘을 기를 수 있었다. 구체적인 사례로 루이뷔통을 보자. 루이뷔통의 약자인 LV라는 로고가 박혀 있는 핸드백이 전 세계 여성들로부터 사랑받게 된 비결은 무엇인가? 고급스러움의 대명사인 프랑스에서 만든 것이기 때문이다. 제1차 산업혁명 이후 기차가 등장하면서 당시 유럽인들 사이에서 기차 여행은 선풍적인 인기를 끌었다. 요새 같으면 해외 여행으로 공항을 찾을 때마다 커다란 가죽 트렁크나 여행 가방을 들고 갔겠지만 당시에는 캔버스나 광주리로 된 가방이 전부였다. 그 틈새를 파고든 루이뷔통은 파리에 가죽 전문점을 차리고 Trianongrey를 사용해 캔버스로 만든 여행용 케이스를 만들었다. 기존의 나무로 짜인 틀 위에 가죽을 입힌 가방이 아니라 튼튼하고 방수 기능이 뛰어난 캔버스 가방은 수납 기능이 부족했던 기존 원형 가방을 제치고 소비자로부터 사랑을 받으며 대성공을 거두었다. 순식간에 프랑스 상류 사회를 사로잡는 성과를 올렸지만 사방에서 짝퉁 제품이 쏟아져 나오기 시작하면서 루이뷔통 역시 어려움을 겪어야 했다. 그런 상황에 창업한 지 42년 만인 1896년부터 LV라는 상표와 브랜드 전략이 본격적으로 등장하기 시작했다. 계속되는 인기에 루이뷔통을 모방한 짝퉁 제품이 쏟아져 나오며 원조를 위협하자, 뷔통 가문에서는 모노그램 위에 LV라는 로고를

벼랑 끝에 선 중국 경제

박기 시작하며 전 세계에 걸쳐 브랜드 전략을 추진했다.

그 밖에 외국 업체는 처음부터 유행을 선도할, 세계적인 공감과 화제를 이끌어낼 수 있는 이슈를 제조하는 노하우를 갖고 있다. 예를 들어 에르메스 제품은 프랑스의 고급 가죽 전문 업체에서 만든 호화 브랜드로 명성이 자자한데, 그중에서도 가장 유명한 것은 단연코 켈리 백이다. 고급 가방에 켈리라는 이름을 지은 까닭은 무엇이었을까? 여기에는 재미난 에피소드가 숨어 있다. 훗날 모나코의 왕비가 된 할리우드의 유명 여배우 그레이스 켈리가 캐롤린 공주를 임신했을 당시 미국 《라이프》지는 공식 활동에 참석한 그녀를 촬영했는데, 그 한 장의 사진이 세계적인 이슈로 떠올랐던 것이다. 그레이스 켈리가 임신으로 둥그렇게 솟은 배를 가방으로 가린 사진이었는데, 여기에 등장한 가방이 바로 훗날의 켈리 백이다. 그 후 모나코 왕실의 정식 허가를 받고 1955년 정식으로 켈리라는 이름을 사용하기 시작했다. 켈리 백은 무두질, 가죽 선정, 염색, 재단에서 재봉에 이르기까지 전부 장인이 직접 손으로 한 땀 한 땀 작업하는데, 백 하나를 만드는 데에만 최소 3개월이 걸린다고 한다. 가방 안쪽에는 가방을 제작한 장인의 인식표가 적혀 있어 나중에 수리나 손질을 받을 때 처음 가방을 만든 장인으로부터 서비스를 받을 수 있도록 세심한 배려를 제공하고 있다. 게다가 고객이 요청하면 영문 이름을 수놓아주기도 한다. 이처럼 남다른 제작 과정과 애프터서비스 덕분에 켈리 백은 비싼 몸값을 자랑한다. 돈 주고도 살 수 없는 백이라는 별명답게 예약은 필수로, 때로는 몇 년을 기다려야 켈리 백을 손에 넣을 수 있다고 한다.

그밖에 에르메스의 버킨 백의 탄생에도 재미난 이야기가 숨어 있다.

에르메스의 경영자 장 루이 뒤마가 비행기에서 우연히 영국 태생이지만 프랑스에서 한참 주가를 올리고 있는 가수 제인 버킨을 만났다. 자주 해외 공연 길에 올라야 했던 버킨은 장 루이 뒤마에게 어린 딸과 외출할 때마다 기저귀나 분유를 잔뜩 챙겨야 한다며, 많은 물건을 한꺼번에 담을 수 있을 정도로 넉넉하고 수납도 편리한 가방이 있으면 좋겠다고 말했다. 그녀의 바람은 훗날 버킨 백의 탄생으로 이어졌다. 넉넉한 사이즈에 편리한 수납 기능을 자랑하는 버킨 백은 수많은 직장 여성들에게 뜨거운 사랑을 받고 있다.

지적재산권 위기에 처한 중국의 현실

지적재산권 보호에 대한 인식 부족으로 중국 기업은 신제품을 연구할 힘은 물론 인재 유치, 시대를 앞서 가는 디자인을 구상할 여력이 없다. 해외 유명 브랜드의 디자인을 베끼는 현재 중국 기업의 행위에 대해 많은 이들이 성장을 위해 반드시 걸어야 할 길이라며 자위하고 있다. 과거 일본 역시 해외 유명 브랜드를 모방해 지금과 같은 성공을 이루었다는 것이 그들의 주장이다. 하지만 과거 해외 브랜드를 흉내 내던 일본의 행동과 현재 중국의 것은 전혀 다른 개념이다. 이를테면 1957년 일본 니콘의 주력 제품인 일안 리플렉스 카메라 SP3는 외형 면에서 독일의 라이카 N3와 똑같지만 니콘의 SP3는 더 큰 크기의 수평 뷰파인더를 장착하고 있어 고품질을 추구하는 경험 많은 전문 사진작가들이 쓰기에 적합하다.

도요타의 사례를 살펴보자. 미국 시장에 처음 진출한 도요타는 참담한 성적표를 받아야 했지만 여기서 좌절하지 않고 적극적으로 미국 시장을 연구하기 시작했다. 미국 소비자의 입맛에 맞추기 위해 도요타는 쌍문형 자동차를 미국 시장 개척을 위한 돌파구로 삼고 연구개발에 매진한 끝에 셀리카 1600을 선보이는 데에 성공했다. 외관은 미국 소비자가 선호하는 디자인을 선택했지만 탑재된 엔진과 부품은 모두 일본의 자체 기술로 만든 것이었다. 가격, 유지비, 연비 면에서 같은 스타일의 미국산 자동차보다 훨씬 저렴하면서도 성능 면에서 조금도 뒤지지 않은 합리성으로 셀리카 1600은 미국 시장에서 도요타 열풍의 주역으로 떠올랐다.

카메라, 자동차 외에도 자체 개발력의 힘을 보여주는 사례로 주방 도구가 있다. 부엌에서 자주 쓰는 주방 도구에도 개발력이 동원되었다는 사실이 잘 믿기지는 않겠지만, 중국 스테인레스 칼 시장에서 단가가 120위안 이상인 제품 중 90% 이상을 독일 헹켈 사의 즈빌링이 독식하고 있다. 현재 중국 시장에서 즈빌링의 트윈 포스타 10종 세트의 가격은 8,800위안으로, 고가임에도 불구하고 절찬리에 판매 중이다. 즈빌링의 연간 판매액은 수억 위안을 넘어섰고, 중국 내 즈빌링 개별 매장의 연간 판매액도 최고 2,200만 위안에 달한다. 비성수기에도 한 달 판매액이 100만 위안에 육박한다고 하니 그 인기를 가히 짐작할 수 있다. 독일은 어떻게 해서 작은 주방 도구 하나로 천문학적인 수익을 올릴 수 있었을까? 비결은 간단하다. 독일은 조리 시 발생하는 연기와 기름을 줄이기 위해 통삼중인 스테인레스+알루미늄+스테인레스 혹은 스테인레스+구리+스테인레스를 개발했고, 어떤 재료를 넣어도 바닥에 새까맣게 눌어붙지 않는 기술을 연구했다. 그뿐만 아니라 솥뚜껑을 젖힌 뒤에도 증기가 빠져나가는 압력추가 한참 뒤에야 멈추는 현상을 방지하기 위한 연구, 솥 가장자리가 어떤 각도일 때 솥 안의 수분이 물기둥 형태로 나오는지에 대한 연구도 빼놓지 않았다. 작은 것일지라도 소비자에게 만족감을 선사하기 위해서라면 그들은 어느 것 하나 허투루 지나치는 법이 없었다. 안타깝게도 중국 기업에서 이런 진지한 모습을 기대할 수 없다. 더 나은 제품을 개발해야 한다는 고민 없이 편하게 남의 것을 베끼는 데에만 안주하기 때문이다. 이 모든 것이 지적재산권을 외면한 결과라고 할 수 있다. 물론 일부 중국 업체에서도 자체 개발이나 연구에 나서기도 했지만 금세 동종 업계의 여타 경쟁자에게 표절당하기 일쑤였던 탓에 수익은커녕 연구개발비조차 건지지 못했다. 이런 상황에 중국 기업의 자체 개발에 사활을 걸어야 한다고 아무리 말해보았자 소귀에 경 읽기일 뿐이다.

벼랑 끝에 선 중국 경제

중소기업의 숨통을 조이는 세금들

중국 정부는 매년 중소기업의 세금 부담을 덜어주겠다며
산더미 같은 문서를 쏟아내고 관련 정책을 발표했다.
하지만 사실상 아무 쓸모도 없다. 이유는 간단하다.
집행력이 떨어지고 감세 시스템이 뒤쳐져 있기 때문이다.

"수주할 엄두조차 나지 않는다"

오늘날 중국 중소기업의 삶이 얼마나 고달픈지 알고 있는가? 중국의 수많은 중소기업은 여태껏 유례가 없는 수주 공포증에 시달리고 있다. 2008년 당시 중소기업이 주문을 받지 못해 어려움을 겪었다면 지금의 위기는 이들 기업이 차마 수주에 나서지 못하면서 발생한 것이다. 그 이유는 마진율이 고작 1~2%, 심한 경우 아예 돈 한 푼 쥐어볼 수 없다는 냉혹한 현실 때문이다. 구체적인 사례를 들어 설명해보겠다. 원저우 둥팡東方경공업 주식회사는 한때 500여 명의 직원을 거느린 중소기업으로, 매년 수천만 달러의 수출액을 달성하며 현지에서도 유망한 우수 중소 업체로 평가받았다. 하지만 지난 1년 동안 악전고투하며 벌어들인 수익이 사장 아들이 운영하는 빵집만도 못했다. 이익이 대폭 감소한 것 외에도 자금 결제 기한이 길다는 문제도 있다. 현재 주문받은

벼랑 끝에 선 중국 경제

상품의 자금 결제 기한이 보통 3~6개월이라 가뜩이나 자금 사정이 좋지 못한 중소기업은 더더욱 무거운 부담이 될 수밖에 없다. 여기에 환율 변동 등의 리스크마저 짊어지면서 현재 중소기업은 삼중고에 시달리고 있다. 그 때문에 2011년 이후 원저우 둥팡경공업 주식회사 역시 수천만 위안, 심지어 수억 위안에 이르는 상당수의 주문을 포기하고 말았다.

중국의 중소기업이 이런 곤경에 빠지게 된 진짜 이유는 무엇인가? 나는 연구를 통해 몇 가지 중요한 문제점을 알아낼 수 있었다.

첫째, 4대 은행이 약속을 지키지 않았고, 국유은행이 민간 경제에 힘을 실어주지 못했다. 2009년 4대 은행 행장과 당시 국가공업정보화부工業和信息化部 부장 리이중李毅中은 일명 '중소기업 기 세우기'에 관한 협의를 체결했다. 그 내용은 4대 은행에서 매년 중소기업 대출과 관련해 전년 동기보다 더 많은 규모의 대출금을 제공하고, 대출 증가 속도 면에서 그해 평균치보다 높은 서비스를 제공해야 한다는 것이었다. 요컨대 대출 문제에 있어서 중소기업을 차별하지 말라는 것이다. 그들의 협의가 과연 현실에서는 어떤 효과로 이어졌을까? 결론적으로 말하면 아무런 효과도 없었다. 오히려 대출이 계속 감소했다. 통계에 따르면 2008년 1월부터 2010년 3월까지 전체 기업 대출에서 중소기업이 차지하는 비중의 상승폭이 연속 감소했는데, 각각 3.7%, 2.5%와 0.6%를 기록했다.

4대 은행이 힘을 실어주지 않는 상황에 중소기업이 할 수 있는 것이라곤 소액 대출 업체를 찾는 것뿐이었다. 이들 소액 대출 업체의 경우 무담보대출의 월 이자가 보통 1.3%로, 1%의 리스크 관리 비용과 1%의 서비스 비용까지 더하면 월 이자가 3.3%나 된다. 요컨대 20만 위안

중소기업의 숨통을 조이는 세금들

을 6개월 동안 빌렸을 경우 매달 이자만으로 6,600위안을 내야 한다는 뜻이다. 게다가 대부분의 소액 대출업체는 보통 복리로 이자를 받기 때문에 대출을 받은 쪽에서는 매월 약 4만 위안을 상환해야 한다는 결론이 나온다.

둘째, 원자재 가격의 파동이 지나치게 컸다. 통계에 따르면 2011년 상반기 창산자오 지역의 제조업체가 지출한 원자재 가격이 동기 대비 10% 정도 상승했지만 이들 중소 업체의 가격 협상 능력에 한계 때문에 출고가는 겨우 6.2% 오르는 데에 그쳤다. 물론 이는 평균에 지나지 않는다. 실제로는 많은 기업이 이보다도 못한 성적을 거두었다. 예를 들어 상위上虞, 린안臨安 지역에 있는 절전등 업체의 경우 형광 분말 가격이 거의 열 배 이상 상승하는 바람에 업체의 90% 이상이 결국 감산을 택하고 말았다. 일부 원자재만 인상된다면 어느 정도 버틸 수 있었겠지만 너나 할 것 없이 가격을 올리자 생산 업체로서도 가격 인상 가능성을 고민해야 했다. 설상가상으로 장기적인 가격 인상이 예상되었던 원자재, 특히 면화·구리 등 원자재가 큰 폭으로 요동치면서 상황이 꼬이기 시작했다. 가격이 더 오르기 전에 서둘러 원자재를 구입해 상품을 제조했건만 미처 출고도 되기 전에 원자재 가격이 폭락하면서 눈물을 머금고 출고가를 낮추어야만 했다. 그러다 보니 공장 한쪽에는 출고도 하지 못한 재고가 산더미처럼 쌓이면서 거래 자체가 불가능해졌다. 이처럼 중국의 중소기업이 사면초가에 빠지게 된 것은 현재 선물시장에서 리스크를 피하고자 하는 중소기업의 요구를 중국 정부가 제대로 만족시켜주지 못하고 있기 때문이다. 그러다 보니 중소기업은 아예 사업을 접거나 살얼음판을 걷듯 조마조마한 심정으로 눈치를 살피며 일할

벼랑 끝에 선 중국 경제

수밖에 없다.

셋째, 중소기업의 세금 부담이 지나치게 무겁다. 중국에서 가장 중요한 세목은 부가가치세로, 겉으로 보기에 부가가치세는 중소기업에게 유리한 것 같다. 일반 기업의 경우 부가가치세는 17%나 되지만 중소형 공업 계열에는 6%, 중소형 상업 계열 업체에는 4%의 부가가치세가 부과되기 때문이다. 하지만 이는 눈에만 보이는 수치에 지나지 않는다. 낮은 세율처럼 보이지만 정상적인 기업과 달리 매입세에 대한 공제를 원천적으로 용납하지 않기 때문에 중소기업의 실제 세금 부담률이 대기업보다 10% 정도 높다. 공제받을 수 없다면 민간 영세기업의 경우 부가가치세로부터 아무런 혜택도 받을 수 없다는 점에서 영업세와 다를 것이 없다. 참고로 영업세는 한국에서는 시행되지 않는 세목으로, 중국에서는 교통운수·건설·금융 보험·오락·관광·창고·여관업 등 서비스 제공자, 토지 사용권 및 특허권 등 무형자산, 건축물과 토지 부속물 판매 등의 부동산 매출을 영업세의 과세 대상으로 삼고 있다. 영업액에 따라 부과되는 영업세와 달리 부가가치세는 생산 및 유통 과정의 각 단계에서 창출되는 부가가치에 대한 세금이다. 애매한 세금 제도 때문에 중국에서는 서비스업 등 3차산업에서 고정자산에 대한 부가가치세가 부과되고 추가로 영업이익에 따른 영업세까지 부과되어 이중과세 문제가 존재했다. 세금 문제 외에도 중소기업을 더욱 곤경에 빠뜨리고 있는 것이 이른바 비용이다. 중국의 행정수수료는 상당히 비싼 편이다. 겉으로 보기에 그리 비싼 것 같지 않지만 대기업이나 중소기업을 한데 몰아넣고 동일한 수수료를 징수하고 있어 문제가 된다. 실제로 대기업에는 얼마 안 되는 금액일 수 있지만 중소기업에는 부담

중소기업의 숨통을 조이는 세금들

스럽게 다가온다. 이를테면 환경평가 비용의 경우 보통 평가 작업에 12만 위안이 드는데, 대기업에는 별것 아닐지 모르겠지만 일반 중소기업에는 상당히 버거운 금액이다.

상하이 정부의 세제 개혁, 결실을 맺다

2011년 10월 26일, 국무원 총리 원자바오溫嘉寶가 주재한 국무원 상무회의에서 부가가치세 제도 시범 지역을 확대하기로 결정했다. 이와 관련된 내용을 담은 문건이 상당히 복잡하고 어려워 정리해보았는데, 결론적으로 말해 점진적으로 영업세를 부가가치세로 통합하겠다는 것이다. 이런 변화는 중국의 모든 소비자에게 영향을 줄 것이 분명하다.

개인적으로 전체 세목 중에서 가장 문제가 되는 것이 영업세라고 생각한다. 영업세가 사람들로부터 비난받게 된 가장 본질적인 원인은, 기업의 수익 창출 여부를 막론하고 무조건 거래 기록만 있으면 영업액에 따라 3%의 세금을 부과하기 때문이다. 영업세의 폐단에 대한 독자의 이해를 돕기 위해 한 가지 예를 들어보겠다. 대기업의 경우 수익률이 30%라면 3%의 세금 납부 후 27%의 수익이 기업에 돌아간다. 영세업체의 경우 대체로 수익률이 저조한데, 수익률이 영업세와 같은 3%라면 어떻게 해야 할까? 해당 업체는 살아남기 위해 어쩔 수 없이 세금을 탈루하려고 머리를 쥐어짤 것이다. 이보다 더 이해할 수 없는 사실은, 제조업체에는 영업세를 부과하지 않으면서 서비스업계에만 영업세를 부과하고 있다는 점이다.

벼랑 끝에 선 중국 경제

그뿐만 아니라, 영업세의 최대 폐단은 이중과세다. 영업세는 지방세이기 때문에 업체들은 자신이 등록된 지방에서 추가로 영업세를 납부해야 한다. 2011년 5월 14일 CCTV의 〈경제 30분〉이라는 프로그램에서는 광저우에 있는 화물을 하이커우海口로 운송할 때 드는 경비를 조사했다. 1,000톤짜리 화물의 운송비는 1만 9,000위안으로, 물류업체의 순이익이 216위안에 불과한 데에 비해 지방정부에 내야 하는 세금이 무려 1,345위안인 것으로 나타났다. 그중 이중과세로 인한 세금 부담금은 657.35위안이었다. 광저우에서 대형 창고 하나 빌리는 데에 드는 비용이 24만 위안, 임차인, 예를 들어 물류회사의 한 달 영업액이 60만 위안, 그리고 순이익이 2만 4,000위안일 경우 물류업체는 8만 5,000위안을 세금으로 내야 한다. 게다가 8만 5,000위안 중 이중과세액이 무려 4만 5,000위안에 달한다. 영업세가 아니라 부가가치세로 3%를 적용했을 경우 창고 업주가 부가가치세 영수증을 끊어주면 물류업체는 세금을 낼 필요 없다.

하지만 중국에서는 창출된 수익에 상관없이 거래가 발생하면 무조건 거액의 세금을 납부해야 한다. 전문적으로 분업화가 이루어진 물류업의 경우, 세금을 공제할 수 있는 자본이 대거 유입되기 때문에 부가가치세를 부과하는 방식을 사용한다면 세금 공제는 물론 기업의 분업화도 촉진하는 효과를 낼 수 있다. 하지만 아쉽게도 세금을 공제해주기는커녕 오히려 각 지방정부에서 앞 다투어 부가가치세까지 징수하고 있다. 게다가 각 단계에서 한 번씩 영업세를 걷기 때문에 결과적으로 세금이 물류비용에서 가장 큰 비중을 차지하게 된다. 육포 가격이 비싼 것도 절반 이상이 세금에 기인한다.

중소기업의 숨통을 조이는 세금들

　이처럼 중국에서는 영업세를 징수할 때 창출된 수익을 보지 않고 오로지 영업액만 보고 평가한다. 이보다 더 중요한 사실은 영업세의 경우 공제가 불가능하다는 점이다. 그래서 앞에서 설명한 창고의 경우처럼 세무국이 임대인 24만 위안과 임차인 60만 위안의 영업액만 보고 영업세를 부과하는 것이다. 24만 위안이라는 비용이 60만 위안에 달하는 영업세에 이미 포함되었는데도 말이다. 바로 이런 부조리한 징수 시스템 때문에 중국 물류학회 부의장인 허덩賀登이 대놓고 불만을 토로했다. "수익성이 좋은 업체는 최종 수익의 절반 혹은 절반 이상을 세금으로 내야 합니다. 해당 업체의 경영 실적이 좋지 않아 손실을 입게 된다고 해도 세금을 내야 한다는 사실은 변함없습니다. 영업 활동만 했다고 해도 세금을 내야 한다며 고지서가 날아오니까요."

　이처럼 불합리한 세목이 어떻게 생겨난 걸까? 일부 전문가는 중국 세금 정책의 국제화를 위한 조치의 일환이라며 미국에도 해당 세목이 있다고 주장한다. 하지만 내가 개인적으로 조사한 바에 따르면 미국 연방정부에는 해당 세목이 없다. 주 정부 중에서도 워싱턴 주와 웨스트버지니아 주에만 영업세가 있는 것으로 확인되었을 뿐이다. 참고로 홍콩에도 이런 세목은 없다. 중국 전문가들이 말끝마다 강조하는 국제적인 관례란 도대체 무엇인가? 내 머리로는 아무리 생각해도 모르겠다. 따로 찾아보지 않는 한 찾아보기도 힘든 보기 드문 사례를 족집게처럼 찾아내는 그들의 눈이 존경스러울 따름이다.

　그런 점에서 상하이 시의 노력에 감사의 뜻을 표하는 바다. 2009년, 서비스산업 발전을 위해 상하이 시는 세제, 체제, 관제, 법제 부문의 걸림돌을 제거하기 위한 연구에 들어갔다. 그로부터 6개월이 지난 후,

벼랑 끝에 선 중국 경제

상하이 시 정부는 서비스산업에만 부과되는 영업세에 심각한 문제가 존재한다는 것을 알아냈고, 영업세를 부가가치세로 통합하기 위한 본격적인 연구에 들어갔다. 이 일을 위해 상하이 시는 무려 2년 동안 중앙정부와 힘겨루기를 벌여야 했다.

실제 세금 부담은 더 무거워졌다

그렇다고 기뻐하기는 아직 이르다. 한동안 열심히 계산기를 두드려본 결과 나쁜 소식을 전하게 되어 안타까울 뿐이다. 결론적으로 말해 세제 개혁 이후 앞으로 내야 할 세금이 줄어들기는커녕 오히려 더 늘어날 것이다. 사람들의 기대를 저버린 결과가 나오게 된 원인은 무엇일까? 부가가치세를 예로 들어 설명해보면, 이론적으로 보았을 때 비용을 세금으로 공제받을 수 있고 세무국에서 부가가치에 해당하는 부분만 세금으로 받을 수 있는 것 같지만, 세무국은 실제 비용에 상관없이 납품 업체로부터 얼마짜리 부가가치 영수증을 받았는지 여부만 살피기 때문이다.

물류업을 예로 들어 다시 한번 설명해보겠다. 물류업 비용은 크게 설비, 임금, 유류, 톨게이트비와 회계 비용으로 구성된다.

첫째 설비비용을 살펴보자. 중소기업의 설비는 대부분 과거에 매입한 것이라 부가가치세 영수증이 없다. 반면에 대기업은 매년 새로운 설비를 구입하고 있는데다 고정자산 투자도 적지 않은 편이다. 예를 들어 물류센터를 신축하거나 증축하는 경우 세금 공제 혜택을 받을 수

중소기업의 숨통을 조이는 세금들

있다.

둘째 임금 비용은 어떤가? 우체국의 EMS을 취급하는 대기업은 기본적으로 자동화율이 높은 편이다. 동방항공이나 상하이국제공항 같은 대기업은 근로자를 덜 고용하는 대신 자동화된 설비를 대거 갖추고 있다. 이와는 대조적으로 노동집약적인 특징을 보이는 민간 배송업체의 경우 비용의 대부분을 임금, 출장비, 사무실 경비로 지출하고 있다. 중국의 부가가치세 관련 조례 중에 이런 내용이 있다. '영업액이 80만 위안 이하인 소규모 납세자가 물품을 판매하거나 과세인력을 보유한 경우 부가가치세 전용 영수증을 작성해서는 안 된다.' 이 때문에 민간 기업이 자사의 임금 비용을 공제받기란 결코 쉬운 일이 아니다.

셋째는 유류 비용이다. 대기업과 중소기업 모두 부가가치세 영수증을 받을 수 있다.

넷째, 톨게이트 비용을 살펴보라. 대기업이라고 해도 부가가치세 영수증을 받을 수 없다. 다시 말해 대기업과 중소기업 모두 부가가치세 영수증을 받을 수 없다.

회계 비용은 어떨까? 다양한 전문화된 인력을 보유하고 있는 대기업답게 회계 비용에 대한 부담은 크지 않지만, 영업액이 80만 위안 이하에 해당하는 영세 업체의 경우 상황이 여의치 않다. 전문 회계사 고용을 비롯해 회계를 위해 치러야 하는 비용이 공제받을 수 있는 부가가치세보다 크기 때문에 민간 업체로서는 부가가치세의 일반 납세자 등록을 신청하지 않는 편이 낫다. 이런 이유에서 세제 개혁 이후 영세 업체는 영업세의 3%를 부가가치세로 내는 방식을 선택하겠지만, 해당 부가가치세의 경우 세무국에서 기업의 세금 공제를 불허하기 때문에

벼랑 끝에 선 중국 경제

사실상 영업세를 내는 것과 결과적으로 별반 차이가 없다. 중진中金증권에서 위의 내용을 검토해 보고서를 발표했는데, 그 내용이 씁쓸하기 그지없다. 결론적으로 말해 세제 개혁에 따른 수익은 주로 중대형 기업에 집중될 뿐, 독립성과 제대로 된 회계 제도를 갖추지 못한 영세 업체는 세제 개혁에 따른 혜택을 받지 못할 것이라고 한다.

한마디로 말해 영세업체의 세금 부담이 대기업의 세 배나 된다는 뜻이다. 계산하기 쉽도록 공식으로 정리해보면, 처리한 부가가치세 영수증이 영업액의 47% 이하라면 세금을 더 내야 하고, 47% 이상일 경우 감세 혜택을 누릴 수 있다. 만약 65%를 넘는다면 환급도 받을 수 있다.

앞의 공식을 가지고 역으로 추정했을 때 대기업, 특히 항공사·운수 업체·수입 설비 업체의 부가가치세는 일괄적으로 세금 공제 혜택을 받을 수 있다는 결론이 나온다. 바로 이런 이유 때문에 안신安新증권에서는 이번 세제 개혁으로 순수익률 상승효과가 가장 큰 업체로 야통주식회사亞通股份, 동방항공, 하이보주식회사海博股份, 친장투자錦江投資, 상하이국제공항과 상하이국제항구주식회사를 선정했다. 공교롭게도 이들 업체 모두 상하이에 있는 국유기업이다. 11%의 부가가치세를 중국 전역에 적용한다면 동방항공처럼 대형 교통운수 및 창고업에 종사하는 업체의 세금 부담은 476억 위안 감소할 것이다. 우체국·정보 수송·컴퓨터 서비스 및 소프트웨어 등 현대적인 서비스업에 대한 세제 개혁으로 대기업은 약 703억 위안에 달하는 세금 부담을 덜 수 있을 것이다.

물론 이는 이론적인 추산 결과에 불과하다. 정말 실제로도 거액의 감세 효과가 나타날까? 이론과 달리 대기업조차 감당해내지 못할 것이다. 원인은 간단하다. 이들 업체가 사용하고 있는 운송설비는 모두 과거에 구입한 것인데다, 특히 지금과 같은 불경기에서 기업의 과감한 신규 설비 구매와 같은 투자 활동을 기대하기 어렵기 때문이다. 이론적으로 보았을 때 공제받을 수 있는 제품이 아예 없다 보니 대기업의 세율마저 빠르게 상승하면서 궁극적으로 대기업의 이익도 감소하게 된다. 연구, 조사를 통해 중국물류·조달연합회中國物業管理聯合集團는 상하이 교통 수송업의 세금 부담이 평균 두 배 정도 상승했다는 것을 밝혀냈는데, 그중 더방德邦 로직스틱스의 경우 2011년 1월 실제 세금 부담금이 영업세 부담금보다 약 3.4%포인트 상승했으며, 상승폭은 두 배가 조금 넘는다고 한다. 상하이 자지 익스프레스佳吉快捷의 1~2월간 실제 세금 부담률은 189% 상승했고, 상하이 위안양 로직스틱스遠洋物業의 1월 실제 세금 부담률도 215% 상승한 것으로 나타났다.

영업세로 너나 할 것 없이 무거운 세금 부담에 시달리다 보니 영업세를 내지 않으려는 꼼수만 늘고 있다. 영업액을 낮게 신고하거나 소비자에게 영수증을 발급하지 않는 방법은 이미 업계에서 두루 쓰고 있는 영업세 탈루 수법이다. 실제로 광저우 세무국이 표본조사를 실시한 결과, 광저우 지역 요식업계의 전체 영업액 중 무려 90%가 영업세를 내지 않은 것으로 나타났다. 퀵서비스를 이용할 때 소비자에게 영수증을 발급하는 업체가 극소수에 불과한 것도 바로 이 때문이다.

이런 상황에서 영업세를 부가가치세로 통합하면 어떤 결과가 나타날까? 전체 업계가 너나 할 것 없이 부가가치세를 적극적으로 추진하게 되어, 빠져나가고 싶어도 그럴 수 없는 완벽한 네트워크가 탄생할 것이다. 앞에서 언급한 사례로 이야기해보면, 한 달 영업액이 60만 위안인 물류업체가 창고 업주에게 24만 위안의 임대료를 건넬 때 세금 계

벼랑 끝에 선 중국 경제

산서를 달라고 할 이유가 전혀 없었다. 세금 계산서를 받아보았자 아무런 쓸모도 없었기 때문이다. 하지만 이제는 상황이 달라졌다. 물류 업체는 반드시 창고 주인에게 세금 계산서를 발급해달라고 해야 한다. 창고 주인이 발급한 세금 계산서가 있어야 부가가치세를 공제받을 수 있기 때문이다. 이처럼 부가가치세의 무서운 점은 모든 고객을 세금 징수원으로 만든다는 데에 있다.

무거운 짐을 어떻게 내려줄 것인가

중국의 세금 부담이 얼마나 무겁냐 하면, 2010년 미국 전체 GDP에서 세수가 차지하는 비중이 16%였던 데에 반해 중국은 무려 18%를 넘어섰다. 여기에 비非세수, 즉 각종 기금과 노후연금·주택 공적금 등의 강제성 저축을 더하면 GDP에서 차지하는 비중이 무려 36%나 된다. 추가로 발생한 18%의 세수는 미국에는 없는 새로운 세목이다. 2006년 4조 위안이 채 안 되었던 중국의 재정소득이 2008년 돌연 6조 위안을 돌파하더니 2010년에는 8조 위안을 넘어섰고 2011년에는 10조 위안을 돌파했다. 구매력평가 지수를 가지고 계산해보면 중국의 세수는 이미 미국을 뛰어넘었다. 요컨대 중국은 세계 최대 조세국이 된 것이다.

물론 최근 재정부에서도 영업세의 과세 최저한도를 상향 조정하기는 했지만 상징적인 조치에 불과할 뿐 실제적인 효과는 발생하지 않았다. 중국은 거의 매년 중소기업의 세금 부담을 덜어주겠다며 산더미 같은 문서를 쏟아내지만 사실상 아무 쓸모도 없다. 이유는 간단하다. 집행

중소기업의 숨통을 조이는 세금들

력이 떨어지고, 감세 시스템이 낙후되어 있기 때문이다.

감세의 경우 민간 투자의 건전한 발전을 독려, 견인하기 위한 국무원 의견인 신36조와 같은 문건이 하나씩 등장했다. 민간 자본에 대한 정부의 세심한 배려라고 단정하기는 아직 이르다. 왜냐하면 기존에 정부에서 내놓은 문건이 여전히 집행되지 않고 지지부진한 상태라, 계속해서 새로운 조치를 내놓은 것뿐이니 말이다. 이처럼 정책의 원활한 집행을 가로막는 최대 장애물은 감세의 본질이 정부 부서가 권력을 하급 부서로 이양하는 데에 있기 때문이다. 그렇다고 정부 부서가 마음 좋게 권력을 포기할 리도 없다. 실제 있었던 사건을 소개하면, 동부 지역의 한 공상국에서 신36조 중 제32조 조항을 집행하겠다며 업체 등록 및 공상국 등록 수속을 대폭 간소화하겠다는 입장을 발표했다. 하지만 야심만만한 결정은 결국 해당 성省의 공상국에 의해 무산되고 말았다. 이유는 간단했다. 내용대로 집행할 경우 공상국이 있어야 할 이유가 없기 때문이란다. 요컨대 공상국에서 할 일이 없다는 것이 간소화 조치를 불허한 이유의 전부였다.

2011년 그나마 제대로 집행된 정책은 아마도 서민용 주택 건설 프로젝트일 것이다. 1,000만 채 규모의 건설 프로젝트 중에 배급용 주택福利房이나 철거민 임대 아파트動遷房가 몇 채나 되느냐며 호들갑떨거나 깐깐하게 따질 필요 없다. 어쨌든 건설공사는 예정대로 진행되었고, 공사 진행률도 100%는 아니었지만 기본적으로 사실이었으니 말이다. 실제로 400여만 채에 달하는 주택이 모두 지붕 공사를 마친 상태였다. 중앙의 재정부에서 1,000여 억 위안의 자금을 우선 지급했기 때문에 가능한 성과였다. 자금이 공급되면서 부서마다 달성해야 할 목표가 제시

벼랑 끝에 선 중국 경제

되었는데, 이를테면 장쑤의 경우 장쑤성 자체적으로 설정한 목표치가 중앙정부보다 20% 높았다고 한다. 이런 상황에서 각 시에도 구체적인 목표 달성을 위한 지침이 내려졌고, 아울러 토지 지표, 은행 신용대출과 관련된 토지자원부와 인민은행, 중국은행관리감독위원회 등도 단계적으로 임무에 착수했다. 요컨대 인민은행의 지원이 없었다면 부동산 개발 대출에서 서민용 주택 대출이 차지하는 비중은 50%를 넘지 못했을 것이다. 이것이 바로 정책 집행이라는 것이다. 기업을 관리하는 것처럼 먼저 목표를 정한 뒤 임무를 나누어 구체적인 집행에 나서야 한다. 그런 다음 평가, 문책, 심사가 이루어져야만 효율적인 집행이 가능하다. 하지만 신36조에는 안타깝게도 체계적인 관리 시스템이 전혀 존재하지 않는다. 게다가 감세에 대한 심사 시스템조차 없는 마당에 효율적인 집행을 기대하기란 솔직히 무리다. 하물며 정책 집행이 계속되더라도 그 효과를 장담할 수 없다. 왜냐하면 지방정부의 각 관련 부서에 권력을 내려놓으라고 말하는 것이나 마찬가지인데, 제 밥그릇을 제 손으로 순순히 내놓을 리 만무하기 때문이다. 이런 상황에서 정책 집행은 한마디로 어불성설이다. 영업세가 부가가치세로 통합되는 것처럼 관련 부서가 영업세의 폐단을 제대로 깨닫고 부가가치세 3%로 개정하면 얼마나 좋으랴. 높은 세율의 부가가치세로 영업세를 대체하겠다고 고집을 부릴 이유가 도대체 뭐란 말인가.

중국은 해마다 수많은 문건을 쏟아내지만 제대로 된 종합 대책은 단 한 번도 제시하지 못했다. 앞으로 계속해서 문건을 쏟아낼 바에야 차라리 권력 상층에서 막강한 칼을 직접 꺼내 드는 편이 낫다고 본다. 딱 잘라 말해 매년 확실한 선을 긋는 것이다. 이를테면 연간 영업액이 10

중소기업의 숨통을 조이는 세금들

만 위안 이하인 업체에 일괄 면세 조치를 실시하는 것이다. 특정 항목에 한해서만 세금을 감면해주는 것이 아니라 행정용 수수료, 부가가치세나 영업세 종류를 막론하고 무조건 세금을 면제해준다. 그 밖에도 면제 대상을 중앙정부나 지방정부의 세금, 기업 소득세나 도시 건설 부가비, 비례에 따라 수취하는 장애인 취업 지원금으로 확대하는 것이다. 여기에 해당하는 기업들이 정부 부서와 일을 처리할 때, 작게는 영업 허가증부터 크게는 환경평가 보고에 이르기까지 모조리 무료로 해당 서비스를 받도록 해야 한다. 혹시라도 경기가 좋지 않을 때에는 정부가 설정한 선을 높여도 된다. 이를테면 연간 영업액이 100만 위안 이하, 직원 수가 20인 이상인 업체라면 무조건 면세라는 특권을 선사하는 것이다. 개인적으로 일괄, 일률이라는 이름을 내건 정책을 줄곧 반대해왔지만 영세기업에 일괄적인 면세 혜택을 제공하는 데에는 동의한다.

일괄적인 면세 혜택이 영세 업체에만 해당된다면 중소기업에는 어떤 정책적 배려가 필요할까? 정부에서 종합적인 납세 상한법을 내놓는 것이 좋은 해결책이 될 수 있다고 본다. 모든 기업은 자신이 소속된 업계에 따라 사업 등록을 한다는 점에 착안해 정부에서 매년 최고 납세 상한 세율을 업계별로 제시하는 것이다. 해당 법안의 궁극적 목적은 실제 세금 부담을 직접적으로 낮추는 데에 있다. 예를 들어 당신이 세차장 사장님이라면 연말에 세무국에 가서 해당 리스트를 열람한다. 리스트에 최고 납세 상한 세율이 10%라고 규정되어 있으면, 당신이 운영하고 있는 세차장이 그해 납부해야 할 부가가치세·영업세·소득세·지방의 도시건설비·교육비 등 정부 부서에서 수취해야 하는 비용 외에

벼랑 끝에 선 중국 경제

도 위생관리비에 이르기까지 정부에서 발급한 수수료 영수증을 잘 보관해놓았다가 총합이 영업액의 10%만 넘지 않도록 관리하면 된다. 10%를 초과했을 경우 지방 세무국에서 해당 금액을 환급해줄 것이다.

물론 업계별로 정부는 다양한 세율 기준을 마련해야 한다. 종업원 수가 많은 업종, 이를테면 세차장·음식점 등의 세율은 10%를 넘어서는 안 되고, 세금 부담 비중이 높은 업종, 이를테면 금융업의 경우 세율 상한선을 30%까지 늘려도 된다.

마지막으로, 업계와 상품에 따라 부가가치세 세율을 설정해야 한다. 이 점에 관해서는 유럽의 경험을 참고하는 게 도움이 될 것이다. 유럽의 일부 국가는 나머지 EU 회원국에 부가가치세 삭감을 적극적으로 홍보하고 있는데, 프랑스는 요식업체 중에 정식 음식점에 인하된 부가가치세율을 적용할 것을 주장하고 있고, 영국과 아일랜드는 아동 의류나 아동 신발 같은 업종에 저세율을 적용하는 방안을 적극적으로 검토 중이다. 튤립의 나라라고 불리는 네덜란드는 화훼산업 전체로 저세율 정책을 확대하자고 건의하고 있으며, 독일은 주류 취급점의 부가가치세율을 7%로 낮추는 데에 이미 성공했다. 이들 국가가 부가가치세 인하에 적극적으로 나서는 이유는 무엇일까? 이들 업종이 대량의 일자리를 창출하기 때문이다. 부가가치세 인하를 통해 일자리 창출에 적극적으로 나서는 유럽의 경험을 중국 중소기업의 세금 부담을 덜어주는 문제에 활용할 수 없는 까닭이 대체 뭐란 말인가.

중소기업의 숨통을 조이는 세금들

Part 5

중국 경제가 가야 할 길

개혁하려면 목표부터 다시 설정하라

정부가 공정하고 투명한 법적 기준을 고민하고 세워야만
서민을 위해 써야 할 예산을 제대로 집행할 수 있고
동일한 수준의, 양질의 공공서비스를 제공할 수 있으며
우수한 교육 서비스와 사회보장 서비스를 누구나 누릴 수 있다.

'선부'는 결코 '후부'를 견인할 수 없다

'모두가 함께 잘사는 세상'은 중국 경제정책 개혁의 최우선 목표가 되어야 한다는 점에서 과거 덩샤오핑의 촌철살인은 더욱 빛난다. "사회주의가 곧 빈곤은 아닙니다. 모두가 함께 잘사는 세상, 즉 공동 번영이야말로 사회주의의 본질적인 특징입니다. 먼저 일부 지역, 특정 계층의 사람들부터 부유하게 만들어[先富], 먼저 부를 쌓은 쪽이 나머지를 부유하게 만들어주어야 합니다[後富]. 그렇게 되면 결국 모두가 함께 잘사는 세상이 될 수 있습니다."

공동 번영이라는 목표를 달성하기 위한 실마리를 중국과 미국 간 비교로 찾아보자. 중국에서는 내가 최초로 중국과 미국의 물가를 놓고 비교한 이래 《인민일보》에서도 최근 조금씩 관심을 갖기 시작했다. 《인민일보》는 중국과 미국의 물가를 세 가지 유형으로 나누어 비교한 글을 실었는데, 그 내용이 무척 인상적이라 독자 여러분과 함께 나누고자 한다.

첫째, 뉴욕보다 베이징의 물가가 비싼 경우.

둘째, 뉴욕보다 베이징의 물가가 저렴한 경우.

셋째, 두 도시의 물가가 비슷한 경우.

이와 같은 방식을 통해 공동 번영이라는 목표를 달성할 수 있는 방법을 좀 더 쉽게 이해할 수 있다는 점에서 《인민일보》만의 내공이 느껴진다.

중국 내 부유층의 소비수준이 미국보다 높다는 것을 보여주는 첫 번째 유형을 통해 현재 중국 내 빈부 격차가 심각하다는 것을 쉽게 알 수 있다.

많은 이들이 이런 내용의 기사를 못마땅한 시선으로 보겠지만 내 개인적으로는 상당히 신뢰할 만하다고 생각한다. 중국 내 소수의 부유층이 주목하고 있는 첫 번째 유형을 통해 이들의 소비수준이 미국보다 높다는 것을 알 수 있다. 이런 결과가 나오게 된 데에는 과시욕이 강한 중국 상류층의 특징을 고스란히 반영하고 있기 때문이다. 자동차에서부터 주택, 그리고 가죽 제품에 이르기까지 일반 서민이라면 평생 만져보기도 힘든 고가의 명품일수록 부유층의 구매욕을 자극한다. 이들 제품은 주로 세금이 높은 편인데, 가장 대표적인 사례인 자동차로 설명해보겠다. 3만 달러면 미국에서 BMW 같은 고급 사양의 차량을 구입할 수 있지만 중국에서는 기껏해야 폭스바겐 파사트를 살 수 있는 돈이다. 게다가 옵션을 하나도 탑재하지 않은 채 말이다. 세금까지 감안했을 때 3만 달러면 중국에서 주로 택시로 많이 사용되는 현대자동차

	비교 항목	베이징 시가지	뉴욕 시가지
뉴욕보다 비싼 베이징의 상품과 서비스	리바이스 청바지	699~899위안	256~576위안(40~90달러)
	나이키 운동화	300~2,000위안	288~832위안(45~130달러)
	코치 백	2,000~5,000위안	640~1,920위안(100~300달러)
	애플 노트북(저사양)	7,698위안	6,304위안(999달러)
뉴욕보다 싼 베이징의 상품과 서비스	남성 미용(인원수/횟수)	10~30위안	128~256위안(20~40달러)
	가사 도우미(시간당)	15~30위안	128~192(20~30달러)
	버스 요금(인원수/횟수)	1~4위안	14위안(2.25달러)
	자동차 리스(일본)	100~400위안	512위안(80달러)
	KFC 기본 세트	15~30위안	38~51위안(6~8달러)
	주택 임대료 (중앙상업지구 근처의 원룸)	3,000~6,000위안	6,400~16,000위안 (1,000~2,500달러)
비슷한 가격의 상품과 서비스	돼지고기(kg)	20~40위안	26~45위안(4~7달러)
	소고기(kg)	25~45위안	20~50위안(3~7.75달러)
	닭고기(kg)	7~18위안	11~19(1.75~3달러)

중국과 미국의 물가 비교

의 소나타 정도의 차를 구입할 수 있다. 중국에서 가장 싼 자동차가 3만 위안인 데에 반해 비싼 차는 수백만 위안, 심지어 수천만 위안도 호가한다. 제아무리 비싼 차라고 해도 중국에는 살 사람이 줄을 섰다. 이런 현상은 무엇을 의미하는가? 중국 내 빈부 격차가 심각한 상황까지 커졌다는 것을 의미한다.

중국 서민의 생활비가 미국과 비슷한 수준임을 보여주고 있는 세 번째 유형은 현재 중국인의 삶이 얼마나 고달픈지 설명하고 있다.

중국과 미국 간 물가가 비슷한 물품으로 돼지고기, 소고기와 닭고기

벼랑 끝에 선 중국 경제

가 있다. 이들 제품은 중국의 소득은 제3세계에 불과하지만 생활비만은 '제1세계'에 견주어도 결코 뒤지지 않는다는 것을 설명한다. 앞 페이지 표에서처럼 뉴욕에서 나이키 운동화가 최고 832위안에 팔리고 있는 데에 반해 베이징에서는 무려 2,000위안이나 되는 가격에 팔린다. 1인당 연간 소득으로 비교해보면 상황을 좀 더 명확하게 파악할 수 있다. 뉴욕의 나이키 운동화 가격이 연간 소득에서 차지하는 비중이 0.26%이라면 베이징은 뉴욕의 26.5배에 해당하는 무려 6.9%에 달한다. 이와는 대조적으로 뉴욕에서 판매되는 돼지고기 가격은 1kg당 최고 45위안, 베이징의 경우 40위안이었다. 이를 1인당 연평균 소득과 비교해보면 뉴욕의 돼지고기 가격은 0.014%인 데에 반해 베이징은 뉴욕의 열 배에 상당하는 0.14%를 기록했다. 단순히 먹고 쓰는 일용품만의 문제가 아니다. 뉴욕 중심상업지구 부근에 자리한 원룸 임대료는 최저 6,400위안, 베이징의 경우 3,000위안이었는데, 1인당 연평균 소득과 비교해보면 뉴욕의 임대료가 2%인 데에 반해 베이징은 뉴욕보다 다섯 배나 많은 10.3%인 것으로 나타났다. 이는 《인민일보》에서 자체적인 조사를 통해 내놓은 결과일 뿐, 내 개인적인 조사 결과에 따르면 베이징 금융가 부근의 주택가에서 뉴욕 맨해튼에서도 상대적으로 큰 평수에 해당하는 주택과 동일한 조건의 주택을 임대할 경우 최저 임대료가 7,000위안인 것으로 확인되었다. 다시 말해 중국의 임대료 역시 미국과 어깨를 나란히 하고 있다.

주택 임대료보다 더 심각한 문제가 바로 집값이다. 맨해튼을 예로 들어 설명해보자. 뉴욕의 맨해튼 지구는 세계에서 집값이 가장 비싼 지역으로, 2009년 12월 뉴욕에서 중간 가격에 해당하는 주택 가격이 약

개혁하려면 목표부터 다시 설정하라

550만 위안에 달하는 81만 달러인 것으로 나타났다. 1m²당 가격이 2만 7,500위안이라는 뜻이다. 그 밖에도 미국인구조사국이 발표한 자료에 따르면, 2009년 12월 미국에서 거래된 신규 주택의 중간 가격은 주택 한 채당 평균 크기(200m²)로 볼 때 22만 1,300달러, 1m²당 가격이 7,500위안에 이른다. 참고로 미국 내 98% 이상에 해당하는 주민이 도시에 거주하고 있기 때문에 여기서 말하는 가격이 도심 지역의 집값이라는 사실에 유의하기 바란다. 게다가 미국인이 거주하는 주택을 중국의 쪽방과 같은 개념이라고 생각하면 오산이다. 중국 부동산 개발 업체에서 쓰는 정의를 그대로 가져다 설명하면, 미국에는 크게 두 가지 형태의 주택이 있는데, 하나는 맨해튼의 호텔식 아파트고, 나머지 하나는 외곽 지역의 별장형 주택이다.

낮은 소득과 비싼 생활비로 중국 서민은 가처분소득을 아예 손에 쥐지도 못한다. 서민들이 지갑을 닫다 보니 내수가 휘청거리고, 당초 내수 확장을 통해 사업을 추진하려던 중국 기업이 이제는 거액의 손실에 시달리고 있다. 이보다 더 무서운 사실은 중국의 생활비가 하루가 다르게 상승하는 바람에 인건비가 자연스럽게 오르면서 중국이 그동안 자랑하던 염가의 노동력이라는 우위가 더 이상 존재하지 않게 되었다는 현실이다. 그 결과 선진국은 이미 위탁 생산 공장을 인건비가 저렴한 다른 개발도상국으로 이전하고 있다. 이를테면 2010년 이전에 중국은 나이키사의 최대 생산 기지였지만 2010년 이후 베트남에 1위 자리를 내주고 말았다. 가장 우려스러운 상황은 인건비 상승으로 중국 기업의 수익률이 바닥으로 떨어지고 있는데다 환율 등의 리스크마저 가세하면서 상당수의 기업이 수천만 심지어 수억 위안 규모의 주문을 받

벼랑 끝에 선 중국 경제

을 엄두도 내지 못하고 있다는 현실이다.

마지막으로 두 번째 유형을 알아보자. 중국 서민의 소득이 미국보다 한참 낮다는 것을 보여주고 있는 두 번째 유형을 통해 모두가 함께 잘 사는 세상을 가로막는 걸림돌이 무엇인지 알 수 있다.

두 번째 유형에서 주목해야 하는 것은 가격 그 자체가 아니라 소득, 현재 대다수의 직업 종사자가 자신이 몸담고 있는 직종에서 얻는 소득이다. 첫 번째 유형에서 보듯 중국의 부유층은 미국보다 더 비싼 가격을 주고 사치품을 구입하고 있는 데에 반해 평범한 대다수의 중국인은 사회가 제공하는 두 번째 유형에 속하는 제품이나 서비스를 통해 소득을 올리고 있다. 게다가 이들의 가격이 미국보다 저렴하기 때문에 해당 분야에서 소득을 올리고 있는 서민으로서는 부를 축적할 길이 전혀 없다. 이런 차이는 중국 사회에서 점차 심화되고 있는 빈부 격차의 폐해를 보여주고 있다.

이런 주장을 이해하기 위해서는 필수적으로 루이스 모델을 이해해야 한다. 루이스 모델은 1979년 노벨경제학상을 수상한 윌리엄 아서 루이스의 개발도상국 경제 이론으로, 무제한 노동 공급 이론 혹은 이중구조모형으로 불리기도 한다. 루이스 모델에 따르면 국민경제는 기술 우위의 높은 생산성을 자랑하는 제1부문과, 제1부문에 서비스를 제공하는 제2부문으로 구성되어 있다. 제2부문이 바로 《인민일보》가 분류한 두 번째 유형으로, 이미용 서비스·베이비시터·대중교통·택시·요식업 종업원 등이 포함된다.

모두가 함께 잘살자는 공동 번영은 정확하게 무엇을 의미하는가? 미국처럼 제1부문의 생산율이 높은 경제적 환경을 뜻한다. 이를테면 미

개혁하려면 목표부터 다시 설정하라

국 애플에서 일하는 프로그래머의 연봉은 9만 달러에서 12만 달러로, 능력에 따라 차등적으로 임금이 지급되어 경쟁력 향상을 유도한다. 높은 교육 수준 덕분에 멍청이가 아니고서야 대다수의 미국 청년들은 노력 여하에 따라 컴퓨터나 소프트웨어 관련 학과를 자유롭게 전공할 수 있다. 이런 환경 덕분에 미국에서 앱스토어 개발자는 이제 막 기초교육을 끝낸 대학 재학생 출신이 대부분이다. 이와는 대조적으로 중국 대학생은 게임을 개발하기 위해 밤을 새우는 것이 아니라 게임을 하느라 밤을 새우고 있다.

상당수의 노동력이 애플 같은 생산율이 높은 기업에 흡수될 경우 결론적으로 계층 간 소득 격차가 크게 줄어든다. 애플은 그 어느 때보다도 바쁜 시기를 보내고 있다. 전 세계 곳곳에서 애플에 대한 수요가 폭발하면서 일손을 구하느라 안간힘을 쓰고 있는 것이다. 그렇게 되면 애플에 컴퓨터를 납품하던 블루칼라의 입김이 커진다. 가뜩이나 일손이 부족한 마당에 자신을 고용하지 않으면 시장에서 청바지나 팔면 된다고 으름장을 놓는 것이다. 가게 사장이 임금을 올려주지 않는다면 일을 아예 그만두고 대학에 진학해서 컴퓨터 관련 전공을 이수한 뒤에 애플에 입사해 프로그래머가 되면 된다. 다시 말해 대량의 일손이 필요해지면서 미국 내 화이트칼라와 블루칼라의 소득 격차는 거의 제로에 근접했다.

미국 내 애플 스토어에서 일하는 판매 직원의 월급은 시간당 11.63달러다. 여기에 판매량에 따른 인센티브까지 합쳤을 때 미국 판매 직원의 하루 일당이 중국 폭스콘 노동자가 한 달 동안 쉬지 않고 일해 버는 돈과 맞먹는 셈이다. 이것이 바로 공동 번영이라는 것이다. 즉, '먼저 부

벼랑 끝에 선 중국 경제

자가 된 사람들이 나머지 사람들도 부자로 만든다'는 이야기는 제1부문의 임금이 제2부문의 소득을 창출시키는 것을 말한다.

이와는 대조적으로 중국은 미국과 정반대 길을 선택했다. 중국의 대규모 노동력이 제2부문으로 강제 흡수되면서 제2부문의 노동력 과잉 현상과 제1부문의 노동력 부족 현상이 동시에 나타났다. 그 결과 중국의 연구개발 능력이 크게 저하되는 바람에 미국으로부터 항공기·소프트웨어 상품을 구입하고, 독일에서 기계·자동차·공장 설비 시설을 허겁지겁 사들이고 있다. 중국의 어리석은 선택이 사실상 미국과 독일의 제1부문 성장에 크게 기여한 셈이다. 다른 한편으로, 제2부문의 노동력 공급 과잉 현상으로 중국 근로자의 임금은 말도 안 되는 수준까지 떨어졌다. 설상가상으로 제2부문에 종사하는 근로자 대부분이 이런저런 이유로 양질의 교육을 받지 못한 탓에 이미용 서비스·베이비시터·대중교통 요금·택시 요금·패스트푸드 가격 등에서 미국보다 훨씬 저렴한 임금을 받고 있다.

어떻게 해야 모두가 함께 잘사는 세상을 만들 수 있을까? 먼저 전 국민에게 제 발로 스스로 딛고 일어설 수 있도록 평등한 출발선을 제공해주어야 한다. 이를테면 거주 이전의 자유나 공정한 기회·복지를 제한하는 차별적인 호적제도를 폐지하고, 평등한 교육 서비스를 제공해야 한다. 또한 기업에 공정을 추구하는 서비스형 정부를 제공하고, 민간 기업의 세금 부담을 덜어줌으로써 보다 많은 일자리 창출에 기여하도록 독려해야 한다. 이런 노력에 힘입어 제2부문에서 노동력 부족 현상이 나타날 경우 현재와 같은 상황은 크게 개선될 것이다. 다시 말해 노동력 부족으로 임금이 자연스럽게 제1부문에 접근함으로써 화이트

개혁하려면 목표부터 다시 설정하라

칼라와 블루칼라 간 임금 격차가 크게 줄어드는 것은 물론 먼저 부자가 된 사람이 나머지 사람들도 부자로 만들어주고 나아가 모두가 잘사는 세상을 만들 수 있을 것이다.

'서민이 살기 좋은 세상'은 가능할까

이번에는 서민이 살기 좋은 세상을 만드는 방법을 알아보자. 2011년, 제12차 경제개발 5개년계획 기간의 GDP 성장 목표치를 7%로 조정한 중국 정부는 도농 주민의 예상 소득 목표치를 5%에서 7% 이상으로 인상하며 한 가지 주석을 달았다. 소득 목표치가 GDP 목표 예상치보다 낮아서는 안 되며, 실천 과정에서 경제성장에 걸맞은 소득 증대를 위해 노력해야 한다는 내용을 명시했다. 이 소식에 나는 무척 설레였다. 2008년 이후부터 내가 줄곧 외쳤던 '서민이 잘사는 세상을 만들자'는 주장이 이제야 현실화되었다는 것을 의미했기 때문이다. 여기서 정부에 좀 더 구체적인 의견을 제시하고 싶다. 진정한 의미의 서민이 살기 좋은 세상을 만들려면 '부유층의 재화로 빈민층을 구제'〔劫富濟貧〕하고 이전지급을 제대로 실시해야 한다.

중국인의 삶은 왜 이렇게 고단한가? 서민이 잘살지 못하기 때문이다.

대학 졸업생이라는 동일한 대상을 놓고 중국과 미국의 상황을 비교해보자.

먼저 미국 대학 졸업생의 삶을 들여다보자.

소득의 경우, 미국에서 대학 졸업생은 중산층을 의미한다. 미국에서 대학 졸업생의 초봉은 26만 위안에 상당하는 4만 달러로, 명문대 졸업생이라면 5~6만 달러를 받을 수 있다. 미국 내 80%에 해당하는 가정의 연소득이 5만 7,600~9만 973달러에 달한다. 대학생 커플이 졸업 후 결혼했다면 이들 가정은 중산층 혹은 중상층으로 분류될 것이다.

주택 구입은 어떤가? 미국 정부가 발표한 신규 주택의 판매 중간 가격은 20만 달러로, 이 돈이면 대다수의 도시에서 뒷마당과 차고가 딸린 제법 괜찮은 별장형 주택을 살 수 있다. 연소득이 8~10만 달러에 달하는 대학 졸업생 부부가 집 한 채 사는 데에 보통 2년 정도면 충분하다. 물론 미국 대학생들 중에서 졸업하자마자 주택을 구입하는 경우는 상당히 드문 편이다.

자녀 문제도 그렇다. 미국에서 아이를 낳고 양육하는 데에 드는 비용은 상당히 저렴한 편이다. 미국 농업부가 2011년 6월 9일 발표한 〈연간 가정 육아 지출 보고서〉에 따르면 2010년에 태어난 아이를 만 18세까지 키우는 데에 평균 22만 692달러가 든다고 한다. 여기에는 탁아소 · 식사 · 거주 등의 모든 비용이 포함된다. 무상교육 서비스를 제공하고 있는 미국에서 아이가 성인이 될 때까지 소요되는 비용은 위에 설명한 항목이 전부다. 구체적인 수치로 보면 연평균 지출 비용은 부부가 한 해 버는 소득의 8분의 1에 불과한 1만 2,600달러다.

기타 비용은 어떨까? 2인 기준 한 달 외식비가 400달러, 차 두 대를 소유했을 경우의 매달 기름값 200달러. 해당 부부의 임금이 전혀 오르지 않았고 이들 모두 직장에 다니고 있다는 가정 하에서 나온 계산 결과다. 설사 일자리를 잃었다고 해도 미국에서는 실업 후 6개월 동안 재직 시 월급의 80%에 상당하는 급여를 받을 수 있다.

개혁하려면 목표부터 다시 설정하라

이번에는 중국 대학 졸업생의 삶을 들여다보자.

소득의 경우, 베이징대학교 졸업생의 평균임금은 전국 최고 수준인데, 평균 월급이 약 3,000위안이다. 여기에 보너스를 더하면 연소득은 4만 위안선이다.

주택 구입은 어떨까? 베이징 지역의 집값을 예로 들어 살펴보자. 베이징 내 자금성을 중심으로 형성된 도로 중 다섯 번째 도로인 우환五還 내에서 1m²당 2만 위안 이하짜리 집을 찾기란 불가능하다. 베이징의 교외 지역인 퉁저우通州에서도 60m²짜리 집 한 채 가격이 120만 위안이나 한다. 다시 말해, 중국에서 대학교 졸업생이 40년 동안 아무것도 먹고 마시지 않고 돈을 모아야 우환 내에서 60m²짜리 집 한 채를 살 수 있다.

기타 비용도 그렇다. 대학교 졸업생이 방을 얻으려면 다른 사람과 동거해야 한다. 지하철역 부근에서 60m²짜리 집 한 채 얻는 데에만 최소 2,500위안이 든다. 여기에 수도세·전기세·부동산세·인터넷 요금·케이블방송 등을 합치면 매달 적어도 3,000위안이 필요하다. 두 사람이 동거하면 1인당 매달 1,500위안만 부담하면 된다. 전체 3,000위안 중 한 달 임대료로 1,500위안, 식비로 1,000위안을 지출하면 남은 500위안은 가처분소득이 되지만, 매달 교통비·핸드폰 요금·친구와 술한 잔 걸치며 쓰는 유흥비 등을 쓰고 나면 손에 남는 게 없다. 요컨대 중국의 대학 졸업생은 기본적인 생계만 유지할 수 있을 정도의 소득만 벌고 있다. 아파서도 안 되고, 집이나 자동차를 사는 것은 엄두도 낼 수 없다. 물론 부모님 용돈도 남의 나라 이야기다. 아이라도 낳게 되면 매달 500위안에 불과한 돈으로는 기저귀도 사기 힘들다.

벼랑 끝에 선 중국 경제

이전지급이 제대로 이루어지면 서민의 부담을 덜어줌으로써 서민이 행복한 세상을 만들 수 있다.

미국에 비해 중국에서 아이를 키우거나 학교에 다니는 것은 물론 집 한 채 장만하는 일은 평생에 걸쳐 엄청난 노력을 쏟아 부어야 가능하다. 게다가 미국 사람들보다 적은 임금을 받으면서도 훨씬 심한 스트레스에 시달려야 한다. 왜 이런 불공평한 현상이 나타났을까? 도대체 어디에 문제가 있는 걸까? 연구를 통해 미국 공공 재정의 이전지급 시스템이 중국보다 월등히 앞서 있다는 사실을 알아냈다. 이전지급이란 무엇을 가리키는가? 쉽게 말해 중앙정부에서 지방정부로부터 일부 세금을 거두어들인 뒤 재분배하는 것으로, 빈곤한 지역이나 빈민층에 보조금을 지급하고, 교육 부서에 전용 보조금을 제공하는 일련의 행위를 말한다.

교육정책을 통해 미국에서 이전지급이 어떻게 운용되는지 살펴보자. 12년 무상 의무교육 서비스를 미국의 각 지방정부가 담당하는데, 특정 지역의 경제적 여건이 좋지 못하거나 학교의 교육환경이 열악하다면, 혹은 무상 의무교육 서비스를 제공할 수 없을 정도로 재정 상태가 좋지 못할 경우 중앙 재정의 이전지급이 본격적인 행보에 나선다.

즉 연방정부는 국회에서 통과된 법안 내 확정된 공식에 따라 해당 주와 지방의 1인당 소득·도시 인구 규모·조세 징수 상황 등을 참고해 구체적인 보조금 규모를 산출함으로써 빈곤 지역의 학군에 교육 보조금을 제공한다. 미국 전체 지역에서 약 3분의 2에 해당하는 초등학교가 현재 보조금 혜택을 받고 있다. 주택정책 역시 마찬가지다. 미국 공공 재정 내 이전지급에 주택 전용 보조금이 마련되어 있는데, 서민의

개혁하려면 목표부터 다시 설정하라

주택 관련 지출이 소득의 3분의 1을 초과했다면 정부는 보조금을 제공하거나 염가의 임대주택 혹은 임대주택 입주권, 세금 공제 등의 서비스를 제공한다.

공정한 저변의 확대라는 커다란 목표 아래 세수 내 이전지급을 적극적으로 집행하는 움직임이 세계적으로도 크게 유행하고 있다. 요컨대 부자의 돈을 빈민층을 구제하는 데에 쓰자는 것이다. 구체적으로 말하면 중앙정부가 재산권을 갖고 전체 국민에게 기본적으로 평등한 공공 서비스를 제공한다. 지역 간 빈부 격차는 물론 지역 내 주민 간 빈부 격차를 줄이는 것 역시 주요 관리 대상이다. 이 분야에 있어서 독일의 경험은 좋은 참고가 될 것이다. 1990년 동독과 서독이 통일되면서 양 지역 간 현격한 경제 상황에 따른 문제가 대두되었다. 실제로 당시 동독은 지금의 중국 서부 지역처럼 상당히 낙후된 상태였다. 당초 경제적인 차이에 국한되었던 문제가 어느새 사회적 갈등, 정서적 불안 등으로 심화되고 있었다. 이런 상황에서 독일은 어떻게 동독에 대한 투자를 이끌어내고, 점진적으로 양 지역 주민 간 빈부 격차를 줄일 수 있었을까?

첫째, 연방정부와 몇 개 주에서 1,810억 마르크를 부담해 동독에 대한 투자에 나섰다. 1990년 5월, 독일 연방정부는 동부 지역 발전을 지원하기 위해 5년 기한, 1,150억 마르크 규모의 독일 통일 기금을 조성했다. 그중 200억 마르크는 통일세라는 명목으로 국민들로부터 징수했고, 나머지는 금융시장에서 조달했다. 해당 기금의 원금과 이자는 연방정부와 서독의 몇몇 주에서 부담하기로 했다. 1995년부터 2004년까지 독일 연방정부는 매년 동부 지역의 인프라 시설 개선, 경제구조 전환 사업에 66억 마르크를 투자했다.

벼랑 끝에 선 중국 경제

둘째, 세수를 균등하게 배분함으로써 사회 전체에 골고루 혜택을 제공했다. 부가가치세를 예로 들어보면, 연방정부는 징수한 세금 중 25%를 각 주의 경제 능력에 따라 배분했는데, 평균 소득이 낮은 주에는 좀 더 많은 지원금을 지급했다. 나머지 75%의 세수는 각 주의 인구수에 따라 배분했는데, 인구통계가 정확한 덕분에 각 주가 얼마의 지원금을 받게 되는지 정확하게 파악할 수 있다. 관련 부서에 들락거리며 로비를 해야만 지원금을 확보하는 중국의 경우와 확연한 대조를 보인다. 이런 점에서 독일 정부는 진정한 의미의 균등화 원칙을 실천하고 있는 셈이다.

중국에도 이전지급이라는 것이 있다. 문제는 그것이 완전히 변질되었다는 점이다.

어찌 된 영문인지 이전지급이라는 개념이 중국 땅을 밟는 순간 전혀 다른 의미로 통한다. 상하이를 예로 들어 설명해보자. 상하이 시 재정국이 발표한 예산안을 보면, 2010년 상하이 시의 의료 보건 관련 지출이 160억 위안이라고 한다. 제6차 인구조사 결과에서는 상하이에서 호적을 가진 인구는 1,400만 명이고 외지인은 약 900만 명인 나타났는데, 이들을 전부 합쳐 계산했을 때 상하이 시 정부에서 한 해 동안 주민 한 명에게 제공한 의료 관련 보조금이 평균 700위안이라는 결론이 나온다.

의료 복지 기준이 700위안이라니 실로 엄청난 금액이다. 쉽게 공감할 수 없다면 주변에서 흔하게 찾을 수 있는 10만 위안짜리 중대 질병 보험으로 구체적으로 설명해보겠다. 중국인수보험中國人壽保險이 출시한 캉헝康恒보험의 경우 10년 만기 한 해 보험료가 6,500위안이다. 정부가

개혁하려면 목표부터 다시 설정하라

사실상 주민 한 사람당 평생 의료비 보조를 제공한다는 점에서 보험 기간을 현대인의 평균 수명인 70년 만기로 보았을 때 한 해 보험료는 930위안도 안 된다. 그나마도 장기 복리 이자를 제하고 나면 실제 보험료는 700위안도 안 되는 셈이다. 다시 말해 상하이 시 정부가 주민이 보험에 직접 가입할 수 있도록 자금을 사용한다면, 정부의 의료비 지출이 한 푼도 늘어나지 않아도 국민은 암·심근경색·관상동맥 우회술·중증 간암을 비롯해 29개 중대 질병에 걸렸을 때 10만 위안의 지원금을 받을 수 있다. 이뿐만 아니라 질병으로 사망했을 경우 10만 위안의 사망보험금도 받을 수 있다.

감기에 걸렸을 때와 중대 질병에 걸렸을 때 서민 입장에서 어느 쪽을 무상으로 치료받을 수 있는 게 더 유리하고 경제적인가? 우연히 걸리게 되는 중대 질병보다 환절기 때마다 자주 걸리는 감기를 공짜로 치료받는 편이 훨씬 경제적이고 효율적이다. 하지만 정부의 정책은 국민의 바람과 달리 엉뚱한 방향으로 나아가고 있다. 이런 현상은 지방정부가 의료 서비스에 관한 사업에 돈을 쓰고 있지만 그 효과가 미미하다는 것을 보여주고 있다.

이전지급이 중국에서 아무런 효과도 발휘하지 못하게 된 근본적인 원인은 이전지급 시스템이 반쪽 사업으로 전락했기 때문이다.

이전지급 시스템이 절반의 성공을 거두면서 중앙정부는 재산권을 장악할 수 있었다. 1993년, 중앙 재정이 곤경에 처하자 주룽지朱鎔基 당시 총리는 60여 명의 협상단과 함께 비행기에 몸을 싣고 무려 17개 성, 시, 자치구와 지방정부를 찾아다니며 분세分稅 개혁 협상에 나섰다. 치열한 눈치 싸움 끝에 최종적으로 양측은 협상 타결에 성공했다. 그 내

벼랑 끝에 선 중국 경제

용은, 1993년도 재정수입을 기준으로 지방정부에 조세를 환급해주고, 새로 추가된 부분 중 증가분의 30%를 지방정부에 돌려주되 나머지 70%는 중앙정부에 지급하도록 했다. 그 결과 중앙정부의 재정이 크게 확대되면서 재산권을 각 관련 부서나 위원회에서 장악하게 되었다.

하지만 그 후의 개혁은 지지부진하게 진행되고 말았다. 재산권을 단일 단위나 부서로 집중시키는 데에는 성공했지만 재정의 지출 방식을 두고 제대로 된 해결책을 제시하지 못한 것이다. 이전지급 개혁이 제대로 이루어지지 않다 보니 개혁의 발걸음도 끝내 멈추고 말았다. 이전지급 개혁이 제대로 추진되었다고 말하지 못하는 것은 미개발 지역에 대한 지원이라는 이전지급의 역할이 제대로 수행되지 못했기 때문이다. 실제로 중국의 서부 대개발은 독일의 동부 개발과는 완전히 다른 결과를 낳았다. 분세 제도를 실행한 이후 전국 재정 구조에서 중서부 지역의 비중은 줄어들었고, 중서부 지역의 성, 시, 자치구 정부의 재정수입이 전체 재정수입에서 차지하는 비중 역시 해마다 감소해 동부 지역과 점차 격차를 벌리고 있다.

이런 현상이 나타나게 된 것은 이전지급 금액이 1993년 재정수입을 기준으로 정해졌기 때문이다. 다시 말해 이전지급이 1993년 재정수입을 기준으로 결정되었기 때문에 당시 재정수입이 높은 지역이 계속해서 많은 금액을 지원받은 데에 반해 당시 재정수입이 낮았던 미개발 지역은 그 후에도 얼마 안 되는 보조금을 받아야 했다. 여기에 중서부 지역에 대한 보조금을 여전히 구체적으로 규정하지 못하면서 문제가 더욱 꼬이기 시작했다. 이전지급을 전문적이고 체계적으로 감독하는 기구가 없는데다 관련 법률마저 없다 보니 무턱대고 보조금만 지급할 뿐, 보조금이 어떻게 사용되는지 누구도 관심을 기울이지 않는다는 데에 문제의 심각성이 있다.

통일된 관리 부서가 없다는 것도 문제다. 재정부는 이름뿐인 관리 기관일 뿐, 중요 문제를 처리할 때에는 허수아비에 불과하다. 왜냐하면 37개 부서가 이전지급을 사용할 권리를 나누어 갖고 있기 때문이다. 지방정부가 바로 그 허점을 노리고 더 많은 보조금을 타기 위해 동일한 항목에 대해 여러 부서를 찾아다니며 보조금 지급을 요청했다. 설마하니 관련 부서에서 지방정부의 속셈을 모르겠느냐는 모두의 예상을 뒤집고 지방정부는 보조금 확보에 모두 성공했다.

관리 감독이 지지부진한 것도 빼놓을 수 없다. 사업 지원을 위한 보조금이 일단 지급되면 너나 할 것 없이 자금을 남용하는 현상은 이미 중국에서 쉽게 찾아볼 수 있는 장면이다. 2006년 감사 기구인 심계서審計署가 20개 성省의 예산을 무작위로 조사한 결과, 중앙정부에 환급된 해당 지역의 2005년도 예산 수입은 3,444억 위안이었는데 실제로 중앙정부에서 지급된 이전지급액은 7,733억 위안이었다. 나머지 3,889억 위안이 어디로 사라졌는지 아무도 행방을 알지 못한다. 한마디로 56%의 자금이 지방정부의 재정 예산에 편성되지 못한 채 사라졌다는 뜻이다.

게다가 관련 법률의 지원도 없다. 이전지급과 관련된 중앙정부의 법규가 여전히 마련되지 않았다. 매년 수조 위안의 이전지급이 발생하고 있지만 이전지급과 관련된 법률이라고는 재정부에서 제정한 '임시 재정 이전지급 방법'이 전부다. 설상가상으로 이전지급에 대한 원칙적 규정만 담고 있다는 데에 문제의 심각성이 크다. 실제 운영 과정에서 발

벼랑 끝에 선 중국 경제

생할 수 있는 상황에 대한 구체적인 설명이 부족하기 때문에 그 허점을 악의적으로 파고들 가능성이 크다.

그렇다면 서민을 중산층으로 만들려면 어떻게 해야 할까?

서민이 잘사는 세상을 만드는 데에 있어서 가장 중요한 지표가 얼마나 많은 서민을 진정한 의미의 중산층으로 만들 수 있느냐다. 중산층의 정확한 개념은 무엇인가? 본격적인 이야기에 앞서 먼저 한 가지 바로잡아야 할 오해가 있다. 중국에서는 중산층을 가늠하는 잣대로 오로지 소득이라는 한 가지 요소만 참고한다. 이를테면 국무원 언론홍보실에서 개최한 '중국의 발전과 미래상'이라는 뉴스 브리핑에서는 연간 소득이 8만~11만 위안에 속하면 중산층이라고 정의하며, 2020년이 되면 중국 내 7억 명의 중산층이 생겨날 것이라고 전망했다. 하지만 2011년 6월 사회과학원에서 발표한 2011년 '비즈니스 블루맵'에서 월 소득이 6,000위안 이상인 경우 중산층에 속한다며, 연말까지 중국 내 중산층 수가 1억 400만 명에 달할 것이라고 예상했다. 결론적으로 말해 소득만으로 중산층을 판단하는 현재 중국의 방식은 전부 틀렸다. 오해하지 말기 바란다. 소득이 중요하지 않다는 말이 아니다. 정확하게 말해, 소득도 중요하지만 그렇다고 해서 소득이 가장 중요한 혹은 유일한 지표는 아니라는 점이다. 전형적인 중산층 사회인 미국에서 중산층을 정의하는 기준은 크게 세 가지로 나뉜다. 첫째는 양질의 교육, 전문지식과 직업 기술의 보유, 둘째는 더 나은 삶을 영위할 수 있는 여가시간, 마지막 요소는 뛰어난 자질을 지닌 주인 의식과 공중도덕이다. 그런 점에서 중산층은 행복하고 안정된 상태를 주로 가리키는데, 구체적인 소득이 얼마인가보다는 자신이 좋아하는 삶을 영위하고 있

개혁하려면 목표부터 다시 설정하라

는 경우를 가리킨다. 보다 구체적인 기준을 굳이 정해야 한다면 의식주 때문에 고민하지 않고, 정기적으로 여행을 가거나, 자신이 좋아하는 일을 할 수 있는 상태를 중산층이라고 볼 수 있다.

중산층에 대한 미국식 정의를 감안할 때 현재 중국에 가장 시급한 문제는 조세나 지출을 통한 공정하고 합리적인 재분배의 실현이다. 비합리적인 중국의 조세정책에서도 특히 재산 소득과 개인소득세 세율 문제는 좀 더 적극적으로 해결해야 하는 문제에 속한다. 서민을 위한 지출 문제에서 가장 먼저 고민해야 할 것은 보다 공정하고 효과적인 이전지급의 실천이다. 이전지급의 목적은 정부 간 재정 능력의 차이를 균형 있게 조절함으로써 공공서비스가 전국에 걸쳐 균등하게 제공되도록 하는 데에 있다. 그런 까닭에 이전지급에 동원되는 자금은 보다 구체적인 목적성과 방향성을 띠어야 한다. 이를테면 교육·의료·교통·사회보장·노동 및 취업·환경보호·커뮤니티 발전 등 서민의 삶과 직접적으로 연관되는 영역에 대한 이전지급을 통해 각 지역 주민이 동일한 혹은 유사한 수준의 공공서비스와 공공 제품을 향유할 수 있도록 해야 한다. 이를테면 기초교육의 경우 지금처럼 불공정하게 지급하는 것이 아니라 인구수에 따라 보조금을 지급해야 한다. 베이징 시과 허난성의 교육비를 비교해보자. 인구가 1억 명인 허난성의 2010년 교육비 지출은 606억 위안으로, 1인당 교육비 지출이 606위안이다. 이에 반해 1,400만 명의 인구를 가진 베이징 시의 교육비 지출은 188억 위안으로, 1인당 교육비 지출비가 허난성보다 두 배 많은 1,342위안에 달한다.

그 밖에도 이전지급은 지방정부가 돈으로 책임자를 매수해 이익을 챙기는 일이 없도록 반드시 투명하게 집행되어야 한다. 공정한 집행을 위해 먼저 각급 정부의 지출에 대한 책임과 관련 세수 권한을 분리하고, 역할을 법률적으로 명확하게 규정해야 한다. 아울러 정부 간 이전 지급의 목표, 원칙, 규모, 기준 및 구체적인 기술적 운영 프로세스와 방법 등도 입법이라는 형식을 통한 확인 작업이 필요하다. 공정하고 투명한 기준이 마련된다면 서민을 위해 써야 할 예산을 제대로 집행함으로써 동일한 수준의, 양질의 공공서비스를 제공할 수 있는 것은 물론 아무런 차별 없이 우수한 교육 서비스와 사회보장 서비스를 공정하게 제공할 수 있을 것이다.

내부고발자보호법이 절실한 이유

중국의 경제개혁은 서민이 중심이 되는, 서민 스스로 자신을 보호하는 방향으로 전개되어야 한다. 중국이 추진하는 개혁은 취지 면에서 나무랄 데 없지만 어찌된 영문인지 개혁 후반에 이르러 개혁에 따른 막대한 비용을 서민이 짊어져야 하는 상황이 매번 되풀이된다.

서민이 중심이 되려면 서민의 마음을 읽을 줄 알아야 한다.

서민의 속내를 알 수 있는 가장 간단한 방법은 국민을 대상으로 한 통계나 여론조사를 적극적으로 이용하는 것이다. 하지만 중국의 통계국이 사용하는 방식에는 문제가 있다. 통계국에서는 각 부서에 자료를 종합해 보고하도록 하거나 업체 스스로 통계자료를 작성하도록 하는

개혁하려면 목표부터 다시 설정하라

등 실질적인 조사에 전혀 참여하고 있지 않다. 이 점은 통계국 스스로도 인정했다. 통계국이 매년 발표하는 '국민경제와 사회발전에 관한 통계자료'에는 인력 자원 및 사회보장 부서로부터 받은 도농 지역의 신규 취업자 수·실업률·사회보장 데이터, 국가발전개혁위원회가 제공하는 기업 채권·국가사업 연구 센터·기업 기술 센터·신흥 산업 창립 투자 등의 데이터가 고스란히 실려 있다. 그 외에도 교육부가 제공하는 교육 관련 자료, 문화부의 예술 단체·박물관·공공 도서관·문화관 데이터, 국토자원부의 국유 건설 용지 토지 공급 상황·종합 토지가격 데이터, 환경보호 관련 부서의 환경 모니터링 자료 등도 함께 실려 있다. 이는 중국의 통계국이 진정한 의미의 통계 부서가 아니라 기존 자료를 취합하고 보고만 하는 허수아비라는 것을 보여준다.

통계국에서 발표한 주택 가격 자료를 지금도 기억하는가? 2010년 2월 통계국은 전국 70개 중대형 도시의 부동산 가격이 평균 1.5% 상승했다고 발표했지만 실제 상승세가 이보다 월등히 높았다는 것을 누구나 체험한 적이 있을 것이다. 이처럼 현실과 동떨어진 자료가 나타나게 된 데에는 통계국 내 자료조사팀이 실제 부동산시장을 돌아다니면서 자료를 작성한 것이 아니라 부동산 개발 업체가 보낸 자료만으로 통계를 냈기 때문이었다.

주택 가격 외에도 주택 관련 지출에 대한 통계에도 문제가 있다. 국가통계국이 발표한 2010년 국민경제에 관한 보고서 중 소비지출 통계 결과에 따르면 도시 지역 주민의 1인당 월간 소비성 지출은 1,123위안인데, 그중 Top 4에 해당하는 지출 항목으로는 식료품 400위안, 교통 및 통신비 165위안, 교육·문화·여가비 136위안, 의류비 120위안 순으로 나타났다. 주택과 관련해서 매달 지출하는 비용은 111위안으로, 해당 항목에서 최하위를 차지했다. 어떻게 이런 엉터리 자료를 얻었는지 도무지 이해되지 않는다. 도대체 중국 어느 도시에서 111위안짜리 월세를 구할 수 있단 말인가.

앞서 다룬 개인소득세의 과세 최저한도를 3,000위안으로 정한 데에도 통계국의 공로가 지대했다. 개인소득세 조정 기준이 국가통계국의 국민경제 심사 결과를 바탕으로 하고 있기 때문이다. 2010년도 중국 도시 주민의 1인당 월간 소비성 지출은 1,123위안인데, 평균적으로 취업자 한 사람당 1.93명을 부담하고 있다고 계산했을 때 도시 지역 취업자가 평균적으로 부담하는 월간 소비성 지출은 2,167위안이라는 결론이 나온다. 이를 근거로 재정부와 국가세무총국國家稅務總局이 개인소득세 과세 최저한도를 3,000위안으로 설정하면 충분하다고 판단한 것이다.

중국의 실업률 문제 역시 내 머리로는 도무지 이해하기 어렵다. 중국 통계국이 제시한 자료에 따르면 중국 내 실업률은 줄곧 5% 이하를 유지하고 있다고 하지만 '중국의 발전을 연구하는 고위급 포럼'에 참석한 원자바오 총리는 전혀 다른 이야기를 꺼냈다. "미국 내 실업자 수가 200만 명에 육박하며 미국 정부를 압박하고 있다고 합니다. 이에 반해 중국 내 실업자 수는 고작 2억 명에 불과합니다." 13억 인구 중 2억 명이 실업자라면 도대체 실업률이 얼마나 된다는 걸까? 놀라지 말기 바란다. 무려 15.38%나 된다. 하지만 2010년 통계국이 발표한 도시 지역 실업률은 4.1%에 불과했다. 도대체 누구의 말을 믿어야 하는가?

이보다 더 이해할 수 없는 문제가 적지 않은데, 소비자물가지수가 그렇다. 지금도 정부가 어떻게 소비자물가지수를 계산하는지도 알지 못

개혁하려면 목표부터 다시 설정하라

하거니와 측정한 지표나 방법은 물론 측정 대상에 따른 비중이 얼마인지도 알 방법이 없다. 이 모든 내용이 국가 기밀에 속하기 때문이란다. 한마디로 말해 통계국의 데이터로 자체적인 연구가 불가능한 셈이다.

상황이 이렇다 보니 중국 통계국이 내놓는 통계자료가 무엇을 반영하고 있는지 나로서는 도무지 알 방법이 없지만, 이것 하나만은 분명히 알고 있다. 이 자료가 민심과는 하등의 관계도 없다는 것을 말이다. 진정한 의미의 민심이란 무엇인가? 현실과 동떨어진, 속이 텅텅 빈 숫자 나부랭이가 아니라 서민의 삶과 밀접하게 관련된 자료, 이를테면 동네 유치원이 몇 개인지, 언제든지 서민의 건강을 챙길 수 있는 동네 병원은 몇 개인지, 은행의 자동화기기 수, 우체국 수 등이야말로 민심을 제대로 헤아리고 있는 자료다.

유치원을 예로 말해보자. 일선 통계국에서 제 일에 소홀한 바람에 아이를 보낼 만한 유치원이 없어 학부모 사이에서 유치원 대란이 일어났고, 중·고등학교의 교육비 부족 현상마저 나타났다. 그 원인을 조사한 끝에 해당 지역에서 유치원에 입학 가능한 유아를 조사하는 임무가 통계국이 아닌 일선 유치원 원장의 몫이 되었다는 사실을 알아냈다. 통계국 내 관련 자료가 없는 것은 물론 국가인구계획위원회人口和計劃生育委員會의 지도가 이루어지지 않는 상황에서 유치원 원장이 어떻게 입학원생 수를 예측하고 정원을 조정할 수 있단 말인가. 정말 우습지도 않다. 본래 해당 지역에서 유치원이나 학교에 들어갈 정원을 예측하거나 지역 내 고령자 수에 따라 동네 병원이나 진료소 등의 시설을 추가로 신설하는 일은 당연히 통계국의 몫이어야 한다.

하지만 가슴 아프게도 현재 중국의 통계국은 더 이상 서민을 위해 봉

벼랑 끝에 선 중국 경제

사하는 곳이 아니라 지방 관리의 승진을 위한 도구로 전락하고 말았다. 2010년 6월 7일, 당시 국가통계국 부국장 자리에 막 취임한 린셴위林賢鬱는 《중국신문주간中國新聞週刊》의 한 기자에게 통계국의 현황을 소개했다. "지방의 한 통계국장이 통계국의 권한으로는 안 되는 일이 많아 업무 스트레스가 심하다며 전화로 하소연합디다. …… 데이터를 조사하던 중에 한 지방 지도자가 통계 담당 직원 좀 보자며 사무실로 들이닥쳤습니다. 그러면서 하는 말이 통계가 틀렸다며 정확하지 않은 자료를 믿을 수 없으니 다시 계산해보라고 큰소리치는 겁니다." 지방 통계국의 직원, 재정, 물품 등은 모두 지방정부에서 관리하기 때문에 통계국이 제아무리 객관적인 조사에 나선다고 한들 주변으로부터의 견제가 너무나 심해 제대로 된 조사가 이루어지기 힘들다. 그러다 보니 전국 각 성에서 발표한 GDP 수치를 모두 더하면 전체 GDP 수치를 넘는 웃지 못할 상황이 매년 되풀이되고 있다.

이런 문제를 해결하기 위해 미국에 한 수 배우는 것도 현명한 방법일 것이다. 즉, 통계국이 여론조사국과 경제분석국으로 활약할 수 있도록 지원하는 것이다. 정확하게 말해 미국에는 중국의 통계국에 해당하는 기관이 없다. 중국에서 보통 통계국이라고 번역하는 US Census Bureau라는 기관은 사실 미국 상무부 산하의 기구로, 인구조사국이라고 불리며, 주로 경제 관련 자료의 통계를 담당한다. 또 다른 진정한 의미의 통계국 Bureau of Economic Analysis는 경제분석국으로 불리며, 미국 경제에 관한 전반적인 자료를 제공하는데, 정보의 투명성이나 공개성에서 높은 점수를 받고 있다.

여론조사의 경우 미국에서는 주로 사립 기관이 담당하고 있는데, 유

개혁하려면 목표부터 다시 설정하라

명한 여론조사 기관으로는 갤럽이 있다. 이와 비슷한 여론조사 기관이 미국 내에만 약 2,000여 개 있는데, 이들이 다방면에 걸쳐 확보한 여론조사 자료는 정부의 정책 결정 과정에서 중요한 참고 자료로 활용된다. 물론 중국에도 '국가통계국 사회 상황 및 여론조사 기구'라 불리는 여론조사 기관이 있지만, 중앙정부와 국무원 관련 부서에서 위탁하는 사회 상황 및 여론조사 임무만 맡을 뿐 서민의 일상생활에는 아무런 관심도 없다.

미국 정부의 정책 결정은 이들 여론조사 기관이 제공하는 데이터를 가지고 분석하는 데에서부터 출발한다. 현실을 반영한 객관적인 자료를 바탕으로 하고 있기 때문에 정부로서도 자연스럽게 여론에 따르는 정책을 내놓을 수 있다. 그렇다면 중국의 상황은 어떤가? 공무원은 공적을 쌓기 위해 망설임 없이 자료를 날조한다. 거짓으로 점철된 자료를 정책 판단의 근거로 삼는다면 그 결과가 어떨지는 불 보듯 뻔하다. 더 안타까운 사실은 중국 내 많은 부서에서 이런 현실을 이미 훤하게 알고 있다는 점이다. 이를테면 은행의 경우 기업에 대출해줄 때 기업의 재무 보고서가 아니라 해당 업체의 수도 계량기·전기계량기·세관 보고서를 보고 대출 여부를 결정한다. 왜냐하면 이들 자료는 쉽게 조작할 수 없기 때문이다.

통계국의 인구조사를 예를 들어 중국과 미국의 통계자료가 정부의 정책 결정 과정에서 어떻게 작용하는지 알아보자. 중국의 경우 전체 인구·성비性比·각 성의 인구수 등을 예측하기 위해 무작위로 샘플 조사를 실시한 후 평가 작업을 진행하는데, 대충대충 추린 통계자료로는 정부의 정책 결정에 하등의 도움도 되지 못한다. 보탬이 되지 못하는

벼랑 끝에 선 중국 경제

것만도 안타까운데 오히려 상황을 악화시키는 데에 문제의 심각성이 있다. 이를테면 2011년 시행된 인구조사 사업으로 중국 정부는 1,300만 명의 무호적자가 있다는 사실을 확인했는데, 이 사실을 알게 된 일부 지방정부가 호적 장사에 나섰다. 일부 지방정부가 호적을 갖지 못한 이들에게 접근해 사회양육비를 내면 보상 차원에서 호적에 올려주겠다며 거래를 걸어온 것이다.

이와는 대조적으로 미국의 인구조사는 샘플 조사가 아닌 모든 가정, 모든 커뮤니티를 직접 방문해 조사하는 방식을 채택하고 있다. 그렇게 해서 나온 통계 결과는 4,000억 달러 규모의 연방보조금을 각 주와 지방정부에 어떻게 나누어줄지 결정하는 데에 활용된다. 그뿐만 아니라 미국 하원 내 435개 의석의 배분은 물론 모든 커뮤니티 내 학교, 병원, 도서관, 기타 공공서비스에 사용될 정부 보조금 규모를 결정하는 데에도 작용한다. 이보다 더 중요한 것은 미국의 인구조사 자료는 일선 정부에서 특히 유용하게 활용되는데, 이를 바탕으로 정부가 현실적으로 재정 자원을 배분하고 사회 공정을 실현할 수 있다. 이와는 대조적으로 중국의 인구조사는 일선 정부를 위한 것이 아니라, 지방정부의 현황에 대한 중앙정부의 이해를 돕기 위한 참고 자료로만 활용되는 듯싶다. 미국의 경우 해당 통계자료를 통해 각 커뮤니티 내 인구수, 인종, 연령은 물론 서민이 필요로 하는 공공서비스도 한눈에 파악할 수 있다. 미국의 인구조사 내용은 철저하게 기밀로 부쳐지기 때문에 설사 대통령이나 연방조사국FBI, 국세국이라고 해도 특정 인사의 설문 내용을 알아볼 수 없다. 혹여 인구조사 담당자가 이들에게 자료를 제공했다면 당사자는 법적 책임을 지고 5년 징역형과 함께 25만 달러의 벌금형에 처해질 수도 있다. 철저하게 기밀로 처리되는 미국과 달리, 중국에서는 기밀로 처리해서는 안 되는 자료를 기밀로 처리한다. 이를테면 인구조사가 끝나면 국가 관련 데이터만 공개하고, 성이나 시 같은 행정단위의 자료는 일절 공개하지 않는다. 반면에 기밀로 부쳐야 할 자료를 오히려 공개하는 바람에 무호적자나 임시 거주 인구가 지하로 숨어들 수 있는 빌미를 주고 말았다.

　서민의 이익을 보호할 수 있는 가장 효과적인 방법은, 서민에게 자신의 이익을 스스로 지킬 수 있도록 권리를 주는 것이다. 이를테면 2011년에 발생한 '독돼지 사건'의 경우가 좋은 전례가 될 것이다. 독돼지 사건이란 돼지고기의 비계 형성을 막고 살코기를 늘리기 위해 양돈 농가에서 천식 치료제의 일종인 클렌부테롤과 성장촉진제인 락토파민을 주사한 돼지를 시중에 유통한 사건으로, 많은 소비자가 식중독에 걸리는 피해를 입었다. 이 사건이 공개된 후 중국에서 돼지고기를 사먹는 간 큰 소비자는 단 한 명도 없었다. 사태의 심각성을 깨달은 정부와 전문가가 시중에서 유통되고 있는 돼지고기 중 대다수가 안전하다며 진화 작업에 나섰지만 그 말을 믿는 사람은 단 한 명도 없었다. 이와 비슷한 사건인 '멜라민 분유 파동' 당시에도 정부에서 대대적인 조사 작업에 나서며 안전성을 장담하는 등 온갖 감언이설을 내놓았지만 중국 소비자는 앞 다투어 홍콩으로 건너가 분유를 대량 사들였다. 이런 하극상이 일어나기까지 안타깝지만 정부에 대한 신뢰도 추락이 결정적인 역할을 했다. 일단 사건이 터지면 정부에서 안전성을 장담하는 등 민심을 도닥이다가 친정부 성향의 학자를 보내 방패막이에 나선다. 이

벼랑 끝에 선 중국 경제

런 노력에도 불구하고 매번 비슷한 사건이 끊임없이 터지는 것을 본 소비자들이 더 이상 정부는 물론 전문가의 말도 불신하게 되었다.

한 가지 오해를 바로잡으면, 사실 정부는 무엇이든지 다 해내는 슈퍼 맨이 아니다. 하는 말과는 다르게 제대로 해내지 못하는 일이 적지 않다. 이를테면 클렌부테롤은 가축에 사용하는 약이나 사료 첨가제가 아니라 천식 치료용으로 쓰이는 신경흥분제다. 화학반응표만 있으면 일반 가정에서도 제작할 수 있을 만큼 제작 과정이 단순하기 때문에 클렌부테롤 제품을 직접 양돈업자에게 판매하지 않고, 대다수의 화학공장에서 가공되지 않은 분말을 양돈업자에게 직접 공급한다. 락토파민 역시 화학공장에서 유출된 것으로, 완제품의 경우 보관이 무척 용이하다. 이처럼 수많은 원료나 중간 가공업자가 곳곳에 숨어 있다 보니 정부가 일일이 관리하기에는 현실적인 어려움이 따른다.

그렇다고 해서 마냥 손 놓고 있을 수도 없는 노릇이다. 이런 상황에서 효과적인 해결책은 민간 시민단체를 적극적으로 활용하는 것이다. 일본 후쿠시마 원전 사고 이후 중국에서 요오드 소금이 방사선을 막아 준다는 소문이 급속도로 퍼져나갔다. 중국 전역에서 요오드가 든 소금은 물론 일반 소금까지도 사들이는 사재기 현상이 확산되면서 민심이 크게 동요했다. 중국 전역이 혼란과 공포에 휩싸인 가운데, 이런 소문을 삽시간에 잠재운 이는 정부나 전문가가 아니라 과학을사랑하는이들의모임科學松鼠會이라는 민간 과학 단체였다. 그들이 사용한 방법은 단순했다. 과학 지식을 정확하면서도 이해하기 쉽게 풀어 대중에게 들려준 것이다. 게다가 이익을 추구하지 않는 민간 시민단체라는 점이 대중의 신뢰를 사는 데에 유리하게 작용했다. 이처럼 민간 시민단체는 정부의 역할을 보완할 수 있지만 현재 중국에서 민간 시민단체를 등록하는 일은 결코 쉽지 않다.

민간 시민단체의 역할에 기대는 방법 외에도 중국 정부는 일반 소비자에게 많은 권리를 내주어야 한다. 이를테면 허난성 탕양蕩陽현 북쪽에 있는 마을 지하수가 인근 공장에서 흘러나온 독성물질에 오염되는 바람에 마을 주민들이 식수를 제대로 공급받지 못하는 상황이 발생했다. 그러자 뜻밖에도 문제의 화학공장에서는 현지 주민의 원활한 식수 공급을 위해 다른 지역에서 생수를 구입해 지급하겠다고 밝혔다. 하지만 그것도 눈 가리고 아웅 하는 것이었다. 낮에는 생수를 지급하느라 정신없던 해당 업체는 어두컴컴한 저녁만 되면 제품 생산을 위해 기계를 돌려대느라 잠을 자던 주민들을 깨우기 일쑤였다. 현지 정부역시 모른 체했다. 만약 중국 입법부에서 현지 주민들이 해당 업체를 고소할 수 있도록 권리를 부여했다면 어떻게 되었을까? 입증책임의 주체를 바꾸도록 규정했다면, 다시 말해 화학공장 스스로 자신의 무죄를 입증하도록 했다면 어떤 결과를 얻을 수 있었을까? 소비자가 거액의 배상금을 받을 수 있도록 했다면 어떤 상황이 펼쳐졌을까?

바로 이런 점 때문에 미국의 내부고발자보호법을 도입하는 것이 시급하다. 해당 법안의 목적은 동원 가능한 모든 방법을 동원해 소비자에게 배상금을 지급해주고, 신변 안전을 보장해주는 데에 있다. 이를테면 세계 4대 군수품 제조업체이자 세계 최대 군함 제조사인 노스럽 그러먼 사의 최고경영자 노스럽 그러먼은 자동차 부품 및 항공우주산업 제품을 주로 생산하는 TRW라는 업체를 인수했다. TRW 업체의 직원인 로버트 필로는 미국 공군을 위해 자사에서 제작한 위성에 결함

벼랑 끝에 선 중국 경제

이 있는 것을 발견하고 상부에 이런 사실을 즉각 보고했지만 회사 측에서는 의도적으로 이 사실을 숨겼다. 해당 위성이 작동하는 과정에서 문제가 생겼는데도 회사 측에서는 미국 공군에 아무런 내용도 보고하지 않자, 참다못한 그는 내부고발자보호법에 따라 TRW를 인수한 노스럽 그러먼을 법원에 고소했다. 재판을 통해 노스럽 그러먼은 사건 해결에 3억 2,500만 달러를 지급하기로 동의했고, 로버트 필로는 4,880만 달러의 보상금을 챙겼다.

중국에도 이런 법안이 생기면 많은 일이 손쉽게 처리될 것이다. 사측에서 클렌부테롤을 돼지에게 먹인다는 사실을 발견한 솽후이雙匯 직원이 해당 법안을 근거로 솽후이를 고발하면 거액의 배상금을 탈 수 있을 것이다. 검역 조사관이 이 사실을 발견했다면 상급 부서에 보고하면 된다. 만일 주관 부서에서 이런 보고를 못 본 체한다면 검역 조사관은 해당 법안을 근거로 법원에 고소한 다음 배상을 청구하면 된다. 심지어 일반 소비자 역시 가공육 제품을 검사하다가 규격에 맞지 않는 항목을 발견했다면 법원에 고소한 뒤 거액의 배상금을 청구해도 된다. 이렇게 되면 정부로서는 수고를 덜 수 있고, 소비자 역시 안전을 보장받을 수 있다. 용감한 밀고자 역시 행동에 따른 만족스러운 결과를 얻을 수 있으니 모두에게 도움이 되는 일을 마다할 이유가 없다.

예산을 개혁해야 서민이 편하다

예산을 편성하는 목적은 관련 공무원의 횡령이나
실행 과정에서의 악의적인 운영을 미연에 막기 위해서다.
하지만 현재 중국의 예산은 일선 현장으로 내려갈수록
그들의 생색내기용 자금으로 전락하고 말았다.

재정 예산의 핵심은 민생 돌보기

2011년 한 해 중국의 인플레이션은 그야말로 맹위를 떨쳤다. 인플레이션 현상이 목격되면 보통 대출금리를 높여야 정상이지만 어찌 된 영문인지 중국은 대출이자를 낮추기 시작했다. 중국 인민은행은 2011년 2월 9일부터 금융기관의 1년 만기 예금 및 대출의 기준 금리를 각각 0.25%포인트 인상한 데에 이어 5년 이상 된 예금 및 대출 금리를 각각 0.45%포인트와 0.2%포인트 인상했다. 그 결과 5년 만기 예금 금리와 1년 만기 예금 금리 간 격차가 2.6%포인트를 기록한 데에 반해, 5년 만기 대출금리와 1년 만기 대출금리의 격차는 겨우 0.54%포인트에 그쳤다. 예금과 대출 간에 2.06%포인트의 격차가 발생한 셈이다. 5년 및 1년 만기 대출금리 차이가 크지 않다는 데에 주목할 필요가 있다. 다시 말해 기업의 대출 문턱이 크게 낮아졌다는 것으로, 예금의 기준 금리 인

벼랑 끝에 선 중국 경제

상을 통해 시중의 예금을 흡수하되 대출금리를 낮춤으로써 기업의 대출 부담을 덜어주었다. 예금 흡수를 통해 인플레이션을 잡으면서도 투자 활성화라는 두 마리 토끼를 잡겠다는 중국 정부의 야심찬 계획이었지만 투자에만 정신이 팔린 나머지 중국 정부는 서민에 대한 배려를 망각하고 말았다. 이런 상황이 무엇을 의미하는지 보다 쉽게 이해할 수 있도록 구체적인 숫자로 예를 들어보겠다. 4조 위안에 달하는 경기 부양책이 발표되면서 중국에는 10조 위안 규모의 대출 시장이 등장했다. 거대한 대출 시장이 장기 대출이라는 형태로 구성되었다고 가정했을 때, 예금과 대출 간 2.06%포인트의 금리 격차 덕분에 지방정부는 매년 2,060억 위안의 금리를 면제받는 셈이다. 이와는 대조적으로 일반 서민은 예금과 대출 간 금리 격차로 거액의 손실을 보게 된다. 2010년 말 중국의 예금 총액은 20조 위안으로, 인플레이션율 4.9%와 1년 만기 예금 금리 3%로 계산해보았을 때 4,000억 위안의 이자 소득을 잃는 셈이었다. 이 둘을 합친 6,060억 위안은 13억 인구가 1인당 466위안의 화폐세를 추가로 부담했다는 뜻과 일맥상통한다.

똑같은 인플레이션 현상을 홍콩은 어떻게 요리했는지 살펴보자. 홍콩 정부는 인플레이션으로 증가한 불용예산의 처리 방식을 놓고 고심하다가 18세 이상 영주권자에게 6,000홍콩달러씩, 모두 360억 홍콩달러를 현금으로 지급하기로 했다. 그러고도 남는 예산은 세금 공제 등으로 돌릴 예정이라고 밝혔는데, 이를테면 급여세의 납세액을 75% 삭감해주거나 홍콩 특구 행정부가 2개월간의 공공 주택 임대료를 대납하는 내용 등이 포함되었다. 그 밖에 주택용 전력 사용자에게 한 가구당 1,800홍콩달러의 전력 보조금을 제공하기로 했다.

예산을 개혁해야 서민이 편하다

인플레이션에 따른 문제를 해결하기 위해 취한 홍콩 정부의 행동은 하나같이 일반 서민이 피부로 쉽게 느낄 수 있는 항목 위주로 진행되었다. 구체적인 조치를 자세히 살펴보면 한 가지 공통점을 발견할 수 있는데, 이들 정책이 서민의 참여에 바탕을 두고 있다는 것이다. 현금으로 6,000홍콩달러 지급한 사례를 가지고 설명해보면, 홍콩 특구 행정부는 당초 1인당 6,000홍콩달러를 현금 지급이 아니라 공적자금 계좌에 입금하는 형태, 즉 은행 통장으로 송금하려고 했다. 그러자 누군가 계산기를 꺼내 들며 이의를 제시했다. 은행 계좌에 입금했을 경우 공적자금을 관리하는 펀드사는 예금 외에 이자만으로도 5억 홍콩달러를 추가로 벌게 되겠지만 홍콩 주민들로서는 당장 손에 돈을 쥘 수 없기 때문에 해당 정책의 혜택을 체감하기 어렵다는 주장이었다. 결국 쩡쥔화曾俊華 재무장관이 예산 기획안을 긴급 조정해 당초 공적자금 계좌로 입금하려던 6,000홍콩달러를 주민에게 현금으로 직접 지급하기로 결정했다.

이 사건을 통해 재정에 대한 홍콩 주민의 높은 이해는 물론 주민의 경제관념 향상을 꾀한 홍콩 정부의 바람도 이루어졌음을 알 수 있었다. 이런 결과를 얻기까지 홍콩 정부의 남모를 노력이 크게 작용했다. 2009년부터 홍콩 정부는 재정 예산안과 관련된 내용을 문답 형식으로 정리한 만화 책자를 중학생에게 무료로 배포하기 시작했는데, 그 의도는 누가 보아도 분명했다. 중학생도 쉽게 이해할 수 있을 만큼 어려서부터 시민의식을 배양하기 위함이었다. 2011년이 되자 홍콩의 재정 예산을 두고 입법회 의원들이 정부에 무려 3,900여 개나 되는 질문을 쏟아냈다. 기존에도 입법회로부터 다양한 질문이 쏟아지기는 했지만 이

벼랑 끝에 선 중국 경제

번 경우에는 경우가 달랐다. 질문 수만 보더라도 기존의 기록을 깨고도 남았다. 게다가 이게 끝이 아니었다. 2011년 홍콩의 재정 예산안이 처리되는 과정은 말 그대로 시련의 연속이었다. 2011년 예산안이 발표된 후 홍콩 주민들 사이에서 불만의 목소리가 터져 나오기 시작했다. 여론조사 결과 예산안에 불만을 표시한 주민은 무려 41.3%에 달했고, 종합 평가에서도 100점 기준에 46.9점을 얻는 데에 그쳤다. 사회 대중의 불만만 거센 것이 아니라 상당수 의원 역시 지금의 예산안으로는 공정함을 보장할 수 없다며 강력하게 이의를 제기했다. 결국 정부는 구체적인 대응책을 연구하고 최대한 빨리 답변을 내놓겠다는 입장을 밝혔다. 이런 상황은 홍콩 주민들이 재정 예산의 본질을 제대로 파악하고 있을 뿐만 아니라 직접 참여해야만 정부를 제대로 감시할 수 있다는 사실에 대해서도 정확하게 인식하고 있음을 보여준다.

이와 같은 문제를 처리하는 데에 있어서 미국의 사례는 좀 더 참고할 만하다. 미국의 국회 예산 문제는 너무 복잡하므로 넘어가고, 대신 버지니아 주 북동부에 위치한 프린스 윌리엄 카운티의 재정 예산 과정을 예로 들어 살펴보자. 프린스 윌리엄 카운티의 예산은 주 정부와 연방 정부에서 지급하는 전용 보조금과 지방정부의 자체적인 재정수입으로 이루어져 있다. 이중 후자의 경우 현지 주민이 낸 세금으로 마련된 재정수입이라는 점에서 일반 주민들에게 민감하게 작용한다. 카운티 의회에서 제출한 2011년 재정 연도의 총예산액은 19억 9,100만 달러로, 그중에서 지방정부가 자체적으로 8억 7,800만 달러를 부담해야 한다는 내용이 포함되어 있었다. 2011년 지방정부의 재정수입이 2010년보다 4% 높게 나온 배경을 두고 주민들 사이에서 이해할 수 없다는 반응

예산을 개혁해야 서민이 편하다

이 나오자 현지 정부는 즉각 해명에 나섰다. 설명에 따르면 현재 인건비, 원자재와 대출금리가 전체적으로 하락해 오랫동안 지지부진했던 건설 프로젝트를 추진하는 데에 동원되는 비용이 감소했다며, 지금이야말로 입찰 공고를 통해 적극적으로 사업을 추진할 절호의 기회라고 한다. 해당 건설 프로젝트에는 도로 확충 공사 세 건, 도서관 두 곳과 소방서 한 곳의 신축 공사에 대한 계획도 구체적으로 담겨 있었다. 이 사실을 확인한 주민들로부터 허가가 떨어지자 본격적으로 건설 사업이 추진되었다. 그 후 현지 정부는 8억 7,800만 달러를 어떻게 마련할지를 두고 주민과 논의에 들어갔다. 결국 양측은 부동산세를 통한 자금 조달 방식에 합의하고, 부동산 세율을 1.213%로 정하는 데에 동의했다. 그 결과 한 가구당 평균 3,401달러를 추가로 부담해야 했지만 이 돈이 자신이 사는 지역의 공공서비스 향상을 위해 사용된다는 것을 알고 있는 터라 누구도 이의를 제기하지 않았다. 게다가 주민들로서는 이 예산안을 가지고 역으로 정부를 감시할 수도 있었다. 정부가 추가로 징수한 세금이 어떻게 집행되는지 구체적인 사업 계획을 알고 있었기 때문에 가능한 일이었다. 만일 정부가 함부로 예산을 사용할 경우 그 공백을 메우기 위해 다음해 세금을 추가로 부담해야 한다는 점을 잘 알고 있는 주민들로서는 적극적으로 정부를 감시할 수 있었다.

이와 같은 비교 작업을 통해 중국의 재정이 홍콩, 미국보다도 한참 주민에게 의존하고 있음을 알 수 있다. 국제적인 관례에 따라 중국에서는 사회보장비·수수료·토지 소득 같은 세수 외 정부 수입을 모두 정부 수입으로 일괄처리한다. 기타 국가의 정부 소득이 전체 GDP에서 차지하는 비중이 30%인 데에 반해 중국의 경우 사회보장비용·행정

수수료·토지 양도금을 제외한 순수한 조세 성격의 정부 소득만 해도 GDP에서 차지하는 비중이 기본적으로 30%에 달한다. 그러다 보니 서민에게서 많은 세금을 거두는 만큼 그 돈을 서민을 위해 제대로 사용하는지, 효율적으로 집행되고 있는지 등에 대해 관심이 쏠리는 것은 당연한 결과라 하겠다.

중국에서 가장 높은 복지 수준을 자랑하는 베이징의 경우 2011년 3,006억 위안에 달하는 전체 재정 중 서민을 위해 과연 얼마의 돈을, 어떻게 썼을까? 집행된 예산을 금액 순으로 보았을 때 교육 분야 240여억 위안, 사회보장비 102억 위안, 의료 사업 부문 75억 위안으로 정리된다. 몇 가지 항목에 투입된 예산만 해도 중국 내 대도시 중에서도 단연코 으뜸에 해당한다. 하지만 이중 어떤 항목도 5,463억 9,000만 위안에 달하는 도시 고정자산 투자 자금에 비하면 새발의 피에 불과하다. 447억 5,000만 위안 규모의 도시-농촌 개발에 대한 정부 투자금만 보더라도 앞에서 열거한 세 항목을 모두 합친 것보다 많은 금액이 투입된다. 그 밖에 교육비 내 최대 지출 항목인 49억 위안 규모의 교육 인프라 예산 역시 본질적으로 투자에 속한다고 하겠다.

개혁개방을 추진한 지 어언 30여 년 동안 이런 성장 방식은 지금껏 중국 경제를 견인해왔지만, 중국 동부 연해 지역의 인프라 조건이 미국, 유럽보다 훨씬 앞선 지금의 상황에서 투자를 통한 경제성장 방식은 더 이상 통하지 않는다. 투자의 한계효용이 수직 하락하고, 대출에 의존한 투자로 부작용이 점점 뚜렷하게 나타나고 있기 때문이다. 이제는 예산의 중점을 어떻게 전환해야 할지, 민생을 위한 예산을 어떻게 집행해야 하는지 곰곰이 생각할 시간이 되었다.

예산을 개혁해야 서민이 편하다

불투명한 예산을 결코 좌시하지 마라

국무원의 청렴정치업무회의廉政工作會議에 참석한 원자바오 총리는 정부에 대한 국민의 효과적인 감시를 위해 정부가 얼마의 예산을 쓰는지, 예산으로 무엇을 하는지 정확하게 알려줄 수 있도록 재정 예산을 국민에게 공개해야 한다고 강조했다. 그 후 중국 각급 정부에서 앞 다투어 재정 예산을 공개하기 시작했지만 그 내용을 보고 난 후의 반응이 영 신통치 않다. 분명 재정 예산을 공개하기는 했지만 그 내용이 무슨 뜻인지 도무지 알 수 없다는 게 주된 반응이었다. 이보다 더 짜증나는 것은 각 지도자가 국민이 이해하지 못하는 게 정상이라며 점잖게 타이르는 모습이었다. 이런 발언은 중국이 재정 민주화에서 한참 뒤처져 있음을 보여주고 있다.

중국의 재정 민주화가 어두컴컴한 밀실 안에서 이렇게 오래도록 헤매고 있다는 사실이 믿기지 않을 따름이다. 1951년에 반포된 '국가 기밀 엄수에 관한 임시 조례'에서 규정하고 있는 내용에 따르면, '국가재정 계획, 국가 개산槪算, 예산, 예산 결산 및 각종 재무 기밀 사항'은 외부에 유출해서는 안 되는 국가 기밀에 해당한다. 1997년 국가기밀보호국國家保密局과 재정부가 제정한 '경제 업무 중 국가 기밀 및 구체적인 기밀 엄수 대상에 대한 규정'에 따르면 재정 연도의 예산 및 결산 초안, 그리고 초안 중 수입·지출 항목에 관한 연도별 집행 현황, 역대 재정에 관한 세부적인 통계자료 등은 사회에 공개할 수 없는 국가 기밀에 속한다. 2000년 제9회 전국인민대표대회 제3차 회의에서 참석자들은 '기밀 사항이므로 회의가 끝난 후 일괄 회수한다'는 문구가 적인 부서

벼랑 끝에 선 중국 경제

예산 자료를 받았다.

2007년이 되어서야 국무원 정부의 정보공개 조례에서 '재정 예산, 결산 보고'와 '재정수지, 항목별 자금의 관리와 사용 현황'을 공개 가능한 정부 정보로 분류했다. 예산 공개와 관련된 최초의 제도 원문이었지만 지방정부는 이를 집행하지 않았다.

정부가 제공한 재정 예산을 국민이 이해하기라도 한다면 큰일이라도 나는 걸까? 2009년 광저우 시 재정국이 광저우 시의 2009년도 114개 부문의 부서별 예산을 광저우 재정 네트워크에 올려 외부에 공개했다. 삼공, 즉 중앙 부처의 공용차 구입 및 운행비, 공무원 해외출장비, 공무접대비 항목은 여전히 단독으로 명시되지 않았고, 여전히 알아보기 힘든 항목도 있었지만 상당히 구체적인 내용이 공개된 덕분에 예산안 중 대부분을 현지 주민들도 파악할 수 있었다. 이를테면 교육국의 지출 항목을 살펴보면 각 학교의 각종 지출 내역조차 구체적으로 예산안에 담겨 있었다. 사회복지국의 예산안에서는 행정 부서 한 곳과 15개 개별 사업장의 수입과 지출 내역을 일일이 소개하기도 했다. 이런 노력을 통해 광저우는 중국에서 처음으로 재정 예산을 공개한 지방정부로 평가받고 있다. 일부 내용에 대한 주민의 의혹이 여전히 남아 있지만 대다수의 주민이 광저우 시 정부의 이번 행동을 높게 평가하고 있는 것으로 나타났다.

광저우가 재정 예산을 공개한 지 3개월도 채 지나지 않아 재정부에서 '예산 정보공개 작업의 발전을 위한 의견'을 내려 보냈다. 이 문서에 따르면 정부의 모든 지출은 과거의 114개 부문에서 23개 유형으로 통합되었으며 그나마도 빈칸으로 채워진 내용이 대부분이었다. 2009년

예산을 개혁해야 서민이 편하다

광저우 시가 발표한 114개 부서의 예산안에서는 학교별 지출 상황을 정확하게 조사할 수 있었지만 교육비 총지출이라는 항목으로 통합된 이후에는 학교에서 교육예산을 어떻게 집행했는지 알 방법이 없어졌다.

이보다 더 이해할 수 없는 사실은 23개 유형마다 '기타 지출'이라는 항목이 포함되어 있었다는 점이다. 심지어 22개 항목 내 12개의 세부 지출 사항에도 기타 지출이라는 항목이 별도로 포함되어 있었다. 일부 지방정부나 관련 부서의 재정 예산 총지출 항목에서 기타 지출이 차지하는 비중이 무려 40%나 되는 곳도 있었다. 구렁이 담 넘듯 애매한 이름으로 묶어놓은 예산 항목이 도대체 무엇을 의미하는지 국민들은 알 방법이 없다. 기타 지출이라는 항목에 무슨 내용이 들어 있는지 궁금하지 않은가? 중국의 대표적인 포털사이트 중 하나인 시나닷컴이 2011년 4월 14일에 발표한 기사에 따르면 안후이安徽성 쑤저우宿州 시 링비靈璧 현 심계국이 기타 지출 항목을 자세히 조사했는데, 그 내용이 무척 흥미롭다. 기타 지출 항목에는 사회적 약소 계층에 대한 위로금·찬조금 등도 포함되어 있었지만 상금 및 보조금 지급·식사 초대·참관 학습 등에 쓴 비용이 더 많은 것으로 나타났다. 2009년, 조사를 받은 후난성 류양瀏陽 시 광전국廣電局의 전 국장은 사치성 예산 낭비로 물의를 일으켰는데, 발 마사지 센터·VIP 레스토랑·서양식 레스토랑·스파 등과 같은 소비 항목이 모두 기타 지출에 포함되어 있었다.

이 경우처럼 엉터리로 작성된 재정 예산안조차 대다수 인민 대표들은 제대로 파악하지 못한 상태지만 그럼에도 결국 투표를 통해 만장일치로 통과된다. 미국에서는 재정 예산의 비준 거부로 연방정부가 하마터면 문을 닫는 상황으로 치닫는 경우가 발생하지만 중국에서는 결코

벼랑 끝에 선 중국 경제

그런 일이 일어나지 않는다. 왜 그럴까? 대의★義를 위해서? 서민을 위해서? 아니다. 답은 하나, 중국에는 예산이라는 것이 근본적으로 존재하지 않기 때문이다.

중국의 예산은 정말 예산이라 할 수 있을까

진정한 의미의 예산이 존재하지 않기 때문에 셀 수 없이 많은 황당한 사건이 줄줄이 터지는데, 최근에 있었던 대표적인 사례가 고속철 사업이다. 철도부에서 고속철 건설 사업에 필요한 자금을 어떻게 조달했는지 함께 살펴보자. 2011년 중앙정부의 기금 지출 예산안을 살펴보면 철도건설기금으로 모두 682억 9,000만 위안이 제공될 예정이라고 한다. 쉽게 말해 정부에서 철도 건설 사업에 682억 9,000만 위안을 지급할 예정이라는 것으로, 이 소식을 처음 들었을 때 나는 재정부가 농담하는 게 아닌가 싶어 솔직히 의심스러웠다. 그도 그럴 것이, 2010년 말 고속철 건설 관련 대출이 이미 2조 위안을 넘어섰기 때문이었다. 여기에 5%의 대출금리를 감안했을 때, 대출금리만으로 한 해 1,000억 위안을 지출한다는 계산이 나온다. 다시 말해, 정부에서 철도 부서에 지급한 지원금을 모두 합쳐도 이자를 갚기조차 버겁다는 뜻이다. 현실과 전혀 맞지 않는 예산이 도대체 무슨 쓸모가 있는지 궁금할 따름이다. 게다가 이자 말고도 2조 위안의 대출 원금마저 있지 않은가. 전국인민대표대회의 눈을 피해 자체적으로 2조 위안의 대출을 조달한 철도부는 어떻게 해서 이렇게 큰 힘을 가질 수 있었을까? 도대체 누가, 왜 그들

예산을 개혁해야 서민이 편하다

에게 이런 힘을 주었는지 나로서는 죽었다 깨어나도 알 방법이 없다. 그런 점에서 합리성과 공정성을 상실한 예산이 제대로 된 역할을 발휘해주리라고 기대하기란 사실상 무리다.

고속철 사업이 고삐 풀린 망아지마냥 날뛰게 된 데에는 철도부의 책임이 크다. 제멋대로 대출을 받는데도 아무런 제재도 가하지 않고 오히려 대출을 부추긴 철도부의 행동에는 확실히 문제가 있다. 그렇다고 모든 책임을 철도부에만 전가해서는 안 될 것이다. GDP를 위해서라면 그깟 묻지마 식 대출쯤이야 눈감아주는 지방정부의 방관적인 태도 역시 크게 작용했기 때문이다.

2005년 이후 철도부는 전국 30여 개 성, 자치구, 직할시와 철도 건설에 관한 협의를 체결했는데, 지방정부는 주민 이전·주택 철거를 책임지거나 실제 재정지원책을 제공하는 형태로 사업에 참여했다.

베이징과 톈진天津을 잇는 징진京津 고속철 사업의 경우 철도부와 톈진 시가 각각 27억 위안, 26억 위안을 출자한 것 외에도, 베이징 시가 17억 위안, 톈진에 대규모 투자를 하고 있는 중국해양석유총공사도 17억 위안을 쏟아 부었다. 베이징과 상하이를 잇는 징루京滬 고속철 주식회사의 등록자본 1,150억 위안 중 지방정부의 출자 비율이 무려 21%를 넘는다.

고속철 건설 사업에 대한 지방정부의 투자 계획은 과연 전국인민대표대회로부터 동의를 받았을까? 예산에서 고속철 사업에 얼마를 투자할 계획이라고 명확하게 명시했을까? 전혀 아니다. 전국인민대표대회로부터 아무런 동의도 받지 못했고, 예산안에서 구체적인 금액도 밝히지 않았다.

한마디로 엉망진창이다. 게다가 당초 국가발전개혁위원회에서 회답

벼랑 끝에 선 중국 경제

한 베이징-톈진 간 고속철 건설 사업에 대한 총 투자액은 123억 4,000만 위안이었지만 2008년 개통된 후 밝혀진 투자 총액은 당초 예산보다 74.6% 늘어난 215억 5,000만 위안이라는 사실이 발견되었다. 하지만 예산액을 초과한 사태에 대해 어느 누구도 입을 열지 않았다. 당시 고속철 건설 사업을 책임지고 있던 핑치푸馮啓富가 2008년 심계서로부터 심사를 받은 뒤 사직서를 제출하는 것으로 일단락되었다.

세계 최강대국이라는 미국에는 고속철은 없다는 사실을 알고 있는가? 오바마 대통령은 고속철 건설 사업에 강한 의욕을 드러내며 25년 내 미국 내 80%의 인구가 고속철을 이용할 수 있도록 적극적으로 사업을 추진하겠다는 목표를 제시했다. 하지만 여태껏 고속철 관련 건설 사업이 적극적으로 추진되지 않았다. 그 이유는 주 정부가 고속철 건설 사업에 필요한 재정을 마련하는 일이 부담스럽다며 발을 뗐을 뿐만 아니라 일반 대중도 고속철 건설 때문에 희생양이 되는 것을 원하지 않았기 때문이다. 좀 더 이해하기 쉽도록 구체적인 예를 들어 설명해 보겠다. 플로리다 주의 올랜도와 탬파 시를 연결하는 총 길이 135km의 고속철을 준공하기 위해 오바마 대통령은 연방정부에 24억 달러를 투자해달라고 요청했다. 하지만 심사 결과 해당 고속철 건설 사업에 소요되는 총예산이 30억 달러 규모라는 사실이 알려지면서 상황이 바뀌기 시작했다. 나머지 6억 달러의 공백을 납세자들이 감당하지 못할 것이라며 주지사가 건설 프로젝트의 승인을 거부한 것이다. 이렇게 해서 오바마 대통령이 지급한 24억 달러는 결국 연방정부의 품으로 돌아오고 말았다. 사실 이런 경우는 미국에서 흔히 볼 수 있는 장면이다. 고속철 건설 사업을 거부한 것은 플로리다 주만은 아니었다. 오하이오

예산을 개혁해야 서민이 편하다

와 위스콘신 주지사 역시 최근 연방정부의 지원금을 되돌려주었다. 한편, 미국 의회에서는 샌프란시스코와 LA를 연결하는 430억 달러 규모의 또 다른 고속철 건설 사업을 비준했다. 연방정부로부터 30억 달러의 보조금을 받는 데에 성공해 2020년부터 공사를 시작할 예정이지만 지금으로서는 단순한 계획에 불과하다. 실제 건설 사업 추진 여부를 놓고 앞으로 9년 동안 치열하게 논쟁을 벌일 예정이기 때문이다.

중국에서 이런 일이 벌어진다면 어떻게 될까? 철도부가 지방정부를 찾아가 당신네 땅에 고속철을 짓고 싶다며 자신들이 24억 위안을 낼 테니 6억 위안을 투자하라고 건의했다면 지방정부는 어떤 반응을 내놓을까? "미안하지만 6억 위안은 너무 큰 돈이라 주민들이 원하지 않을 겁니다." 이런 대답을 들려줄 수 있는 지방정부가 과연 얼마나 될까? 단언하건대 어떤 지방정부도 그런 대답을 들려주지 못할 것이다. 오히려 지방정부가 철도부를 쫓아다니며 자기 지역에 고속철을 세워달라고 통사정하고 있는 것이 현실이다. 예산에 대한 비준 없이도 마음대로 돈을 쓸 수 있기 때문이다.

고속철 건설 사업 외에도 지방정부가 죽자고 매달리는 것이 토지 매매다. 토지 매매 수입은 이른바 예산 외 수입으로 상급 중앙정부나 예산에 편성되지 않기 때문에 지방정부가 마음대로 주무를 수 있는 소득이다. 게다가 지방정부 내 관련 부서에서 자체적으로 해당 자금을 집행한다. 예산을 보유한 국가에서 이런 일은 있을 수 없는 일이다. 정부가 예산 외 소득을 가지고 있다니? 모든 수입은 예산에 편성되어 전국인민대표대회로부터 심의와 비준을 받아야 하지 않는가.

토지 양도금 관리에 대해 중국 재정부에서도 관련 내용을 규정하고

벼랑 끝에 선 중국 경제

있지만 지방정부가 이를 완전히 무시한 채 제멋대로 사용한다. 염가 주택을 위한 지원금의 경우 규정대로라면 토지 양도를 통해 얻은 순수익 중 10% 이상을 지원금으로 배당해야만 하지만 현실은 그렇지 않았다. 2011년 1월 17일, 심계서가 발표한 심사 보고서에 따르면 베이징·상하이·충칭·청두를 비롯해 22개 대도시가 토지 양도로 얻은 순수익 중 염가 주택을 위한 지원금의 비중이 하나같이 기준치를 밑돌았다. 이들 대도시뿐만 아니라 재정부의 요구 사항을 만족시킨 도시는 단 한 곳도 없었다. 아무도 이 사건을 캐묻지 않자 흐지부지 일단락되고 말았다. 이런 안타까운 상황이 펼쳐지게 된 것은 토지 양도금을 통해 얻은 수익 등이 예산에 포함되지 않았기 때문이다. 규정에 따르면 이런 자금의 사용 용도나 방법은 전국인민대표대회나 예산의 심사를 받을 필요가 전혀 없다.

1910년대로 간 중국의 예산 시스템

현재 중국의 예산 정책은 사실 1910년경 미국의 상황과 비슷하다. 당시 미국의 재정 예산 중 상당수가 기타 지출 항목으로 채워져 있었는데, 온갖 명분이란 명분은 모조리 가져다 쓴 듯했다. 이를테면 1908년도 뉴욕 예산안에서 중앙 부처의 공무용 차량 구입 및 운행, 해외출장, 공무접대비를 제외한, 총예산의 6%인 800만 달러가 '특수 세수 채권'이라는 명목으로 배정되었다. 특수 세수 채권이 도대체 무엇인가? 한마디로 말해 지난해 흥청망청 돈을 쓰고 생긴 구멍이다. 그 밖에 예산 몰

예산을 개혁해야 서민이 편하다

아 쓰기 문제 역시 심각했다. 예산 몰아 쓰기란 이번 예산 기간이 곧 끝나감에도 불구하고 배정받은 예산을 다 쓰지 못하는 상황이 발생하자 정부에서 다음 예산 심사 기간이 오기 전에 남은 예산을 순식간에 쓰는 것을 말한다. 지급받은 예산을 다 쓰지 못해 불용예산이 생기면 다음해 예산이 삭감되기 때문이다. 당시 뉴욕시 정부는 한 달 임금으로 1인당 417달러를 지급했는데, 12번째 달이 다 되어가도록 예산을 다 쓰지 못하자 임금을 1,583달러로 대폭 인상했다. 당시 뉴욕과 같은 장면이 현재 중국에서도 고스란히 재연되고 있다. 연말이 되면 예산 몰아 쓰기로 인해 도시 전체가 공사판으로 변하는 경우가 허다하다. 내가 보유하고 있는 자료에 따르면 2006년부터 지금까지 매년 12번째 달의 재정지출이 한 해 전체 재정지출에서 차지하는 비중이 25% 이상인 것으로 나타났다.

그렇다면 미국은 이런 문제를 어떻게 해결했을까? 1921년 미국 국회에서 회계예산법을 비준하면서 본격적으로 문제 해결에 팔을 걷어붙이기 시작했다. 해당 법안에 따라 예산 권한이 행정부의 수뇌, 즉 대통령이 세운 예산 사무실로 넘어가면서 매년 국회에 예산안을 제공하고 있다. 미국의 주 정부와 지방정부의 상황 역시 마찬가지다. 예산 제출 및 관련 책임을 지고 있는 주지사와 시장이 정기 의회 개원과 함께 예산의 심사와 집행을 담당하는 예산지급위원회를 구성한다. 아울러 독립된 심사 기관에 관리 감독을 위탁함으로써 각자의 업무 영역을 명확하게 구분한다. 1974년 국회에서 추가로 '국회예산과 세금 공제 관리 법안'을 비준함으로써 국회에도 예산을 제출할 수 있는 권리가 생겼다. 이를 통해 야당이 국회를 장악하더라도 자체적으로 예산안을 제출

벼랑 끝에 선 중국 경제

할 수 있게 되었다.

게다가 미국 정부는 정부를 감시하려면 무엇보다도 국민의 진정한 참여가 반드시 수반되어야 한다고 생각했다. 국민의 자발적인 참여를 이끌어낼 수 있는 가장 효과적인 방법은 국민 스스로 자신이 얼마의 세금을 내는지 알도록 하는 것이었다. 국가를 위해 힘들게 번 소득의 일부를 내는 국민으로서는 당연히 자신이 낸 세금이 어떻게 사용되는지 궁금할 터였다. 매년 4월 초가 되면 미국 내 모든 국민은 숙제를 하느라 걸핏하면 밤은 새곤 한다. 이때만 되면 너나 할 것 없이 100페이지도 넘는 세금 계산서와 세금 작성서의 필수 사항을 연구하느라 밤을 새우기도 하고, 집안 곳곳을 뒤져 영수증을 찾아낸다. 그리곤 책상에 앉아 지난 1년 동안의 소득과 지출을 떠올리며 머리를 쥐어뜯는데, 그 이유는 단 한 가지, 4월 15일 정오가 되기 전에 지난 1년 동안의 개인소득세 신청서를 제출해야 하기 때문이다. 미국인은 평소 개인소득세를 내지 않느냐고 묻는 독자가 있을지도 모르겠다. 물론 미국인도 개인소득세를 낸다. 미국 연방정부는 고용주가 고용인에게 급여를 지불할 때 개인소득세를 원천징수하도록 되어 있다. 하지만 미국에서는 누진세율로 개인소득세를 계산하고 납세 주기가 1년이기 때문에 과거 1년 동안의 모든 소득, 이를테면 임금 · 저작권료 · 유산 소득 · 팁 · 주택 임대료 · 주식 등등을 합쳐야만 자신이 속한 세율 등급을 비로소 파악할 수 있다. 매년 4월 15일이 되기 전에 모든 납세자는 국세국에서 발급한 양식에 따라 자신이 지난해 냈어야 할 세금과 실제 납부한 세금 간 차액을 확인한 후에 추가로 내야 할 세액에 상당하는 수표를 첨부하거나 집에 앉아 국세국에서 환급해주기를 기다리면 된다. 재미있는

예산을 개혁해야 서민이 편하다

사실은 미국 연방정부의 전체 세수 가운데 개인소득세의 비중이 50% 이상이라는 점이다. 이 때문에 납세자인 국민과 국세국을 거느린 정부는 마치 톰과 제리처럼 서로 쫓고 쫓기는 관계가 된다.

조달 과정에 숨은 고질병을 제거하라

앞에서 예산에 관한 문제를 심층적으로 다루었지만 결론적으로 말해 중국의 예산 문제는 크게 세 가지로 정리된다.

첫째 예산이 정부조달로 바로 이어지지 못한다.

둘째 예산의 집중도와 집권성이 떨어진다.

셋째 예산과 정부조달에 대한 사후 감독과 심사가 미진하다.

먼저 첫 번째 문제로 이야기해보면, 중국에서는 정부조달과 예산은 하등의 관계도 없는 별개의 것으로 취급한다. 현재 각 부서에 지급되는 예산의 경우 정부조달 내역이나 기준 등을 물어볼 권리가 예산 부서에서 없다는 점에서 사실상 진정한 의미의 예산이라고 할 수 없다

본래 예산을 편성하는 목적은 관련 공무원의 횡령이나 조달 과정에서의 악의적인 운영을 막는 데에 있다. 게다가 예산은 말 그대로 돈을 쓰기 전에 미리 계산해본다는 뜻이지 않은가. 하지만 현재 중국의 예산은 일선 현장으로 내려갈수록 생색내기용 자금으로 전락하고 만다. 정부조달조차 제대로 관리하지 못하는 예산을 어떻게 예산이라고 부를 수 있겠는가?

안타깝게도 중국인은 이런 현상에 이미 익숙해졌다. 쓰촨 대지진 사

벼랑 끝에 선 중국 경제

태가 발생한 이후 베이찬北川 정부는 정부조달센터를 통해 지프를 구입할 계획이었는데, 여기에는 110만 위안짜리 도요타의 랜드 크루저와 62만 6,000위안짜리 도요타 프라도도 포함되어 있었다. 하지만 입찰 결과가 발표되자마자 인터넷 여론이 뜨겁게 달아오르며 비난이 쏟아지기 시작했다. 대지진으로 평생 일구어온 터전과 가족을 잃은 수많은 이재민이 길거리에서 잠을 자고 라면이나 빵으로 허기를 달래고 있는 마당에 어떻게 정부에서 고가의 외제차를 구입할 수 있느냐는 것이었다. 계속되는 여론의 뭇매에 베이찬 정부는 결국 구매를 포기하기로 결정했다. 격앙된 당시 정서를 고려했을 때 어느 정도의 반발이 예상되기는 했지만, 그렇다고 예산집행을 뒤집은 베이찬 정부의 결정은 쉽게 납득되지 않는다. 사실 원인은 간단하다. 베이찬 정부에서 예산 기획을 작성할 때 구체적인 내역을 공개하지 않았기 때문이다. 연초에 예산을 편성할 때 차량 구매 이유와 구매 여부, 구매 기준 등에 대해 주민들의 합의가 이루어질 수 있도록 예산을 공개했다면 이런 소동은 일어나지 않았을 것이다. 요컨대 예산을 외부에 공개하지 않는 이상 주민으로서는 예산편성이 어떻게 이루어졌는지 알 방법이 없다. 그러다 보니 베이찬 현 정부에서는 예산안에 따라 차량 구입에 필요한 자금을 별 생각 없이 지급했다가 주민들의 거센 반감에 부딪히자 망설임 없이 차량 구매를 포기하겠다며 기존 예산안을 뒤집고 말았다. 물론 이런 결정을 내리기까지 베이찬 정부는 크게 신경 쓰지 않는 눈치였다. 어차피 예산 내역을 아는 사람이 없으니 말이다.

　이와는 대조적으로 독일 정부는 구매 계획을 일찌감치 사전에 공개하는데, 적어도 1년 전 3월까지 예산을 보고해야 한다. 다시 말해 필요

예산을 개혁해야 서민이 편하다

한 자원을 구매하려면 적어도 1년 전에 조달 계획을 세워야 한다는 뜻이다. 벌써부터 놀라면 안 된다. 이런 행동이야말로 올바른 예산집행을 위한 첫 단추에 불과하기 때문이다. 매년 3월에 각 부서에서 예산안을 올리면 재정부가 내각을 대표해 심사 작업에 돌입한다. 5월 재정부에서 각 부서 위원회와 협상에 나서는데, 그 신경전이 치열하다. 재정부에서는 어떻게든 예산을 깎으려 들기 때문이다. 이를테면 이런저런 이유로 차량을 구입할 수 없다든지, 신형 컴퓨터를 구입하지 말고 기존 컴퓨터를 업그레이드해 사용하면 된다며 예산을 깎으려고 한다. 여기에 내각 총리도 가세한다. 자신이 추진하려는 사업에 필요한 자금을 두둑이 마련하기 위해 예산을 줄여야 한다며 각 부서 위원회를 설득하려 든다. 한마디로 예산을 최대한 쪼개 쓰려고 한다. 그러고 나서 의회에 예산안을 제출해야 하는 11월이 되기 전에 모든 가격 협상을 끝마쳐야 한다. 예산안을 올렸다고 끝이 아니다. 본격적인 전쟁은 지금부터 시작된다. 예산 지급을 두고 한 달 동안 의회와 옥신각신 승강이를 벌인다. 통상적으로 정부가 제출한 예산안은 의회로부터 퇴짜맞는데, 의회에서는 예산이 너무 많다며 정부에 재수정을 권고한다. 그 후 두 달 동안 예산안 수정을 두고 다시 한 번 모든 부서에서 치열한 눈치작전을 벌인다. 이처럼 여러 번 예산안을 수정하는 과정을 통해 결정된 예산안은 최종적으로 법안으로 채택된다.

그뿐만 아니라 독일의 각 부서 위원회는 엄격한 예산집행을 위해 매년 3월에 다음해의 예산안뿐만 아니라 향후 3년 동안의 예산안을 미리 작성할 것을 요구하고 있다. 다시 말해 9월에 다음해 예산안을 심사하지만, 앞으로 3년 동안의 예산 계획까지 감안하며 예산안을 작성하도

벼랑 끝에 선 중국 경제

록 압박을 가하는 것이다. 그 밖에도 예산이 무턱대고 늘어나는 상황을 막기 위해 독일 정부는 작성된 향후 3년 동안의 예산안을 바탕으로 향후 4년간의 조세 계획을 작성하도록 요구함으로써 조세에 미리 족쇄를 채워둔다. 그렇다 보니 중국처럼 매년 연말이나 되어서야 조세 소득이나 내년 예산 지출 내역을 알게 되는 갑갑한 상황을 피할 수 있었다.

게다가 독일에서 예산은 곧 정부조달로 이어진다. 독일 예산에는 다음해 연방정부에서 필요로 하는 모든 지출 내역이 포함되어 있기 때문에 내무부에서 간단한 통계를 통해 재정부·환경부 등에서 필요한 컴퓨터·종이 등의 물량을 사전에 파악할 수 있다. 이렇게 나온 지출 내역을 분류해 단체 구입을 통해 상대적으로 저렴한 가격으로 필요한 물품을 조달한다. 이처럼 독일의 예산은 간단하지만 정확하게 정부조달로 이어진다.

하지만 중국에서 예산은 예산, 조달은 조달일 뿐이다. 정부의 조달 정보 네트워크를 열람하면 곳곳에서 각 지방정부의 입찰 정보를 확인할 수 있다. 이를테면 닝샤^{寧夏} 회족^{回族} 자치구의 지하 차고에 필요한 채광용 천장 관련 입찰 공고, 푸젠^{福建}성 우이산^{武夷山} 교도소 신호 스크린 시스템 입찰 공고 등이 그렇다. 이보다 재미있는 사실은 각 지방정부가 자체적으로 입찰자의 자질을 규정하고 있지만 입찰자에 대한 정보를 외부에 공개하지 않는다는 것이다. 그러고도 어떻게 정부조달이라고 할 수 있단 말인가? 이는 자체적으로 타오바오 마켓 플레이스를 연 정부가 특정 부서에서 필요한 자원에 대한 구입 의사만 밝히고 어떤 업체의 자원을 구입하는지 외부에 전혀 공개하지 않고 있다는 뜻이다. 그 때문에 정부는 그 누구의 눈치도 보지 않고 그때그때 마음대로 자원을 구입하기 때문에 합리적인 구매는 둘째 치고 규모의 우위도 제대로 발휘하지 못한다.

그리고 현재 중국이 정한 예산 안에서 이루어지는 정부조달은 대부분 사무 설비 등과 같은 물품 부문에만 집중되어 있을 뿐 프로세스나 업무 집행에 필요한 투자는 외면하고 있다. 아울러 공무원 시스템에 의한 정부조달 사업이 집중적으로 이루어지고 있을 뿐 사업 단위, 국유기업, 특히 경제 기능 관련 부서와 관련된 업체는 기본적으로 예산도 받지 못했다. 그 밖에 정부조달에 대한 감독이 제대로 이루어지지 않는 것은 말할 것도 없다. 개인적으로 보유하고 있는 자료에 따르면 2011년 중앙정부의 각 부서 위원회, 중앙정부 급 사업 단위의 정부조달 규모는 약 9,000억 위안인데, 주로 전기 설비와 텔레비전·컴퓨터·탁자·의자·칠판·프린터를 비롯해 사무용품 중심의 정부조달이 이루어졌다.

이보다 더 심각한 문제는 중국의 사후 감독과 심사가 형식에 그치고 있다는 점이다. 구체적인 심사 과정을 살펴보면, 먼저 구매 영수증이 있는지 확인한다. 영수증이 있다면 아무것도 묻지 않는다. 이를테면 고속철 부패 사건의 경우 심계서는 철도부가 입찰 공고를 냈는지, 고속철 납품 업체와 계약을 맺었지 여부만 집중적으로 살폈다. 입찰 공고도 내고 계약서도 작성했다면 아무 문제도 없다고 판단해 세부 사항에 대한 심사가 중단된다. 해당 납품 업체에 문제가 있지는 않은지, 철도부가 업체를 선정하는 과정에서 부패 문제가 없었는지 등에 대해서는 생각조차 하지 않았다.

벼랑 끝에 선 중국 경제

이번에는 홍콩의 심사 과정을 살펴보자. 여기서 설명을 조금 곁들인다면, 홍콩의 심계서는 철저히 독립된 기관으로 다른 정부 부서와 아무런 왕래도 없다는 특징을 보인다.

홍콩의 심계서는 매년 보고서 두 편을 발표하는데, 매번 보고서를 발표되기 전에 모든 정부 부서는 밤잠을 설치기 일쑤다. 사업의 규모에 상관없이 심계서로부터 항상 문책을 당하기 때문이다. 이를테면 최근 발표한 제57호 보고서의 경우 철도 관리에서부터 파일 보관 문제, 식품 레벨 부착에서부터 습지 공원 사업 프로젝트, 심지어 공금을 받은 해군 훈련 사관학교, 수돗물 유출 문제에 이르기까지 온갖 문제가 심계서로부터 문책을 받았다. 심계서는 문책 내용을 공개함으로써 담당 정부 부서의 책임자에 대한 대중 및 매스컴의 냉정한 심사와 이성적인 비난을 유도한다. 혹시라도 심계서의 레이더에 걸려 문책을 당하기라도 하면 출셋길이 위험해질 수 있으므로 해당 담당자는 보다 신중하게 일을 처리하게 된다.

홍콩의 심사 과정을 보다 구체적으로 보여주는 사례로 제56호 보고서가 있다. 심계서는 제56호 보고서에서 뜻밖에도 입국 사무처 내 법률집행과의 운영을 문책했는데, 장부를 검사하는 단순한 심사가 아니라 지난 5년 동안의 대형 법률 집행 사건과 관련된 모든 내용을 심사했다. 심사 작업이 끝난 후 심계서 서장이 입국사무처 처장에게 지금의 문제점과 개선점 등을 담은 서한을 직접 보냈다. 서한을 받은 이상 홍콩 입국사무처 처장 역시 보는 눈이 있으니 대충 일을 처리할 수 없는 터라 심계서에 적극적으로 회신을 보냈다. 그 후 심계서에서 해당 내용을 대중에게 공개하면서 일단락되었다. 별것 아닌 것처럼 보이지만

예산을 개혁해야 서민이 편하다

홍콩의 심계서는 대단한 활약상을 자랑한다. 우선 철저한 독립성을 확보하고 있는데다 눈 가리고 아웅 하듯 매년 뻔한 내용을 심사하지 않고 새로운 영역에 대한 심사에 나서기 때문이다. 이 때문에 모든 정부 부서 책임자는 언젠가 한 번은 자신도 심계국으로부터 심사를 받을 것이라는 사실을 미리 인식하고 있다. 일을 제대로 하지 못했다는 내용을 심계서에서 발표하기라도 하면 대중의 비난은 물론 출셋길에 영향을 줄 수 있다는 생각에 항상 긴장감을 안고 살아야 한다. 이런 노력에 힘입어 홍콩 공무원은 정부의 심사를 보여주기용 쇼라고 여기거나, 심계 부서의 의견을 한 귀로 듣고 나머지 한 귀도 흘려듣는 경거망동을 결코 저지르지 않는다.

부패한 프로젝트를 결코 용서하지 마라

앞에서 설명한 중국의 정부조달 문제는, 매년 30조 위안이 투입되는 고정자산 투자 사업에서 수억 위안에 달하는 부패 사건이 걸핏하면 터져 나오는 상황에 비하면 새발의 피에 불과하다. 부정 입찰 문제가 그렇다. 10년 동안의 운영을 통해 입찰제가 점점 나아지기는커녕 점점 더 큰 문제점을 노출시키고 있는데, 대표적인 사건에 속하는 고속철 사건을 놓고 이야기해보자. 매스컴의 보도 내용에 따르면 고속철에 비치된 크리넥스 한 통의 가격이 1,125위안, 자동세면기는 무려 7만 2,395위안이라고 한다. 도대체 어떤 휴지이기에 한 통에 1,125위안이란 말인가? 금가루라도 뿌렸단 말인가? 그리고 세면기 하나에 7만이

벼랑 끝에 선 중국 경제

라니? 비싸도 말도 안 되게 비싸다. 조사 결과 비싼 몸값을 자랑하는 상품을 납품한 업체가 전 철도부 부엔지니어이자, 고속철 건설 프로젝트를 책임지고 있던 장수광張曙光과 관련 있다는 사실이 밝혀졌다. 이를테면 고속철 내에서 사용하는 청소기의 경우 막후에서 사건을 조작했던 실력가는 장수광의 아내 왕싱王興이었고, 고속철에 비치된 옷걸이·전등갓·스위치 등의 부품을 생산한 업체는 장슈광의 고향 마을에 있는 진창今創과 신위新譽인 것으로 확인되었다. 터무니없는 바가지요금임이 분명하지만 표면적으로 보았을 때 합법적인 입찰을 통해 철도부의 사업 파트너, 공급 업체로 선정되었기 때문에 그 누구도 문제를 제기하지 않았다.

이처럼 상식을 뒤엎는 사건이 끊이지 않고 일어나는 까닭은 무엇인가? 가장 근본적인 문제는 중국의 예산 및 결산 시스템이 입찰이나 프로젝트 사업 등에서 허점을 노출하고 있기 때문이다. 고속철 부패 사건을 두고 계속 설명해보겠다. 규정에 따르면 철도부의 공식 납품 업체가 되려면 철도부 장비 부서의 허가를 받아야 하고, 중국 철도과학연구원으로부터 인증을 받아야 한다. 바로 여기에서부터 고질적인 문제가 생겨났다. 장슈광은 철도부에서 장비부를 인솔하고 있었을 뿐만 아니라 철도과학연구원의 수석 전문가로 활동했다. 이것만으로는 부족했는지 그는 품질 감독 부문에도 마수를 뻗었다. 장슈광 혼자 정책 결정권, 표준 제정 권한, 그리고 문책 권한마저 모두 제 손에 움켜쥐고 있었던 것이다. 다시 말해 전체 입찰 과정에서 정책 결정 및 표준 제정 항목과 최후의 문책 항목을 장슈광이 모두 장악하면서 나머지 중간 과정인 구매 집행 작업은 사실상 공중에 떠 있는 상태나 다름없었다. 그

예산을 개혁해야 서민이 편하다

혼자 특정 납품 업체에 사형을 직접 선고할 수 있는 권한이 있었기 때문에, 어떻게든 연줄을 대려고 각 업체 사이에서 피 튀기는 전쟁이 벌어지기도 했다.

이런 상황이 나타나게 된 원인을 파헤쳐보면 중국의 입찰법 실시 조례 자체에 심각한 허점이 있음을 알 수 있다. 제4조항에서는 '국무원 내 공업 및 정보화, 주택, 도농 건설, 교통 수송, 철도, 수리水利, 비즈니스 등의 부서는 규정된 직책과 업무에 따라 관련 입찰 활동을 심사해야 한다'라고 규정되어 있다. 예산의 결정권, 표준 제정 권한을 손에 쥐여주는 것도 모자라 제 스스로 자신을 감독할 수 있는 권한마저 쥐어졌으니 문제가 없는 게 오히려 이상한 일이다.

이런 문제를 해결하는 데에 독일의 경험에서 많은 것을 배울 수 있을 것이다. 독일은 정책 결정, 표준 제정, 집행, 문책이라는 프로세스를 철저하게 분리했다. 독일이 이런 성과를 거둘 수 있었던 데에는 몇 가지 비결이 있는데, 구체적인 내용은 다음과 같다. 첫째, 재정 연도가 시작되기 전에 연방 독일정부의 각 부서에서 자체적인 수요를 파악해 정부조달 계획서를 제출한다. 심사를 위해 재정부에 계획안을 제출하고 국회로부터 비준을 얻어야만 법적 효력을 지닌 정부조달 계획으로서의 자격을 갖추게 된다. 둘째, 재정부에서 자금을 신청 부서에 지급하지만, 신청 부서는 물품을 직접 구입할 권한이 없고 반드시 지급받은 자금을 내무부 내 구매 부서에 보내야 한다. 그런 뒤에 내무부 내 구매 부서가 납품 업체와 계약을 체결하고 대금을 지급하기를 기다려야 원하는 물품을 받을 수 있다. 사무용품에서부터 차량 구입에 이르기까지 반드시 이 과정을 밟아야 한다. 셋째, 독일의 연방 반독점국에서는 모든 입찰 활동에 대한 심사와 감독을 책임진다. 부정 입찰과 부패 사업을 근절하기 위해 반독점국은 심지어 검찰원과 같은 권리, 즉 비밀 감청, 조사 추적 및 증거의 차압·봉인을 집행할 수 있는 권한도 보유했다.

그렇다면 독일에는 없는 중국만의 표준 제정 권한이나 자격 허용 등의 문제는 어떻게 해결해야 할까? 개인적인 의견을 밝히면 다음과 같다. 첫째, 철도과학연구원처럼 부서 위원회의 표준 제정 권한을 가진 사업 단위를 쪼개야 한다. 둘째, 입찰에 참여할 수 있는 자격을 가능한 국제표준화기구ISO와 같은 형태로 바꾸는 것이다. 즉, 정부가 표준의 초안을 작성하되, 민간 기관에서 인증을 담당하고 민간 기업을 경쟁에 참여시키는 것이다. 이를테면 증권업체의 투자은행 부서에서 투자 설명서를 작성하는 것처럼 말이다. 재무 보고서가 규정에 맞는지는 경쟁 관계에 있는 심사관이 담당하게 하고, 정부는 뒤로 물러나 간단하게 심사 결과만 확인하면 그만이다. 또한 규정에 적합한지는 전문가를 초빙해 심사를 맡기면 행정권의 독점을 없애고 부패도 방지할 수 있다.

하나같이 높은 효율을 자랑하는 정부를 살펴보면 업무 프로세스 세분화를 통해 부패를 근절하고 있음을 알 수 있다. 이를테면 미국 연방 정부의 조달 사업에서 정책 결정을 담당하고 있는 부서는 백악관 직속 기관인 예산관리국이지만, 예산집행은 연방 사무서비스총국에서 담당한다. 또한 심사와 문책은 국회가 관리하는 미국정부문책국에서 책임진다. 홍콩의 경우 역시 그렇다. 정책 결정은 정부 당국의 각 부서에서 담당하되, 집행은 각 서署에서 담당하고 심사와 문책을 담당하는 심계서는 특별 행정 수반과 입법회에 대해서만 책임진다. 다시 말해 정책

예산을 개혁해야 서민이 편하다

결정, 표준 제정, 집행, 문책이 철저하게 분리되었다.

　마지막으로 의견을 제시하면, 정부조달에 정통한 민간 전문가를 초빙해 정부를 감시하게 한다든가 정부에 의견을 제시하는 수단으로 활용하는 등 좀 더 창의적인 해결책을 구상해볼 필요가 있다. 이를테면 대형 가전 판매업체인 쑤닝蘇寧의 최고경영자 장진둥張近東에게 정부조달 평가위원회를 운영하게 하거나 순수하게 재능 기부 차원에서 건의 보고서를 쓰도록 한 뒤 해당 조직을 즉각 해산하는 것이다. 영국에서는 사회적으로 영향력 있는 인물에게 정부 부서의 장기적인 개혁에 관한 보고서를 작성해 유익한 의견을 제시할 수 있도록 유도하는 전통을 자랑한다. 2009~2010년 재정 연도 영국 재정부는 영국 패션 소매업체의 거물인 필립 그린에게 자원봉사로 일해달라고 요청했다. 그가 작성한 지출 효율에 관한 보고서는 본격적으로 영국 정부의 낭비 문제를 다루었는데, 이를테면 정부가 구입한 기준가 2,000파운드짜리 노트북 컴퓨터를 인터넷에서는 800파운드에 구입할 수 있다고 지적했다. 그 밖에도 유선전화의 경우 매년 전화비로 20억 파운드를 지출하고 있는데, 정부가 납품 업체와 단체협상을 벌이면 최소 40%의 비용을 절감할 수 있다고 설명했다. 매년 영국 중앙정부에서 다섯 개 대형 업체와 83개 소형 업체로부터 8,400만 파운드 규모의 사무용품을 공급받고 있는데, 물품의 가격이 제각각이라는 점을 밝혀내기도 했다. 이를테면 똑같은 크기, 수량의 A4 용지를 구입하는데 어떤 업체의 제품은 한 박스당 8파운드인 데에 반해 다른 업체는 그보다 아홉 배 비싼 73파운드를 제시하기도 했다.

　영국 패션 소매업계의 거물인 아르카디아그룹을 보유한 필립 그린은

벼랑 끝에 선 중국 경제

소매업체의 구매라는 관점에서 정부조달을 전방위적으로 분석하며 효과적인 정부조달을 위한 의견도 제시했다. 이런 조치는 정부 관련 부서에 상당한 압박감을 심어줄 수 있는 것은 물론 전문적으로 조달 효율을 높일 수 있는 결과를 가져왔다. 부모님이 성적표를 볼 것이라는 사실을 학생이 미리 알고 있으면 더 긴장해서 열심히 공부하게 되는 것처럼 말이다. 마찬가지로 정부 관리가 자신이 쓴 돈이 결국 외부로부터 심사와 평가를 받게 된다는 사실을 미리 알고 있다면 처음부터 잔뜩 긴장해 공금을 허투루 낭비하거나 제 주머니에 챙겨 넣는 어리석은 일을 저지르지는 않을 것이다.

예산을 개혁해야 서민이 편하다

국유기업의 피할 수 없는 임무

민감한 문제일수록 국유기업을 방패막이로 삼지 말고
민첩성 있는 민영기업을 참여시켜 경쟁을 유도해야만 한다.
국유기업은 정책을 원활하게 추진하도록 지원해야만
중국 기업의 수익, 나아가 국익을 보호할 수 있다.

국유기업 개혁의 첫걸음, 군살을 빼라

이미 방향을 상실한 국유기업에 대한 중국 국민의 분노와 실망감은 사회 곳곳에서 포착된다. 중국의 국유기업은 자연자원, 특허 경영, 정부의 지원금 등을 통해 성장을 위한 발판을 마련했다. 유전·무선주파수·항공노선·토지 등의 자연자원은 기본적으로 무상으로 국유기업에 제공된 것으로, 이들 자원이 없었다면 중국의 국유기업은 수익을 창출할 수 있는 발판을 전혀 얻지 못했을 것이다. 중국의 특허 경영 역시 민영기업의 진출을 원천적으로 봉쇄하고 있는데, 이는 사실상 시장 경쟁을 거부한 것이나 진배없다. 정부가 국유기업에 지급하는 돈은 어디에서 나온 걸까? 바로 국민이 피땀 흘려 번 돈이다. 이것이 바로 국유기업의 원죄다. 국민이 무료로 사용하라고 준 자원을 효과적으로 경영해 유가나 전기요금은 낮추고 환경보호에 앞장서야 옳다. 국유기업은 사회적으로 부여된 책임을 올바로 수행해야 하지만 현실은 국민의 기대를 저버렸다. 국민이 무상으로 제공한 자원으로 폭리를 취한 국유기업은 대중을 위한 혜택을 마련하기는커녕 걸핏하면 형편이 어렵다며 가격을 인상하겠다고 징징거리기 일쑤다. 한마디로 국유기업은 중국 서민의 인내심의 한계를 넘은 것이다.

국유기업 문제를 도대체 어떻게 해결해야 할까? 모조리 팔아버리면 어떨까? 그러다가 급진적인 개혁을 추진한 구소련의 전철을 밟게 되는 것은 아닐까? 석유·통신 등 업종을 국유기업이 경영하기 어렵다면 팔면 그만이다. 하지만 그걸 누구에게 판단 말인가? 외국 기업은 명단에서 무조건 제외한다. 민영기업에 파는 것은 어떨까? 하지만 민영기업 중에서 이처럼 대규모 사업을 소화할 수 있는 업체가 과연 얼마나 될까? 증시를 통해 국유기업의 규모를 축소하자고 주장하는 이도 있지만 이미 커다란 몸집을 가지게 된 현 상황에서는 그 또한 쉽지 않은 노릇이다. 페트로 차이나가 A증시에서 주식을 일부 내놓자 주가지수가 무섭게 주저앉았던 사건을 기억한다면 증시를 통한 규모 축소라는 말을 함부로 꺼내지는 못할 것이다.

이보다는 문제의 뿌리를 찾아야 한다. 페트로 차이나, 차이나 모바일, 국가전력망공사가 지금과 같은 영향력을 가질 수 있게 된 것은 이들이 무상으로 대규모 국가 자원을 점유하고 있기 때문이다. 기존 정책이 개선되지 않은 상황에서 국유기업에 대한 개혁에만 박차를 가한다면, 이를테면 매각 등의 조치를 취한다면 산업·금융 재벌 세력인 올리가르히야에 국유기업을 하룻밤 새에 잠식당한 구소련의 비극적인 운명을 되풀이해야 할 것이다. 이런 점을 감안할 때 현재 중국이 해야

국유기업의 피할 수 없는 임무

하는 일은 국유기업을 살찌우는 잘못된 정책적 허점을 보완하는 일이다. 하루가 다르게 몸집을 키워나가는 국유기업의 현실은 빙산의 일각에 불과하다. 그동안 몸집을 키우는 데에 일조했던 이익이 사라지고 나면 엄청난 몸값을 자랑했던 시장가치도 자연스럽게 내려가게 되는데, 그때 증시를 통한 규모 축소나 퇴출을 실시하면 가시적인 성과를 낼 수 있다.

그렇다면 무상으로 제공되는 자원 외에 중국의 국유기업을 살찌우는 정책적인 군살로는 무엇이 있는지 함께 살펴보자.

'고속도로를 이용하려면 돈을 내라'

도로 보수·유지비가 유류세로 변경되었을 때 중국 정부는 국민에게 유료화는 더 이상 없다고 약속했지만 중국 내 유료 고속도로는 줄어들기는커녕 증가했다. 그 결과 전 세계 유료 고속도로 중 무려 70%가 중국에 몰려 있다. 다시 말해 현재 중국의 유류세는 사실상 이중과세인 셈이다. 중국이 미국의 휘발유세 기준 방식대로 요금을 징수한다면 중국 내 고속도로 중 92%가 무료일 테지만 현실에서 보여주듯 중국의 고속도로는 모두 요금을 받고 있다. 이뿐만 아니라 상당수 성에서 제공하고 있는 2급 도로 역시 터널 교량 및 배수로라는 편법을 동원해 요금을 챙긴다.

이런 현상이 나타나게 된 배경은 관리 감독, 요금을 책정하는 권한이 국가발전개혁위원회라는 단일 부서에만 쥐어졌기 때문이다. 가격의

벼랑 끝에 선 중국 경제

심사·비준은 계획경제 시대의 통제 수단으로서 점차 폐지되어야 하는 현상임에도 중국에서는 여전히 막강한 영향력을 자랑한다. 이와는 대조적으로 미국에서 공공사업의 요금 책정 문제는 입법기관에 넘겨져 공개 청문회를 통해 결정된다. 여기에는 크게 두 가지 목적이 있는데, 하나는 민의를 존중하기 위함이고, 나머지 하나는 가격 심사에 관한 입법권과 반독점 관리 감독권을 분리하기 위함이다.

사실 이 문제에 대해 선전 정치개혁위원회에서도 연구가 한창 진행 중인데, 정책 결정, 행정, 감독 작업의 분리 문제를 놓고 집중적으로 고민 중이라고 한다. 홍콩 역시 이런 방안을 실시하고 있는데, 정책 결정 부문의 경우 12개의 국局이 있고, 행정 분야에는 서署, 감독 분야에는 심계서와 부패 단속 기관인 염정공서廉政公署가 있다. 심계서와 염정공서는 특별 행정 수반이 아니라 입법회를 직접적으로 책임진다. 이와는 대조적으로 중국에서는 가격정책, 가격 반독점 법률 집행권, 행정 관리 감독 집행권 모두 국가발전개혁위원회라는 단일 부서가 장악하고 있다. 단일 기관에 권력이 집중되어 있으니 문제가 없다면 오히려 이상하다. 이번에 국가발전개혁위원회 반독점국이 차이나 텔레콤과 차이나 유니콤의 광대역 사업을 조사한 사건을 두고 이야기해보자. 조사 작업이 벌어지게 된 배경에는 광디엔네트워크의 제보가 있었기 때문이다. 광디엔네트워크의 독점적 지위가 영향을 받지 않았다면 국가발전개혁위원회에서 자체적으로 이번 사건을 조사하려고 생각조차 하지 않았을 것이다.

중국의 고속도로가 세상에서 제일 비싼 이유, 중국 항공사의 엉터리 항공 유류세 인상, 시노펙그룹과 페트로 차이나가 겁도 없이 당당하게

국유기업의 피할 수 없는 임무

나오는 이유를 알겠는가? 바로 중국의 국가발전개혁위원회에 모든 권력이 집중되어 있기 때문이다. 국가발전개혁위원회에서 자체적으로 가격을 책정하고, 자체적인 관리 감독을 하기 때문이다. 다시 말해 국가발전개혁위원회가 심사하는 일은 자연스럽게 반독점이라는 족쇄에서 자유로워진다.

이 허점을 보완할 수 있는 해결책으로 국가반독점총국을 수립할 것을 강력하게 건의하는 바다. 요컨대 국가발전개혁위원회에 산업 계획 및 가격 심사라는 역할을 남게 주되, 가격 독점 금지 권한을 독립시키는 것이다.

국가발전개혁위원회와 상무부로부터 반독점국을 분리하고, 공상총국에서 반독점국과 반불공정경쟁집행국을 독립시킨 뒤, 이 세 기관을 합쳐 국가반독점총국을 구성한다. 국가반독점총국의 역할은 가격담합과 가격 독점 조사, 기업합병 심사, 시장에서의 지배적 지위를 이용한 불법행위 조사, 정부와 국유기업의 입찰, 조달에 대한 조사와 감독을 책임진다. 이보다 더 중요한 사실은 국가반독점총국과 각 성·시의 반독점국의 결정이 최종 결정이 아니라, 각급 법원의 행정정行政庭이 행정법에 따라 앞에서 도출된 결정에 대해 사법적 재심리를 열도록 한다. 이렇게 되면 국가발전개혁위원회의 가격 심사 과정에서 가격담합을 묵인하더라도 국가반독점총국이 제동을 걸 수 있다. 강력한 독립성을 바탕으로 구성된 국가반독점총국이 오로지 반독점 심사에만 집중할 수 있게 되어 국가발전개혁위원회나 상무부, 공상총국과 같은 기존 기관으로부터 견제를 받지 않는다는 것이 반독점총국의 최대 무기가 된다.

벼랑 끝에 선 중국 경제

그 밖에 시장의 공정한 질서를 유지하기 위해 중국은 국가 반독점국에 검찰원의 권력 일부를 허용하는 독일의 방식을 배워야 할 것이다. 독일에서 연방반독점국은 독점이나 불공정 경쟁과 관련된 증거의 감청·조사·차압할 수 있는 권한이 있을 뿐만 아니라, 기업 외에도 감시 대상을 정부조달 중 불공정한 행위를 저지른 혐의를 받고 있는 국가 공무원으로 확대하는 데에 성공했다. 중국의 경우 이것만으로는 부족하다. 독일보다 강수를 두어야 한다. 이를테면 국가반독점총국에 국가발전개혁위원회 내지는 전력·통신·연료·교통·방송·위생·교육 등에서 정책 결정권을 가진 담당자를 조사하는 것은 물론 산업 정책을 수정하는 과정에서 발생하는 불법 거래를 척결하고 행정적 독점 현상을 철저하게 조사할 수 있도록 강력한 권한을 부여해야 한다.

기름 부족 사태는 누구의 잘못인가

매년 되풀이되는 기름 부족 사태에 대해 이야기해보자. 사실 2011년 양회, 즉 전국인민대표대회와 전국인민정치협상회가 열리는 기간에 전국공상업연합회全國工商聯合會는 원유의 수입 제한을 완화하고 일부 비국유기업의 원유 수입과 자유 유통을 허용해달라는 내용의 의안을 정치협상회의에 제출했다. 민간에서 운영하는 정유공장의 가동률이 30%도 채 되지 않는 상황에서 일단 원유 수입권을 개방하면 유가가 재빨리 떨어지리라는 것이 주장의 근거였다. 사실 이런 현상은 석유에만 국한되는 것이 아니다. 모든 대량 상품Bulk Stock 분야에서도 국유기업은 독점적 지위를 이용해 시장을 제멋대로 주무르고 있다. 이들은 국내 자원을 독점하고 있을 뿐만 아니라 수출입 권한도 독점했다.

이들에 의한 시장독점이 어떻게 이루어지는지 원유를 가지고 설명해보겠다. '중화인민공화국 화물 수출입 관리 조례'와 WTO 가입 시의 약속에 따라 중국 상무부는 매년 비국유기업의 원유 무역·수입 전체 허용량, 신청 조건과 신청 과정을 발표해야 한다. 이 내용만 보면 중국 정부가 비국유기기업의 원유 수입을 개방한 듯싶지만 현실은 이와는 달랐다. 상무부가 규정한 신청 조건에는 까다로운 두 가지 조건이 달려 있었다. 첫째, 5만 톤 이상의 원유를 처리할 수 있는 해운용 부두, 혹은 매년 200만 톤 규모의 처리 능력을 갖춘 철로가 위치한 항구의 사용권이나 저장량이 20만m² 이상 되는 저장탱크의 사용권을 가진 경우. 둘째, 최근 2년 동안 원유 수입 실적을 가진 경우. 설마하니 수출입 기업은 무조건 부두를 보유해야 한다는 말인가? 그리고 비국유기업에 수입 실적을 증거로 제시하라는 조건은 사실상 '원유를 수입할 때 세관 신고서 복사본만 제시하면 되는 자영업체와 달리 위탁 업체를 통한 원유 수입 시 위탁 협의서나 관련 서비스 영수증을 제시해야 된다'는 뜻으로 이해할 수 있다. 상당수 비국유기업이 대형 국유기업을 통해 석유를 수입하는 현실을 감안할 때, 한마디로 이들 업체의 수입 실적 여부는 순전히 국유 석유업체가 위탁을 받아주느냐에 달린 셈이다.

이 점만으로도 국유기업은 민영기업의 숨통을 틀어막을 수 있다. 게다가 민영기업이 위탁을 통해 원유를 들여온다고 해도 별다른 방법이 없다. 석유 수송 파이프를 페트로 차이나와 시노펙그룹이 장악하고 있기 때문이다. 페트로 차이나와 시노펙그룹이 석유 수송 파이프를 사용

벼랑 끝에 선 중국 경제

하지 못하도록 결정했다면 민영기업으로서는 어찌해 볼 도리가 없다. 이처럼 국유기업은 노골적으로 시장에서의 지배적 지위를 남용하고 있지만 반독점 부서로부터 아무런 조사나 제제를 받지 않는다.

이보다 더 화나는 일은, 교활하기 짝이 없는 중국 국유기업의 속내다. 결론적으로 말하면, 이들이 내놓는 주장은 전혀 믿을 만한 것이 못 된다. 전국공상업연합회가 원유 수입 개방에 관해 제시한 의안을 가지고 이야기해보자. 시노펙그룹에 몸담고 있는 전국인민대표대회의 한 위원은 전국공상업연합회의 의견에 반대표를 던지며 그 이유를 설명했다. 일단 개방이 이루어지면 제 살 깎아 먹기 식 경쟁으로 예전 철광석 수입 사태와 같은 전철을 밟게 될 것이라고 주장하며, 수입 물가 문제에서 발언권을 키우려던 중국 정부의 노력이 결국 물거품이 될 것이라고 강조했다.

참 대단하다. 원유 수입권을 개방하면 철광석 수입 사태와 같은 상황이 발생할 것이라고? 철광석 수입 사태가 나타나게 된 배경을 자세히 들려줄 테니 시노펙그룹의 주장이 얼마나 허무맹랑한지 독자 여러분 스스로 판단해보기 바란다.

2003년 전까지만 해도 중국 정부는 철광석을 수입할 수 있는 권한을 비국유기업에도 개방했다. 2005년 당시 자격을 갖춘 생산 업체와 무역 업체만 500곳이 넘었다. 2005년으로부터 몇 년 거슬러 올라가 보면 당시 오스트레일리아 산 철광석 가격은 톤당 30달러를 넘지 않았다. 최저가는 2002년 당시 23.25달러였고, 최고가라고 해도 1997년 29.67달러를 기록한 것이 다였다. 하지만 2005년 중국 정부를 대신해 협상에 나선 철강업체 바오강이 71.5%의 인상분을 받아들이더니 급기야 매년 철광석 가격 인상을 묵인하기 시작했다. 이런 현상이 나타나게 된 것은 2005년부터 중국철강협회가 수입 업체 자격 요건이라는 조항을 폐지하고 독점 운영에 나섰기 때문이다. 그 때문에 2011년 8월 1일 현재 중국 내 철광석을 수입할 수 있는 자격을 갖춘 기업은 105곳으로 대폭 감소했고, 그나마도 대부분의 업체가 대형 국유 철강업체거나 하급 무역업체에 불과하다.

이들 100여 개의 업체는 오직 바오강의 협상 명령만 따라야 하는데, 바오강은 어떻게 가격을 협상하고 있을까? 결론적으로 말해 장기 계약가격으로 협상에 임한다. 장기 계약가격이란 과거 몇 년 동안의 계약가격과 현물가격을 참고해 매년 가격을 고정시키는 거래 방식을 가리킨다. 한마디로 장기 계약가격은 해외 3대 철광석 업체가 일부 국유기업에 제공하는 우수 고객용 할인 쿠폰인 셈이다. 하지만 실제 운영 과정에서 바오강처럼 장기간 협상 가격이라는 혜택을 누릴 수 있는 국유기업은 손에 꼽을 정도다. 바오강이나 수도강철은 실제 자사 수요보다 더 많은 양의 철광석을 구입하는 방식을 선호하는데, 실제 수요를 제한 나머지 철광석을 장기간 계약 체결에 참여할 수 없는 여타 민간 업체에 팔아 별도의 이익을 챙기기 위해서다. 다시 말해 대다수의 민간 업체는 장기 계약가격이라는 쿠폰으로 철광석을 구입할 수 없기 때문에 울며 겨자 먹기로 시장에서 부르는 대로 철광석을 매입할 수밖에 없다. 예를 들어 현물가격이 톤당 1,400위안이라면 바오강은 해외 업체와 협의를 통해 700위안을 장기간 협상 가격으로 설정한다. 자사의 물량을 제한 나머지 철광석을 다른 업체에 되팔기만 해도 700위안을 벌 수 있다. 장기 계약가격 제도의 수혜자인 바오강은 오랫동안 철광

벼랑 끝에 선 중국 경제

석 수입에 의존하는 다른 업체보다 좀 더 저렴한 비용으로 철광석을 구입하는 혜택을 누릴 수 있었다. 비용이라는 우위를 지키기 위해 바오강은 매년 해외 3대 철광업체가 제시하는 인상폭을 받아들이는 대가를 치르고서라도 장기 계약 제도를 수호하는 데에 최선을 다했다. 바오강 외에도 수도강철 역시 막강한 발언권을 자랑한다. 그러던 중 2010년 4월 1일, 장기 계약 제도를 통한 철광석 수입 시스템이 붕괴하면서 두 업체의 실적은 말 그대로 무너져 내렸다. 기존의 독점적인 철광석 수입 상황이 개선될 것이라는 기쁨도 잠시, 장기 계약가격 제도 시스템이 무너지면서 철광석 가격이 2010년 4월 21일 톤당 186.50달러에서 2011년 11월 4일 100달러로 급락했다. 무려 46%의 낙폭을 기록했다. 갑작스러운 원자재 가격 하락으로 사전에 철광석을 구입한 업체는 눈물을 머금고 출고가를 낮추는 바람에 거액의 적자를 일방적으로 떠안아야 했다.

이런 상황이 재연되는 것을 막으려면 가장 먼저 국무원 반독점위원회를 재정립시켜야 한다. 중국 반독점법의 가장 큰 폐해는 행정적 독점 현상을 보고도 못 본 체 하거나 능동적인 법률 집행 및 심사 기관이 부족하다는 점이다. 중국의 반독점법은 2008년 8월 1일부터 실시되었지만 기대와 달리 독점 현상은 더욱 악화되었다. 미국에서 반독점 사업을 담당하는 전문 기관은 사법부 내 반독점조사국 한 곳이다. 그 외에 시장 질서를 감독하는 기관으로는 연방거래위원회가 있다. 한편 중국의 경우 국가 측면에서 협조적인 역할을 담당하는 하는 반독점위원회 외에 세 개의 법률 집행기관에서 반독점 작업을 수행한다. 이들 기관은 각각 국가발전개혁위원회에서 가격 문제를 전문적으로 담당하고

국유기업의 피할 수 없는 임무

있는 반독점조사국, 공상총국에서 시장의 지배적 지위를 남용하는 행위를 조사하는 반독점조사국, 상무부 소속으로 합병과 인수 과정에서의 반독점 문제를 책임지는 심사 기관이다. 결론적으로 중국에서 반독점 심사를 담당하고 있는 기관이 모두 뿔뿔이 흩어져 있어 효과적인 집행이 불가능하다. 이 점을 감안해 반독점 사업을 담당하고 있는 권력구조를 다시 검토함으로써 반독점에 관한 권력을 한데 모아 독립적인 기관에 넘겨주어야 한다. 예를 들어 해당 기관에 행정적 독점 행위를 철저하게 규탄할 수 있는 기능을 부여하는 것이다. 특히 인프라 건설 사업, 대량 상품의 수출입과 관련된 모든 정책과 세칙 문제를 적극적 · 능동적으로 조사해야 한다. 이런 노력의 궁극적인 목적은 중국이 WTO 가입 시 내놓은 약속, 즉 아무런 조건 없이, 공정하게 민간 업계에 시장을 개방하겠다는 약속을 이행하기 위해서다.

전력 개혁이 절반의 성공에 그친 이유

행정 부문에서 불거진 문제, 통행료와 철광석 문제를 앞에서 충분히 다루었으니 이제는 다른 문제에 관심을 가져보자. 이번 문제를 일으킨 원흉은 국유기업이지만 그렇다고 해서 국유기업만 원망할 노릇이 아니다. 지금과 같은 상황은 당초 개혁안을 설계할 때 충분히 예측할 수 있는 문제였지만 그렇다고 해서 안목이 짧다는 식으로 서둘러 단정해서는 안 된다. 결과적으로 혼란을 낳기는 했지만 당시 개혁안을 설계할 때 나름대로 고심한 흔적이 역력하게 남아 있기 때문이다. 이를테

벼랑 끝에 선 중국 경제

면 당초 국유기업을 세계 500대 기업으로 육성하겠다는 개혁안이 발표되자, 정부는 국내 시장에서 국유기업의 실력을 양성을 배양하겠다며 뜨거운 애정을 드러냈다. 하지만 국유기업에 대한 정부의 지나친 편애로 훗날 국유기업은 국내 시장이라는 상아탑에 갇혀 시장을 독점한 것은 물론 해외 업체와의 경쟁을 본능적으로 기피한다. 이런 결과는 당초 개혁안의 취지와는 전혀 부합되지 않는다. 안타깝게도 상당수의 정부 정책 역시 당초 취지에서 한참 벗어나 나아갈 길을 잃었다.

이런 문제를 보여주는 가장 전형적인 사례가 전력 개혁으로, 중국에서 추진된 대다수의 개혁에서도 그 흔적을 찾아볼 수 있다. 절반의 개혁에 성공한 중국의 전력 개혁은 영국의 경험을 참고해 지속적으로 후반부의 개혁을 추진하는 방식을 채용했다. 하지만 결과적으로 전력망이 비대해진 데에 반해 발전소가 굶어 죽는 상황이 발생하고 말았다. 구체적으로 말해 전력망은 지속적인 개혁을 방해하는 걸림돌이 되었고, 발전소는 전력망과 손을 잡고 전기요금 인상을 외치거나 무책임한 수단으로 서민의 부담을 가중시킨다. 심지어 계획 외 전력 생산을 거부하는 바람에 심각한 전력 부족 현상을 유발시키기도 했다.

중국이 참고한 영국 전력 개혁의 핵심은 발전소에서 전력망에 이르는 부분에 경쟁 시스템을 도입해 가격경쟁을 유도하는 데에 있었다. 하지만 이렇게 되면 전력망의 전력 구입비용이 크게 줄어들어 발전소의 이익 역시 크게 감소하게 된다. 영국식 전력 개혁이 실패한 걸까? 아니다. 사실 영국의 1단계 전력 개혁은 전력망이나 발전소가 아니라 대규모 전력 소비 업체와 지역 전력 공급 업체를 대상으로 이루어졌다. 영국 정부는 이들에게 전력거래소에 가입해 발전소와 직접 전력

국유기업의 피할 수 없는 임무

공급 계약을 체결할 것을 요구하는 한편, 전력망 관련 업체에는 심사를 거친 비용만 지불하도록 했다. 이렇게 되면 독점적인 전력망이 중간에서 혜택을 보는 것이 아니라 전력 구입비용 하락에 따른 혜택이 대규모 전력 소비 업체나 지역 전력 공급 업체에 직접 돌아가게끔 되었다. 여기에서 문제가 생겼다. 중국은 계층을 분류하고 가격경쟁을 유도하는 표면적인 개혁만 배웠을 뿐 다운스트림을 개혁하는 영국식 전력 개혁의 핵심을 놓치고 말았다. 업스트림과 다운스트림이 뒤바뀐 잘못된 개혁은 결국 더 큰 위기를 자초하고 말았다.

전기 부족 현상이 나타나게 된 원인은 단 하나, 발전소가 부족하기 때문이다. 발전소가 시설 확장에 나서지 않는 이유는 전기 생산 업체가 기대하는 수익률이 너무 낮거나, 장기적인 전력 수요를 전혀 예측할 수 없기 때문이다. 사실 이 문제는 전기요금 인하와 한데 묶어 고민해볼 수 있다.

전기요금을 인하할 방법으로는 독점적 영향력을 지닌 전력망이 중간에서 가격을 부풀리지 못하도록 막는 것 외에 크게 세 가지로 나뉜다. 더 저렴한 연료를 찾는다, 연소 및 관리 효율을 높인다, 남아도는 발전 용량을 줄인다가 그것이다.

사실 영국의 2단계 전력 개혁에서도 위의 두 가지 문제를 해결할 수 있는 방안을 고민했다. 당시 영국은 중간의 전력망을 효과적으로 관리하고, 전력거래소의 가격 조정을 효과적으로 장악할 수 있다면 발전소, 심지어 전력망이 일부 전력 공급 업체를 경영해도 크게 문제가 없다는 사실을 알아냈다. 이런 과정을 통해 분리된 영국의 국가 전력망은 훗날 일부 전력 공급 업체를 인수해도 된다는 허락을 받는 데에 성

벼랑 끝에 선 중국 경제

공했다. 그 결과 발전소와 전력망에서 대규모 전력 소비 업체와 지역 전력 공급 업체의 실제 수요를 정확하게 파악할 수 있었다. 그뿐만 아니라 발전소와 이들 대규모 전력 소비 업체, 지역 전력 공급 업체 간 장기적인 전력 공급 협의를 체결해야 하는 필요성이 더욱 대두되어 궁극적으로 전력 위기가 나타나는 최악의 상황을 피할 수 있다. 이와는 대조적으로 중국에서는 발전소가 직접적으로 장기적인 전력 공급 협의를 체결할 수 없는 것은 물론 주동적인 가격 결정권은커녕 전력 공급 업체의 수요에 따라 전기요금을 조정하는 데에도 참여할 수 없다. 그 결과 남아도는 전력은 효과적으로 줄어들지 못하고 전기요금 역시 내려가지 않는다.

페트로 차이나 역시 비슷한 상황에 직면해 있다. 절반의 개혁에는 성공했지만 가격 시스템에 대한 개혁이 순조롭게 진행되지 못했다. 물론 페트로 차이나는 순순히 개혁을 추진할 마음이 전혀 없었을 가능성도 존재한다. 그 속내야 어떻든, 결과적으로 디젤유의 도매가격과 소매가격이 걸핏하면 뒤바뀌는 바람에 디젤유 생산 업체에서 생산을 거부하고, 도매업자가 디젤유의 매입을 거부하는 상황이 발생했다. 심도 있는 연구를 통해 나는 충격적인 비밀을 찾아낼 수 있었다.

첫째, 주된 문제는 디젤유에 과도한 세금을 부과하는 데에 있다. 다시 말해 세금을 조금만 인하해도 디젤유 부족 사태는 효과적으로 완화될 수 있다.

둘째, 중국의 유가 중 절반 이상이 전부 세금이다. 부과되는 세금의 종류가 너무나 다양하고 복잡해 페트로 차이나처럼 정책을 좌지우지할 만한 파워를 가진 기업조차 해당 부서를 일일이 찾아다니며 상황을 파악하기 쉽지 않다. 그 결과 중국에서는 해마다 디젤유 부족 사태가 되풀이되고, 유가가 고공행진을 이어간다.

그들에게 해외 진출 능력이 있는가

앞서 언급한 것처럼 정부가 국유기업에 대해 남다른 애정을 품게 된 것은 세계 500대 기업에 이름을 올릴 수 있는 '중국산' 국유기업을 육성하기 위해서였다. 이런 바람과 달리 중국의 국유기업이 해외에서 연달아 위기에 봉착했다는 안 좋은 소식만 들려온다. 해외의 법률 제도와 정치 로비 제도는 중국의 국유기업이 자발적으로 대규모 해외 이전에 나설 수 없다는 비극적인 운명을 결정하고 있기 때문이다.

　오해하지 마라. 중국의 국유기업이 해외에 진출해서는 안 된다는 말이 아니라, 복잡한 국제무대에 적응하기 위해 중국의 해외 진출 전략을 업그레이드해야 한다는 뜻이다. 현대 전쟁에서 승부를 결정하는 것은 더 이상 전방에 배치된 전투부대가 아니라 후방의 전략 물자 보급팀과 중간에서 물자를 수송하는 정보 정찰 부대다. 이는 미국의 경험이 좋은 참고가 될 것이다. 미국의 국가 전략에서 전방에 배치된 부대가 개인과 민간 기업이라면, 후방의 월스트리트 금융자본은 부대원인 개인 자본에게 자금을 보급해주고, 월스트리트의 외환 거래 시장과 보험 시장이 무역 투자의 리스크에 대항할 수 있는 방패를 제공한다. 민간 자본이 몸을 사리는 영역에서는 뱅크 오브 아메리카와 세계은행이 개발이라는 명분으로 자원을 개발해 인프라 투자를 먼저 제공하면 미

벼랑 끝에 선 중국 경제

국 수출입은행이 무역 활성화를 위해 융자와 신용 보호 서비스를 제공한다. 그리고 중간에서 부지런히 정보와 물자를 나르는 것은 골드만삭스와 같은 금융 중간상 외에도 국제정치와 경제 정보 분석에 정통한 대규모 싱크탱크가 있다. 국가대표로서 주어진 임무에 가장 충실한 캐릭터는 후방의 전략 보급팀과 중간의 정보 정찰 부대일 것이라는 모두의 추측은 이미 역사를 통해 입증되었다.

중국의 대외 전략이 가장 큰 성공을 거둔 무대는 아프리카다. 통신 · 인프라 건설 · 원자재 등의 시장에서 중국은 상당수의 아프리카 개발도상국에 커다란 만족감을 선사하며 호평을 이끌어냈다. 아프리카에서 중국의 대외 전략이 성공할 수 있었던 것은, 객관적으로 보았을 때 미국의 국가 전략을 참고해 전방의 전투부대로 화웨이 · 중싱 같은 민영기업을 내세우고, 국가수출입은행과 국가개발은행이 후방에서 보급 부대로서의 임무를 성실히 수행한 덕분이었다. 하지만 현재 중국이 해외로 진출하려는 산업은 대체적으로 노동 집약형 산업 위주라는 점에 유의해야 한다.

중국의 해외 진출 전략 구조를 어떻게 조정해야 할까? 내 개인적인 생각으로는 석유 · 천연가스 등 중요 산업에서 민영기업의 자원 수입을 허용하고, 민영기업을 최전방에 세워야 한다. 특히, 민감한 문제일수록 국가대표를 방패막이로 삼지 말고 민첩성을 자랑하는 민영기업을 참여시켜 경쟁을 유도해야 한다. 국가대표는 무역 융자 · 수송 · 안전보장 · 부두 하역 · 국내 도매처럼 후방에서 전체적인 전략이 원활하게 추진되도록 조용히 지원사격에 나서야 한다. 그래야만 중국 기업의 수익, 나아가 국익을 보호할 수 있다.

국유기업의 피할 수 없는 임무

민간 기업의 진출이 희망이다

국유기업을 놓고 잡음이 끊이지 않다 보니 문제를 일으키는 것에서부터 해결책에 이르기까지 중국에서 국유기업은 자동 반사적으로 논란의 중심이 된다. 소란스러운 외부의 반응에도 중국의 국유기업은 정작 다른 일에 관심을 보이고 있다. 집값을 예로 들어보면, 원자바오 총리가 지나치게 빠른 집값 상승 현상을 잡겠다고 여러 차례 공언했지만 부동산으로 재미를 본 국유기업의 수는 연일 신기록을 써내려가고 있다. 2011년 1월 '부동산시장의 안정적, 건전한 발전을 위한 국무원 판공청 통지'(약칭 국11조)가 시행된 뒤에도 그달 최고가 토지를 보유한 업체의 70%가 국유기업 혹은 국유기업과 관련된 업체인 것으로 조사되었다. 2010년 정부가 국유기업에 부동산업계에서 물러날 것을 요구했지만 70여 개의 부동산 관련 국유 업체 중 20여 개 업체만 발을 뺀 상태다. 분석을 통해 나는 국유기업이 중앙정부의 통제권에서 벗어나게 된 데에는 부동산 업종 외에도 은행·항구·호텔 등 돈을 벌 수 있는 업종이라면 무조건 달려들고 보는 추악한 습성 때문이라는 사실을 알아냈다.

이런 허점을 막을 수 있는 방법은 사실 간단하다. 국유기업의 경영 범위를 수평으로 한정하고 수직으로 제한하는 것이다. 수평으로 경영 범위를 한정한다는 것은 참여할 수 있는 산업을 제한한다는 뜻이다. 구체적으로 말해 국유기업이 경영해도 되는 산업을 규정에서 최대한 분명하게 못 박고 입법적으로 확정한 뒤, 국가공상총국과 지방 공상국이 감시하도록 하는 것이다. 출자자 중에서 국유기업의 그림자라도 보

벼랑 끝에 선 중국 경제

인다면 해당 기업은 제한된 규정 외 산업에 참여할 수 없다. 이에 불응한다면 사업 허가증 등록을 불허하는 강수를 두는 상황까지도 고려해야 한다. 그 밖에 국무원 국유자산감독관리위원회 직속 기관을 제외하고 모든 국유기업의 경영 대상에 주식 투자를 포함시켜서는 안 된다는 내용도 특별히 재규정해야 한다. 이렇게 해야 국유기업이 전략적 투자, 산업발전기금 등의 명분을 내세워 변칙적으로 여러 업계에 진출하는 것을 막을 수 있다.

수직적 제한은 단일 업종 내에서 민영기업이 경영할 수 있는 다운스트림이나 부대 산업에 국유기업이 참여하지 못하도록 규정해야 하는 것을 가리킨다. 이를테면 페트로 차이나, 시노펙그룹에는 생산 같은 업스트림 진출만 허용하고, 도매와 소매 산업에서 점진적으로 손을 떼도록 한다. 이런 조치를 취하게 된 궁극적인 원인은 기술력과 자본력으로 무장한 독점 기업이 도소매 산업에 진출하면 일선 민간 업체가 공정하게 경쟁할 수 있는 환경 자체가 불가능하기 때문이다. 이를테면 국가 기간망 사업은 차이나 텔레콤과 차이나넷콤에 맡기고 도심의 인터넷 접속 서비스, 다시 말해 서민에게 방문 판매 서비스를 제공하는 사업은 민간 업체만 허용한다. 현실적으로 보았을 때 경영 범위를 제한하는 일은 국유기업이나 국가에 모두 유리하게 작용한다. 이래야 월등한 실력을 지닌 국유기업이 핵심적인 기술 연구 개발에 더 많은 재화와 인력을 투입할 수 있기 때문이다. 또한 이런 방식을 통해 창출한 수익이야말로 제대로 된 국유기업의 실적이라 하겠다.

아울러 중국 정부가 야심차게 내놓은 10대 산업 진흥책이 모두 실패한 비극적인 상황을 감안할 때, 독립적으로 국유기업 예산을 평가할

국유기업의 피할 수 없는 임무

수 있는 부서의 창설을 진지하게 고민해야 한다. 현재 예산에 대한 중국의 관리 방식을 한마디로 정리하면 '엄격한 지급－방만한 지출'이라 하겠다. 다시 말해 예산 심사와 지급이 몹시 까다롭지만 일단 예산이 지급된 후의 상황에 대해 예산 부서는 완전히 수수방관 중이다. 향후 지방정부의 실적 심사 시, 단순하게 특정 지표만 살피는 방식을 점진적으로 버리고 예산 심사를 위주로 한 객관적인 평가를 실시해야 한다고 생각한다. 매년 중앙정부에서 지방정부에 거액의 세수를 지급하지만 다양한 프로젝트나 사업에 따라 마구잡이로 지급되는 데에 문제의 심각성이 있다. 구체적인 계획이나 준비 없이 기분 내키는 대로 자금이 지급된다면 거액의 손실은 물론 정상적인 사업 추진이 불가능해진다. 그러므로 정책적 평가를 통해 이전 사업 진척에 따라 추후 지급되는 자금 규모를 탄력적으로 조정해야 한다. 그래야만 기존 프로젝트의 효율을 따지지도 않고 무턱대고 자금을 지급하거나, 자금 부족으로 신규 프로젝트가 효과적으로 집행되지 못하는 지금의 상황을 피할 수 있다.

효과적인 예산 시스템이 수립되려면 치밀한 관리 감독이 필요하지만 안타깝게도 현재 중국에서는 예산에 대한 관리 감독이 전혀 이루어지지 않고 있다. 재정부가 발표한 2010년 12월 기업 재무 회계 보고서에 따르면 중앙정부의 국유 자본 경영 예산 편성 대상에 포함된 중앙기업의 총자산은 29조 1,166억 2,100만 위안으로, 전국 국유기업 총자산의 54.9%에 해당하다. 예산 대상에 포함된 기업만 해도 인센티브(공제금)만 담당하는 국무원 국유자산감독관리위원회에서 제대로 관리하기에는 벅차다. 관리가 제대로 이루어지지 않다 보니 2010년 중앙정부의

벼랑 끝에 선 중국 경제

국유 자본 경영 예산 편성 대상에 포함된 중앙기업이 달성한 순수익 9,905억 200만 위안 중 전체의 5.6%에 불과한 558억 7,000만 위안만 중앙정부에 납부되고 나머지는 모조리 기업의 가처분소득으로 돌아갔다. 그 밖에도 재정부가 발표한 2011년 예산 수입은 페트로 차이나 하나만도 못한 844억 위안에 그쳤다. 중앙기업의 몸집이 점점 커지는 상황에 관리가 제대로 이루어지려면, 개인적인 생각으로는 예산권을 반드시 회수하고 중앙기업의 모든 이익을 뽑아내야 한다고 본다. 오해하지 말기 바란다. 돈 쓰지 말라고 이익을 전부 거두어들이는 것이 아니다. 투자하고 싶다거나 재생산을 위한 사업 확장에 나서고 싶다면 예산을 신청해 허가받은 후 집행하라는 것이다.

국유기업이 벌어들인 소득을 모두 뽑아내도록 해야 한다는 말에 많은 이들이 계획경제 때나 있을 법한 일이라고 펄쩍 뛰며, 자칫 기업의 의욕을 꺾을 수 있다고 반기를 들 것이 분명하다. 하지만 관련 사례를 조사해보면 이런 반응은 기우임을 알 수 있다. 기업의 자유로운 현금 흐름이 줄어들수록 경영자가 다른 생각을 품을 여지가 줄어들기 때문에 기업의 경영이 오히려 개선되는 것은 물론 실적마저 향상된다. 실제로 대다수 국유기업이 자회사 내 처장處長을 통해 언제든지 현금과 수표를 마음대로 꺼내 쓰고 있는데, 그 금액은 분명 리자청이 이끄는 부동산 투자 회사 청쿵실업의 베이징 지사장이 운용할 수 있는 자금보다 월등히 많을 것이다. 그 밖에 다국적기업의 경우 일반적으로 지사의 현금 계좌를 허용하지 않기 때문에 현금이 매일 본사의 금고로 직접 흘러들어간다. 이와는 대조적으로 페트로 차이나, 시노펙그룹, 중국해양석유총공사는 산하에 자체적으로 재무 회사를 운영하고 있는데, 이

국유기업의 피할 수 없는 임무

들이 내부 금고 역할을 담당한다. 페트로 차이나, 시노펙그룹, 중국해양석유총공사는 이 점을 이용해 산하 업체의 손발을 묶는 데에 성공했지만 정작 자신이 국무원 국유자산감독관리위원회의 관리 대상이 되는 것을 결코 원하지 않는다.

완전한 시장경제 체제에서는 정부가 국유기업의 이익을 전부 가져간다고 해도 크게 문제 될 것이 없다. 미국의 은행을 예를 들어보면, 금융위기 당시 거액의 부채에 시달리던 시티은행은 2009년 국유화를 통해 국유기업으로 재탄생했다. 그 후 미국 재정부는 시티은행의 각 경영지표를 JP 모건체이스와 대조해 경영 상태를 파악한 뒤 실적에 따라 보너스를 직접 지급했다. 그 결과 주주는 별다른 고민 없이 정부의 분배 방침만 따르면 되었다. 한마디로 주주는 평소 마음 편히 지내다 1년에 몇 차례 있는 주주총회에 참가하기만 하면 그만이었다. 왜냐하면 대부분의 일이 이사회에 일임되었기 때문이다. 이것이 진정한 의미의 소유권과 경영권 분리다.

이와는 대조적으로 중국의 은행이 과거 국유기업의 그림자에서 여전히 벗어나지 못하고 있는 것은 계획경제 시대의 낡은 유물이 여전히 남아 있기 때문이다. 여기서 말하는 낡은 유물이란 크게 두 가지로, 하나는 금리의 시장화를 불허하는 것이고, 나머지 하나는 민간 자본의 신규 은행 설립을 허용하지 않는다는 것이다. 그 밖에도 은행의 대출을 살펴보자. 국유기업, 특히 대형 인프라 건설 사업의 경우 지방정부는 은행에 당근과 채찍을 모두 사용한다. 지방정부에 대출해주는 은행의 경우 심사에 대한 자체적인 부담 때문에 결국 이들 사업에 대한 대출 프로젝트에 기꺼이 동참한다. 이런 상황에서 은행의 심사는 사실상

벼랑 끝에 선 중국 경제

아무런 쓸모도 없는 셈이다. 진정한 의미의 경쟁이 원천적으로 존재하지 않기 때문에 은행은 리스크에 대한 자체적인 판단 능력을 상실하고, 금리 조정을 통한 이익 창출에도 실패했기 때문이다. 배당을 통해서만 실적을 쌓는 수밖에 없지만 그래도 은행은 크게 고민하지 않는다. 고정된 금리에 대출 규모를 곱하면 되는 단순한 수익 모델을 보유하고 있기 때문에 지방정부의 상환 능력에 문제가 있더라도 못 본 척 지나치는 상황이 연출되었다. 또한 예금보험 제도를 고의적으로 실시하지 않는 상황에서 민간 은행, 마을은행의 예금 규모가 의도적으로 축소되었다. 이렇게 얻어진 국유은행의 예금 규모는 경쟁을 통해 얻은 정정당당한 결과가 아니라 거품 가득한 거짓 결과일 뿐이다. 다시 말해 공정한 시장 진입과 경쟁이라는 조건이 부재한 상황에 금리, 예금 규모, 대출 규모, 리스크 대응 능력은 하나같이 신뢰성을 잃는다. 그러고도 어떻게 국유은행을 평가할 수 있단 말인가.

과거 중국이 국유기업을 연구하는 과정에서 저지른 실수는 시장이 무엇인지, 경쟁이 무엇인지 원천적으로 진지하게 생각해본 적이 없다는 것이다. 단일 업계 내 여러 개의 국유기업이 있으면 경쟁이라고 생각하지만 이는 엄연한 착각이다. 경쟁은 참여자의 머릿수에 따라 결정되는 것이 아니기 때문이다. 입찰을 갖고 설명해보겠다. 최저가를 알고 있는 양측 참여자가 입찰에 참여해 벌이는 경쟁은 눈 가리고 아웅하는 형식에 불과하다. 그런 까닭에 시장의 본질은 경쟁이 아니라 공정한 개방이라고 주장하는 것이다. 참여자가 진입 관문에 관여하거나 심지어 게임의 법칙을 조작하는 행위가 시장경제의 최대 폐해라고 한다면, 시장의 영혼은 부패 척결이라고 할 수 있다. 그런 점에서 부패를

국유기업의 피할 수 없는 임무

척결해야 한다고 호소하기 위해 애덤 스미스는 그토록 보이지 않는 손을 부르짖었나 보다.

마지막으로 국유기업의 관리에 있어서 재무제표나 경영지표에 대한 심사 외에도 사회 공공서비스 지표에 대한 심사를 도입해야 한다. 특히, 중국에서 독점적 지위를 차지하고 있는 국유기업은 대부분 국민경제의 뿌리에 해당하는 산업에 자리 잡고 있기 때문에 이들의 가격 인상 조치가 전체 물가에 커다란 영향을 줄 수 있다. 그러므로 국유기업의 가격 인상은 반드시 신중에 신중을 기해야 한다. 또한 필요한 상황이라면 적절한 선에서 일부 국유기업의 손실을 감수해도 된다고 생각한다. 앞서 소개한 베이징의 대중교통 요금 보조금 문제처럼 버스 요금이 인하되면 버스 이용률이 증가해 교통 정체 현상을 어느 정도 해소할 수 있는 것은 물론 서민에게도 상당한 혜택을 안겨줄 수 있다. 사회적인 안정을 위해 어느 정도 희생을 감수하는 것 역시 국유기업의 책임이라 하겠다.

벼랑 끝에 선 중국 경제

세제 개혁이 절실한 이유

국유기업이 번 수익과 세금을 국민에게 나누어줌으로써
국민의 경제적인 부담을 덜어주는 게 낫지 않을까.
그들에게 절실한 양질의 복지 서비스를 제공해주는 편이
소수의 거부를 만드는 것보다 더 바람직하지 않을까.

20년 전에 세운 중국의 조세정책은 지금의 경제 상황과 상당한 괴리감을 보인다. 20년 전에는 기업을 대상으로, 원천징수 신고납부라는 방식을 통해 세금을 징수했다. 또한 징수한 개인소득세는 재산소득이 아니라 급여소득 위주였다. '다다익선'이라는 개념을 앞세운 조세정책의 궁극적인 목적은 최대한 사회적 재력을 흡수하는 데에 있었지만 이로 인해 현재 골치 아픈 문제가 계속해서 생겨나고 있다. 성실하게 세금을 내는 기업과 서민의 부담은 점점 심해져 가는 반면에 불성실한 납세자는 법망을 빠져나간다. 다른 것은 차치하고서라도 매년 자동차, 주택, 심지어 TV 판매량만 보더라도 중국의 신고소득은 적어도 8조 위안이나 저평가되었다는 것을 확인할 수 있다. 이보다 더 중요한 사실은 현재 대대적으로 추진 중인 서민용 주택 등 사회복지 프로그램의 경우 소득 기준에 따라 주택을 분양해야 하는데 낙후된 조세정책 탓에 정확한 개인소득 데이터조차 확보하지 못했다. 요컨대 조세 개혁과 조세 문제는 모두가 잘사는 세상, 특히 서민이 잘사는 세상이라는 목표를 달성하는 데에 커다란 걸림돌로 작용한다.

만두 한 개에도 세금을 내야 한다면

2011년 전국인민정치협상회에서 산둥성 전국인민정치협상회 위원인 판야오민潘耀民이 제출한 의안이 뜨거운 논란에 올랐다. 만두세 인하를 골자로 하고 있는 의안이라는 소식이 외부로 알려지자마자 인터넷에서 여론이 들끓기 시작했다. '말도 안 돼!', '그런 것도 있었나?', '만두 먹는 데에도 세금을 내야 하는 줄 몰랐네'……. 본격적인 이야기에 앞서 많은 이들이 만두세에 대한 이해가 부족한 듯해 간단하게 설명한다. 만두세는 일종의 상징적인 표현으로, 정확히 말해 만두를 생산하는 업체로부터 징수하는 부가가치세를 가리킨다. 만두세를 인하하자는 판야오민 위원의 주장에 대해 산둥성 국세국은 '소비자가 최종적으로 부담해야 하는 부가가치세는 4% 정도에 불과하다'며 실제 세금 부담은 높지 않다고 변명에 나섰다.

산둥성 국세청이 내놓은 답변을 보고 있노라니 판야오민 위원이 제시한 두 가지 의혹이 사실이라는 것을 오히려 확인할 수 있었다. 첫째, 밀가루라는 똑같은 재료를 취급하고 있지만 국수, 만두, 밀가루에 붙는 부가가치세 세율이 모두 제각각이다. 2009년 국수와 만두의 부가가치세율은 17%인 데에 반해 밀가루는 13%였다. 나중에 국수의 부가가치세율이 13%로 인하되었지만 만두는 기존 세율을 유지했다. 아무리

세제 개혁이 절실한 이유

생각해보아도 이해가 되지 않는다. 만두는 밀가루가 주재료가 되는 간단한 가공식품으로, 높은 부가가치를 창출하는 것도 아닌데 밀가루보다 4% 높은 부가가치세율을 부담한다.

둘째, 조세정책으로 중소기업의 성장이 어려워졌다. 중국의 부가가치세 납세자는 크게 소규모 납세자와 일반 납세자로 나뉜다. 쉽게 말해 영세 상인이 만두를 쪄서 팔면 3%의 세금만 내면 되지만, 어느 정도 규모를 갖춘 생산 업체를 보유하고 있다면 일반 납세자로 분류되어 17%의 부가가치세를 납부해야 한다. 이 점은 산둥성 국세국의 답변을 통해 사실임을 확인받았다.

만두세라는 세금 자체보다 더 중요한 사실은, 만두세 사건을 통해 중국의 부가가치세 제도에 심각한 폐해가 존재하고 있다는 사실이 만천하에 드러났다는 데에 있다. 부가가치세는 현재 중국에서 가장 중요한 세목 중 하나라는 사실을 알고 있는가? 2010년을 예로 들어보면 8조 3,000억 위안에 달하는 전체 재정수입 중 부가가치세의 비중은 이미 3분의 1을 넘었다. 이처럼 중요한 영향력을 가진 세목이 서민의 삶에도 얼마나 큰 영향력을 미칠지는 세 살배기 아이도 다 알 것이다.

현재 중국에서 시행되고 있는 부가가치세 제도는 1993년 12월 13일 국무원이 반포한 국무원령 제134호 '중화인민공화국 부가가치세 임시 조례'에 근거를 두고 있다. 임시라는 말이 무색하게 해당 제도가 시행된 지 어언 18년이 되었다. 문제점이 드러난 것은 비단 부가가치세 하나만이 아니다. 부동산세 역시 마찬가지다. 시범적으로 부동산세를 부과한 충칭 시는 '해당 방법은 충칭 시 인민정부의 해석에 따른다'는 소극적인 입장을 밝혔다. 여기서 말하는 인민정부란 충칭 시 국가세무총

벼랑 끝에 선 중국 경제

국을 말한다. 이보다 더 화나는 점은 조세의 본질적인 속성이 강제성을 띠고 있다는 일부 학자의 주장이다. 이들이 왜 이런 말도 안 되는 정의를 내렸는지 나로서는 도저히 이해할 수 없다. 조세의 본질적인 속성을 굳이 정의해야 한다면 모두가 잘사는 세상, 특히 서민이 잘사는 세상을 만들기 위한 발판이라고 풀이해야 옳다.

이처럼 중요한 세목을 해석할 권리를 국가세무총국에 부여한 까닭은 무엇인가? 부가가치세 조례를 제정할 권한은 일단 국무원에 있다고 치자. 하지만 세무총국은 무슨 근거로 만두가 식량에 속하지 않는다고 판단한단 말인가? 세무총국은 1990년대 작성된 오래된 문서를 근거로 삼고 있다. '재정부, 국가세무총국이 배포한 농산품 징수 범위 주석에 관한 통지'〔재정부 · 국가세무총국 합동 문건 1995 − 52호〕에 명시된 규정에 따르면 '식량 등 상품에 대해서 13%의 저세율을 적용한다. …… 식량을 재료로 가공된 냉동식품, 라면, 부식 및 각종 조제 식품은 식량이라는 범위에서 제외된다. …… 만두는 식량(밀가루)을 가공해 만든 조제 식품으로, 17%의 부가가치세를 적용한다'는 내용이 명시되었다. 더 많은 세금을 걷는 데에 유리한 쪽으로 규정을 풀이하는 중국 세무국의 오랜 스타일이다. 이와는 대조적으로 미국에서는 법적으로 애매한 부분이 있을 경우 서민에게 가장 유리한 방향으로 규정을 해석한다. 아쉽게도 중국의 세무국은 발상의 전환, 즉 세금을 덜 걷으면 그만큼 이익을 본 영세 업체가 직원을 한두 명 더 고용할 수 있다고는 죽어도 생각하지 못한다.

그런 점에서 서민과 직결된 식품의 경우 정부에서 일괄적으로 부가가치세를 면제해주어야 한다고 강력하게 건의하는 바다. 영세 업체에 대한 세금 징수를 위해 소요되는 경비가 실제 거두어들이는 세금보다 더 비쌀지도 모르기 때문이다. 이를테면 세무원을 고용하거나 상업 지구에서 세무서로 쓸 사무실을 임대하는 비용, 세금 징수에 대응하기 위해 기업이 고용하는 전문 재무 담당자…….

시간이 나면 각급 정부에 모든 세목, 세비를 직접 계산해보라고 권하고 싶다. 매년, 매 지역에서 거두어들이는 모든 세목의 총합을 구한 뒤, 세수 작업에 드는 경비를 계산해보면 징수를 통해 얻는 수익보다 징수를 위한 행정 비용이 더 많이 든다는 사실을 알 수 있을 것이다. 이런 이유 때문에 서민과 직결된 식품에 대해 일률적으로 부가가치 징수를 폐지하자는 것이다. 과거 농업세를 폐지하기 전에도 매년 징수 작업에 소요되는 경비가 조세 소득을 웃돈다는 사실이 드러나지 않았던가. 농업세도 폐지된 마당에 농산품에 대한 부가가치세를 폐지하지 못할 이유가 없다.

사실 농산품에 대한 부가가치세 문제를 살펴보다 보면 논리성, 가치관이 결여된 중국의 세제 시스템이야말로 문제의 원흉이라는 사실을 알 수 있다. 중국의 세제 시스템은 구체적인 징수 근거나 기준 없이, 일단 무조건 걷어보자는 잘못된 개념에 물들어 있기 때문이다. 하루 벌어 하루 먹고 사는 시장 상인이 피땀 흘려 번 돈까지 박박 긁어야 할까? 문화·지식의 보급을 담당하는 문화산업은 이익을 창출할 수 있는 여건이 그리 녹록하지 않다. 그럼에도 문화산업에 높은 세금을 부과하는 까닭이 무엇인지 궁금하다. 무엇이든 세금을 매기기만 하는 중국과 달리 선진국에서는 서민을 배려하는 세제를 운영한다. 독일의 경우 농산품·일용품·문화상품과 관련된 항목, 이를테면 사료·화학비료·농

벼랑 끝에 선 중국 경제

산품, 수돗물·문화용품·도서·신문·잡지 등의 부가가치세는 상당히 낮다. 저소득계층의 취업 문제를 해소해줄 수 있는 업종에 대한 세제 방식은 부가가치세나 영업세를 인하한 유럽의 방식을 참고해도 좋다. 프랑스·영국을 비롯해 유럽의 아홉 개 국가에서는 수리 및 수선·창문 및 유리 청소·가사 도우미·이미용 등과 같은 업종을 특별 관리 대상으로 포함시켜 세금 부담을 덜어주었다. EU 전문가의 추산에 따르면, 프랑스만 하더라도 요식업에 부과되는 부가가치세가 5.5%로 인하되면 4만 개, 심지어 그 이상의 일자리를 창출해낼 수 있다고 한다.

부가가치세 인하를 적극적으로 추진하는 유럽 국가와 달리 중국은 부가가치세를 지극히 자연스러운 것으로 여긴다. 이는 20년 전, 부가가치세를 도입하게 된 특수한 역사적 배경을 제대로 이해하지 못해 생겨난 잘못된 결과라고 하겠다. 당시 상황을 살펴보면, 개인소득을 창출해낼 수 있는 재원이 제한적이었을 뿐만 아니라 당시 국유기업의 경영 사정이 좋지 못해 많은 세금을 거둘 수도 없었다. 그 밖에도 당시 중국 정부가 저세율이라는 우위를 앞세워 외국계 기업을 유치하고 있었고, 대규모 수요를 필요로 하는 상업용 주택조차도 없는 상황이었다. 설상가상으로 영업세도 대폭 징수할 수 없었고, 세계무역기구에 정식으로 가입하기도 전이었다. 요컨대 돈 나올 곳이 없자 대량의 재정 수입을 확보해야 했던 정부는 궁여지책으로 부가가치세라는 거래세를 도입했다. 부가가치세를 도입한 총설계사의 이름이 영원히 역사책에 기록될 정도로 부가가치세가 중국의 경제발전에 지대한 공헌을 했다는 사실을 그 누구도 부정할 수는 없다.

하지만 현재 중국은 경제적 성과를 쌓느라 모든 자원을 투입했던 수

준에서 탈피해 정부의 재정수입 중 부가가치세의 상승세가 경제 성장
세를 뛰어넘는 수준으로 발전했다. 이런 현실을 고려할 때, 대외 지향
적 경제에서 내수형 경제로의 전환에 박차를 가해야 할 이유가 더욱
분명해진 셈이다. 그러므로 재정 세수의 목표는 더 이상 부가가치세를
통한 디디익선이 아니라, 점진적으로 정부의 소득을 제한하고 정부 지
출을 줄이는 방향으로 수정되어야 한다. 이런 이유에서 세수 예산 시스
템에 대한 체계적인 개혁이 더더욱 절실하다. 과거 중국은 고정된 세
율로 세금을 거둔 다음 각종 차입Leverage을 동원해 대형 프로젝트를 추
진했지만 이제는 서민이 잘사는 세상, 내수 확대라는 목표를 실현하기
위해 기존의 예산 방식을 뒤엎어야 한다. 요컨대 지출을 최대한 어느
수준까지 줄일 수 있는지 계산한 뒤에 세율 인하율을 검토함으로써 감
세 혜택을 받을 수 있는 세목을 찾아야 한다.

가난한 사람을 가까이하는 개혁이어야

중국은 국내 무역에 대한 세제 개혁 외에도 대외무역의 세제 개혁에
보다 적극적으로 나서야 한다. 수출 분야의 세제 개혁을 추구하는 큰
방향이 정확하다는 점에서 더 이상 언급하지 않겠지만 수출 관련 조세
제도는 한번 짚어보아야 할 것 같다.

분유를 예를 들어 설명해보겠다. 중국 정부는 지난 몇 년 동안 관세
제도 개혁에 박차를 가했다고 주장하지만 분유세 개혁에 관한 소식은
아직까지 들어보지 못했다. 인터넷쇼핑몰에서 구입한 분유 한 통 가격

벼랑 끝에 선 중국 경제

이 155위안인 데에 반해 세관 수입 후 판매되는 분유 가격은 258위안이나 한다. 두 배에 가까운 가격 차이가 나타나게 된 데에는 현재 세관에서 수입용 분유에 부가가치세와 수입관세를 부과하고 있기 때문이다. 최혜국에서 수입한 분유라면 부가가치세 세율은 22%, 일반 국가, 이를테면 미국에서 수입한 분유의 세율은 무려 57%나 된다. 여기에 국내 물류비용, 입점세 등을 더하면 국내 수입 가격은 더 올라가게 된다. 정부의 세수는 원래 더 나은 공공서비스를 제공하기 위해 마련된 것이지만 분유 사건은 전혀 그렇지 못한 현실을 보여주고 있다. 한마디로 분유에 엄청난 세율을 부과하고 있지만 그 세율로 마련된 공공서비스는 흔적도 찾아볼 수 없다. 실제로 분유에 대한 대중의 신뢰는 일찌감치 바닥까지 추락했다. 안후이성 푸양阜陽 지역에서 일어난 가짜 분유 사건, 유가공 브랜드인 싼루三鹿의 멜라민 분유 파동, 성위안聖元 분유 사건, 듀멕스多美滋 멜라민 분유 사건이 끊이지 않고 일어났다. 요컨대 다른 나라에 비해 많은 세수를 걷고 있음에도 중국 정부에서 제공하는 공공서비스의 질은 크게 떨어진다.

게다가 현재 중국의 관세 개혁은 현실과 점점 멀어지고 있다. 서민의 삶에 직접적으로 작용하는 세금 부담을 어떻게 덜어줄지, 납세자를 위한 공공서비스의 질을 어떻게 높여야 할지 고민하기는커녕 오히려 적극적으로 수입세를 인하하거나 화장품, 고급 장신구에 부과되는 소비세를 폐지하는 방안을 열심히 연구 중이다. 다시 말해 부자가 자주 소비하는 물품일수록 세수 인하를 위한 세무 당국의 고민도 깊어진다. 이보다 더 화나는 일은 이른바 국제 관광도시를 만들겠다며 하이난과 상하이에서 쇼핑환급세, 면세 정책을 적극적으로 검토하고 있는 현실

세제 개혁이 절실한 이유

이다. 더욱이 상하이의 경우 '디즈니월드에 어울리는 도시'라는 구호를 내걸며 정책 연구에 박차를 가했다. 자국 소비자에게는 엄청난 세금 부담을 안겨주면서 외국인에게 환급세, 면세 대책을 연구하는 지방 정부라니…….

물론 나는 감세 정책을 실시하려는 세무 부서의 속내를 잘 알고 있다. 관세가 지나치게 높을 경우 국내 소비 침체와 이에 따른 해외 소비 활성화를 유도하기 때문에 관세를 대폭 인하하려고 한다. 세수를 국내 시장에 붙잡아두기 위해 세무 부서에서 관세를 낮춘다는 점만 보더라도 중국의 수입세가 얼마나 기형적인지 쉽게 알 수 있다.

이렇게 말하는 까닭은 중국 정부가 관세의 본래 취지를 아예 잊어버린 듯해서다. 관세는 높을수록 좋은 것이 아니다. 관세의 역할은 해외에서 수입한 상품이 국내에서 생산된 상품보다 비싸게 판매되도록 하는 데에 있다. 관세가 높으면 민족 산업을 보호할 수 있고 수입 충격을 억제할 수도 있다고 주장하지만 여기에는 두 가지 잘못된 관점이 작용했다. 자동차산업을 예로 들어 설명해보면, 중국 자동차시장의 관세는 상당히 높다. 자동차의 주요 부품은 물론 완성차도 세금을 징수한다. 하지만 지난 30여 년 동안의 고관세가 중국의 자동차산업을 보호하는 수호자로서의 역할에 충실했는가? 아니다. 오히려 높은 관세로 국유기업은 경쟁력을 상실하고 말았다. 중국에 진출한 해외 자동차업체는 반드시 합자 형태를 취해야 한다는 정부 규정 덕분에 국유기업은 힘들게 신제품이나 신기술을 연구, 개발하지 않고 판매만 해도 되는 유리한 처지에 섰다. 현재 중국에서 매년 수입하는 자동차 수가 100만 대를 돌파했다는 소식만 보더라도 높은 관세가 수입을 억제한다는 말이 전혀

벼랑 끝에 선 중국 경제

사실이 아님을 알 수 있다.

결론적으로 말해 관세 정책의 궁극적인 목적은 서민의 복지 향상이다. 관세를 징수한 이후 상품 가격이 올라 해당 상품을 구입할 수 있는 소비자가 줄어들면 사실상 서민에게 혜택이 아니라 피해를 준다. 이를테면 화장품의 경우 관세를 200%로 설정해도 국내 화장품산업을 보호할 수 없다. 왜냐하면 저렴한 가격을 앞세운 국내산 화장품이 아니더라도 아름다움을 사랑하는 여성의 수요가 존재하는 한 화장품 시장은 결코 사라지지 않기 때문이다. 요컨대 화장품은 여성의 본능을 그대로 반영하기 때문에 단순히 가격만 앞세워서는 소비자로부터 외면 받을 수밖에 없다. 해외에서 누구나 부담 없이 살 수 있는 화장품이 높은 수입세로 국내에서 사치품으로 변한다면 서민은 구입할 엄두도 내지 못할 테고, 결국 관련 산업의 성장을 뒷받침할 수 없다. 이런 점을 감안할 때 수입 부가가치세 외에도 대부분의 수입세를 완전히 폐지해야 한다고 생각한다.

개인소득세, 어떻게 개혁해야 할까

2011년 6월 15일 전국인민대표대회 법제공작위원회法制工作委員會에서 개인소득세 수정안에 대한 의견을 취합해 발표한 결과에 따르면, 전체 의견 중 85%가 개인소득세의 과세 최저한도를 3,000위안으로 조정하는 데에 반대하는 것으로 나타났다. 과세 최저한도가 너무 낮아 소득을 조정하는 역할을 아예 할 수 없다는 것이 이유였다.

세제 개혁이 절실한 이유

이번 세제 수정안을 두고 취합된 의견 중에는 중산층의 세금 부담을 덜어주어야 한다며 많은 전문가들이 내놓은 처방전도 포함되어 있었다. 이들 전문가도 좋은 뜻에서 다양한 해결책을 제시했으리라 믿고 싶지만, 본질을 놓치고 있다는 점에서 안타깝게도 초점이 빗나간 듯하다. 그들의 의견은 주로 중산층에 대한 정의, 즉 중산층의 월소득 상한선 설정에만 집중되어 있기 때문이다. 재정부 산하 재정과학연구소 소장 자캉賈康은 월소득이 2만 4,500위안이면 중산층으로 볼 수 있다며 그 이하의 소득을 올리는 계층에 감세 혜택을 제공해야 한다고 주장했다. 국가세무총국 세수과학연구소 소장 리우줘劉佐는 월소득이 1만 위안 이상이면 중산층에 속하기 때문에 높은 세금을 부과해야 한다고 지적했다. 사실 중국에서 개인소득세가 전체 세수 시스템에서 차지하는 비중은 그다지 높지 않다. 2010년 당시 개인소득세 비중 역시 겨우 6.6%에 불과했다. 사실 정부가 얼마의 세금을 거두어가더라도 크게 문제 될 것 없다. 이보다 심각한 문제는 정부에서 거두어들인 세금이 국민을 위해 전혀 쓰이지 않고 있다는 점이다.

밤낮 가리지 않고 죽도록 일한 폭스콘 직원이 받는 월급에 세금을 부과하지만, 어찌 된 영문인지 주식시장에서 수백만 위안의 펀드를 만지작거리는 증권업체에는 소득세를 부과하지 않는다. 개인적으로는 이처럼 부조리한 현실을 이해할 수 없으며, 설마 그런 일이 있을 것이라고는 꿈에도 생각하고 싶지 않다. 요컨대 중국의 개인소득세는 완전히 핵심을 놓치고 말았다. 해외에서는 재산소득에 개인소득세를 부과하지만 중국은 이와는 정반대로 급여소득에 따라 개인소득세를 부과한다.

이번에는 개인소득세 세율을 살펴보자. 내 개인적인 생각으로는 개인소득세의 최고 한계세율이 기업의 소득세보다 낮아야 한다고 본다. 그래야 기업에서 더 많은 임금을 지불하도록 독려할 수 있기 때문이다. 이는 소득분배 제도 개혁에 있어서 중요한 조치 중 하나지만, 현재 중국에서 개인소득세의 최고 한계세율이 45%인 반면 기업의 소득세 세율은 25%에 불과하다. 그러다 보니 자영업자들 상당수가 자신에게 임금을 지급하는 것을 원하지 않는다. 민영기업이 상당히 발달한 장쑤 지역의 상황을 예로 들어 살펴보자. 세무국에서 제시한 데이터에 따르면 장쑤 지역에서 개인소득세를 낸 납세자 중 월소득이 2만~4만 위안인 사람이 7,000여 명, 4만~6만 위안인 납세자 수가 겨우 1,1916명이라고 한다. 경제가 크게 발달한 지역의 납세자에 대한 데이터치곤 아무리 보아도 그 수가 지나치게 적다. 장쑤성의 GDP가 전체 GDP에서 차지하는 비중이 10%에 달하며, 재정 총수입도 1조 위안을 초과했다. 여기에 일반 예산 소득도 4,000억 위안을 가뿐히 넘어섰다. 장쑤성의 성적을 만천하가 다 아는 가운데 세무국의 말을 믿을 사람은 단언하건대 단 한 명도 없을 것이다.

그리고 한 가지 더 지적하면, 전국적으로 보았을 때 중국의 개인소득세 세율과 과세 최저한도는 잘못 설정되었다. CCTV의 방송 사회자 추이융위안崔永元은 자신의 월급 3만 위안에서 세금을 떼는 것은 그다지 문제 될 게 없지만 어두컴컴한 탄광 안에서 일하는 농민공農民工이라면 이야기가 달라져야 한다고 지적했다. 목숨과 맞바꾼 8,000위안에 불과한 소득에서 일률적인 기준으로 세금을 부과하는 것은 불공정하다. 말 그대로 목숨과 맞바꾸어 번 돈이기 때문이다. 게다가 매달 8,000위안을 버는 농민공이 과연 얼마나 되는가.

세제 개혁이 절실한 이유

그 밖에 개인소득세의 범위를 두고 전문가들 사이에서 열띤 토론이 벌어졌다. 3,000위안, 5,000위안, 1만 위안……. 이런 문제가 토론의 주제가 되어서는 결코 안 될 것이다. 이를테면 집값이 1m²당 2,000위 안 하는 현에서 월소득이 5,000위안 이상인 주민은 고소득 계층으로 분류되어 세금이 부과된다. 하지만 베이징, 상하이에서 월소득이 5,000위안이라면 의식주를 해결하기에도 벅차다. 그런 주민에게 과 도한 세금을 부과해서는 안 될 것이다. 게다가 개인을 부과 기준으로 삼는 방식 역시 지나치게 불합리하다. 가정의 소득에 따라 세금을 부 과해야 한다. 베이징에서 월소득이 1만 위안이면 고소득 계층에 속하 는데, 매월 개인소득세로 745위안을 납부하고 각종 보험금을 제하고 나면 8,000위안 정도 남는다. 8,000위안이라면 혼자 살기에는 넉넉한 돈이지만 가정의 소득이라면 이야기가 조금 달라진다. 거기에 해당 가 정에서 일하는 사람이 한 명이라면 상황은 더욱 심각해진다. 한 명이 돈을 벌어 부모님을 모시고, 아이를 학교에 보내고, 거기에 주택 대출 까지 갚아야 한다면 손에 남는 게 없기 때문이다.

개인소득세 개혁 문제를 두고 1년여 동안 치열한 토론이 벌어졌는 데, 그중에는 추석 때 중국인이 즐겨 먹는 월병에 붙는 세금이나 부동 산세에 대한 논란도 뒤섞여 있었다. 이런 문제를 놓고 학자들 사이에 서 다소 격앙된 목소리마저 터져 나오는 것과는 대조적으로 개인소득 세 문제에 한해서만은 약속이나 한 듯 같은 목소리를 내고 있다. 그 내 용은 크게 다섯 가지로, 구체적인 설명은 다음과 같다.

첫째, 과세 최저한도를 대폭 인상해야 한다.

벼랑 끝에 선 중국 경제

둘째, 가정을 세금 부과 단위로 수정해야 한다.

셋째, 환급세와 면세 정책을 시행하라.

넷째, 소득의 범위를 확대해 개인소득세가 종업원을 고용할 때 내는 고용세로 전락하는 것을 막아라.

다섯째, 세율표를 간소화하고, 개인소득세 세율을 낮추어 기업이 직원에게 더 많은 임금을 제공하도록 독려하라.

여러 학자들이 생각을 모아 제시한 주장임에도 불구하고 결과적으로 과세 최저한도를 조금 인상하는 데에 그쳤을 뿐 나머지 내용은 빛도 보지 못했다. 그래서 개인소득세 시스템 개혁의 재시동은 필연적일 수밖에 없다.

그 밖에 환급세와 면세에 대한 보완 역시 시급하다. 미국의 경험을 자세하게 연구하고 참고할 필요가 있는데, 대표적인 사례로 2009년 미국 정부가 추진한 근로연계지원Making Work Pay이 그렇다. 중·저소득계층의 세금 부담 경감에 취지를 두고 있는 해당 정책에 대해 간단히 설명하면, 월급 지급 때마다 고용주에게 원천징수하는 연방소득세를 세액공제함에 따라 근로자가 받는 인상 효과를 일컫는다. 근로소득의 6.2%까지 세금을 환급해준 지원책으로, 근로소득세를 개인당 최대 400달러까지 몇 차례에 걸쳐 돌려주었다. 2인 가구의 경우 최대 800달러의 세금을 환급받을 수 있다. 그뿐만 아니라 미국 정부는 자녀 양육이 쉽지 않다는 점을 감안해 자녀가 많을수록 면세액을 늘려주었다. 미국에서는 세제를 개혁할 때마다 자녀를 둔 가정에 더 많은 면세액을 제공

세제 개혁이 절실한 이유

하는 방안을 항상 우선적으로 검토한다. 게다가 단열 유리창이나 에너지 손실을 막는 절연 문을 사용하거나 에너지 환원 부품이 장착된 아스팔트 천장, 에너지 효율이 높은 시스템 에어컨, 온수처리 시스템 등을 사용하면 환급세 보조 혜택도 누릴 수 있다. 해당 정책으로 혜택을 보게 된 가정이 미국 전체 가구의 30%에 이르는데, 규정된 기준에 따르면 한 가구당 최고 1,500달러를 환급받을 수 있다.

환급세의 또 다른 중요한 기능은 소득에 대한 이중 확인이 가능하다는 점이다. 돈 많은 부자가 베이비시터를 고용했다고 치자. 중국이라면 베이비시터 월급이 1만 5,000위안이라고 해도 세금 신고를 하지 않는다. 하지만 미국처럼 베이비시터 고용 비용에 소액의 면세 혜택이라도 제공한다면 세금 공제와 함께 더 큰 세금을 부과할 수 있다. 물론 보모라는 직업이 쉽지 않은 만큼 실제 세율을 조금 낮게 책정해야 한다.

길거리를 가득 메운 점포들 중에서 있는 그대로 세무국에 세금을 신고하는 업주가 과연 얼마나 될까? 상점보다 더 보편적인 것이 바로 임대용 상업 주택인데, 한 채 이상 되는 주택을 보유한 집주인 중에서 양심적으로 세금을 신고하는 사람이 과연 몇 명이나 될까? 세입자의 임대료에서 일부 세금만 감해주어도 세입자는 양심껏 세금을 신고할 것이다. 그렇게 되면 세무국이 일일이 납세자의 문을 두드릴 필요가 없다. 세무국에 세금 기록이 있는 이상 집주인으로서는 세금을 내지 않겠다고 버틸 재간이 없기 때문이다. 요컨대 중국의 개인소득세 시스템은 이중 확인이 전혀 이루어지지 않고 있다는 점을 간과했다. 그 결과 재산소득에 대한 세금 부과가 불가능하기 때문에 돈 있는 사람은 세금 걱정 없이 흥청망청 돈을 뿌려댄다.

벼랑 끝에 선 중국 경제

그 밖에 중국의 개인소득세 문제에서 심각한 문제 중 하나는 투명하지 않다는 점이다. 간접세 중심의 세수 시스템에서 중국의 소비자는 간접세를 내고 있지만 정작 자신이 세금을 내고 있다는 사실을 모르는 경우가 허다하다. 만두나 분유를 살 때도 세금을 내야 한다. 한마디로 모든 소비 행위에 영업세, 부가가치세, 도시건설비와 교육비 등이 부과된다. 주간신문 《난팡저우모南方週末》의 추산에 따르면 평범한 가정의 연평균 소득 중 세금으로 내는 돈이 무려 51.5%에 달한다고 한다. 소득의 상당 부분을 세금을 내게 된 데에는 중국의 복잡한 세금 시스템의 탓이 크다. 그 때문에 일반 국민이 직접 알 수 있는 세금은 개인소득세처럼 극히 일부분의 세금일 뿐, 대다수의 세금은 부가가치세처럼 교묘히 숨겨져 있다. 이런 현실을 감안할 때, 연도마다 개인소득세 상한 제도를 도입하는 방안을 고민해볼 필요가 있다고 본다. 다시 말해 한 해 동안의 모든 계산서, 세액표, 개인소득세 기록, 기름 쿠폰을 모두 모은 총합이 연소득의 3분의 1 이상을 넘지 못하도록 규정하는 것이다. 연말에 계산할 때 초과했다는 사실이 확인되면 세무국에서 초과 징수된 세금을 납세자에게 환급해주면 그만이다.

세금, 원칙이 분명해야 기업도 호응한다

조정이 필요한 시스템 중에는 기업의 세금 문제도 포함된다. 현재 기업에 부과하는 세금이 과도하게 많은데, 특히 민영기업의 부담이 국유기업보다 훨씬 무겁다. 세제, 금융과 경제 정책이 모두 국유기업에만

세제 개혁이 절실한 이유

과도하게 집중되는 바람에 생긴 일이다. 이런 편향적인 구조가 나타나 게 된 데에는 '국가 재원을 확대하는 데에 국유기업이 여전히 주도적 인 역할을 하고 담당한다'고 생각하는 사람이 많기 때문이다. 이들은 전체 공업 관련 기업에서 국유 공업기업이 차지하는 비중은 15%에 불 과하지만 부담하는 세금이 전체 세금의 63%에 달한다고 주장한다.

하지만 이 근거는 실효성을 잃었다. 현재 국유기업의 세금 부담이 크 게 경감되었기 때문이다. 2010년 전국공상업연합회가 발표한 데이터 에 따르면 전국 자영업체가 납부한 세금이 모두 1조 1,000만 위안이라 고 한다. 국무원 국유자산감독관리위원회에서는 2010년 122개 중앙기 업이 납부한 세금이 1조 4,000위안에 달한다고 발표했다. 단언하건대 중앙기업의 자료는 정확할 것이다. 국무원 국유자산감독관리위원회의 심사를 거쳐 나온 자료이기 때문이다. 하지만 자영업자에 관한 자료는 저평가되었다고 본다. 앞서 언급한 것처럼 만두, 분유를 파는 영세 자 영업자조차 세금을 내고 있기 때문이다. 《난팡저우모》의 표본 조사 결 과에 따르면 매년 각 가정에서 내는 간접세가 직접세의 1~2배라고 한 다. 게다가 대기업이 생산 자재, 이를테면 휘발유·컴퓨터·자동차 등 을 구입했을 경우 부가가치세 중 소득 항목에 대한 공제가 가능하지만 중국의 세법에서는 자영업자의 간접세 공제를 불허한다.

만약 간접세를 포함해 계산했다면 2010년 자영업자가 낸 세금은 적 어도 2조 2,000만 위안에 달할 것이다. 자영업자에 한해 나온 결과가 이렇다면 그 대상을 전체 민간 업체로 확대했을 때의 결과는 과연 어 떨까? 2008년의 데이터에 따르면 그해 민간 업체의 총 납세액은 같은 기간 전국 세수 5조 7,862억 3,900만 위안의 58.4%에 해당하는 3조

벼랑 끝에 선 중국 경제

3,772억 1,900만 위안으로 나타났다. 이 자료를 통해 자영업자와 민간 업체의 부담이 얼마나 과중한지 쉽게 알 수 있다.

게다가 경제에 대한 민간 업체의 공헌은 비단 대부분의 세액을 부담하는 데에만 그치지 않는다. 대부분의 일자리를 창출하고 수출 증대에도 단단히 한 몫 한다. 2005년부터 2008년까지 개인 민간 업체는 연평균 1,000여만 개의 일자리를 창출했는데, 이는 도시 지역 신규 일자리의 85%를 초과한 수치다. 비非공유제 경제정책이 국유기업 개혁과 농촌 지역의 도시화 사업에서 발생한 85% 이상의 이직자, 농촌의 잉여 노동력을 흡수하며 취업률을 끌어올렸다. 그 밖에도 민간 업체의 수출액은 국유기업의 1.5배로, 대외무역 확장을 견인하는 일등공신으로 평가받는다. 눈부신 활약에도 불구하고 민간 업체에 1조 위안 규모의 세후 이익이 돌아가는 것에 반해 중앙 및 지방의 국유기업에는 2조 위안의 세후 이익이 떨어진다. 물류업계, 부동산업계처럼 민간 업체가 집중적으로 몰려 있는 업계에서 세금으로 내는 돈이 세후 이익보다 많다는 것은 중국의 세금 부담이 최소한의 공정성과 합리성마저 모조리 상실했다는 것을 보여준다.

국가 규정에 따르면 중국의 국유기업은 10%의 이익을 납부해야 한다. 다른 국가의 국유기업은 전체 이익 중 얼마를 세금으로 내는지 아는가? 프랑스의 경우 50%, 스웨덴·덴마크·한국 등의 국유기업은 전체 이익 중 3분의 1, 심지어 3분의 2를 세금으로 내기도 한다. 이들 국가에 비해 중국의 국유기업은 그야말로 행복한 시간을 보내고 있다. 중국의 국유기업을 행복하게 만드는 또 한 가지는 전체 이익의 10%를 세금으로 낸 국유기업에 정부에서 온갖 방법을 동원해 세금으로 낸 돈을 고스란히 돌려준다는 것이다. 이를테면 2010년 국유기업은 모두 440억 위안의 배당금을 세금으로 납부했는데, 재정부에서 오히려 858억 5,600만 위안을 환급해주었다. 그중 45억 위안은 신흥 산업 발전용 기금, 40억 위안은 사회보장 등 민생 사업 발전을 지원하는 공공 재정 예산이라는 명목으로 지급되었다. 그리고 사회보장기금을 보충하라며 50억 위안을 되돌려주었다. 나머지 723억 5,600억 위안은 중앙기업의 합병 및 구조조정 전용 자금, 국유 경제와 산업구조 조정 지출 등의 명목으로 중앙기업 및 관련 분야에 투입되었다. 이런 명목을 통해 국유기업이 낸 이익이 결국 국유기업의 주머니로 되돌아왔다는 사실을 알 수 있다. 국유기업은 말 그대로 나라를 위한 기업이지만 중국의 국유기업에는 전혀 해당되지 않는가 보다.

결론적으로 말해 중국의 국유기업은 초심을 잃었다. 국유기업의 초심이란 무엇일까? 케인즈의 제자이자 노벨경제학상 수상자인 제임스 미드는 영국에서 처음 탄생한 국유기업을 진지하게 연구했다. 심도 있는 연구를 통해 그는 국유기업은 조화롭고 복지가 정비된 사회를 구축하기 위해 탄생했다고 주장했다.

통신, 석유라는 두 업종에서 완전한 민영화가 이루어졌다면 분명 수조 달러에 달하는 재산을 자랑하는 거부巨富가 탄생했겠지만, 이들 업종을 국유기업에 넘겨 경영을 맡기고, 국유기업이 번 수익이나 납부한 세금을 국민에게 나누어줌으로써 국민의 경제적인 부담을 덜어주는 편이 더 낫지 않을까? 건강, 노후 대책, 주택 문제에서 양질의 복지 서비스를 제공해주는 편이 소수의 거부를 탄생시키는 것보다 더 바람직하지 않을까?

사실 중국의 국유기업도 그런 역할을 완벽하게 소화할 수 있는 저력을 갖추고 있다. 이를테면 2010년, 중앙기업은 1조 1,315억 달러를 수익을 달성했는데, 소득세를 제한 후의 순수익이 8,522억 위안이었다. 이 돈이 국민에게 골고루 돌아간다면 이 돈으로 지을 수 있는 임대 주택은 과연 얼마나 될까? 먼저 2010년의 상황을 계산해보면, 1m²당 건설비가 1,500~2,000위안일 경우 8,522억 위안으로 4억 2,000m²에서 5억 7,000m²에 달하는 임대 주택을 지을 수 있다는 결론이 나온다. 2010년 전국의 상업용 주택 판매 면적이 얼마나 되는지 아는가? 10억 4,300만m²다. 중앙기업의 수익만 가지고 나온 결과가 이럴 때 나머지 국유기업의 이익을 더하면 과연 어떤 결과가 나올지 무척 궁금하다.

하지만 중국 정부는 국민에게 이익을 돌려주어야 한다고 국유기업을 압박하지 않는다. 그 결과 국유기업은 남아도는 자금으로 민간 업체의 영역을 무차별적으로 침략했다. 이전에 뜨거운 논쟁을 불러일으켰던 우한강철武漢鋼鐵의 390억 양돈 투자 사건은 국유기업 개혁에 중국 정부가 독하게 마음먹고 칼을 대야 한다는 주장에 힘을 실어주었다. 우한강철의 임원진은 철강 1kg 가격이 돼지고기 150g에도 못 미친다며, 360억 위안을 양돈·양계·채소 재배·자녀 통학·도시락 배달·하수도 건설 사업 같은 비非철강산업에 투자해야 한다고 주장했다. 내 질문에 대답해주기 바란다. 이들 사업 중에서 민간 업체가 소화해낼 수 없는 사업이 있던가? 우한강철에서 주장하는 390억 위안이라는 투자 자금도 결국 4조 위안에 달하는 정부의 경기부양책을 통해 지급된 것이 아니던가? 중앙기업의 이익이 민간 업체를 공격하는 데에 동원되지 않고, 국가재정 예산에 포함되어 국가와 국민에게 골고루 혜택을 나누어

세제 개혁이 절실한 이유

주기까지 도대체 얼마나 더 기다려야 한단 말인가? 바로 이런 점 때문에 국유기업의 이익으로 민간 업체의 부담을 덜어주는 합리적인 기업 세금 시스템이 하루빨리 구축해야 된다고 강력하게 주장한다.

맺는말
옮긴이의 말
감수자 소개

지금 중국에 절실한 것은

중국의 경제개혁이 걸어온 길을 되돌아보면 상당수의 개혁이 곤경에 처했다는 사실을 알 수 있다. 국유기업 중 대다수가 몰려 있는 업계의 개혁은 정체 상태에 빠졌다. 이들 기업은 지난 10년 동안 줄곧 기업화, 주식화라는 수단을 통해 국내외 상장 및 세계 500대 기업 리스트에 이름을 올리겠다는 목표를 추구해왔다. 정부의 품안에서 곱게 자란 국유기업은 국가의 경제 이익을 보호하겠다며 거대한 몸집을 이끌고 위풍당당하게 해외에 진출했지만 이들 중 진정한 의미의 해외 진출에 성공한 곳은 하나도 없었다. 오히려 이들은 중국 내에서 기고만장한 자세를 취하며 민간 업체, 심지어 자영업자의 생활 터전마저 무차별적으로 빼앗았다. 설상가상으로 제 잇속만 챙기려는 국유기업에 대한 잘못된 심사나 관리로 사회적 재화에 대한 국유기업의 착취는 더욱 기승을 부리고 있다. 이런 현상을 되돌아보며 어디에 문제가 있는지, 그리고 어떻게 해서 이런 문제가 생겼는지 곰곰이 반성해야 한다.

개혁, 방향을 잃은 채 길을 헤매다

상당수의 개혁 역시 비슷한 처지에 처해 있다. 개혁을 설계할 때 아마도 당시의 전체적인 상황을 고려했겠지만, 일부에만 손을 대고 끝나는 바람에 결과적으로 개혁의 본래 취지는 달성도 하지 못한 채 개혁 전체가 무너져 내리고 있다. 안타깝게도 중국 시장에서 독점적 영향력을 자랑하는 국유기업 중 대부분이 국민경제의 뿌리에 해당하는 영역에 집중적으로 몰려 있어 이들의 가격 인상은 물가 전체에 커다란 부담으로 작용할 수밖에 없다. 그런 까닭에 가격 인상에 반드시 신중을 기해야 한다. 서민에게 힘이 실어주기 위해 필요하다면 일부 독점적 국유기업의 손해를 과감하게 감수할 줄도 알아야 한다. 게다가 재무 지표가 아니라 관리 지표를 보다 적극적으로 도입함으로써 내부적으로 국유기업의 효과적인 주주 경영에 박차를 가하고 공익사업에 종사하는 지방의 국유기업이 영기준예산^{Zero Base Budget}이라는 개혁을 달성하도록 해야 한다. 즉, 모든 예산 항목에 대해 기득권을 인정하지 않고, 매년 제로^{Zero}를 출발점으로 과거의 실적이나 효과, 정책의 우선순위를 엄격히 심사해 예산을 편성하는 것이다. 국유기업은 이익을 심사 기준으로 여기는 단순한 사고방식을 버리고 사회 전체의 이익을 고려해 행동해야 한다.

조정이 필요한 것은 비단 국유기업의 대외 전략뿐만은 아니다. 국내 시장에서 국유기업의 역할 역시 철저하게 수정되어야 한다. 중국 정부가 야심차게 내놓은 10대 산업 진흥책이 모두 실패한 비극적인 상황을 감안할 때, 독립적으로 국유기업 예산을 평가할 수 있는 부서의 창설을 진지하게 고민해야 한다. 현재 예산에 대한 중국의 관리 방식을 한마디로 정리하면 엄격한 지급 - 방만한 지출이라고 할 수 있다. 다시 말해 예산 심사와 지급이 몹시 까다롭지만 일단 예산 집행에 대해 예산 부서는 완전히 방관자적인 태도를 취하고 있다. 향후 지방정부의 실적 심사 때, 단순하게 특정 지표만 살피는 방식을 점진적으로 버리고, 예산 심사를 위주로 한 객관적인 평가를 실시해야 한다고 생각한다. 매년 중앙정부에서 지방정부에 거액의 세수를 지급하고 있지만, 다양한 프로젝트나 사업에 따라 마구잡이로 지급된다. 구체적인 계획이나 준비 없이 기분 내키는 대로 자금이 지급된다면 거액의 손실은 물론 정상적인 사업 추진이 불가능해진다. 그러므로 정책적인 평가를 통해 이전 사업을 평가하고, 그 결과에 따라 향후의 자금 지급을 탄력적으로 조정해야 한다. 그래야 기존 프로젝트의 효율을 따지지도 않고 무턱대고 자금을 지급하거나, 자금 부족으로 신규 프로젝트가 효과적으로 집행되지 못하는 지금의 상황을 피할 수 있다.

일부 분야에서 효과적인 방안을 미처 마련하지 못했거나 전체적인 상황을 고려하지 못해 개혁을 추진할수록 사태가 엉망으로 치닫는 안타까운 현상이 나타났다. 이를테면 의료 개혁의 경우 의약품 제도 개혁의 취지, 즉 일반의약품을 단체로 구입하는 방식으로 가격을 대폭 낮추자는 의도는 무척 고무적이었지만 어찌 된 영문인지 실제 집행 후 의약품을 사기가 더 어려워졌다는 불만의 목소리가 터져 나왔다. 전체

벼랑 끝에 선 중국 경제

적인 상황을 크게 두 가지로 나누어 설명해보겠다. 첫째, 대다수 일반 의약품의 경우 순이익이 크지 않은데다 제약업체의 로비 능력도 신통하지 않아 일반의약품 명단에 이름을 올리지 못했다. 일반의약품 명단에서 제외되는 바람에 결과적으로 일반 소비자는 구매에 어려움을 겪을 수밖에 없었다. 예를 들어 스피라마이신은 치통에 잘 듣는 상비약으로, 가격이 저렴해 의사와 국민 모두 자주 애용하는 편이다. 하지만 일반의약품 명단에 오르지 못하는 바람에 별도의 노력을 들이지 않는 한 시중에서 구입할 방법이 없다.

둘째, 일반의약품 명단에 이름을 올리기는 했지만 신규 의료 개혁으로 가격이 크게 인하되면서 제약업체는 막대한 손해를 입었다. 손해가 점점 커지자 제약업체는 결국 의약품 생산을 전면 중단하겠다고 선포했다. 1960년대 줄곧 애용되던 프로타민은 심장병 수술에서 가장 흔하게 볼 수 있는 약품이었지만 이제는 심각한 공급 부족에 시달리고 있다. 아울러 일부 비양심적인 제약업체가 제품 이름만 바꾸고 신약인 것처럼 꾸며 약값을 몇 배나 부풀리기도 한다. 개인 제약업체에서는 심지어 의사를 상대로 로비를 펼쳐 병원을 찾은 환자가 병원에서 약을 구입하는 것이 아니라 처방전을 들고 약국을 찾도록 내몰기도 한다. 개혁이라는 미명 아래 시도 때도 없이 제도가 수정되면서 죽어나는 것은 서민뿐, 비양심적인 업체들은 두둑이 배를 채우고 있다.

이번에는 중국의 거시경제 조정책을 살펴보자. 거시경제 조정은 전체적인 상황을 최대한 체계적으로 고려해 진행되어야 할 사항이지만 현재 대다수 중국인은 주택·건강·노후·진학 등의 문제에 짓눌려 제대로 숨도 쉬지 못한다. 해외무역, 내수 무역 할 것 없이 민간 업체는 정부의 대규모 투자 프로젝트와 관련된 산업에 손을 댔다가 모조리 쓴 맛을 보고 말았다. 그로 인해 경제는 쇠퇴했고, 인플레이션은 여전히 기승을 부리고 있다. 이보다 더 무서운 사실은 어떻게 해야 할지 중국 자신도 모른다는 점이다. 경기를 자극하기 위해 완화된 금융정책과 재정 정책을 펼친다면 그동안 엄청난 정성과 에너지를 들여 인플레이션을 잡으려던 노력이 순식간에 물거품으로 변할 수 있다. 그렇다고 계속해서 엄격한 금융정책과 재정 정책을 고수할 수도 없는 노릇이다. 10여 조 위안에 달하는 채무를 감당하지 못한 지방정부가 무너져 내릴 것이 뻔하기 때문이다. 몇 년 전 내가 경고했던 스태그플레이션의 모습이 바로 이렇다.

중국의 거시경제 조정은 전례 없는 새로운 도전에 직면해 있다. 이를테면 부동산산업의 구매 제한 조치가 폐지되지 않는다면 토지를 매매해서 간신히 생계를 이어온 지방정부는 돈줄이 끊겨 파산 위기에 시달릴 수 있다. 그렇다고 갑자기 해당 정책을 폐지할 수도 없다. 그동안 심혈을 기울여 추진했던 부동산 관리가 헛수고로 돌아갈 수 있고, 국유은행은 또다시 부동산 거품이라는 위험에 노출될 것이다. 1,000만 채의 서민용 주택 건설 사업은 본래 서민을 위한 선정이었지만 실제 집행 과정에서는 철도부의 대약진 노이로제에 걸려 좌초되고 말았다. 요컨대 10년 동안 단계적으로 개발해도 될 사업을 1년 만에 전부 끝내야 한다고 고집을 부리는 바람에 결국 전체 사업이 10%도 완성되지 못한 채 중단되고 말았다.

그 밖에도 인플레이션은 물가와 원가를 대폭 끌어올려 'Made in China'의 강력한 무기였던 비용이라는 우위를 빠르게 잠식해가고 있다. 한마디로 중국은 경제발전에서 가장 위험한 기로에 서 있는 셈이다. 과거를 돌이켜보면 수많은 개발도상국이 중요한 기로에서 길을 잃고 헤매다 결국 중진국 함정에 빠지지 않았던가. 곤경에 빠진 개발도상국의 경우 선진국에 비해 경쟁력을 갖춘 과학기술 연구개발 능력이 부재했고 산업 구조조정을 추진할 수 있는 원동력이 미약했다. 그리고 나머지 개발도상국에 비해 비용이라는 우위를 잃어버렸기 때문에 전통적인 위탁 생산도 불가능했다.

경제는 스스로 크게 하고, 정책은 단호해야

현재 중국이 직면하고 있는 경제문제는 오랫동안 경제 성장만을 최상의 가치로 여겼던 잘못된 인식의 산물이다. 고위 공무원에서부터 일개 서민에 이르기까지 모든 중국인의 머릿속에는 경제 개발이 최우선 목표라는 인식이 뿌리 깊이 박혀 있다. 다시 말해 재정 정책, 금융정책, 분배 정책, 사회복지 정책, 교육정책, 심지어 법률 및 법규마저도 고속 성장을 보장하는 데에 유용한 방패로 여겨졌다. 주택·교육·의료·관광·문화 등 대다수 선진국에서도 시장화 개혁이 추진되지 않은 영역마저 경제 성장이라는 미명 아래 활성화되었다. 그 모습이 마치 당장의 수확량을 늘릴 생각에 토지 상태도 제대로 확인하지 않고 화학비료를 냅다 들이부은 어리석은 농부와 같다. 다시 말해 거시경제 분야에서 중국은 경제의 고속 성장이라는 수확물을 얻기 위해 줄곧 케인즈주의라는 화학비료를 뿌려댔다.

케인즈는 경기가 다소 부진한 상황에서는 적절한 경기 자극을 허용해도 된다고 주장했지만 케인즈의 의도를 제대로 파악하지 못한 중국은 오랫동안 다량의 성장호르몬을 주사했다. 이를테면 과도한 통화 발행, 거액의 부채를 통한 재정 확대 등이 그렇다. 자연스러운 성장이 아니라 인위적으로 성장을 조장할 경우 인플레이션과 과도한 세금 부담은 물론 심지어 중국이 가장 확실한 우위를 보였던 제조업마저 빠르게 쇠퇴할 수 있다. 과도한 통화 발행은 물가를 끌어올릴 뿐만 아니라 부동산시장으로 자금이 대거 투입되면서 주택 및 토지 가격, 임대료 상승을 부추긴다. 무조건 실적만 쌓으면 그만이라는 행정 관행으로 재정 규모는 하루가 다르게 불어났다. 그 결과 인프라 건설 영역에서 비효율적인 중복투자가 일상적으로 일어나고 있을 뿐만 아니라 지속적인 산업 구조조정을 뒷받침하는 데에도 실패했다. 정부가 자신이 눈독 들인 사업에만 혜택을 제공하는 바람에 기업은 투자를 계획했던 분야에서 과도한 세금 부담에 시달렸다. 이런 상황이 나타나게 된 원인은 간단하다. 정부가 마구잡이로 써댄 돈이 정부가 아니라 기업이나 서민의 지갑에서 나온 돈이기 때문이다. 요컨대 정부가 성공한 업체 한 곳에 투자할 때마다 본래 잘 운영될 수 있었던 수많은 민간 업체가 곤경에 처한다.

'빨리 빨리'를 외쳐대는 중국에서 화학비료로 범벅이 된 경제 성장 방식이 등장한 것은 어찌 보면 지극히 자연스러운 일이라고 할 수 있다. 하지만 이는 결코 건강한 성장을 보장하지 않는다. 경제가 자연스럽게, 그리고 건강하게 자라나려면 재정 예산에서 공정하게 재정 자원을 나누어주고, 금융정책의 독립성을 확보해야 한다. 또한 외부와의

벼랑 끝에 선 중국 경제

무역 균형을 자체적으로 맞출 수 있는 안정된 환율정책, 인플레이션을 어느 정도 잡아줄 수 있는 안정적인 물가, 사회복지 · 교육 · 의료 · 주택 · 노후 등 모든 국민이 공평하게 경쟁할 수 있는 공정성과 최소한의 존엄이 필요하다. 이는 마치 대자연의 품에서 자라나는 나무와 같다. 산림 감시팀의 보살핌을 받으면 나무는 분명 더 잘 자라기는 하겠지만 매일 비료를 주고 부지런히 물을 주지 않아도 대자연의 품속에서 나무는 자연스럽게 성장한다.

지금의 중국에 절실한 것은 목표관리를 통해 정부의 전문성을 높이고, 입법 목표를 통해 중앙정부와 지방정부의 행동에 족쇄를 채우는 일이다. 아울러 행정이라는 고정된 틀 안에서 문책의 강도를 높이고 독립된 정책 평가 기구를 통해 문책 강도와 행정의 전문성을 높여야 한다. 이를테면 중국의 재정 투명성은 완전히 방향을 잃었다. 일반 국민에게 재정과 관련된 항목별 분류나 명목은 사실상 관심의 대상이 아니다. 재정에서 지급된 예산 항목을 구체적으로 공개하기만 해도 그만이다. 누가 예산을 지급하도록 허가했는지, 누가 누구에게 예산을 지급했는지, 예산 지급이라는 결정을 내리게 된 동기, 집행 책임자, 집행 상황, 예산 집행에 따른 결과, 사후 문책 등이 있었는지를 국민에게 알려주면 된다. 그런 뒤에 잘못된 정책 결정, 과도하게 집행된 예산 항목, 집행 효율을 꼼꼼히 따진 후에 정책 결정 및 집행 담당자의 처벌 여부 등을 살피면 된다. 모든 사업과 계획이 정해진 공식과 프로세스대로 흘러간다면 행정 효율은 분명 크게 향상될 것이다.

금융정책을 예로 들어 살펴보자. 경제발전이라는 궁극적인 목표를 위해 금융정책이 맹목적으로 서비스를 강요당해야 하는 상황을 더 이상 묵인해서는 안 된다. 그리고 통화와 금융에 대한 자극을 경제 성장에 없어서는 안 되는 특효약쯤으로 여기는 것은 더더욱 용납할 수 없다. 이를 피하기 위해서는 인민은행에 입법화된 목표를 먼저 제시해야 한다. 인민은행은 경제 성장이라는 목표를 달성하기 위해 일방적으로 희생해야 할 의무도 권리도 없기 때문이다. 인민은행의 유일한 임무는 금융정책의 독립성을 확보하고, 인플레이션에 대한 효과적인 통제를 통해 중요 목표가 정부의 간섭에서 완전히 벗어나도록 지원하는 데에 있다. 이런 목표 아래 외화 저축, 금융 관리 감독, 정부투자와 독점 업종의 정가定價 확립이라는 네 가지 분야에서 인플레이션 문제를 해결하는 방안을 강구해야 한다. 외화 저축의 경우 무역 흑자와 외국 자본의 투자를 통해 적절한 수준의 위안화의 평가절상을 유도하고 수출 환급세를 인하해야 한다. 혹은 산업구조 조정 등의 나머지 종합적인 수단을 통해 무역 흑자의 규모를 적절한 수준으로 조절해야 한다. 아울러 지방정부에 대한 심사 기준을 수정하고 외국 자본을 유치할 수 있는 지방정부의 프로젝트를 특화시켜 외국인 직접투자의 규모를 조절해야 한다.

인플레이션이 발생하는 근본적인 원인은 정부투자 때문이다. 정부투자로 발생한 비이성적인 투자 열기가 외부에서 대규모 통화를 끌어들여 끝내 인플레이션을 촉발시키고 만다. 투자 광풍으로 수요가 폭증하면서 국내 생산 요소가 전체적으로 부족해지자 노동력에서부터 자연자원에 걸쳐 대대적인 가격 인상 현상이 나타났다. 그러므로 지금 가장 시급한 일은 빚을 내서라도 투자를 하겠다는 지방정부의 혈기를 억누르고, 현재 시중은행의 조방형 경영 모델을 조정함으로써 악순환의 고리를 끊어야 한다. 여기서 말하는 악순환이란, 상장 후 투자자에게

벼랑 끝에 선 중국 경제

서 자금만 받고 이익금을 돌려주지 않는 방식으로 자금을 보충했다가 대규모 대출을 받은 뒤 다시 투자자를 기만하는 행렬에 동참하는 일련의 과정을 가리킨다. 지금 지방정부는 국유은행에서 마구잡이로 돈을 빌리고 있다. 지방정부와 국유은행 모두 국가 소유인데다, 국유은행의 지방 담당자는 자신의 출셋길에 혹시라도 안 좋은 영향을 줄까 봐 종종 지방정부의 편의를 봐주기도 한다.

장기적으로 보았을 때, 이런 문제를 해결하기 위해서는 두 가지 중대 개혁에 착수해야 한다고 본다. 하나는 금리의 시장화로, 이를 통해 비국유기업이 막강한 경쟁자라는 긴장감을 국유은행에 심어주어야 한다. 나머지 하나는 민간 자본의 은행권 진출을 허용하는 것이다. 이렇게 되면 민간 자본이 시장화된 고금리를 이용해 예금을 흡수할 수 있기 때문에 유동성 자금을 흡수할 수 있는 것은 물론 지방정부의 묻지마 식 투자 사업에도 제동을 걸 수 있다. 개혁은 거액의 예금 금리 자주화를 시작으로, 경제적 기반이 튼튼한 저장을 무대로 추진되어야 한다. 그리고 민간 은행의 주주는 일당독재를 최대한 피하고, 과거 저장의 경험을 배워야 한다. 요컨대 여러 명의 민간 주주를 유치해 상호 견제에 나서도록 독려하고, 대출 및 금융 시스템 리스크에 얽히는 상황을 막아야 한다. 멕시코와 아르헨티나에서 터진 금융위기를 피하려면 앞에서 설명한 두 가지 개혁은 대규모 자본이 개방되기 전에 반드시 추진되어야 한다. 더 이상 '민간 투자의 건강한 발전을 격려·지도하기 위한 국무원 의견'〔신36조〕 같은 정책을 몇 개 더 쏟아내는 방식이 아니라 민간 자본의 참여를 독려하고, 문책·관리를 통해 지방정부를 감독해야 한다.

이를 바탕으로 경제문제와 사회문제, 그리고 경제정책과 사회정책을 명확히 구분해야 한다. 사회문제를 무시하는 성장 모델로는 지속 가능한 경제 성장을 이룰 수 없다. 중국에서는 분배 정책을 개혁해야 한다는 말이 걸핏하면 터져 나오지만 안타깝게도 문제의 본질을 제대로 짚은 적은 단 한 번도 없었다. 분배 정책이 아니라 사회정책이 중심이 되어야 한다. 요컨대 정부는 모두가 평등한 사회를 만들 책임과 의무가 있다. 이를테면 공정한 출발점 제공, 중산층 육성 사업, 서민이 잘사는 세상 만들기 사업을 체계적으로 추진해야 한다. 미국, 독일에 비해 중국의 학비와 주택 가격은 비싼 데에 반해 임금은 적고 업무 스트레스는 크다. 이런 현상이 나타나게 된 근본적인 원인은 미국이나 독일 공공 재정의 이전지급 시스템이 중국보다 잘 갖추어져 있기 때문이다. 사실 공정한 저변의 확대라는 커다란 목표 아래 세수 내 이전지급을 적극적으로 집행하는 움직임이 세계적으로도 크게 유행하고 있다. 구체적으로 말하면 중앙정부가 재산권을 갖고 전체 국민에게 기본적으로 평등한 공공서비스를 제공해야 한다. 지역 간 빈부 격차는 물론 지역 내 주민 간 빈부 격차를 줄이는 데에도 적극적으로 앞장서야 한다. 높은 효율은 부정부패로 얼룩진 세력 간의 이전지급이 아니라 목표 관리제에 충실한 행정 시스템과 투명하고 공정한 문책 시스템을 필요로 한다.

경제정책 결정권을 국민의 손에

모든 개혁의 시작과 끝은 국민에게 더 많은 행복을 안겨주는 방향으로 정해져야 한다는 점에서 국민의 참여가 무엇보다 중요하다. 국민의 참여 없이 서민용 주택의 기준과 진행 과정은 합법성, 공감대와 공정성을 확보할 수 없다. 건설적으로 그리고 단계적으로 여론의 생각을 드러내지 못한다면 수도요금·전기요금·유가·대중교통 요금 등의 문제에서 서민을 배려할 방법이 없다. 그런 점에서 현재 가장 시급한 것은 사회와 국민의 이익과 구체적으로 직결되는 경제정책에 대한 국민의 참여를 어떻게 독창적으로 이끌어내느냐다.

정책 결정 위원의 자리를 사회에 개방하면 어떨까? 이를테면 교통위원회 전체 의석 중 3분의 1을 택시협회로부터 추천받고, 3분의 1은 시장이 직접 사회적 유명 인사나 공익 활동에 적극적으로 참가하는 사회운동가를 지명하도록 한다. 그리고 마지막 3분의 1은 주요 담당 부서의 결정에 따른다. 실제로 뉴욕 도심 지역의 교통기획위원회, 학군 교육정책위원회 모두 앞에서 설명한 것처럼 사회에 개방되어 사회와 정부 간의 원활한 소통을 이끌어내고 있다. 일반인에게 중요한 결정을 맡겨도 되겠느냐는 우려는 기우라고 본다. 지난 몇 년 동안의 발전을 통해 중국 사회의 국민의식이 크게 향상되었음이 여러 차례 입증되었다. 상하이의 자기부상열차 프로젝트를 예로 들면, 정부가 고용한 전문가뿐만 아니라 주민 전문가 중에서도 이와 관련된 전공을 이수한 대학 교수가 여럿 있었다. 국민적인 불만이 높지만 차마 손댈 엄두도 내지 못했던 학군 개혁 문제 역시 마찬가지다. 자신이 속한 지역의 학군을 결정하는 일을 대중에게 일임하면 정부에 대한 민중의 신뢰와 정책에 대한 국민적 지지를 대폭 끌어올릴 수 있을 뿐만 아니라 정책적인 실수가 있더라도 쉽게 용서받을 수 있다.

국가발전개혁위원회의 업무 스타일을 바꿀 수는 없을까? 높은 곳에 앉아 고고하게 기업의 운명을 결정하던 국가발전개혁위원회를 과학성, 객관성, 전문성을 갖춘 전문 정책 연구기관으로 변신시키는 것이다. 여기서 더 나아가 정책 결정 분석 보고를 무기 삼아 과감하게 상부에 말할 수 있는 정책 결정 위원회로 업그레이드해야 한다. 그 밖에 지방정부를 상대하는 중앙정부의 정책 결정 기구에 대한 관리 방식 역시 바뀌어야 한다. 심사 위주였던 과거의 스타일에서 지도 위주로 전환하고, 과학적인 정책 결정을 통해 현재 최대의 권력 공백, 즉 실적 위주, 보여주기 식 정책 결정을 집행하는 지방정부의 문제를 감시해야 한다. 이렇게 되면 정부의 정책 결정 스타일은 점진적으로 지금의 돌격형에서 부결형으로 변할 것이다. 홍콩증권거래소에 대한 홍콩 정부의 관리 스타일로 설명하면, 대부분의 일은 외부에서 초빙한 이사회에서 적극적으로 처리하도록 하되 중요한 순간에는 홍콩 정부에서 뒤에서 부결권을 행사하는 것이다.

수많은 경제문제가 촉발한 원흉이 사회문제라는 사실을 중국은 여전히 깨닫지 못하고 있다. 게다가 사회문제를 해결하려면 사회에 기대어 살아가는 구성원의 광범위한 참여가 필수불가결하다는 것도 알지 못한다. 이를테면 임금 문제는 사회정책에 심각한 문제가 나타났다는 것을 의미한다. 해당 분야에서 중국이 추진한 개혁은 신뢰성 부족이라는 심각한 타격을 입고 문제를 틀어막는 데에만 급급했다. 사실 임금 문제는 노조에 대해 새로운 정의를 내려야 할 시점에 왔다는 것을 간접적으로 드러내고 있다. 상당수 중국인의 머릿속에 노조는 기업에 적대적이고 사회적 질서와 경제 성장을 훼방 놓는 부정적인 세력으로 각인

벼랑 끝에 선 중국 경제

되어 있다. 이를 입증하듯 노조에 대한 중국 내 매스컴의 보도 내용 역시 부정적인 내용으로 도배되었고, 노조에 대한 중국 내 학계의 연구 역시 크게 미진하다.

하지만 다른 국가에서는 파업이나 소동 등의 현상을 노조와는 구분되는 개별적인 현상에 불과하다고 여긴다. 다시 말해 노조의 역할이 좀 더 긍정적으로 평가받는데, 대표적인 사례로 독일의 노조가 그렇다. 국제 금융위기가 발발하기 전 노조의 강력한 행동 덕분에 독일 정부는 생산력 상승폭보다 낮은 임금 수준을 수년 연속 유지할 수 있었다. 독일의 노조는 메르켈 총리가 근로자 임금 삭감을 통해 독일 제조업의 국제 경쟁력을 높이고, 전체적인 취업률 상승이라는 전략적 목표를 달성하도록 지원했다. 아울러 싱가포르와 홍콩의 사례를 참고해보면, 행동력을 갖춘 노조제도가 제조업에 얼마나 지대한 영향력을 끼치는지 쉽게 알 수 있다. 제대로 정비된 노조제도는 제조업 발전에 필수 불가결한 요소라는 사실이 입증된 셈이다. 이와는 대조적으로 중국은 기업가의 역할만 강조한 채 노조의 역할을 완전히 무시했다. 이제는 색안경을 벗고 노조 문제를 새로운 시선으로 바라보아야 할 때다.

하지만 권력을 사회에 돌려주기란 그리 쉬운 일이 아니다. 그중에서도 가장 큰 걸림돌은 단연코 무한한 책임을 지닌 지방정부다. 현재 중국이 떠안고 있는 문제는 문책이 이루어지지 않아서가 아니라 문제가 터지면 무조건 지방정부를 문책한다는 데에 있다. 그런 점에서 입법화된 목표를 설정한 중앙정부처럼 지방정부에 명확한 책임을 부여하는 대담한 방식을 고민해볼 필요가 있다고 본다. 지방정부에 무한한 결정권을 주었다는 이유로 표면적으로는 지방정부를 문책하는 것 같지만 먹거리 안전, 주택 가격 안전 등 사회적 안정과 관련된 경제문제에 대해 지방정부는 걸핏하면 벌금이나 부과하는 행정 법규를 여전히 대거 쏟아낸다.

수박 겉핥기식 문책이 계속된다면 진정한 의미의 피해자는 지방정부가 아니라 기업이 될 것이다. 기업에 대한 지방정부의 훼방이 끝도 없이 계속되는 바람에 소방 안전에서부터 에너지 절약에 이르기까지 거의 모든 정부 부문, 심지어 임시로 세워진 위원회나 지도 부서조차 기업을 외면하고 있다. 그렇다 보니 기업으로서는 생산 경영 외에도 무겁고 복잡한 사회적 임무를 떠안아야 한다. 2011년 10월 26일 저장성 즈리織里에서 일어난 즈리 사건, 광둥성 쩡청增城 시에서 농민공들이 들고 일어난 쩡청 사건 모두 세수 문제에서 비롯되었다. 마구잡이로 자금을 지급하고 권한을 부여하는 바람에 일선 정부의 기능이 외부로 흘러들어가 서민을 보호하기는커녕 오히려 위협함으로써 끝내 심각한 사회적 혼란과 정부 위기를 초래했다.

경제관리 분야에서 기업에 대한 일선 정부의 관여 방식에 법률·법규적 근거가 부족할 뿐만 아니라, 수직적 관리 역시 내부적인 구속력이 미약하다. 이런 상황 역시 문제를 촉발시켜 좋은 의도에서 시작한 일이 결국 막심한 피해를 가져오는 안타까운 상황을 낳을 수 있다. 이를테면 노동관계법은 시행되지 않은 상황에서 강제적으로 추진되었고, 사회보험금五險—金 역시 무턱대고 기업에 일괄 보조하도록 했다. 이보다 더 심각한 것은, 세계적으로도 낮은 중국의 임금 문제는 여러 차례 자문을 통해 신중하게 처리해야 할 문제라는 것이 입증되었는데 대다수 지방정부에서 아무런 생각도 없이 임금을 인상하겠다고 선포했

벼랑 끝에 선 중국 경제

다. 게다가 임금 인상이라는 말이 떨어지기 무섭게 재빨리 행동에 나섰다. 이들은 임금 인상이 기업의 경영 활동이나 일자리 창출에 부정적인 영향을 줄 수 있다는 것을 전혀 고려하지 않고 인상안을 단행했다. 법률·법규가 부재한 강제적인 행위는 최악의 사태를 불러올 수 있음을 명심해야 한다. 중국의 토지 계획을 예로 들어보면, 강제적인 토지 계획이 시행되면서 사방에서 엉터리 토지 개발계획이 추진되며 전국이 공사판으로 변했다. 그 틈을 타 지방정부는 국가 업무 지구, 산업 공단을 앞 다투어 짓기 시작했고, 관할 구역 내에 여러 기업을 한데 몰아놓고 이전을 독촉하기에 바빴다. 지방정부로서는 이런 방식을 통해 쉽게 실적을 쌓을 수 있었고, 국가급 산업 공단도 신청할 수 있었다. 게다가 기업 이전을 통해 도심에서 토지를 마련해 토지 양도금이라는 짭짤한 수익도 올릴 수 있었다. 불쌍한 것은 기업뿐이다. 이리저리 시달린 민간 업체가 차일피일 토지 보상금 지급을 미루거나 일방적인 토지 사용 연장을 선언한 지방정부 때문에 위기에 빠지고 말았다. 기업보다 더 불쌍한 것은 바로 중국 국민이다. 기업은 적어도 토지 사용증이라도 있지만 국민은 고스란히 지방정부에 약점 잡혀 있기 때문이다. 지방정부가 구사한 전략은 무척이나 독창적이다. 각 지방정부는 법률에 의거해 불법 건축물을 가려내고 불법 건축물을 철거한다는 명분을 내세워 대대적인 철거를 준비 중이다. 이처럼 무한한 결정권을 내세운 지방정부의 행동은 법원, 법률과 정부에 대한 국민의 신뢰에 직접적인 타격을 준다.

　결론적으로 중국에서 반독점·불공정 경쟁 척결·지배적 우위의 남용 및 행정적 독점 반대 등의 공정한 경제와 시장경제 논리는 현존하는 체제로부터 보호받지 못한다. 우물 안 개구리 같은 사법 개혁은 문책 제도, 자아 개혁을 추진할 원동력이 부족해 경제의 공정성과 시장 논리를 보호할 수 없다. 이런 현상은 모두 기존 시스템에서 부패를 효과적으로 척결하지 못해 발생한 것이다. 아무런 견제도 받지 않고 부패는 더욱 공공연하게 확산되었다. 이런 현상은 마치 돈을 한쪽에 잔뜩 쌓아두고 돈이 필요한 사람에게 필요한 만큼 가져다 쓰라고 유혹하는 것과 같다. 그 결과 이미 발언권을 확보한 기득권이 더 큰 이익을 얻게 되는 반면 국민은 점점 무고한 희생양으로 전락하고 있다. 경제개혁이 개혁으로서의 사명을 제대로 해내지 못하는 것만 보더라도 중국은 공정 사회 실현과 부패 척결을 목표 삼아 전체 경제개혁의 목표를 재검토해야 한다.

벼랑 끝에 선 중국 경제

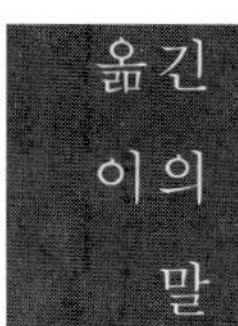

옮긴이로서 한 작가의 책을 연달아 번역할 수 있다는 것은 쉽게 얻을 수 없는 소중한 기회라고 생각한다. 그런 점에서 랑셴핑 교수는 내게 결코 잊을 수 없는 첫사랑과도 같다. 처음 그의 책을 접했을 때의 충격은 지금도 생생할 만큼 대단했다. 상당수의 중국 경제 서적이 객관성이 상대적으로 부족하다는 점에 독자들도 공감하리라 믿는다. 나 역시 예외는 아니었다. 하지만 그의 책들을 만나는 순간 기존 중국 경제 서적에 대한 편견은 여지없이 무너졌다. 중국 경제 서적도 전문적일 수 있다는 것을, 충분히 재미있을 수 있다는 것을 처음으로 알았기 때문이다.

미스터 마우스, 중국 정부에 과감히 쓴 소리를 내뱉는 경계 1호 대상, 중국인 최초의 노벨경제학자 수상 후보 1순위……. 랑셴핑에 대한 세간의 평가다. 하나같이 옳은 이야기다. 하지만 한 권 한 권 책을 통해 만나는 그의 모습은 차가운 머리, 뜨거운 심장의 소유자라고 표현하는 것이 정확할 것이다. 본문에서도 여러 번 목격할 수 있듯, 그는 때로는 온갖 자료를 펼쳐 놓으며 날카로운 질문을 던지다가도, 중국 서민의 암울한 현실에 가슴 아파하고 그들을 향한 무한한 애정과 관심을 보여준다. 가끔 그 뜨거운 사랑이 버거울 만큼 중국 서민을 향한 그의 진심은 조금도 흔들리지 않았다. 일반 대중 역시 그런 그를 아낌없이 사랑한다.

대중을 향한 그의 사랑은 중국의 보통 사람과 관련된 모든 이슈에 정통할 만큼 뜨겁게 타오른다. 단순히 경제 지표를 분석하는 데에 그치지 않고, 보통 사람과 관련된 모든 현상에 주목하고 중국이 아닌 세계라는 거대한 무대에서 상황을 날카롭게 파헤친다. 부지런히 시대와 함께 걸어가는 그의 행보를 쫓기가 숨 가쁜 일이었음을 고백한다. 하지만 피곤한 기색이 조금이라도 보일 때마다 어느새 슬쩍 다가와 재미있는 이야기를 하나하나 던지며 스스로 해답을 찾게끔 가르침을 준다. 그는 정답을 대놓고 알려주기보다는 독자 스스로 해답을 찾고, 문제를 심도 있게 분석하고 연구하게끔 가르쳐준다. 그런 까닭에 이 책을 통해 단순히 열거된 중국 경제의 현상들을 훑기보다는 그와 머리를 맞대고 문제를 고민하거나 생각을 나누는 시간을 경험할 수 있으리라 믿는다.

그에 대한 내 첫사랑은 어떻게 끝날까? 때로는 들쭉날쭉 변덕을 부리는 그의 모습에 흔들리다가도, 때로는 한결같은 모습에 마음을 다잡기도 한다. 아직 그 끝이 어떨지 알 수는 없지만 다만 두 가지 사실은

벼랑 끝에 선 중국 경제

확신한다. 하나는 중국 서민에 대한 그의 일편단심이 흔들리지 않는 한 그에 대한 내 마음도 계속 되리라는 것이고, 바른 소리를 낼 줄 아는, 뜨거운 가슴과 차가운 머리를 가진 그와 같은 사람이 있는 한 벼랑 끝에 선 중국 경제도 희망은 있다는 점이다.

_ 조용찬

중국금융연구원 수석연구원, 중국자본시장연구회 전문위원으로 활동하고 있다. 대신투자신탁운용 펀드매니저를 거쳐 대신경제연구소와 한화증권에서 중국팀장을 맡았으며, 지식경제부 FTA 자문위원을 역임하기도 했다. 중국 경제 모니터링 TF 전문가로도 활동 중인 그는 지금까지 1,000여 편의 중국 경제 보고서와 1,000회 이상의 강연 활동을 해왔으며, 국내에서 이론과 실무에 정통한 중국 경제통으로 꼽히고 있다. 전문 분야는 중국 거시경제 동향·비관세 장벽·중국 투자 등이다.

1999년부터 2005년 연속 베스트 애널리스트로 선정되기도 했으며, 현재 KBS 라디오 〈김광진의 경제투데이〉, YTN 라디오 〈곽수종의 생생경제〉에 고정 출연 중이다. 연합뉴스 TV·WOW 한국경제 TV·SBS CNBC·mbn 등 다양한 경제 증권 방송에서 중국 경제와 증권 분석가로 활동하고 있으며, 아주경제신문 〈충정로칼럼〉에서도 글을 읽을 수 있다. 주요 논문으로는 〈중국의 비관세 장벽 현황과 공략〉, 〈중국 자본 유치 전략〉 등이 있다.

옮긴이 이지은

중앙대 중국어과를 마치고, 이화여대 통번역대학원 한중과를 석사 졸업했다.
중국 대련 요녕사범대학에서 수학했으며, 현재 번역 에이전시 (주)엔터스코리아에서
출판기획 및 전문 번역가로 활동하고 있다.
옮긴 책으로는 《부자 중국 가난한 중국인》·《레드머니》·《삼국지 여인천하》·《왕도》
《바이두 스토리》·《리자청 VS 왕용칭 경영학》외에 여러 권이 있다.

벼랑 끝에 선 중국 경제

초판 1쇄 인쇄 | 2012년 10월 23일
초판 1쇄 발행 | 2012년 10월 30일

지은이 | 랑셴핑 · 쑨진
옮긴이 | 이지은
감수 | 조용찬
펴낸이 | 이희철
기획편집 | 조일동
마케팅 | 임종호
본문 디자인 | 디자인 홍시
펴낸곳 | 책이있는풍경
등록 | 제313-2004-00243호(2004년 10월 19일)
주소 | 서울시 마포구 망원2동 467-30 1층
전화 | 02-394-7830(대)
팩스 | 02-394-7832
이메일 | chekpoong@naver.com

ISBN 978-89-93616-25-5 03320

* 값은 뒤표지에 표기되어 있습니다.
* 잘못된 책은 바꾸어 드립니다.

이 도서의 국립중앙도서관 출판시도서목록(CIP)은 e-CIP홈페이지(http://www.nl.go.kr/ecip)와
국가자료공동목록시스템(http://www.nl.go.kr/kolisnet)에서 이용하실 수 있습니다.
(CIP제어번호 : CIP2012004579)